बनि
ह

शीला सलूजा
चुनीलाल सलूजा

प्रकाशक

वी एण्ड एस पब्लिशर्स

F-2/16, अंसारी रोड, दरियागंज, नयी दिल्ली–110002
☎ 23240026, 23240027 • *फैक्स:* 011-23240028
E-mail: info@vspublishers.com • *Website:* www.vspublishers.com

शाखाः हैदराबाद

5-1-707/1, ब्रिज भवन (सेन्ट्रल बैंक ऑफ इण्डिया लेन के पास)
बैंक स्ट्रीट, कोटी, हैदराबाद–500 095
☎ 040-24737290
E-mail: vspublishershyd@gmail.com

फ़ॉलो करें:

किसी प्रकार सम्पर्क हेतु एसएमएस करें: **VSPUB to 56161**

हमारी सभी पुस्तकें **www.vspublishers.com** उपलब्ध हैं

© कॉपीराइट: वी एण्ड एस पब्लिशर्स
ISBN 978-93-814486-0-1
संस्करण: 2013

मुद्रक: पुष्प प्रिन्ट सर्विसेज, मौजपुर दिल्ली-110053

प्रकाशकीय

आदिकाल से ही मानव सृष्टि में 'समाज' का अस्तित्व रहा है। समाज मानव जीवन और व्यवहारों को नियंत्रित करता है। 'परिवार' समाज का एक महत्त्वपूर्ण घटक है। दूसरे शब्दों में परिवार समाज की आधरिक संरचना है, एक महत्त्वपूर्ण ईकाई है। एक आदर्श समाज का निर्माण, एक आदर्श परिवार के निर्माण से होता है।

एक परिवार का निर्माण, माता-पिता, पति-पत्नी, पुत्र-पुत्री, भाई-बहन आदि सदस्यों से मिलकर होता है। यदि पुरुष परिवार के भरण-पोषण के लिए उत्तरदायी होता है, तो नारी, परिवार की धुरी होती है। जिसके इर्द-गिर्द परिवार के अन्य सदस्य बंधे होते है। एक नारी ही होती है जिससे एक आदर्श परिवार की व्याख्या होती है, नारी ही होती है जो एक कुशल गृहणी बनकर एक आदर्श परिवार का निर्माण करती है। यह खुशहाल परिवार के पीछे नारी को सुघड़ गृहणी का रूप ही होता है।

जिस प्रकार की नारी होगी उसी प्रकार का परिवार निर्मित होगा। पुरुष संसाधन जुटा सकता है पर उन संसाधनों का कुशल एवं रुचिकर उपयोग नारी ही करती है। नारी अनेक रूपों यथा पत्नी, पुत्री, माता, सास-बहू आदि रूपों में परिवार को सजाती सँवारती है। नारी का गृहणी रूप परिवार व समाज के लिए अत्यन्त आवश्यक है।

कुशल गृहणी बनकर नारी अपने परिवार, अपने समाज, अपने देश व समस्त मानव जाति के सभी समाजों में खुशहाली का आधार बनती है। अतः नारी का गृहणी रूप नमनीय है।

इसी उद्दश्य से यह पुस्तक 'बनिए स्मार्ट हाउसवाइफ' लिखी गई है।

प्रस्तावना

परिवार की खुशहाली, सुख-समृद्धि, सामाजिक प्रतिष्ठा का केन्द्र गृहिणी है। वास्तव में गृहिणी ही वह धुरी है, जिससे परिवार के सभी सदस्य शक्ति, प्रेरणा तथा अनुकरण प्राप्त करते हैं। बच्चों के व्यक्तित्व विकास में वह पूरा-पूरा योगदान देती है। पति की प्रेयसी और प्रेरणा बन उसे जीवन संग्राम में संघर्षों के लिए तैयार करती है। युवा बेटी की सखी बन उसे जीवन की ऊंच-नीच से परिचित कराती है। विषम परिस्थितियों में स्वयं धैर्य और साहस के साथ उनका सामना करती है। इस विषय में कहा जाता है कि यदि संसार में नारी न होती, तो गृहिणी न होती, गृहिणी न होती, तो परिवार व्यवस्था भी न होती। पारिवारिक व्यवस्था के अभाव में सब जगह जंगलराज होता। स्पष्ट है कि गृहिणी ने ही मनुष्य को सभ्य और सुसंस्कृत बनाया है। स्त्री ने अपने विविध रूपों में पुरुष को प्रेरित किया है।

विवाह संस्था का अपना मनोवैज्ञानिक महत्व है। प्राचीन धर्म ग्रंथों में इस संस्था की इतनी अच्छी व्याख्या की गई है कि लगता है, जैसे सारी व्यवस्था बड़ी सोच-समझकर बनाई गई है। गृहिणी का सेवक स्वरूप इसी व्यवस्था का एक महत्वपूर्ण घटक है। वह पुरुष में शक्ति संचार करने वाली है। सारी-की-सारी व्यवस्था के क्रियान्वयन में गृहिणी ही प्रमुख है। आदर्श गृहिणी के बारे में कहा जाता है कि वह पुरुष की सच्ची सलाहकार, स्नेह करने वाली, गलतियों को क्षमा करने वाली होती है।

स्मार्टनेस यानी की सयानापन नारी का आदि काल से आदर्श रहा है। इसं प्राचीन समय में भी उतनी ही मान्यता मिली थी, जितनी कि आज है। स्मार्टनेस का सीधा सम्बंध जीवन के व्यावहारिक पक्षों से है। इस गुण के कारण ही मध्यवर्गीय सामाजिक जीवन में सच्चे सुख की प्राप्ति होती है। पारिवारिक जीवन में स्नेह के नए स्रोत बनते हैं। पारिवारिक हितों के साथ-साथ सामाजिक हितों की सोच विकसित होती है।

इस पुस्तक में भी हाउसवाइफ अर्थात् गृहिणी को आधुनिक जीवन शैली की धुरी के रूप में स्वीकारा गया है। समाज और परिवार में गृहिणी की भूमिका को इसलिए भी स्वीकार किया गया है कि पुरुष प्रधान सामाजिक व्यवस्था में गृहिणियों की संख्या पचास प्रतिशत के लगभग है। इतनी बड़ी संख्या और इतनी बड़ी सामाजिक व्यवस्था में उन्हें अछूता नहीं छोड़ा जा सकता। तब, जबकि आज की गृहिणी शिक्षित है, आत्म निर्भरता के लिए संघर्षरत है। अपने सामाजिक और राजनीतिक अधिकारों के लिए जागरूक है।

आज का सामाजिक जीवन पहले से बहुत भिन्न हो गया है। समृद्ध जीवन शैली आज की सामाजिक आवश्यकता है। हमारी सोच, हमारे कार्यो, व्यवहारों का प्रभाव हमारे बच्चों एवं भविष्य पर भी पड़ता है। साथ ही हमारे स्वास्थ्य और परिवार पर पड़ता है।

आज किशोरावस्था में कदम रखते ही लड़कियों की कल्पनाएं रंगीन होने लगती हैं और वे मन-ही-मन में ख्वाबों के अनेक रंग भरने लगती हैं, परन्तु स्मार्ट हाउसवाइफ बन कर ही वे अपने इन सपनों को साकार कर सकती हैं।

वर्तमान में फैशन, ग्लैमर, सिनेमाई संस्कृति और आर्थिक सम्पन्नता के प्रभावों से हमारे परिवार अछूते नहीं रह सकते। आधुनिक जीवन शैली के विविध पक्षों ने गृहिणियों की सोच को प्रभावित किया है। वे चाहती हैं कि उन्हें अपनी इन जिज्ञासाओं के ऐसे उत्तर मिलें अथवा समाधान मिलें, जो उनकी स्मार्टनेस को प्रगतिशीलता का नया आवरण दे। उनके घर को देख कर लोग उनकी इस प्रगतिशील सोच से प्रभावित हो।

प्रगतिशीलता की इस दौड़ में आप भी किसी से कम नहीं। अपने आप को किसी के सामने हीन अथवा उपेक्षित न समझें। परिवार और समाज में आपकी प्रतिष्ठा आपकी सुघड़ता के कारण बढ़े, इन सब बातों का एक मात्र समाधान है यह पुस्तक आपकी पारिवारिक और उससे बाहर की सफलताओं की संपूर्ण मार्गदर्शिका है।

आप अपने परिचय क्षेत्र में सफल बनें, इस बात का कदम-कदम पर ध्यान रखा गया है। दृढ़ निश्चय, आत्म विश्वास और लगन के साथ-साथ समाज और परिवार में अपना स्थान बनाएं, इसके तमाम उपाय इसमें मौजूद हैं।

इस पुस्तक में गृहिणी के आधुनिक व्यवहारों को दिशा देने वाले प्रयास भी शामिल किए गए हैं। इससे यह पुस्तक उन सभी लड़कियों के लिए भी उपयोगी हो गई है, जिनका सपना एक सफल हाउसवाइफ बनने का है। हमारा विश्वास है कि यह उन गृहिणियों के लिए भी सखी के रूप में, बड़ी दीदी के रूप में सहायक और शुभचिन्तक बनेगी, जिनकी नई-नई गृहस्थी बनी है।

नवविवाहिताओं को यदि उनके दहेज में इस प्रकार की पुस्तकें उपहार स्वरूप दी जाएं, तो न केवल उनका दाम्पत्य जीवन सुखी होगा, साथ ही वे परिवार के तमाम सदस्यों का भी दिल जीत सकेंगी।

'बनिए स्मार्ट हाउसवाइफ' का यह संस्करण गृहिणियों को असाधारण एवं विलक्षण बनाने के ठोस एवं कारगर उपायों को सुझाता है, ताकि नारी एक स्मार्ट हाउसवाइफ का रूप लेकर खुशहाल एवं सम्पन्न परिवार के निर्माण में अपनी भूमिका निभा सके।

आपके सफल गृहिणी बनने की पहल पर हमारी शुभकामनाएं।

—शीला सलूजा
—चुन्नीलाल सलूजा

विषय-सूची

वास्तव में परिवार रूपी नौका की खेवनहार गृहिणी होती है। जिस प्रकार से कुशल मल्लाह अपनी नौका को नदी के थपेड़ों, लहरों, विपरीत दिशाओं की ओर से चलने वाली हवाओं व भंवर से बचाता हुआ सफलता पूर्वक सुरक्षित किनारे तक ले जाता है, उसी प्रकार से एक कुशल गृहिणी भी अपने परिवार के सदस्यों का अपने चारित्रिक, बुद्धि बल, मनोयोग, चातुर्य से अपने त्यागमय आदर्शो और युक्तिपूर्ण उपायों से अपने परिवार की नौका को थपेड़ों और भंवरों से बचाती हुई किनारे तक सुरक्षित पहुंचाती है।

लेखक की कलम से....

अध्याय 1

गृहिणी : परिभाषा एवं स्थिति

घर केवल शरीर का आवास ही नही होता, वह मन का मंदिर भी होता है और गृहिणी उस मंदिर की मूर्ति होती है, जिसकी पूजा होनी चाहिए।

चाणक्य ने कहा है–

सत्स्त्रिया रक्ष्यते गृहम्।

अर्थात् भली स्त्री से घर की रक्षा होती है।

इसी प्रकार यजुर्वेदीय उव्वटभाष्य में आया है–

भार्या पुत्र पौत्रदयो गृहा उच्यते।

अर्थात् भार्या, पुत्र, पौत्र आदि ही गृह कहलाते हैं।

अतः गृहिणी के व्यक्तित्व से ही गृह का निर्माण होता है, वरना वह घर नही सरायखाना होगा।

'*यत्र नार्यस्तु पूज्यन्ते रमन्ते तत्र देवताः*' अर्थात् जहां नारी की पूजा होती है, वहां देवता निवास करते हैं। इसी आदर्श को शाश्वत मानकर हमारे घरों में गृहिणी को मान-प्रतिष्ठा मिली है, उसे गृहलक्ष्मी और कुलवधू का नाम दिया गया है। यह एक शाश्वत सत्य है कि जिस समाज अथवा घर में स्त्रियों की दशा अच्छी नहीं होती, उन्हें पूरा-पूरा मान-सम्मान नहीं मिलता, उस समाज अथवा घर की स्थिति भी वैसी ही बनी रहती है। परिवार के निर्माण, विकास और प्रगति में गृहिणी की भूमिका ही प्रमुख होती है। सच तो यह है कि गृहिणी ही परिवार को बनाती, सजाती और संवारती है। गृहिणी के रूप में वह प्यार बांटती है। मां-बहन-पत्नी या प्रेमिका कोई भी रूप उसका इस खुशबू से अछूता नहीं है। गृहिणी ही जीवन को जीने के योग्य बनाती है।

नारी ईश्वर की सर्वाधिक कोमल कृति है। स्नेह की धारा उसमें इतनी प्रबल है कि उसकी तुलना संसार की किसी भी वस्तु से नहीं की जा सकती। उसकी रचना ही कुछ इस प्रकार से हुई है कि वह घर-समाज और संसार को आलोकित करती है। दुःख के कांटों को हटाकर सुख का मार्ग प्रशस्त करती है। इसलिए उसे प्रेरणा के रूप में देखा जाता है।

गृहिणी से ही घर है, बिना गृहिणी के घर, घर नहीं होता। जिस प्रकार तालाब की शोभा कमल से है, आकाश की शोभा तारों से है, उसी प्रकार से घर की शोभा गृहिणी से है। जिस प्रकार ईंट-पत्थरों से बनी दीवारें घर नहीं कहलातीं, उसी प्रकार से प्रत्येक स्त्री गृहिणी नहीं कहलाती। एक भरे-पूरे परिवार की सम्मानित नायिका ही गृहिणी कहलाने की अधिकारिणी होती है।

वास्तव में परिवार रूपी नौका की खेवनहार गृहिणी होती है। जिस प्रकार से एक कुशल मल्लाह अपनी नौका को नदी के थपेड़ों, लहरों, विपरीत दिशाओं की ओर से चलने वाली हवाओं व भंवर से बचाता हुआ सफलता पूर्वक सुरक्षित किनारे तक ले जाता है, उसी प्रकार से एक कुशल गृहिणी भी अपने परिवार के सदस्यों को अपने चारित्रिक, बुद्धि-बल,

मनोयोग और चातुर्य से, अपने त्यागमय आदर्शों और युक्तिपूर्ण उपायों से परिवार रूपी नौका को थपेड़ों और भंवरों से बचाती हुई किनारे तक सुरक्षित पहुंचाती है।

बस में बैठे हुए यात्रियों को बस ड्राइवर पर कितना विश्वास होता है ? वे बड़े निश्चिंत होकर आंखें बंद कर अपनी यात्रा को पूरा करते हैं। बस, कुछ ऐसा ही विश्वास परिवार के लोगों को गृहिणी पर होता है। घर की सभी प्रकार की सुख-सुविधाओं को जुटाने का काम गृहिणी का होता है। परिवार की सुख-शांति, उन्नति, प्रगति और विकास का दायित्व गृहिणी के कंधों पर होता है। खाना, घर को सजाना, सफाई, घर आए मेहमानों की देख-रेख, मुहल्ले व पड़ोस में हो रहे उत्सव, घर में आने वाले नए मेहमान के स्वागत की तैयारियां आदि सब की चिन्ता गृहिणी को ही होती है। इसलिए कुछ लोग बड़ी सरलता से कह देते हैं कि घर को स्वर्ग अथवा नर्क बनाने का श्रेय गृहिणी को ही जाता है।

घर को स्वर्ग अथवा नर्क बनाना गृहिणी के बाएं हाथ का खेल है। उस घर की कल्पना कीजिए, जहां पति-पत्नी में विश्वास ही न हो, समर्पण के भाव ही न हों, एक-दूसरे के प्रति भावनात्मक लगाव ही न हो, एक दूसरे के लिए स्नेह, सहयोग की भावना ही न हो, वास्तव में ऐसा घर ही नर्क होता है। ऐसे घरों में स्नेह के सारे स्रोत स्वतः ही सूखने लगते हैं और घर नर्क बनने लगता है। इसके विपरीत आदर्श गृहिणी ही घर को स्वर्ग बनाती है। गृहिणी का गृहलक्ष्मी स्वरूप सर्वत्र सराहा जाता है।

सामाजिक जीवन में भी जब कहीं बात होती है, तो सब यही कहते हैं कि गृहिणी के बिना तो घर भूतों का डेरा होता है। भूतों के डेरे से भी यहां अभिप्राय यही है कि गृहिणी ही घर की शोभा होती है। घर की सफाई, साज-सज्जा यहां तक कि साधन संपन्नता भी घर में गृहिणी से ही होती है। लोक-जीवन में भी गृहिणी को महत्ता दी गई है। गृहिणी के बिना घरों की स्थिति के बारे में कहा जाता है कि 'चूल्हे अग न घड़े बिच पानी..।' भाव यही है कि गृहिणी के बिना तो घर में चूल्हा भी नहीं जलता और घड़े में पानी भी नहीं होता। जिस घर में चूल्हा ही न जलता हो अर्थात् खाना ही न बनता हो, पीने को पानी भी न हो, वह घर, घर कैसे हो सकता है ?

गृहिणी के बिना घर की कल्पना करना हवा में किले बनाना जैसी सोच है। देहाती कहावत भी है कि घर तो घरवाली (गृहिणी) से बनता है। शहरी जीवन में भी यही व्यवहार दोहराया जाता है कि कोई भी सज्जन पुरुष अकेले व्यक्ति को अपना मकान तक किराये पर नहीं देते, जबकि गृहस्थ व्यक्ति को मकान किराये पर दे देते हैं। यहां भी भावना यही है कि गृहिणी में सामाजिक गुण होते हैं और वह अपने आचरण और व्यवहार से कहीं भी इन गुणों से अछूती नहीं होती।

विवाह के लिए छपने वाले सैकड़ों, हजारों विज्ञापनों में भी कन्या पक्ष से अन्य बातों के साथ-साथ यह अपेक्षा की जाती है कि गृह-कार्य में दक्ष कुशल कन्या की आवश्यकता है, जो गृहिणी बन परिवार में मान-प्रतिष्ठा पा सके। यहां भी लोक मान्यता, लोक अपेक्षा यही है कि पत्नी के रूप में ऐसी गृहिणी की अपेक्षा की जाती है, जो गृहस्थ जीवन की आवश्यकताओं को पूरा कर सके।

वास्तव में जब गृहिणी शब्द पुकारा जाता है, तो उसमें स्वतः ही एक ऐसी ध्वनि प्रतिध्वनित होती है, जिसमें एक ऐसी स्त्री का रूप निखरता है, जो सेवा भावना से भरी होती है। सहनशीलता और शालीनता जिसका आदर्श होता है। धार्मिक सोच वाली, जो परिवार के लिए समग्र रूप से समर्पित होकर त्यागमय जीवन व्यतीत करने को तत्पर हो। यही कारण है कि हमारी संपूर्ण सामाजिक व्यवस्था का आधार ही गृहिणी है। गृहिणी पर केंद्रित सामाजिक व्यवस्था इतनी संयत, संतुलित है कि उसमें कहीं भी कोई दोष नहीं आ सकता। पुरुष प्रधान सामाजिक व्यवस्था होने के बाद भी हमारे परिवारों में गृहिणी ही प्रधान है। गृहिणी ही घर संभालती है। पति भले ही कमाता है, लेकिन संपूर्ण वित्त व्यवस्था गृहिणी के ही हाथ में होती है। वास्तव में वह अपने सीमित साधनों को ही कुछ इस प्रकार से फैलाती है कि परिवार का प्रत्येक सदस्य संतुष्ट रहता है और सबको प्रगति के समान अवसर मिलते हैं। प्रतिष्ठित और पढ़े-लिखे घरों में तो पत्नी के इस गृहिणी स्वरूप को प्रतिष्ठा देते हुए उसे 'गृहमंत्री' का दर्जा दिया गया है। घरों में जहां कहीं भी किसी समस्या का कोई उचित समाधान नहीं हो पाता, तो उसे 'गृहमंत्री' के क्षेत्राधिकार की बात कह कर गृहिणी पर छोड़ दिया जाता है। वास्तव में ऐसी विषम परिस्थितियों में वह पारिवारिक प्रतिष्ठा को इतनी कुशलता से बचाती है कि उससे न केवल उसकी प्रतिष्ठा बढ़ती है, बल्कि सम्मानजनक हल के लिए परिवार की प्रतिष्ठा बढ़ती है।

कामकाजी महिलाएं, जो अपने आपको प्रगतिशील सोच वाली समझती हैं, वे भी कई मामलों में गृहिणियों से पीछे रह जाती हैं और उन्हें भी अपनी समस्याओं के समाधान के लिए इनकी सलाह पर ही चलना पड़ता है।

गृहस्थ जीवन की गाड़ी को चलाने के लिए पति-पत्नी दो पहिए के समान हैं। जिस प्रकार से दोनों पहियों में संतुलन न होने पर गाड़ी डगमगाने लगती है, उसी प्रकार से पति-पत्नी में भी उचित सामंजस्य न होने से जीवन की गाड़ी में चूं-चूं की आवाज़ आने लगती है। उसे संतुलित करने के लिए स्नेह रूपी सहयोग अथवा सामंजस्य की आवश्यकता पड़ती है। स्नेह और सहयोग पाकर ही तनाव, टकराव और बिखराव की स्थिति निर्मित नहीं हो पाती। परस्पर विश्वास बढ़ने लगता है और जीवन की गाड़ी संतुलित रूप से सही रास्तों पर चलने लगती है। आशय यह है कि जीवन की गाड़ी को नई-नई ऊंचाइयों, नई मंज़िलों तक ले जाने की ज़िम्मेदारी इन्हीं दो पहियों (पति-पत्नी) की है।

दार्शनिक प्रकृति के समाजशास्त्रियों का मत है कि यदि संसार में नारी न होती, तो सभ्यता और संस्कृति का विकास ही न होता। स्त्रियों ने ही अपने विविध रूपों में पुरुषों को प्रभावित और प्रेरित किया है। वह चाहे रामायण हो अथवा महाभारत, चरित्र चाहे ऐतिहासिक हों अथवा

आधुनिक। स्त्रियों ने ही इतिहास को प्रभावित किया है, पुरुषों में शक्ति का संचार किया है, इसीलिए आज भी समाज में गृहिणी ही परिवार और समाज का केंद्र है।

गृहिणी का महान् पद स्त्री को विवाह के बाद ही मिलता है। वह पत्नी बनकर जहां पतिव्रत धर्म का पालन करती है, वहीं सामाजिक और पारिवारिक मर्यादाओं में बंधकर परिवार के प्रति समर्पित होती है।

गृहिणी के पारिवारिक दायित्वों के बारे में प्राचीन धर्मग्रंथों में भी उल्लेख मिलते हैं। विवाह के अवसर पर अग्नि के समक्ष शपथ लेने की प्रथा बहुत प्राचीन है। विवाह के बाद गृहिणी का पद पाते ही अपने शुभचिंतकों, अभिभावकों, स्वजनों द्वारा जो आशीर्वाद दिए जाते हैं, उनमें आदिकाल से ही यही भावना दोहराई जाती रही है :

साम्राज्ञी श्वसुर भव, साम्राज्ञी श्रश्रवा भव।
ननान्दरि साम्राज्ञी भव, साम्राज्ञी अधिदेवृषु॥

अर्थात् तुम सास-श्वसुर के दिल की रानी बनो, ननदों, देवरों के बीच प्रतिष्ठित हो।

शादी के बाद आज भी लड़की को बहूरानी के रूप में स्वीकार कर उसे एक नया नाम देने की परम्परा है। इस नए नाम की परम्परा के पीछे भी आशय यही है कि 'अब तुम एक नए परिवार से नाता जोड़ रही हो, तुम्हारे हर काम की छाया इस नए परिवार पर पड़ेगी, इसलिए अब तुम इस परिवार की बहूरानी के रूप में गृहिणी धर्म स्वीकार करो।' वास्तव में इस सम्मान सूचक स्थान को प्राप्त करने के लिए स्वतः ही गृहिणी में गर्व-गौरव और गरिमा का भाव आ जाता है। वह स्वयं ही विवाह के बाद एक नई आचार संहिता के प्रति समर्पित हो जाती है।

इस नई आचार संहिता का भाव भिन्न-भिन्न समाजों में भिन्न-भिन्न रूपों में व्यक्त किया गया है, लेकिन गृहिणी के लिए सब का भाव एक ही है। बड़ों की सेवा, बराबरी वालों के प्रति निष्कपट स्नेह, सब से मैत्री संबंध, पतिव्रत का पालन, पति के क्रोध को शांत करना, छोटे ननद-देवरों के साथ अनुग्रह का व्यवहार, कभी घमंड न करना, लोभ-लालच में न पड़ना, मायके और ससुराल में स्नेह-सेतु बन परस्पर संबंधों को मधुर बनाना ही गृहिणी का धर्म है। यह धर्म ही उसे नए परिवार में सम्मान दिलाता है।

जो स्त्रियां परिवार में सुख और सम्मान के साथ समर्पित भाव से जीती हैं, पति से भावनात्मक रूप से जुड़ी रहती हैं, उनके त्याग कभी व्यर्थ नहीं जाते। क्योंकि प्रत्युत्तर में उन्हें भी परिवार से उतना ही मान-सम्मान मिलता है।

प्राचीन ग्रंथों में गृहिणियों के लिए कुछ वर्जनाओं का उल्लेख कर उन्हें चेतावनी के रूप में व्यक्त किया गया है। मनुस्मृति में कहा गया है कि जिस परिवार में स्त्रियां शोक करती हैं, वह शीघ्र ही नष्ट हो जाता है। जिस परिवार में नारियों का आदर होता है, वहां देवताओं का वास होता है। जहां उनका निरादर होता है, वहां परिवार के लोगों द्वारा की गई धार्मिक क्रियाएं भी निष्फल रहती हैं। स्त्रियों को सामाजिक मर्यादाओं में रहने के लिए स्पष्ट रूप से कहा गया है कि स्त्रियां और नदियां लोक कल्याणकारी हैं। गृहिणी के रूप में जब स्त्री मान-मर्यादाओं में रहती है, तो परिवार, कुल और समाज का कल्याण करती है। नदी तट बंधों में मर्यादित रहकर अपने निकटवर्ती लोगों का कल्याण करती है। खेतों की प्यास बुझाकर लोगों को धन-धान्य से संपन्न करती है, लेकिन मर्यादा से बाहर जब वह तटबंधों को तोड़कर (बाढ़ के रूप में) बहती है, तो विनाशकारी बनती है। गृहिणी भी जब परिवार की मर्यादा तोड़ती है, तो दुष्कर्मों से अपने अतीत, वर्तमान और भविष्य को बिगाड़ती है। अवैध संबंधों के क्या परिणाम होते हैं, यह किसी भी महिला अथवा पुरुष से छिपे नहीं हैं।

इसी क्रम में शास्त्रों में इस बात का भी उल्लेख है कि गृहिणी का सबसे बड़ा धर्म, सबसे बड़ा कर्त्तव्य पतिधर्म का पालन करना है। इसके साथ ही पति का धर्म यह है कि वह पत्नी की रक्षा करे। जो व्यक्ति पत्नी की रक्षा नहीं कर पाता, वह लोक निन्दा का पात्र बनता है और अधोगति को पाता है। पत्नी के प्रति सहानुभूति पारिवारिक संबंधों की एक दृढ़ कड़ी है। धर्मग्रंथों में यह बात स्पष्ट रूप से कही गई है कि गृहिणी का सबसे बड़ा देवता पति है। पति की उपेक्षा कर उसे कहीं भी सम्मान प्राप्त नहीं होता। चूंकि पत्नी पतिव्रत का पालन करती है, इसलिए पति का कर्त्तव्य है कि वह उसे पूर्णता प्रदान करे। स्त्री की रिक्तता को पूरा करना ही पति का परम कर्त्तव्य है। यह रिक्तता चाहे शारीरिक हो अथवा मानसिक, भावनात्मक हो अथवा आर्थिक।

आशय यह है कि भारतीय धर्मग्रंथों में भी गृहिणी को परिवार और समाज की धुरी के रूप में मान्यता दी गई है।

पत्नी को भारतीय संस्कृति में अर्धांगिनी का नाम दिया गया है। पति ही उसे पूरा बनाकर पूज्य बनाता है। गृहिणी को पूज्य भी शायद इसीलिए माना गया है, क्योंकि वह ही परिवार की सुख-समृद्धि के लिए हमेशा सचेष्ट रहती है।

ऊंचा कुल, ऊंची जाति, ऊंचा खानदान आदि की बातें भी अच्छी गृहिणी के संदर्भ में ही की जाती हैं। परिवार के सदस्यों को ऊंचा उठाने, उन्हें प्रगति के नये-नये मान तक पहुंचाने में जिन गृहिणियों ने योगदान दिया है, समाज ने हमेशा उन्हें पुरस्कृत कर सम्मानित किया है। यहां तक कि उन्हें बड़े घर की बहू-बेटी कह कर उनका सम्मान बढ़ाया है।

परिवार में गृहिणी के मनोवैज्ञानिक स्वरूप (व्यवहार) को परिवार का हर छोटा-बड़ा व्यक्ति बड़े निकट से अनुभव करता है। इस विषय में आप अपनी पारिवारिक अपेक्षाएं जानें व निम्न सतर्कताएं बरतने पर स्वयं को परिवार की आंखों का नूर भी बना सकती हैं—

- हमेशा सूर्योदय से पूर्व उठें। देर तक सोते रहने से आपकी प्रतिष्ठा परिवार के सभी सदस्यों की नजरों में कम होगी, भले ही वे मुंह से कुछ न कहें।

- अपने शारीरिक और मानसिक स्वास्थ्य के प्रति सचेत-सावधान रहें। प्रातःकाल का भ्रमण, व्यायाम, योगादि के महत्व को स्वीकारें। बच्चों में भी यही संस्कार विरासत के रूप में दें।

- अपने नैसर्गिक रंग-रूप, सुंदरता के प्रति सदा सावधान रहें। इसकी रक्षा, सुरक्षा के लिए प्राकृतिक साधनों का उपयोग करें। अपने रूप-रंग के प्रति मन में किसी प्रकार की हीनता न लाएं।

- सात्विक आहार, मौसमी फलों, हरी सब्जियों का भरपूर उपयोग करें। ये तन और मन, दोनों को स्वस्थ रखती हैं।

- हमेशा प्रसन्न रहें। ईर्ष्या रखकर आप कभी अपना भला नहीं कर सकतीं। प्रसन्न रहकर जहां आप दूसरों को प्रसन्न रख सकती हैं, वहीं आप मानसिक तनाव जैसे अनेक मनोविकारों से मुक्त रह सकती हैं।

- प्रातः, सायं और रात्रि को परिवार के सदस्यों के साथ आराध्य देव का स्मरण—पूजा, अर्चना, संध्या वंदन अवश्य करें। इससे परिवार का वातावरण तनाव रहित, पवित्र और शांत बना रहता है।

- पति के साथ कुछ समय एकान्त में अवश्य बिताएं। इससे दांपत्य संबंधों में सरसता, निकटता, मधुरता और जुड़ाव बना रहता है।

- अधिक सोना, तामसिक भोजन करना, होटलों अथवा क्लबों में जाना, धूम्रपान करना, मद्यपान, पाऊच खाना, अश्लील पुस्तकें पढ़ना गृहिणी के लिए वर्जित व्यवहार हैं। जहां तक हो, इनसे दूर ही रहें।

- बाथरूम में नहाने, कपड़े धोने का सामान, बिजली, पानी आदि का सलीके से उपयोग करें। इन्हें यथा स्थान पर सलीके से रखें। इनका रख-रखाव आपकी सुघड़ता का परिचायक है।

- गृह-सज्जा और घर की सफाई के प्रति सदैव सावधानी बरतें। तौलिए, मोजे, रूमाल, टाई, पेस्ट, ब्रश, पॉलिश आदि दैनिक उपयोग की वस्तुएं निर्धारित स्थान पर रखें। इससे जहां वस्तुएं सुरक्षित रहेंगी, वहीं इनका उपयोग करने में समय की बचत होगी एवं अनावश्यक तनाव और खीझ पैदा नहीं होगी।

प्रत्येक गृहिणी की यह मनोवैज्ञानिक इच्छा होती है कि वह परिवार के प्रति समर्पित हो। समर्पण की इन भावनाओं के बदले में यदि उसे परिवार के अन्य सदस्यों का सहयोग मिलता है, तो वह अपने इस लक्ष्य को भी प्राप्त करती है। यदि उसकी सफलताओं का मूल्यांकन होता है, तो उसे उसके इन्हीं गुणों के कारण मान-प्रतिष्ठा मिलती है, जिससे उसका मनोबल बढ़ता है और उसे परिवार के प्रति उत्सर्ग के लिए प्रेरित करता है।

अध्याय 2

गृहिणी : समाज का दर्पण

गृहिणी समाज का दर्पण है। दर्पण में व्यक्ति का प्रतिबिम्ब दिखाई देता है। मां यह कभी नही चाहती कि उसका पुत्र परिवार अथवा समाज पर बोझ बने। इतिहास साक्षी है कि गृहिणी की यह चाहत हमेशा रंग लाई है। मां हमेशा बेटों से गौरवान्वित हुई है। आप भी इस सामाजिक दर्पण में देखें, गृहिणी के प्रतिबिम्ब आपको भी दिखाई देंगे।

एक अच्छी, कुशल, सुघड़ गृहिणी केवल अपने परिवार का ही कल्याण व सुधार नहीं करती, बल्कि वह उस समाज का भी कल्याण करती है, जिसका कि वह अंग है।

गृहिणी परिवार में मां बनकर वीर पुत्रों को जन्म देती है। उन्हें अच्छे संस्कार देकर, अपना वात्सल्यपूर्ण दूध पिलाकर इस योग्य बनाती है कि वह परिवार में, समाज में उसका नाम रोशन करें। कुलदीप बन समाज में अपने परिवार का नाम करें। अभी तक हमारे देश में, समाज में केवल पिता का नाम ही लिखने की परम्परा थी, अब पिता के साथ-साथ मां का नाम भी लिखा जाने लगा है। आशय यह है कि गृहिणी वंश को बढ़ाने वाली होती है। वह समाज और राष्ट्र को जनशक्ति प्रदान करती है, सामाजिक व्यवस्था में सहयोग करती है। राष्ट्र को वीर सिपाही प्रदान करती है, जो राष्ट्र की रक्षा के लिए संकल्पित होते हैं।

सामाजिक व्यवस्था की धुरी

जय जवान जय किसान, जय विज्ञानरूपी त्रिमूर्ति का सपना पूरा करने वाली, इस परम्परा को गतिशील बनाने वाली गृहिणी ही है। गृहिणी से ही वैध संतान पैदा होती है, जिसे समाज में मान्यता और प्रतिष्ठा प्राप्त होती है। वैध संतान ही मानसिक और शारीरिक रूप से स्वस्थ होती है। वास्तव में इसी प्रकार की जनशक्ति ही राष्ट्र को एक संतुलित अर्थव्यवस्था प्रदान करती है।

राष्ट्रीय और अंतरराष्ट्रीय स्तर पर होने वाली विभिन्न स्पर्धाओं में भाग लेने वाले मेधावी बालक, बालिकाएं इन्हीं गृहिणियों की देन होते हैं। क्रिकेट के क्षेत्र में भारत का मान बढ़ाने वाला सचिन किसी गृहिणी का पुत्र है। आशय यह है कि देश और विदेशों में विभिन्न क्षेत्रों में कुशलता प्राप्त करने वाले डॉक्टर, इंजीनियर, वैज्ञानिक सभी गृहिणियों की ही देन हैं। देश की महान् विभूतियां किसी-न-किसी गृहिणी की ही देन हैं। शिवाजी का नाम तो विशेष रूप से उनकी मां जीजाबाई के कारण प्रसिद्ध हुआ। शिवाजी की मां न केवल धार्मिक गृहिणी थीं, बल्कि उन्होंने शिवाजी को ऐसे संस्कार भी दिए, जिससे वे युग पुरुष बन गए। शिवाजी पर उनकी मां का पूरा-पूरा प्रभाव था और इसका उन्होंने अपने जीवन वृत्तांत में भी उल्लेख किया है। देश, जाति और समाज के उत्थान में हजारों-लाखों गृहिणियों ने ही योगदान दिया है।

इतिहास में महात्मा गांधी, टॉलस्टाय, रवींद्रनाथ टैगोर, मदनमोहन मालवीय आदि सैकड़ों महापुरुषों के उदाहरण हैं, जो केवल अपनी मां के कारण ही युग पुरुष बने।

हमारी सारी-की-सारी अर्थव्यवस्था का आधार यही गृहिणियां हैं। गांवों में तो पचास प्रतिशत खेती, पशुपालन का काम केवल महिलाएं ही करती हैं। आज हजारों-लाखों महिलाएं घर और बाहर, दोनों भूमिकाएं बखूबी निभा रही हैं। संस्थानों में, होटलों में, चिकित्सा के क्षेत्र में, अध्ययन-

अध्यापन और फैशन डिजाइनिंग के क्षेत्र में बड़ी संख्या में महिलाएं कार्य कर रही हैं और सामाजिक व्यवस्था की धुरी बनी हुई हैं।

मां बच्चे की प्रथम शिक्षिका है। मां की दी हुई शिक्षाएं ही बच्चों को अनुशासित, सभ्य और प्रगतिशील बनाती है। बच्चा सच और झूठ का पहला पाठ मां से ही सीखता है। मां बच्चे को जो चाहे बना सकती है। मां के दिए हुए संस्कार ही अन्य परिस्थितियां पाकर उसे चोर अथवा जज बनाते हैं। मां की लोरियां सुन-सुनकर पला-बढ़ा हुआ बच्चा परिवार की अपेक्षाओं के अनुरूप बनता है। इतिहास साक्षी है कि महापुरुषों के निर्माण में उनकी मां की ही अधिक भूमिका रही है। नानक, मीरा, महादेवी आदि के विचारों को उनकी मां के

विचारों ने ही प्रभावित किया और वे महान् बने। गांधीजी को सत्य का पाठ उनकी मां पुतलीबाई ने पढ़ाया और वे जीवन-भर उस पाठ को नहीं भूल पाए। मोहनदास कर्मचन्द गांधी अपनी मां की शिक्षाओं के कारण ही महान् बने। उनके जीवन में सत्य और अहिंसा की जो छाप पड़ी, वह उनकी मां का ही प्रतिबिम्ब था। गांधीजी तो इस युग के महापुरुष थे, धर्मग्रंथों में भी ऐसे सैकड़ों उदाहरण मिलते हैं, जहां मां ने पुत्र के जीवन की दिशा ही बदल दी। वे युग पुरुष बन गए।

एक कहावत प्रचलित है कि हर व्यक्ति की सफलता के पीछे किसी-न-किसी औरत का हाथ होता है। औरत से यहां आशय पत्नी, प्रेमिका, मां हो सकता है, लेकिन समग्र रूप से वह गृहिणी ही होती है। बुद्ध की यशोधरा, लक्ष्मण की

15

उर्मिला, अर्जुन की सुभद्रा, ऐसे कितने उदाहरण हैं, जो इस बात के प्रतीक हैं कि गृहिणी हमेशा पुरुष की प्रेरणा रही है। वह पुरुषों को हमेशा लक्ष्य प्राप्ति के लिए प्रेरित करती रही है। उसकी सहयोगी-सहभागी रही है। स्त्री ने ही पुरुष को हमेशा संघर्षों के लिए प्रेरित किया है। असफलताओं में उसे टूटने से बचाया है।

आज की गृहिणी आर्थिक आत्मनिर्भरता के लिए अग्रसर है और उसने स्वयं को परिवार का कर्ता के रूप में प्रस्तुत करना प्रारम्भ कर दिया है। आर्थिक आत्मनिर्भरता प्राप्त करती गृहिणियों का यह वर्ग यदि अपनी सोच को सहयोगी बना लेता है, तो सफलताएं उसकी दासी बन जाती हैं। दूसरों से स्पर्द्धा की सोच आपके परिवार में खुशहाली, समृद्धि और प्रसन्नता नहीं ला सकती। सहयोगी वृत्ति आपके व्यक्तित्व को समृद्ध बनाती है, आपका सामाजिक जीवन सार्थक बनता है। इसलिए परिचय क्षेत्र के लोगों, मित्रों, सह-कुटुम्बियों के प्रति सद्भाव और आदर भाव रखकर आप उनके दिल में स्थान बना सकती हैं। स्पर्द्धा कर उन्हें पीछे धकेलने की सोच आपको कभी भी प्रतिष्ठा नहीं दिला सकेगी। कठिनाई और विषम परिस्थितियों में अपनों का सहारा लें, अपनों का सहारा बनें। कठिन समय में आपका दिया हुआ सहयोग उन्हें बहुत दिनों तक याद रहेगा और वे आपके प्रति हमेशा कृतज्ञ बने रहेंगे।

अपनी आर्थिक क्षमता को भलीभांति जानें और सामर्थ्य के अनुरूप ही खर्च करें। दूसरों की बराबरी करने की मानसिक सोच से प्रेरित होकर फिजूल खर्ची कर जगहंसाई की पात्र न बनें।

अध्याय 3

गृहिणी के गुण

गुण कोई भौतिक वस्तु अथवा अभ्यास नही, यह तो एक जीवन-शैली है, जीवन के प्रति सोच है, जो गृहिणी को स्वतः ही प्राप्त होते हैं। इस विषय में केवल इतना ही ध्यान रखें कि गुण उस सुगंध के समान है, जो प्रकृति ने फूलों में दी है। गृहिणी में यदि शालीनता, शिष्टता, स्निग्धता, सहनशीलता न हो, तो वह परिवार को क्या देगी ? ये गुण ही तो हैं, जो उसे सफल गृहिणी का मान-सम्मान दिलाते हैं।

प्राचीन धर्मग्रंथों, आधुनिक विचारकों, लोक रीति-रिवाजों के परिप्रेक्ष्य में सफल गृहिणी में कुछ गुणों की कल्पना की गई है। उन्हीं गुणों को लोगों ने विविध प्रकार से सराहा है। यदि गृहिणी कुछ व्यावहारिक सोच अपनाए, तो उसमें निम्न गुणों का विकास हो सकता है। समग्र रूप से यही गुण ही गृहिणी को सफल बनाते हैं।

शारीरिक सुंदरता तो ईश्वर की देन है। इस विषय में मन में किसी प्रकार की हीनता लाना न केवल मूर्खतापूर्ण व्यवहार है, बल्कि नासमझी भी है। इसलिए अपने शारीरिक सौंदर्य की अथवा रूप-रंग की चिंता न करें। अपने आप में उन मानवीय गुणों को विकसित करें, जो गृहिणी की छवि को निखारते हैं।

शिक्षा

यह हमारे देश का दुर्भाग्य है कि यहां स्त्री-शिक्षा की स्थिति बहुत अच्छी नहीं रही है। लड़कियों को पढ़ाने-लिखाने की जब भी बात कही जाती है, तो आज भी यही सुनने को मिलता है—'ना भाई ना...हम लड़कियों को ज्यादा पढ़ाने लिखाने के पक्ष में बिलकुल नहीं हैं। हमें कौन-सी लड़कियों की कमाई खानी है, उससे नौकरी तो करानी नहीं है। ससुराल में जाकर बनानी तो उसे रोटियां ही हैं, बी.एस-सी. करा लो चाहे एम.ए... ज्यादा पढ़-लिख जाएगी, तो मुसीबत तो हमारी ही बढ़ेगी। ज़्यादा पढ़ा-लिखा लड़का ढूंढ़ो, ज्यादा दहेज जुटाओ...फिर ज़्यादा पढ़े-लिखे लड़के मिलते कहां हैं हमारी जात में...हमारी रीता को ही देख लो, बी.ए., बी.एड. है और लड़का मैट्रिक फेल...कैसे एडजस्ट करती होगी बेचारी... सुनीता चिट्ठी-पत्री लिख लेती है...इतना ही काफी है...तुम तो जानती हो जमाना बड़ा खराब है... ।'

लड़कियों की शिक्षा के बारे में इस तरह के दक़ियानूसी विचार ही लड़कियों की शिक्षा के मार्ग में सबसे बड़े बाधक हैं। कितने आश्चर्य की बात है कि पढ़े-लिखे और शहरी समाज के परिवारों के जब ये विचार हैं, तो गांव, कसबों में स्त्री-शिक्षा की क्या स्थिति होगी, आप ही अनुमान लगा लीजिए। न जाने क्यों लोग शिक्षा को नौकरी की सार्थकता से जोड़ने लगते हैं। गांवों में तो स्त्री-शिक्षा के बारे में लोगों के विचार काफी पिछड़े हुए हैं। स्वतंत्रता के बाद भी स्त्री-शिक्षा के प्रति हमारी यह उदासीनता का ही परिणाम है कि आज हम अनेकानेक रूढ़ियों और अंधविश्वासों से जुड़े हुए हैं। धर्म के नाम पर आज हम पग-पग पर ठगी जाती हैं। सबसे बड़ी बात तो यह है कि ठगे जाने के बाद भी हमारे विचारों और सोच में कोई परिवर्तन नहीं आता। भाग्य और किस्मत के सहारे पड़ी हज़ारों गृहिणियों का सामाजिक और आर्थिक

शोषण होता है, लेकिन वे अन्याय के सामने मुंह नहीं खोलतीं। दहेज और अनमेल विवाह की सैकड़ों घटनाएं रोज़ घटती हैं, बहुओं को जलाने की खबरें अब नई नहीं हैं। महिलाओं की सुरक्षा और संरक्षण की सारी योजनाएं ठंडे बस्तों में बंद रहती हैं। महिलाओं की सुरक्षा और संरक्षण के नाम पर कानून तो बहुत हैं, लेकिन कितने क्रियान्वयन होते हैं, यह सब आप से छिपा नहीं है। महिलाओं और गृहिणियों के प्रति अन्याय, शोषण और प्रताड़ना की घटनाएं कदम-कदम पर दोहराई जाती हैं। पुरुष वर्ग की मानसिकता यह है कि वह आज भी औरत को 'पैरों की जूती' 'भोग्या' 'बाजारू वस्तु' समझता है, लेकिन महिलाएं इसलिए कुछ नहीं कहतीं कि वे यह समझती हैं कि यह सब तो 'औरत की नियति' है।

जब पहले ही दिन से उसे यह सुनने को मिलता है कि 'पढ़-लिखकर क्या करेंगी, बनानी तो रोटियां ही हैं।' तो वह समझती है कि रोटियां बनाना, बच्चे पैदा करना ही उसकी नियति है, उपयोगिता है। इसमें शिक्षा की क्या आवश्यकता है ? पढ़ना-पढ़ाना तो फिजूल की बातें हैं, और यही कारण है कि लड़कियों को तब भी स्कूल, कॉलेज से दूर रखा जाता था और आज... ।

आज स्थिति में कुछ परिवर्तन आया है। यद्यपि आज भी शत-प्रतिशत साक्षरता का लक्ष्य प्राप्त नहीं हुआ है, फिर भी लड़कियों की शिक्षा के महत्त्व को स्वीकार कर अनेक प्रयास किए जा रहे हैं। वास्तव में इन सबके पीछे एक ही उद्देश्य है कि लड़कियां पढ़-लिखकर सफल गृहिणी बनें।

शिक्षित गृहिणी की मानसिक सोच व्यापक होती है। जीवन और परिवार के प्रति उसकी एक अपनी मौलिक सोच होती है, अंधविश्वासों से हटकर वह अपने परिवार को प्रगतिशील सोच प्रदान करती है। वास्तव में अब लोग स्त्री-शिक्षा के महत्त्व को समझने लगे हैं। विवाह संबंधी प्रत्येक विज्ञापन के प्रारम्भ में ही इस बात को स्पष्ट कर दिया जाता है कि आवश्यकता है पढ़ी-लिखी सुशील कन्या की...।

इतना सब होने के बाद भी आज स्कूल, कॉलेज में जाने वाली लड़कियों की संख्या पंद्रह-बीस प्रतिशत से अधिक नहीं है। वास्तव में स्त्री-शिक्षा को नौकरी से जोड़ने की एक भ्रामक भूल लोगों के दिल में घर कर गई है।

इस संबंध में एक दार्शनिक विचार यह है कि जब एक लड़का पढ़ता है, तो वह केवल स्वयं को सजाता-संवारता है, लेकिन जब एक लड़की पढ़-लिख जाती है, तो वह पूरे परिवार को सजाती-संवारती है, इसलिए समाज में नारियों का शिक्षित होना पूरे समाज और राष्ट्र को प्रभावित करता है।

शिक्षा गृहिणी को नई सोच प्रदान करने वाला गुण है, वह गृहिणी को आत्मनिर्भर तो बनाती ही है, साथ ही उसकी मानसिक और वैचारिक सोच को भी प्रभावित करती है। हमें यह ध्यान रखना चाहिए कि शिक्षित गृहिणी की सोच, आचरण, व्यवहार में अंतर होता है। वह साहस के साथ विषम परिस्थितियों का सामना कर सकती है। अपने अधिकारों के लिए संघर्ष कर सकती है। विषम परिस्थितियों में भी वह सम्मानजनक समझौता कर अपने पारिवारिक जीवन से संतुष्ट रह सकती है। इस परिप्रेक्ष्य में इतना समझ लेना चाहिए कि आज भी पढ़ी-लिखी कामकाजी महिलाओं की अपेक्षा पढ़ी-लिखी गृहिणियां ही अधिक हैं। जो गृहिणियां पढ़ी-लिखी हैं, उन्हें अपने पढ़े-लिखे होने पर गर्व है। जो गृहिणियां पढ़-लिखकर नौकरी नहीं करती हैं, वे समाज और परिवार के लिए अन्य अनेक महत्त्वपूर्ण काम करती हैं, जो पैसे कमाने से अधिक महत्त्वपूर्ण है। उनकी शिक्षा पारिवारिक अपेक्षाओं का आधार है, वे अपनी पारिवारिक अपेक्षाओं को इसलिए पूरा कर रही हैं, क्योंकि वे पढ़ी-लिखी हैं।

शिक्षा के अन्य अनेक पारिवारिक पक्ष हैं। सफल गृहिणी तो अपने बच्चों का पालन-पोषण, उनकी पढ़ाई लिखाई, उनकी देखभाल, परिवार में रोगी की देखभाल आदि सब इसलिए कर लेती है, क्योंकि वह शिक्षित होती है। गृहिणी को अपने घर की सफाई, परिवार में आने वाले सहकुटुंबियों, मेहमानों आदि से शिष्टाचार युक्त व्यवहार करना पड़ता है। मुहल्ले, पड़ोस के लोगों के साथ शालीनता और शिष्टता से पेश आना पड़ता है, परिवार के सदस्यों के स्वास्थ्य आदि का ध्यान भी रखना पड़ता है। क्या ये सब व्यवहार कोई अशिक्षित गृहिणी सफलतापूर्वक कर पाती है ? यदि यह मान भी लिया जाए कि वह ऐसा कर लेती है, तो भी इतना अवश्य है कि शिक्षित और अशिक्षित के व्यवहार में कुछ तो अंतर होगा और वह अंतर ही कभी-कभी बहुत अधिक हो जाता है।

ग्रामीण महिलाओं का क्षेत्र बड़ा सीमित होता है, इसलिए उनके विषय में तो एक बार यह सुना जा सकता है, लेकिन शहरी महिलाओं का क्षेत्र अपेक्षाकृत उनसे व्यापक होता है। पढ़ी-लिखी गृहिणी वह चाहे मां हो, बेटी हो, पत्नी हो, प्रशासनिक अधिकारी हो; अपने पारिवारिक संबंधों में विकृति नहीं आने देगी। इस दृष्टि से स्त्री-शिक्षा की सार्थकता स्वयं सिद्ध हो जाती है।

स्नेहयुक्त पारिवारिक वातावरण पढ़ी-लिखी गृहिणी की देन है। इस प्रकार का स्वस्थ और स्वच्छ वातावरण परिवार के सदस्यों को तनावरहित बनाता है और तभी परिवार का प्रत्येक सदस्य अपने सामाजिक और राष्ट्रीय दायित्वों को भली प्रकार से पूरा करता है। वास्तव में शिक्षित वातावरण ही उन्हें प्रेरित और प्रोत्साहित करता है कि वे प्रगति करें। निरन्तर नई-नई सफलताएं प्राप्त करें। इस प्रकार की प्रेरणा उन्हें घर से ही मिलती है और पत्नी रूपी गृहिणी से ही मिलती है। यदि आप साधन संपन्न हैं, तो अपनी इस संपन्नता का लाभ समाज के ऐसे वर्ग को दें, जिसे आपके सहयोग और सहायता की आवश्यकता है। निर्बल और असहायों का सहारा बनें। किसी सामाजिक, सांस्कृतिक अथवा धार्मिक संस्था से जुड़ें। रेडक्रास, आर्य समाज, महिला कल्याण समिति आदि ऐसी अनेक संस्थाएं हैं, जिन्हें आपके सहयोग की आवश्यकता है। पढ़-लिखकर ही आप इनसे जुड़ सकती हैं। पढ़ी-लिखी होने के कारण सदैव विवेक से काम लें, ताकि कोई अन्य व्यक्ति अथवा संस्था आपकी उदारता और सहृदयता का अनुचित लाभ न उठा सके।

19

आपकी शिक्षा की सार्थकता इसमें है कि आप अपने पारिवारिक और सामाजिक वातावरण को कितना प्रभावित करती हैं। उसकी प्रगति, सुख-समृद्धि और सफलता में कितना योगदान करती हैं। पढ़-लिखकर अपनी इन अपेक्षाओं को पूरा करें। यदि नौकरी करना आवश्यक हो, तो अवश्य करें। अपनी योग्यता, प्रतिभा और क्षमता को जानें और उसके अनुसार ही किसी संस्था से जुड़ें। आर्थिक आत्मनिर्भरता प्राप्त करें, व्यस्त पति के साथ सहयोग करें। उनके कामों में हाथ बटाएं। पति के कारोबार में भी आप सहयोग कर सकती हैं।

सामान्यतया पढ़ी-लिखी अथवा शिक्षित गृहिणी से निम्न अपेक्षाएं की जाती हैं—

- अपने पारिवारिक, सामाजिक और कामकाजी जिम्मेदारियों को पूरी निष्ठा और ईमानदारी के साथ निभाती हो। वह अपने इन्हीं गुणों को विरासत के रूप में अपने पुत्र-पुत्रियों को देती है। इसीलिए कहा जाता है कि स्त्री-शिक्षा पर व्यय किया गया धन तीन गुणा ज्यादा लाभ देता है।
- शिक्षित नारी में निरन्तर सीखने की ललक बनी रहती है। महानगरीय जीवन में ही नहीं, बल्कि छोटे-छोटे शहरों और कसबों में भी गृहिणियां कुछ-न-कुछ सीखती-सिखाती रहती हैं। वे हमेशा सीखने के लिए तैयार रहती हैं। पढ़ी-लिखी स्त्रियां दूसरों का मान-सम्मान भी अधिक करती हैं।
- वैचारिक संकीर्णता से भी दूर रहती हैं। लड़ाई-झगड़ों से बची रहना चाहती हैं। नई पीढ़ी में सास-बहू के विवाद पढ़ी-लिखी गृहिणियों के लिए किताबी बातें रह गई हैं। जीवन के प्रति उनकी सोच में अंतर आया है।
- पढ़ी-लिखी महिलाओं ने जीवन के अर्थहीन मूल्यों, रूढ़ियों, दकियानूसी विचारों, अन्धविश्वासों को नकारा है।
- टी.वी., समाचार-पत्र, पत्रिकाओं के माध्यम से उसने नई जानकारियां प्राप्त की हैं। आधुनिक जीवन-शैली को अपनाया है। खाने-खिलाने के प्रति उत्सुकता जागृत हुई है।
- पढ़ी-लिखी गृहिणी अपने खाली समय का सदुपयोग गृह-सज्जा, खाने की विविधता, किचन गार्डन, बच्चों की पढ़ाई-लिखाई जैसे रचनात्मक कार्यों में करने लगी है।
- पर निन्दा में उसकी रुचि कम हुई है। बिना मांगे सलाह देने, बीच-बीच में बोलने की आदत खत्म हुई है और सजने-संवरने के प्रति उसकी रुचि जागृत हुई है।
- पढ़ी-लिखी गृहिणी का परिचय क्षेत्र बढ़ा है। निकट संबंधियों से उसके संबंध मधुर बने हैं। पर्यटन के प्रति उसकी रुचि में अंतर आया है। अवसर के अनुकूल वह भी घर में पार्टियों का आयोजन करने लगी है। ऐसे अवसरों पर बधाई देना, शुभकामनाएं प्रकट करना, आशीर्वाद देना जैसी औपचारिक बातें, उपहार देना अथवा लेना प्रतिष्ठाजन्य आचरण समझने लगी हैं। इस प्रकार की सोच से उसका सामाजिक क्षेत्र बढ़ा है। मेहमानों में उसकी मान-प्रतिष्ठा बढ़ी है।

आधुनिक जीवन-शैली के अनेक ऐसे काम हैं, जो अब गृहिणियों को ही करने पड़ते हैं। बच्चों की पढ़ाई-लिखाई, उनका होमवर्क, घर के खर्चों का हिसाब, पारिवारिक बजट के अनुसार व्यय, नल, बिजली, टेलीफोन के बिलों का भुगतान, मार्केटिंग, मुहल्ले-पड़ोस की सामाजिक संस्थाओं से जुड़ाव, मनोरंजन के लिए टी.वी. चैनलों का चुनाव, उसका भुगतान, किटी पार्टियों का आयोजन अथवा उसमें भाग लेना आदि ऐसे व्यवहार हैं, जो पढ़ी-लिखी गृहिणियों को करने पड़ते हैं। आजकल बहुत से सामाजिक आयोजन भी होटलों में होने लगे हैं। अनेक वर्कशाप, सेमीनार, गोष्ठियां आदि भी होती रहती हैं। इन सब में भी महिलाओं-गृहिणियों को अपनी भागीदारी दर्ज करानी पड़ती है। इन सब के लिए भी गृहिणी का शिक्षित होना परम आवश्यक है। गृहिणी का कार्यक्षेत्र अब चारदीवारी तक सीमित नहीं रह गया है। ऐसी लाखों गृहिणियां हैं, जिन्हें वाणिज्य, उद्योग और मीडिया से जुड़कर उसमें अपनी प्रतिभा का उपयोग करना पड़ता है। वास्तव में ऐसी महिलाओं का शिक्षित होना ही उनके लिए वरदान सिद्ध हुआ है।

सामाजिक हीनता से बचने के लिए भी शिक्षा आवश्यक है। पढ़ने-लिखने और सीखने की कोई उम्र नहीं होती, इसलिए इस विषय में जब जागें, तब सवेरा का सिद्धांत अपनाएं और शिक्षित बनें। शिक्षित गृहिणी ही अपने परिवार को 'स्वीट होम' बना सकती है। सफल गृहिणी होने का गर्व व गौरव प्राप्त कर सकती है।

विनम्रता

गृहिणी का दूसरा प्रमुख गुण विनम्रता है। विनम्रता से हमारा आशय इतना ही है कि वह अपनी भाषा, बोल-चाल, संबोधनों में इतनी नम्रता लाए कि सुनने वाला प्रभावित हुए बिना न रह सके।

सामाजिक जीवन में कुछ महिलाएं जब भी बोलती हैं इतना कर्कश, तीखा बोलती हैं कि सुनने वाले का दिल दहल जाए। ऐसी औरतों के बारे में कहा जाता है कि जब भी बोलेगी, कफन फाड़कर बोलेगी...इस विषय में जिन्हें गुलेरी जी की कहानी 'उसने कहा था...' स्मरण हो अथवा आपने पढ़ी हो, तो उसमें अमृतसरी पंजाबी बोली के वे मधुर संबोधन अवश्य स्मरण होंगे। 'भ्रां जी... ।' 'नी करमा वालिए... नी' 'पुत्ता प्यारिए' 'उमरा वालिए' जैसे संबोधनों का प्रयोग राह चलती महिलाओं के प्रति अभिव्यक्ति ही विनम्रता है। भीड़ भरे रास्तों पर जब तांगे वाले, 'खालसा जी', 'भाई जी', 'लाला जी' का संबोधन करते हैं, तो ऐसे लोगों से एक अनजान आत्मीयता स्वतः ही पैदा हो जाती है। इसी कहानी में एक स्थान पर प्रेम की अभिव्यक्ति भावनाओं के संबोधन को तीन शब्दों में व्यक्त कर कहानीकार ने आंतरिक मन की विनम्र अनुभूतियों को जिस आत्मीयता के साथ अभिव्यक्त किया है, वही विनम्रता का भाव है। 'देखते नहीं, यह रेशम से कढ़ा हुआ शालू... ।'

साहित्य समाज का दर्पण होता है। आज भी जहां हमें सामाजिक, पारिवारिक जीवन में परस्पर मधुर और आत्मीय संबंध स्थापित करने होते हैं, वहां हम विनम्रता से पेश आते हैं। विनम्रता का यह व्यवहार आत्मीयता प्रकट करता है, शिष्ट होता है और परस्पर में जोड़ने वाला होता है।

विनम्रता का यह व्यवहार ही गृहिणी को सामाजिक सुरक्षा प्रदान करता है और प्रत्युत्तर में उसे अपनों से सहयोग मिलता है। इससे एक-दूसरे के प्रति सहयोगी भावना बढ़ती है। विनम्रता ही हमें एक-दूसरे के निकट लाती है। हमारा सारा पारिवारिक जीवन परस्पर में विश्वास के साथ जुड़ा है। संबंधों का यह विश्वास ही हमें एक-दूसरे के प्रति समर्पित होने की प्रेरणा देता है। विनम्रतापूर्ण संबोधन पाकर ये संबंध प्रगाढ़ बनते हैं। पति-पत्नी, पिता-पुत्र, सारे संबंध एक विश्वास और मर्यादा पर टिके हैं और हमें इन मर्यादाओं का कदम-कदम

पर निर्वाह करना चाहिए। विनम्रता पूर्वक ये संबोधन ही हमें एक-दूसरे से जोड़ते हैं। 'मां जी... ।', 'बड़ी दीदी', 'दीदी', 'भाई साहब', 'वीर जी... ।', 'भाई जान', 'लालाजी', 'बड़ी बी... ।' 'अंकल', 'भाभी जी' जैसे संबोधन देकर ही गृहिणियां दूसरों के दिल में अपने लिए स्थान बनाती हैं। आप भी इस भाव और भावना से प्रेरित होकर विनम्रतापूर्वक अपना परिचय क्षेत्र बढ़ाएं और संबंधों का निर्वाह करें। गृहिणी के रूप में आप जब भी संपर्क में आने वाले को आत्मीयतापूर्ण इस प्रकार का संबोधन देती हैं, तो जहां आप स्वयं कुछ सीमाओं में बंध जाती हैं, वहीं दूसरा भी आपके प्रति मानसिक रूप से कुछ संयत, मर्यादित हो जाता है। अनुशासन का यह दोहरा व्यवहार केवल विनम्रता से ही पैदा होता है। इस प्रकार का व्यवहार पाकर दूसरे भी सरलता से अपनी सीमाओं का उल्लंघन नहीं कर पाते।

अतः आप अपने सामाजिक और पारिवारिक जीवन में विनम्रता के इस आदर्श को स्वीकारें। यह आपके व्यक्तित्व की विशेषता बनेगा, वहीं आपके प्रति भी लोगों के मन में आस्था पैदा होगी। पवित्र स्नेह का सागर लहरें मारेगा और आप अपने सामाजिक जीवन में सबसे मान-प्रतिष्ठा प्राप्त कर सकेंगी।

अपनी बातचीत के क्रम में हमेशा विनम्रतापूर्वक दूसरों को 'जी...' 'जी हां...' 'जी सर...', 'पहले आप...' 'बैठिए प्लीज...' जैसे संबोधनों का प्रयोग करें। घर आए मेहमानों से अति उत्साह के साथ मिलना, उनसे मैत्री चाहने के लिए अति उत्साह दिखाना आपको दूसरों की नज़रों से गिरा सकता है। आशय यह है कि आपकी वाणी में विनम्रतापूर्वक आत्मीय संबोधन हो। आप चाहे किसी को नाम लेकर पुकारें अथवा उनकी मान-प्रतिष्ठा के अनुकूल कोई और संबोधन दें, आपकी वाणी में मधुरता और आत्मीयता का अहसास हो। यदि आप कामकाजी हैं और आपको घर और बाहर की दोहरी भूमिका निभानी पड़ती है, तो भी विनम्रता पूर्वक पहल करें। पहले अपना परिचय दें, फिर आप दूसरे का परिचय लें। हमेशा शिष्टता और शालीनता का ध्यान रखें। अपना परिचय केवल कुछ ही शब्दों में दें, उनके बारे में ही अधिक जानें, जिनसे परिचय कर रही हैं।

कुछ महिलाएं विनम्रता के नाम पर मुहल्ले-पड़ोस से कुछ अधिक ही घरोपा बना लेती हैं। ऐसा घरोपा पालने में वे

एक-दूसरे से कटोरियों का आदान-प्रदान भी करने लगती हैं। ऐसे संबंधों को बनाने में अति उत्साह का परिचय न दें, बल्कि संबंधों को सहज-सरलता के साथ बढ़ने-पलने दें।

परिवार में, मुहल्ले-पड़ोस में, कामकाजी जीवन में वैचारिक मतभेद होना स्वाभाविक व्यवहार है। अतः ऐसे किसी व्यक्ति, सहकर्मी से, वह चाहे महिला हो अथवा पुरुष; यदि आपकी पटरी मेल नहीं खाती, तो संबंध इतने सामान्य बनाकर रखें कि उनमें कहीं भी वैमनस्यता अथवा कटुता न आने पाए। आदर्श गृहिणी के बारे में तो यही कहा जाता है कि वह पुरुष की, परिवार के सदस्यों की सच्ची सलाहकार होती है, लेकिन यदि किसी से कोई गलती हो भी जाए, तो भी वह विनम्रता पूर्वक क्षमा करने वाली होती है।

विनम्रता के साथ परस्पर संबंधों का निर्वाह करें, ये संबंध ही प्रगतिशील जीवन की पहचान हैं, अपनी इस पहचान को गृहिणी के रूप में कहीं भी धूमिल न होने दें।

समानता

गृहिणी का तीसरा गुण उसमें सबके साथ समान व्यवहार करने की आदत होनी चाहिए। उसके इस गुण की तुलना मुखिया के गुण से करनी चाहिए। वास्तव में कई परिवारों में तो गृहिणी ही परिवार का मुखिया होती है।

'मुखिया मुख सो चाहिए खान पान सो एक...।' आशय यह है कि गृहिणी को परिवार के प्रत्येक सदस्य की आवश्यकताओं का ख्याल रखना चाहिए। यदि परिवार का कोई सदस्य वृद्ध है, कोई बच्चा मंद बुद्धि है–विकलांग है, कोई बहू गर्भ से है अथवा कोई बच्चेवाली है, किसी का पति बाहर परदेस में है, तो इन सबका ख्याल रखे। कोई भी सदस्य अपने आपको उपेक्षित, अकेला, असहाय, कमजोर न समझे। प्रत्येक सदस्य की कहां शादी होनी है, कौन-सा घर-वर उसके अनुकूल है, इन सब बातों का ख्याल भी गृहिणी को ही रखना पड़ता है। वास्तव में गृहिणी परिवार की 'गृहमंत्री' होती है। यदि गृहिणी के परिवार में अन्य बहुएं हैं, ननदें हैं, देवरानी, जेठानी हैं, तो इन सबसे कुछ इस प्रकार से तालमेल बिठाएं कि उनमें या आप में कहीं भी टकराव अथवा तनाव की स्थिति पैदा न हो। यदि परिवार का सदस्य वैचारिक मतभेदों के कारण आपके साथ रहना नहीं चाहता, तो व्यापक सोच अपनाएं और उसे अलग रहने के लिए

स्वतंत्र करें। वास्तव में इस प्रकार की सोच जहां पारिवारिक संबंधों में मधुरता लाती है, वहीं सबको अपने-अपने तरीके से रहने-खाने की स्वतंत्रता भी प्राप्त होती है। इसलिए घुटन भरी ज़िन्दगी जीने के लिए परिवार के किसी सदस्य को विवश न करें। यह हो सकता है कि आप यह सोचें कि इससे बदनामी होगी... 'लोग बुरा थोड़े ही समझते हैं...।' लेकिन इससे भी बड़ी समस्या यह है कि क्रोध, वितृष्णा और आत्मग्लानि से पीड़ित युवा लड़के, लड़कियां क्या कदम उठाएं। यह भी तो आप नहीं जानतीं। इसलिए यह बहुत आवश्यक है कि उन्हें विवश न करें।

कभी-कभी कुछ गृहिणियों की सोच में असमानता का भाव पैदा हो जाता है। वह परिवार में ही असमानता का व्यवहार करने लगती हैं। ऐसे परिवार में बिखराव की दरारें शीघ्र चमकने लगती हैं। हमारे सामाजिक जीवन में गृहिणी को हमेशा यही सीख दी जाती है कि 'पात में दो भात' नहीं होते। इसके परिणाम अच्छे नहीं निकलते।

सुनीता का भरा-पूरा परिवार इसलिए बिखराव के कगार पर पहुंच गया, क्योंकि सुनीता सास-श्वसुर को खाना देने के बाद पति के आने पर कुछ विशिष्ट बनाती। एक-दो दिन तो पति ने यह सब सहा, आखिर वह यह सब भेद-भाव सहन न कर सका। उसे स्वयं अपने खाने पर ही आत्मग्लानि होने लगी और फिर एक घुमड़ता हुआ असंतोष फूट पड़ा। सुनीता को उसके इस असमान व्यवहार के लिए न केवल भला-बुरा सहना पड़ा, बल्कि पति ने घर पर खाना ही छोड़ दिया। सुनीता को अपने इस व्यवहार के कारण शास-श्वसुर से माफ़ी मांगनी पड़ी और भविष्य में ऐसा न करने के लिए वचन देना पड़ा।

परिवार में सबको समान रूप से मान-सम्मान देने से ही गृहिणी की इज्जत बढ़ती है। गृहिणी के इस व्यवहार के बदले ही परिवार के अन्य सदस्य गृहिणी के प्रति समर्पित होते हैं। उसकी आज्ञाओं का पालन करते हैं।

समानता के इस व्यवहार के लिए कभी-कभी गृहिणी को बड़े 'दौर' से गुजरना पड़ता है। वह धर्म संकट में फंस जाती है, लेकिन वास्तव में इन क्षणों में भावनाओं से परे हट कर केवल कर्त्तव्यों का पालन करना चाहिए।

अहंकार से बचें

आधुनिक व प्रगतिशील सोचवाली गृहिणियों में अपनी सुंदरता,

प्रगतिशीलता और अपने कमाऊ होने का इतना भूत सवार रहता है कि वे अपने सामने दूसरों को कुछ समझती ही नहीं। बात-बात में 'मेरी बला से...। मैंने सबका ज़िंदगी भर का ठेका थोड़े ही ले रखा है...।' जैसी अहम् भरी बातें करती हैं।

इस संबंध में श्रीमती रज़िया बोली, ''मैं चाहे कितनी भी योग्य, बड़ी और प्रतिभाशाली क्यों न हो जाऊं, आखिर मुझे रहना तो उनके नियंत्रण में ही है, बीबी बनकर। मेरा यह एम.एस-सी पास होना, यह ऊंचा ओहदा, पांच अंकों में मिलने वाली तनख़ाह, यह रोब-रुतबा सब उस समय फीके लगने लगते हैं, जब घर जाते ही 'अम्मी जान' मेरी प्रशासनिक स्थिति की ज़रा भी परवाह न करते हुए घर में पैर रखते ही कह उठती हैं, ''कितनी देर कर दी रज़िया...देख आज पांच-सात मेहमान आ रहे हैं, उन सबका खाना तो बना दे...।'' तब ऐसा लगता है जैसे मैं कोई खरीदी गई बांदी हूं, इस घर की नौकरानी हूं। अंदर-ही-अंदर मैं इतना टूट जाती हूं कि तुम्हें क्या बताऊं ?''

''समझ में नहीं आता उनसे ज़्यादा कमाती हूं, ज़्यादा पढ़ी-लिखी हूं। ईश्वर की कृपा से रंग-रूप भी कोई बुरा नहीं है, फिर भी जब देखो, तब ताने-ही-ताने...व्यंग्य और हमेशा जली-कटी बातें...रोज-रोज की किट-किट इन सबसे तो अच्छा है कि सब को मुंह तोड़ जवाब दूं...सब-के-सब सीधे हो जाएं...।''

उच्च और अहम् भरी बातों की त्रासदी से त्रसित ये कुछ ऐसी गृहिणियों के विचार और उदाहरण हैं, जिनकी बातों में अहम् की बू आती है। उच्चता अथवा अपने 'सुपर' होने का यह कम्पलैक्स आज की उच्च परिवारों की गृहिणी की अपनी सोच है। आधुनिक समाज और परिवारों में अपनी इस अहम्-भरी सोच के कारण दांपत्य संबंधों में कटुता है। जो गृहिणियां इससे प्रभावित हैं, वे वास्तव में परिवार में सामंजस्य नहीं कर पा रही हैं और उन्हें केवल अपनी इस अहम्-भरी सोच के कारण ही अपनों के स्नेह से वंचित होना पड़ रहा है।

इसमें संदेह नहीं कि आर्थिक स्वतंत्रता ने गृहिणियों के जीवन को प्रभावित किया है। इससे जहां स्त्रियों में आत्मविश्वास और आत्मनिर्भरता की भावना जागृत हुई है, वहीं इन भावनाओं ने ही कहीं-न-कहीं पत्नी में, गृहिणी में उसके अहम् को भी जागृत किया है।

अहम् भरी इस सोच के कारण पति-पत्नी में टकराव की स्थिति निर्मित होने लगी है। एक दूसरे से श्रेष्ठ, बड़ा, सुपर बनने की होड़ पैदा हो गई है। यही होड़ एक-दूसरे को नीचा दिखाने जैसी विकृत स्थिति में पहुंच गई है। एक-दूसरे की सोच में अविश्वास की भावनाएं पैदा होने लगी हैं। यही अविश्वास दांपत्य संबंधों में दूरियां बढ़ाने में लगा हुआ है। पति-पत्नी एक ही छत के नीचे रहते हुए कई-कई दिनों तक नदी के दो किनारों जैसा जीवन जीते हैं। उनमें इस प्रकार की दूरियां उन्हें कहां ले जाएंगी ?

पुरुष प्रधान सामाजिक व्यवस्था में यदि पति कठोर, सनकी, जिद्दी और सुपर बनने वाला होगा, तो पति-पत्नी में समन्वय के अभाव में यह अहम् ही टकराव का कारण बनेगा, इसलिए परस्पर के इस टकराव को टालना बहुत ही आवश्यक है। गृहिणी ही इस टकराव को खत्म कर सकती है। इस विषय में गुरुनानक ने एक ही सलाह दी है—'एक ने कही दूजे ने मानी, नानक कहें दोनों ज्ञानी।'

अहम् भावनाएं पालना अथवा अहम् की सीमाओं में रहकर आत्मकेंद्रित होना पारिवारिक संबंधों पर प्रतिकूल प्रभाव डालता है। पारिवारिक स्नेह, खुशी, सुख-समृद्धि और परस्पर विश्वास के लिए गृहिणी को समन्वय कर अहम् से ऊपर सोचना चाहिए। इसमें अपने कमाऊ होने अथवा सुंदर होने पर इतराना जरूरी नहीं।

अपनी पारिवारिक स्थिति का मूल्यांकन करें। अहम् से ऊपर उठकर अपने आपको टूटने से बचाएं। यदि आप दूसरों से अधिक सुंदर हैं, प्रतिभावान हैं, योग्य हैं, साधन संपन्न हैं, तो अपनी इस योग्यता अथवा प्रतिभा का लाभ दूसरों को दें। हमेशा अपने घर में ही अपनी खुशियां तलाशें। पति की कमजोरियों, हीनताओं को उछालने से आपकी मान-प्रतिष्ठा कभी नहीं बढ़ेगी। न ही परिवार के सदस्यों को नीचा दिखाने की सोच पालें।

अपने अहम् की संतुष्टि के लिए दूसरों की कमियों, दोषों अथवा अभावों को न देखें, बल्कि दूसरों के गुणों को देखें। परिवार के अन्य सदस्यों की योग्यता और गुणों को भी मान्यता प्रदान करें। 'घर की मुर्गी दाल बराबर...' न मानें।

अपने दृष्टिकोण को व्यापक बनाएं, पति अथवा पत्नी से प्रेरणा लें, उन्हें अपना संबंल मानें। पति अथवा परिवार के सदस्यों पर गर्व करें। 'मेरे अपने हैं...' का गर्व-गौरव प्राप्त करें। आपका गर्व-गौरव, अहम् तभी सुरक्षित रह सकता है, जब आप अपने से छोटों को साथ लेकर चलती हैं। आपका बड़प्पन तो छोटों से ही सुरक्षित रह सकता है। इसलिए आप टूटे परिवार जोड़ें। आप अनुभव करेंगी कि टूटने से जुड़ना ज़्यादा आसान है।

मधुर वाणी

मधुर वाणी गृहिणी का एक ऐसा गुण है, जिससे वह दूसरों के दिल में अपने लिए स्थान बना लेती है। अपनी वाणी को मधुर, कोमल, स्निग्ध और सरस बनाएं।

कमला ने आखिर तंग आकर रागिनी से कह ही दिया, 'रागिनी यह बता, तू चुप होने का क्या लेगी ?' कहने को तो बात बड़ी छोटी-सी थी, लेकिन वास्तव में यह समझदार के सामने डलिया रखने जैसी ही थी। इस प्रकार टिप्पणी उन गृहिणियों के लिए की जाती है, जो बिना सोचे-समझे कुछ भी बोलती रहती हैं। कुछ महिलाएं बात-बात में, बिना विषय पर बात करती रहती हैं। ऐसी औरतों को कई बार तो काफ़ी नीचा भी देखना पड़ता है।

आप चाहे सामाजिक जीवन में हों अथवा कामकाजी जिंदगी में, परिवार में हों अथवा पति के साथ; अपनी बातचीत को अत्यंत संक्षिप्त, शिष्ट और मधुर बनाएं। आप तब तक न बोलें, जब तक कि आप से कुछ पूछा न जाए अथवा आपका बोलना जरूरी न हो।

दूसरों की बातचीत में न बोलें। आप अपने विचार, अपने तर्क, अपनी सलाह दूसरों को तब तक न दें, जब तक कि कोई आपसे पूछे नहीं। अपने आपको आवश्यकता से अधिक बुद्धिमान, पढ़ा-लिखा, योग्य, चतुर, प्रगतिशील, सुंदर और होशियार न समझें। न ही अपनी उच्चता के प्रदर्शन के लिए अपने विचार और बातें दूसरों पर थोपें। बातचीत के इस सामान्य से दिखाई देने वाले पहले पाठ को मान्यता दें, इससे न केवल आपकी प्रतिष्ठा बढ़ेगी, बल्कि आपके व्यक्तित्व में भी गंभीरता आएगी। अपनी वाणी को मधुर बनाकर आप अपनी बातचीत को 'चीप' बनाने से रोकेंगी। अपनी बात को वजन दें और यह तभी संभव है, जब आप अपनी वाणी में

मधुरता, सरसता लाएं। आधी रोटी पर दाल लेने की आदत से बाज आएं। संयत और संतुलित वाणी बोलें। आपकी वाणी इतनी आकर्षक हो कि सुनने वाले आपकी बात का इंतजार करें, आपकी बात सुनने के लिए उत्सुक हों। वाणी के इस मूल-मंत्र को अपनाएं, आपके व्यक्तित्व में निखार आएगा और आपकी वाणी में प्रभाव पैदा होगा।

'यह तो मैं पहले ही जानती थी...।', 'मुझे तो पता था...,' 'मैंने दुनिया देखी है...यह बाल धूप में सफेद नहीं किए हैं...' जैसी बातें कहकर दूसरों की निन्दा करना, दूसरों की हीनता उछालना उचित नहीं।

जहां भी दो व्यक्ति बात कर रहे हों, वहां से उठ जाएं या फिर किसी काम का बहाना बनाकर वहां से चले जाना ही शिष्टता है। हमेशा दूसरों को ही अधिक बोलने का अवसर दें। सुनें अधिक और बोलें कम। इससे आपकी वाणी में प्रभाव पैदा होगा और आप कहीं भी वाणी के कारण निन्दा की पात्र नहीं बनेंगी।

वाणी की मधुरता के चमत्कार

वाणी की मधुरता के निम्न चमत्कार देखने को मिलते हैं—

- वाणी की मधुरता आपके व्यक्तित्व को मुखरित करती है। चेहरे का तेज बढ़ाती है और आप आकर्षक दिखाई देती हैं।

- वाणी की मधुरता विरोधियों को भी आपके निकट लाएगी और उनके दिल में भी आपके प्रति आवेश कम होगा। आप से बात करते समय उनकी वाणी में स्वतः ही नम्रता आ जाएगी।

- वाणी की मधुरता अपशब्दों, व्यंग्य वाणों, तानों की भाषा पर नियंत्रण करती है।

- संबोधनों में स्निग्धता लाती है।

- कम शब्दों में अधिक अर्थवाली बात कहकर आप दूसरों पर अच्छा प्रभाव डालती हैं।

- क्रोध कर दूसरों की भावनाओं को आहत करने की अपेक्षा मधुर बोलकर आप अपने दिल की बात सरलता से, स्पष्ट कह सकती हैं। कभी-कभी क्रोध में कही गई बात का अर्थ अनर्थ में बदल जाता है। इससे कहने और सुनने वाले, दोनों ही लाभ के बजाय हानि में रहते हैं।

- धीरे और मधुर वाणी में कही गई बात दूसरों को आप से भावनात्मक रूप से जोड़ती है। कुछ अनकही बातें भी कहने जैसा अर्थ रखती हैं। इस विषय में हमेशा एक ही बात ध्यान रखें कि वाणी, जीव-जगत को ईश्वर का दिया हुआ उपहार है। इसका सदुपयोग ही करें। इस आदर्श को कभी न भूलें :

  ऐसी वाणी बोलिए, मन का आपा खोए।
  औरन को शीतल करें, आपहुं शीतल होए ॥

क्रोध एवं ईर्ष्या को दूर भगाएं

क्रोध मनुष्य का सबसे बड़ा शत्रु है, जो व्यक्ति शांत-चित और बुद्धि का उपयोग कर संयमपूर्वक दूसरों की बात सुनते-समझते हैं, उस पर मनन करते हैं, उन्हें कभी भी किसी बात पर भड़काया नहीं जा सकता, वे जरा-जरा सी बातों में विचलित अथवा आपे से बाहर नहीं होते, उत्तेजित नहीं होते। आत्मसंयम और सहनशीलता के गुण गृहिणी को महान् बनाते हैं।

"क्या करूं बहन जी, गुस्सा तो जैसे इनकी नाक पर ही धरा रहता है, ज़रा-ज़रा सी बात पर आपे से बाहर हो जाते हैं। बच्चे तो इनके सामने ही नहीं आते। सीमा बेचारी भीगी बिल्ली बनी किताबें सामने रखकर उनके बाहर जाने का इंतजार करती रहती है...जितनी देर ये घर में रहते हैं, बच्चों की तो क्या, मेरी भी सांस ही सूखी रहती है...। न जाने कब क्या हो जाए, कह नहीं सकती...।"

प्रत्युत्तर में गृहिणी की मानसिकता का अनुमान भी लगाया जा सकता है। मतलब यह है कि परिवार में पति-पत्नी की नोक-झोंक से लेकर गृहिणी के क्रोधी व्यवहार तक का प्रभाव परिवार पर पड़ता है। मानसिक तनावों से घिरे पति-पत्नी अपनी-अपनी समस्याओं में तो उलझे ही रहते हैं, कभी-कभी वे अपनी सारी खीझ, सारा तनाव, उत्तेजना घर पर ही उतारते हैं। इसलिए गृहिणी बात-बात में यदि बच्चों को डांटती है, अपनों के प्रति उपेक्षा का भाव प्रकट करती है अथवा छोटी-छोटी बातों को लेकर तूल देती है, क्रोध करती है, तो इसमें अस्वाभाविक क्या है ? गृहिणी अथवा परिवार में कर्त्ता के क्रोध के कारण चाहे जो भी हों, इतना अवश्य है कि क्रोध के कारण परिवार का वातावरण खिंचा-खिंचा सा रहता है। परिवार के सभी सदस्यों का स्वभाव चिड़चिड़ा हो जाता है। ऐसे परिवारों के बच्चे भीरु, कायर, सुस्त, दब्बू हो जाते हैं। सारा परिवार एक अजीब-से तनाव में जीता है। ऐसे परिवार के सदस्य यहां तक कि गृहिणी भी न तो अपनी किसी सफलता पर प्रसन्न होती है और न ही उन्हें मानसिक संतुष्टि मिलती है। उन्हें अपने जीवन में कोई उत्साह भी दिखाई नहीं देता। वे हमेशा निराशावादी सोच में डूबे रहते हैं। बच्चे जानते हैं कि उनकी सफलताओं को देखने वाला कोई नहीं, उनकी प्रशंसा करने वाला कोई नहीं। गृहिणी के क्रोधी आचरण के कारण न तो बच्चों का घर में मन लगता है और न वे घर में प्रसन्न रह पाते हैं। यहां तक कि वे अपने दोस्तों को भी घर में लाने से संकोच करते हैं। वे गृहिणी के क्रोध की तलवार सदैव लटकती हुई अनुभव करते हैं। एक अजीब-सा आतंक उन पर हमेशा छाया रहता है। ऐसे तनाव और आतंक के वातावरण में भला वे गृहिणी से क्या अपेक्षाएं करेंगे और गृहिणी उन्हें क्या देगी ? तनाव और खिंचाव के इस वातावरण में कौन, कब, कहां टूट जाएगा, पता नहीं चलता।

"मैं तुम्हारी खरीदी हुई नौकरानी नहीं हूं...न ही तुम्हारा दिया हुआ खाती हूं...दफ्तर में साहब की सुनूं, घर में तुम्हारी और तुम्हारी मां की...। आखिर तुम लोगों ने मुझे समझ क्या लिया है...। अगर मेरी कमाई से तुम्हें इतनी ही नफरत थी, तो फिर नौकरी क्यों कराई...। जब नौकरी पर जाती हूं, तो दो आदमियों से बात तो करनी ही पड़ेगी, उसमें इतनी जलन क्यों...।" ऐसी बातें न तो किसी समस्या का हल हैं और न क्रोध का कोई ठोस आधार। परिवार का वातावरण मधुर, सौम्य, तनावरहित, सरल और सरस बनाने का दायित्व गृहिणी का है।

गृहिणी को चाहिए कि वह अपनी और अपने पति की आर्थिक, सामाजिक और मानसिक सीमाएं जाने। उनकी विवशताओं को जानें। उनके नैतिक और सामाजिक दायित्वों को जानें। पति को उसके दायित्वों को पूरा करने के लिए प्रेरित और प्रोत्साहित करें। जीवनसंगिनी और अर्धांगिनी होने के नाते पति की अपेक्षाओं को जानें, उन्हें पूरा करें। यदि पति के मन में कोई पूर्वाग्रह है, तो उसे दूर करें। उसका विश्वास प्राप्त करें।

क्रोध, आवेश, तनाव अथवा उत्तेजना के क्षणों में पति अथवा परिवार के किसी अन्य सदस्य का मजाक न उड़ाएं, बल्कि ऐसे क्षणों में शालीनता से उनका मन जीतें। आपका स्नेहजन्य मधुर व्यवहार ही किसी के क्रोध को कम करेगा। यदि आप स्वयं क्रोध की स्थिति में हों, तो उस स्थिति को समाप्त करें जो क्रोध का कारण हो। स्थान बदल दें। कमरे के अंदर आ जाएं या कमरे से बाहर खुले में आ जाएं। पानी पिएं। वासना, ईर्ष्या, प्रतिशोध, घृणा, जलन इनमें से किसी का प्रभाव भी यदि गृहिणी पर पड़ता है, तो वह मनुष्यता से गिर जाती है। गृहिणी को भी इन विषयों में हमेशा चिंतनशील बने रहना चाहिए और इनके प्रभावों से बचना चाहिए। इनके प्रभावों में आकर आप कितना गिर सकती हैं, इसकी आप कल्पना भी नहीं कर सकतीं और फिर आपके पास केवल आत्मग्लानि और पश्चात्ताप के सिवाय कुछ नहीं बचता।

ईर्ष्या

'क' ने ईर्ष्यावश अपनी ही जेठानी 'ख' के पुत्र को दूध में जहर दिया—अखबार में छपी एक ऐसी रोंगटे खड़े कर देने वाली खबर थी, जिसे पढ़कर लगा कि ईर्ष्या में आदमी क्या से क्या हो जाता है। जिस प्रकार से कपड़े में लगा हुआ कीड़ा कपड़े में छेद कर देता है, काट देता है, जीर्ण-क्षीर्ण कर देता है, उसी प्रकार से ईर्ष्या हमारे मन को, हमारे व्यवहारों को, हमारी सोच को जीर्ण-शीर्ण कर देती है।

''हां-हां, होने को तो उसका सोनू इंजीनियर है, लेकिन मुझे तो उसमें इंजीनियर जैसी कोई बात नज़र नहीं आती...।''

''हां-हां, तुम और तुम्हारे बच्चे तो रोज बादाम का हलुआ खाते हैं, हमारे बच्चे तो बेचारे सूखी रोटी में ही पल रहे हैं...।''

''समझ में नहीं आता, आखिर इतना पैसा आता कहां से है ? आखिर है तो स्कूल मास्टर ही, लेकिन हमसे अच्छा खाता है, अच्छा पहनता है, यहां तो यह हालत है कि दो-दो कमाने वाले हैं फिर भी...।''

'ईर्ष्या' की अभिव्यक्ति के ऐसे उदाहरण हैं, जो हमें अपने सामाजिक परिवेश में देखने-सुनने को मिल जाते हैं। कुछ गृहिणियां जाने-अनजाने में ही अपनी हीनताओं को छिपाती रहती हैं और दूसरों की प्रगति, खुशहाली अथवा उपलब्धियों, सफलताओं पर कुढ़ती रहती हैं। जब कोई परिचित अपनी योग्यता, परिश्रम अथवा अन्य साधनों से प्रगति कर जाता है, और हम जहां की तहां बनी रहती हैं, अपने लक्ष्य को प्राप्त नहीं कर पातीं, तो हमारे मन में पैदा हुए कुटिल और कुत्सित विचार ही ईर्ष्या कहलाते हैं। कई बार न चाहते हुए भी ऐसे विचार अथवा व्यवहार हमारे चेहरे पर आ जाते हैं। ऐसे अवसर पर ही हमारा आचरण और व्यवहार दूसरे के प्रति कर्कश, कठोर, अमानवीय, नीरस और अशुभ हो जाता है। कभी-कभी तो ईर्ष्या की यह अभिव्यक्ति हमारे कार्यों में ही व्यक्त होने लगती है। हमारा व्यवहार प्रतिशोधी भावनाओं से ग्रसित होने लगता है।

बच्चे को जहर देने वाली मानसिकता, मानवता से गिरने वाला व्यवहार तो है ही, साथ ही अपने आपसे भी गिरने वाला व्यवहार है। ईर्ष्या ऐसा ही आत्महीनता का व्यवहार है। अतः गृहिणी को ईर्ष्याजन्य सोच से दूर रहना चाहिए। ईर्ष्याजन्य व्यवहार प्रत्येक स्थिति में आत्मघाती व्यवहार है। ईर्ष्या कर हम दूसरों से कुछ ले नहीं सकते, बल्कि ईर्ष्या कर अन्य अनेक मनोवैज्ञानिक द्वेष हमारे मन में पैदा होने लगते हैं।

ईर्ष्याजन्य सोच गृहिणी को अकेला बनाती है, उसमें सहनशीलता भी कम होने लगती है। वह हमेशा लड़ने-झगड़ने के लिए उतारू रहती है। कुढ़न, ईर्ष्या की ही सहयोगी वृत्ति है। ईर्ष्यालु महिलाएं चिड़चिड़े स्वभाव की हो जाती हैं। उनका सोचने-समझने का दायरा संकुचित हो जाता है।

ईर्ष्या करने वाली महिलाएं हमेशा कुढ़ती रहती हैं। दूसरों की निंदा, दोषारोपण, हमेशा दूसरों में बुराइयां ढूंढ़ते रहना, दूसरों को नीचा दिखाने की सोच रखना आदि उनकी आदत बन जाती है। ऐसी गृहिणियां हमेशा तनाव में रहती हैं। यहां तक कि उनके इस व्यवहार के कारण उनका दांपत्य जीवन भी नीरस और असंतुष्ट बना रहता है।

ईर्ष्या हमारे मौलिक चिंतन को भी कुंठित करती है। हमारा रचनात्मक और सृजनात्मक पक्ष धूमिल होता है। इसलिए सर्वप्रथम हमें जीवन की नई परिभाषा जानने के प्रयास करने चाहिए, अपने स्तर पर दूसरों की प्रगति में सहायक बनना चाहिए। हम कितनी प्रगतिशील और बुद्धिमान

हैं, इसका अनुमान तो हमें तभी लगता है, जब हम अपने से अधिक पढ़ी-लिखी प्रगतिशील सोचवाली के संपर्क में आती हैं। ऊंट को भी अपनी लघुता का अंदाज तब होता है, जब वह पहाड़ के नीचे आता है। हम हमेशा यह विचार करें कि हमसे भी अधिक संपन्न, बुद्धिमान, प्रगतिशील सोचवाले हमारे पड़ोसी हैं।

दूसरों की प्रगति, सफलता, सुख-समृद्धि और उपलब्धियों पर प्रसन्न हों, अपनी प्रसन्नता दिल खोलकर प्रकट करें। दूसरों को बधाई दें, शुभ कामनाएं प्रकट करें। आशीर्वाद दें। मुस्कराकर उनकी प्रगति और सफलता को स्वीकारें। यहां तक कि यदि आप उचित समझें, तो उनकी इन सफलताओं पर अपनी ओर से उन्हें उपहार दें। घर आए मेहमानों का हार्दिक स्वागत करें। उनके प्रति अपनी कृतज्ञता ज्ञापित करें। वास्तव में इस प्रकार की सोच ही आपको ईर्ष्या से मुक्त करेगी।

दूसरों की प्रसन्नता, हंसी, खुशी, उमंग, उत्सव पर जी खोलकर हंसें। जहां कहीं भी किसी की निंदा हो रही हो, वहां चुप रहें और उसमें भाग न लें।

ईर्ष्या कोई असाध्य रोग नहीं, यह तो मानसिक विकृतियों का एक असामान्य व्यवहार है, जिसे हमारी स्नेहयुक्त मधुर मुस्कान मन से निकाल देती है। गृहिणी के रूप में आप इससे जितनी दूर रहेंगी, आपका पारिवारिक और दांपत्य जीवन उतना सरल, सुखी और संपन्न होगा।

दूसरों की प्रशंसा करें

दुर्भाग्य यह है कि हमारे सामाजिक और पारिवारिक जीवन में प्रशंसा संस्कृति का अभाव है। अच्छे व्यवहार के बाद भी कुछ लोग केवल दबे स्वर में 'शाबाश' या 'बहुत अच्छा' कह कर चुप हो जाते हैं। जबकि प्रशंसा एक मनोवैज्ञानिक उपचार है। किसी को अच्छे कार्यों के लिए प्रेरित और प्रभावित करने के लिए यह एक उत्तम टानिक है। बिना पैसे का अचूक टानिक। इस विषय में इतना ख्याल रखें कि आपकी स्थिति उस लोमड़ी जैसी न बने, जिसने कौए से रोटी का टुकड़ा हथियाने के लिए उसकी झूठी प्रशंसा कर अपना उल्लू सीधा किया था।

हमारे सामाजिक और पारिवारिक जीवन में ऐसे चालाक सियारों की कमी नहीं, जो हमारी इस मनोवैज्ञानिक कमजोरी का लाभ उठाकर हमारे मुंह पर तो हमारी प्रशंसा करते हैं और पीठ पीछे बुराई करते है। हम हैं कि अपनी प्रशंसा सुनकर फूलकर कुप्पा हो जाते हैं। दूसरों की चिकनी-चुपड़ी बातों में आ जाते हैं। हमें उनकी असलियत का तब पता चलता है, जब हमारे पास हाथ मलने के सिवाय कोई चारा नहीं रहता। हम ठग चुकी होती हैं।

इस विषय में केवल इतना कहना ही काफी होगा कि हमें ऐसी झूठी प्रशंसा न तो करनी चाहिए, न सुननी चाहिए, जो चमचागीरी अथवा चापलूसी की श्रेणी में आती है। जहां तक इस विषय में व्यावहारिक सोच का संबंध है, जब आप किसी की झूठी प्रशंसा करती हैं अथवा सुनती हैं, तो वह अलग ही दिखाई दे जाती है। थोड़े-से विवेक से ही आप शीघ्र इस निष्कर्ष पर पहुंच सकती हैं कि आपकी झूठी प्रशंसा की जा रही है। अतः आप स्वयं इस बात की परख करें। सच और झूठ की परख करना भी गृहिणी के लिए बहुत जरूरी है।

दूसरों के अच्छे कार्यों, व्यवहारों की प्रशंसा अवश्य करनी चाहिए, दिल खोलकर करनी चाहिए। यह प्रशंसा आप अपनी मां जी (सास) की भी कर सकती हैं और श्वसुर की, पति की, देवर अथवा देवरानी की भी। वास्तव में इस प्रकार की प्रशंसा आपकी स्वस्थ मानसिकता की परिचायक है। जब आप दूसरों को अच्छे कार्यों के लिए प्रेरित करती हैं। छोटे बच्चों के कार्यों की प्रशंसा कर आप उन्हें उन कार्यों के लिए उत्साहित करती हैं तो आपका प्रोत्साहन उनका उत्साह बढ़ाता है, उनकी सफलता का आधार बनता है।

''शाबाश! बहुत सुंदर लिखा है सलौनी ने...। तुम्हारी हैंडराइटिंग तो बिलकुल पापा जैसी बड़ी सुंदर है...।''

''बहुत खूब दीदी! कलर कम्बीनेशन तो कोई तुम से सीखे...। कमरे की ऐसी साज-सज्जा करके दिल खुश कर दिया तुमने। ऐसे परदे तो मैंने आज तक नहीं देखे...। भाई कमाल करती हो...। पैसा तो सभी खर्च करते हैं, लेकिन पैसे खर्च करने का तुम्हारा यह अंदाज वाकई तारीफ़ के लायक है...। मुझे बहुत पसंद है तुम्हारी यह सजावट...।''

''तुम्हारी श्वेता इस बार कक्षा में प्रथम आई है बधाई हो, पढ़े-लिखे भाई होने का यही तो फायदा है...। जरूरी तो नहीं कि पढ़-लिखकर कोई नौकरी ही करे...। यह लाभ तो

नौकरी से कहीं ज़्यादा अच्छा है। कम-से-कम बच्चे तो लायक बन रहे हैं... ।''

इस प्रकार की प्रशंसा पाकर न तो कोई इतराएगा और न ही अपने आप पर घमंड करेगा। वास्तव में जब आप अपने पारिवारिक अथवा सामाजिक जीवन में इस प्रकार की प्रशंसा करती हैं, तो दूसरों को अच्छे कार्यों के लिए उत्साहित तो करती ही हैं, साथ ही दूसरों को उचित मान-सम्मान भी देती हैं। ऐसी प्रशंसा कर आप दूसरों का दिल भी जीतती हैं।

इसके विपरीत, यदि कोई आपसे यह कहे, ''मैं तो हमेशा तुम्हारे गुणों की तारीफ़ ही करती रहती हूं। समाज सेवा तो जैसे तुम्हारे जीवन का लक्ष्य ही बना हुआ है, हमारी संस्था भी आपके आशीर्वाद की आकांक्षी है, यदि हमें आपका आशीर्वाद मिल जाए, तो संस्था की उन्नति में चार चांद लग जाएंगे, आप हमें जितना अधिक-से-अधिक चन्दा दे सकें, हम संस्था के समारोह में आपका उतना ही ज्यादा सम्मान करेंगे... ।''

''हमें तो बस आपका ही सहारा है, भगवान के बाद यदि हमें किसी पर भरोसा है, तो आपका ही है। अगर आपने सहारा न दिया होता, तो हम कहां जाते बहन जी, सही मानिए। आप तो हमारी अन्नदाता हैं... । आपका ही खा रहे हैं... ।''

इस प्रकार की प्रशंसा चमचागीरी है, इससे बचें। न सुने, न करें। प्रशंसा सुनना हर मनुष्य की मनोवैज्ञानिक कमजोरी है। प्रशंसा सुनकर हमें एक अजीब-सी सुखानुभूति होती है, और चतुर लोग हमारी इस कमजोरी का लाभ उठाते हैं। इससे बचने का सरल उपाय यही है कि एसे लोगों से बचें, जो आपकी प्रशंसा स्वार्थपूर्ति के लिए करते हैं।

हम स्वयं भी दूसरों से बड़ी-बड़ी अपेक्षाएं न करें। अपने व्यवहार को अत्यंत संयत, संतुलित और सरल बनाएं। यह कभी न सोचें कि लोग आपके बारे में क्या सोचते हैं, बल्कि वे काम करें, जो आपको करने चाहिए, आपकी दृष्टि में सही हो, परिवार और समाज के हित में हो।

प्रशंसा पाने की आकांक्षा के बिना अपने व्यवहार को सामाजिक बनाएं। आप स्वयं ही प्रशंसा की पात्र बनेंगी, इस प्रकार की प्रशंसा जहां स्थाई होगी, वहीं आपको विवादों से बचाएगी।

वास्तव में प्रशंसा वह प्रकाश है, जो अच्छे कार्यों के कारण स्वतः ही पैदा होता है। अतः प्रशंसा करने का कोई भी अवसर हाथ से न जाने दें। इस प्रकार से अर्जित की गई प्रशंसा जहां गृहिणियों का मनोबल बढ़ाती है, वहीं वे भी इस बात के लिए सदैव प्रयासरत् रहती हैं कि वे अच्छे कार्य ही करें। अच्छा व्यवहार ही करें, ताकि वे दूसरों की प्रशंसा प्राप्त करती रहें, दूसरों की प्रशंसा करने में ध्यान रखें—

- एक ही व्यवहार की प्रशंसा बार-बार न करें।
- समय से पूर्व अनुमान अथवा अंदाज के भ्रम में प्रशंसा न करें।
- प्रशंसा की भाषा एक सी न रखें, सब जगह एक सी बात कहने में आप जग-हंसाई की पात्र बन सकती हैं।
- तुलनात्मक प्रशंसा न करें। ''सुधा तुम्हारा क्या मुकाबला करेगी, कहां तुम और कहां वह... । बिलकुल उसी तरह से—कहां राजा भोज कहां गंगू तेली... ।''
- बच्चों, पड़ोसियों, नौकरों, मित्रों यहां तक कि घर आए मेहमानों को भी प्रशंसा से प्रभावित करें।
- छोटे-से-छोटे व्यवहार की भी प्रशंसा करें, क्योंकि कभी-कभी बहुत छोटी-सी बात भी दिल में घर कर जाती है।

प्रशंसा मधुर संबंधों का आधार है, इसलिए इस विषय में कंजूसी न बरतें।

सहयोगी भावना

दूसरों की सहायता करना, कठिन अथवा विषम परिस्थितियों में सहयोग करना गृहिणी को मान-प्रतिष्ठा दिलाता है। अवसर चाहे खुशी का हो अथवा ग़मी का, अपने स्तर पर सबका सहयोग करें। सहयोग के इस व्यवहार के बदले में किसी प्रकार की अपेक्षा न करें। परिवार के सभी सदस्य गृहिणी से इसलिए भी सहयोग की अपेक्षा करते हैं, क्योंकि वह सुबह से शाम तक घर के कामों में जुटी रहती है। परिवार के लोगों को यह विश्वास होता है कि उन्हें गृहिणी से तो सहयोग मिलेगा ही, वास्तव में वह परिवार के सदस्यों का यह विश्वास भी बनाए रखती है, इसलिए उन्हें यथाशक्ति सहयोग देती है।

लालच से बचें

अकसर समाचार-पत्रों में इस प्रकार की खबरें छोटे-बड़े

शीर्षकों के साथ छपती रही हैं कि कुछ महिलाएं धन दूना करने के चक्कर में ठगी गईं। इस प्रकार की घटनाओं के पीछे गृहिणियों की लालच की प्रवृत्ति होती है। गृहिणी को कभी भी, किसी भी प्रकार के लालच में नहीं पड़ना चाहिए। लालच में आकर न केवल महिलाएं ठगी जाती हैं, बल्कि अपनी मूल पूंजी भी गवां बैठती हैं। कभी-कभी बड़ी परेशानियों में फंस जाती हैं।

सेल, मुफ़्त उपहार, स्कीम, लाटरी, जुआ, आसान किश्तों में सामान आदि के विज्ञापन देखकर जो गृहिणियां प्रभावित होती हैं, वे कहीं-न-कहीं अवश्य धोखा खाती हैं। ठगी जाती हैं। उन्हें अपनी इस लालच की सोच के परिणाम-स्वरूप पश्चात्ताप ही करना पड़ता है। कामकाजी महिलाएं भी कई प्रकार के प्रलोभनों के फेर में पड़ जाती हैं। उनके सामने भी कई प्रकार के प्रलोभन 'परोसे' जाते हैं। 'कंपनी अथवा विभाग के खर्च पर शिमला अथवा गोवा' चलने का आग्रह, 'लिफ्ट लेना' 'संस्थान के उपकरणों का निजी उपयोग...।' आदि ऐसे व्यवहार हैं, जिन्हें कामकाजी महिलाएं स्वीकारती हैं और फिर अपने ही बुने हुए इस जाल में फंस जाती हैं।

कामकाजी जीवन में अथवा परिवार में गृहिणियों के सामने लालच में पड़ने के ये व्यवहार भले ही देखने-सुनने में सामान्य-से दिखाई देते हैं, लेकिन लोग इनका हमेशा अनुचित लाभ उठाते हैं। लालच अथवा प्रलोभनों से बचने का सरल उपाय यह है कि आप हमेशा अपने काम से संबंध रखें।

यह एक कटु सत्य है कि हर कोई व्यक्ति अपने किए हुए अहसानों का मूल्य चाहता है, समय आने पर ऐसे लोग ही आपसे ऐसे भुगतानों की अपेक्षा करते हैं। अहसानों को भुनाते हैं। जब कभी आप किसी लालच में फंस जाती हैं, तो आपके सामने हीनता प्रदर्शित करने के सिवा कोई चारा नहीं रहता। यहां तक कि कभी-कभी आपको ब्लैकमेल का शिकार भी होना पड़ सकता है।

"सर! आपसे क्या छुपाना...। वो तो बीमार रहते हैं, घर में मेरे सिवा और कोई कमाने वाला भी तो नहीं...। आपकी कृपा हो जाए...। मैं सब काम कर सकती हूं...।"

नौकरी का झांसा, काम दिलाने का प्रलोभन अथवा लालच आदि ऐसी अनेक कमजोरियां हैं, जो आपको प्रसन्न करने के लिए, आपकी आंखों में चमक पैदा करने के लिए व्यवहार किए जाते हैं। इसलिए आप ऐसे लोगों से दूर ही रहें। यदि आप समझती हैं कि कोई आपको लालच देकर आकर्षित करना चाह रहा है, तो उसका विरोध करें, भले ही इसके लिए आपको तीसरा नेत्र ही क्यों न खोलना पड़े। लालच में पड़कर आपको पश्चात्ताप के सिवा कुछ हाथ न लगेगा। इस संबंध में इतना जान लें कि लालच में पड़कर आपके पल्ले हीनता ही पड़ेगी, इसलिए जाने-अनजाने किसी प्रकार की लालच में न पड़ें। प्रलोभनों की चमक से दूर रहें।

कुछ धार्मिक बनें

धारण करने योग्य आचरण धर्म कहलाता है। धर्म ही हमें नैतिक आदर्शों की ओर बढ़ने के लिए प्रेरित करता है। हमारी भावनाओं को पवित्र बनाता है। कट्टर धार्मिक बनने से आपकी सोच में अंतर आ सकता है, लेकिन धार्मिक बनने से तो आपकी सोच और दृष्टिकोण में भी व्यापकता आती है, जैसे जीवों पर दया करो, गरीबों पर दया करो, निर्बल को न सताएं आदि बातें धर्म की श्रेणी में ही आती हैं। मानवतावादी आदर्श ही धर्म के रूप में अपनाएं। हर समय भौतिकवादी कार्यों से हटकर कुछ समय उस सर्वशक्तिमान ईश्वर के ध्यान में भी लगाएं, जिससे मन को शांति मिलती है। वह चाहे पूजापाठ हो, हवन हो, जप-तप, आराधना, साधना कुछ भी हो, जो भी आपको अच्छा लगे, वह करें। इससे जहां मन को शांति मिलती है, वहीं आपके मन में कलुषित विचार भी नहीं आते।

धार्मिक बनने से आशय केवल इतना ही है कि—

- अपने आराध्य देव की पूजा, अर्चना, साधना के लिए कुछ समय अवश्य निकालें। इस समय मन, वचन और कर्म से शुद्ध होकर शांत, स्वच्छ और एकान्त स्थान में बैठकर ध्यान लगाएं। इससे आत्मबल बढ़ता है।
- मन में आई दुर्भावनाएं, ईर्ष्या, अन्य विचार, भय आदि से मुक्त होकर ईश्वर में विश्वास रखें। वह कभी किसी का अहित नहीं करता।
- निरन्तर पूजा-अर्चना करने वाली महिलाएं गलत व्यवहारों, आदतों, प्रवृत्तियों से बची रहती हैं।
- व्यर्थ के कुतर्क न करें। व्रत रखें। अपनी सांस्कृतिक परम्पराओं का निर्वाह करें। बच्चों में भी इसकी आदत

डालें। बच्चों में पड़े हुए ये संस्कार ही उन्हें सामाजिक बनाते हैं।

- ईश्वर की दी हुई असीम सुविधाओं के प्रति हमेशा कृतज्ञ रहें और उसकी कृपा के प्रति याचक बने रहें।

- विषम परिस्थितियों में भी अपने आराध्य के प्रति विश्वास भाव से जुड़ी रहें। अपनी इच्छाओं, कामनाओं को कभी भी अपने ऊपर न बढ़ने दें। 'क्या करें कन्ट्रोल ही नहीं होता...' कह कर अपनी मानसिक हीनता का प्रदर्शन न करें।

- आराध्य के जिन गुणों का अनुसरण कर सकें, उन्हें अवश्य करें।

- जहां तक हो, आराध्य देव का स्मरण अवश्य करें। पूजा करते समय किसी प्रकार का क्रोध, भय, हीनता जैसे भाव मन में न लाएं।

- फल की आशा में पूजा न करें। यदि मनोवांछित फल न भी मिले, तो इसका यह अर्थ नहीं कि ईश्वर ने आपकी पूजा स्वीकार नहीं की। आराध्य के प्रति अपनी आस्था और विश्वास को कम न होने दें।

- घर की जिम्मेदारियों की अनदेखी कर किसी साधु-संत के प्रवचन सुनने अथवा कथा सुनने न जाएं। कार्य को ही पूजा समझकर पहले अपने पारिवारिक दायित्वों को पूरा करें। इससे मन की शांति सुरक्षित रहेगी।

- त्याग, आदर्शों की परम्परा आगे बढ़ाने के लिए बहू-बेटों के सामने आदर्श प्रस्तुत करें। अपनी कथनी और करनी में अंतर न आने दें।

धार्मिक महिला अथवा पुरुष के मन में दूषित विचार नहीं आते। धर्म और संस्कृति ही हमें धार्मिक बनाते हैं, सामाजिक बनाते हैं। हमें समाज और परिवार से जोड़ते हैं। पूजन से घर का वातावरण शुद्ध होता है, जिससे हमारी भावनाएं प्रेरित होती हैं, प्रभावित होती हैं, परिवार को संस्कार युक्त बनाती हैं।

घर में मंदिर बनाकर पूजा-पाठ करना आधुनिक जीवन शैली का अंग है। घर चाहे बड़ा हो अथवा छोटा, प्रत्येक घर में 'पूजा का स्थान' होता है। कुशल गृहिणी इस स्थान की मान-मर्यादा के लिए नहाने-धोने के बाद प्रतिदिन पूजा कर सुख का अनुभव करती है। यही धार्मिक संस्कार घर में आने वाली बहू को विरासत में दिए जाते हैं।

भारत में विभिन्न धर्मों के मानने वाले रहते हैं। हिन्दू गृहिणियां रामायण, गीता, शिव चालीसा, दुर्गा चालीसा, हनुमान चालीसा, सत्य नारायण की कथा आदि का पाठ करती हैं, तो मुस्लिम महिलाएं भी घर में सिर ढककर अल्लाह की इबादत करती हैं। जैन महिलाएं सुबह-सुबह मंदिर जाकर अपने दिन की शुरुआत करती हैं। सिख महिलाएं 'सुखमणीसाहब', 'जपजी साहब', 'रहवास', 'आनन्द साहब' और 'कीर्तन सौला' का पाठ करती हैं।

आर्य समाज को मानने वाले हवन कर गायत्री मंत्र का जाप करते हैं। क्षमाशीलता, सहनशीलता, मितव्ययता, शालीनता, शिष्टता अन्य ऐसे गुण हैं, जो आदर्श गृहिणी में होने चाहिए। इन गुणों से न केवल गृहिणी का मान बढ़ता है, बल्कि उसके जीवन में भी खुशियां आती हैं। आदर्श गृहिणी के ये गुण न केवल उसके व्यक्तित्व को निखारते हैं, बल्कि परिवार और समाज के अन्य सदस्य भी उसके इन गुणों से प्रभावित होते हैं और इस प्रकार से एक स्वस्थ समाज की रचना होती है।

अध्याय 4

आचरण एवं व्यवहार

सोने की परख कसौटी पर कसने से और गृहिणी की परख उसके आचरण एवं व्यवहार से होती है। आचरण और व्यवहार वह सुगंध है, जो हमारे सामाजिक और पारिवारिक वातावरण को अनजाने ही प्रफुल्ल कर जाती है। सुगंध के लिए गृहिणी को चाहिए कि वह सुगंधा बने।

सुजाता ने बैग कंधे पर लटकाया, रूमाल से पसीना पोंछा और बोली, "मां जी, मैंने चौका संभाल दिया है। लौटते समय सब्जी भी लेती आऊंगी...। कुछ देर हो सकती है। आप मेरा इंतज़ार मत करना...।"

"सीमा दीदी, इन साड़ियों के पर्दे बनवा लो। एक तो इन साड़ियों के प्रिंट भी तुम्हारी बाहर खुलने वाली खिड़कियों से मिलते-जुलते हैं, दूसरे दीवारों का शैड भी...।"

"इसे तो आपको स्वीकार करना ही होगा...। आखिर आपकी अंजू मेरी भी तो बेटी है। यह कैसे हो सकता है कि मैं उसे उसके बर्थडे पर उपहार न दूं...।"

कामकाजी जीवन हो अथवा घर-संसार। गृहिणी की सुघड़ता जब आचरण और व्यवहार में दिखाई देने लगती है, तो वह उसके व्यक्तित्व की विशेषता बन जाती है। इन गुणों के कारण ही उन्हें सबका सम्मान और प्रतिष्ठा प्राप्त होती है और वे सबकी प्रिय आंटी, मौसी, दीदी बन जाती हैं। वास्तव में गृहिणी के इन गुणों को ही सुघड़ता की संज्ञा दी जाती है। हमारे इन व्यवहारों से दूसरे भी कुछ सीखते हैं। आचरण और व्यवहार से हमारा तात्पर्य उन गुणों से है, जो प्रत्यक्ष अथवा अप्रत्यक्ष रूप में दूसरों को प्रभावित करते हैं, अच्छे लगते हैं। वाणी की मधुरता, व्यवहार में स्नेह, पहनावे में सादगी और सौम्यता, बनाव-शृंगार में सुरुचि इतनी हो कि संपर्क में आने वाला व्यक्ति आपसे प्रभावित हुए बिना न रह सके। हम अपने प्रत्येक आचरण में उसकी प्रशंसा-भरी नज़रों की पात्र बनें।

बहुत-सी गृहिणियों का काम करने का तरीका और सलीका इतना बेकार और फूहड़ होता है कि बना-बनाया काम बिगड़ जाता है। अव्यवस्थित तरीके से किया गया कार्य, न तो अच्छा लगता है और न ही वह पूरा हो पाता है। अतः आप जब भी कोई काम करें, उसे पूरी गंभीरता के साथ एवं पूर्व तैयारी करके करें। वह चाहे रसोई का काम हो अथवा शादी-ब्याह या पार्टी का आयोजन। पहले से ही पूरी रूपरेखा बनाकर अपने आपको मानसिक रूप से तैयार करें। आपके काम में कुछ अतिरिक्त सुघड़ता अवश्य दिखाई देनी चाहिए, भले ही इसमें कुछ अधिक समय लग जाए।

पारिवारिक सुघड़ता का सबसे बड़ा प्रभाव आपके मितव्ययी होने पर पड़ता है। अपने दैनिक जीवन में प्रत्येक वस्तु का उपयोग अपने विवेक से करें। वह चाहे खाने-पीने की वस्तुएं हों अथवा गृह-सज्जा की। मितव्ययी होना एक अच्छा आचरण है, इसलिए आप अपने सीमित साधनों से भी स्तरीय जीवन यापन करें।

"जितना तुम्हारे घर में बनता है, उतना तो हमारे घर में जूठन में फेंक दिया जाता है या उतना तो हम थाली में जूठा छोड़ देते हैं...।" कह कर अपनी संपन्नता का प्रदर्शन

कोई भले ही कर ले, लेकिन इस बात में सुघड़ता नहीं है, न ही इस पर गर्व कर इतराने की भूल करें।

अपनी कथनी और करनी में अंतर न आने दें। कहने का तात्पर्य यह है कि अपने व्यावहारिक आचरण को इतना प्रभावी बनाएं कि आप दूसरों के लिए आदर्श बन जाएं। अपने विचारों को इतना उदार, प्रगतिशील और सहिष्णु बनाएं कि दूसरों के मन में आपके प्रति कोई हीन विचार आ ही न सके। आप अपनी प्रतिभा के लाभ औरों को दें। यदि आप साधनसंपन्न हैं, तो अपने पर इतराने की अपेक्षा अपनी सीमा में ऐसे लोगों की मदद करें, जो आपकी मदद के इच्छुक हैं। अपनी सामर्थ्य में ऐसी संस्थाओं को आर्थिक रूप से मदद करें, जो आपके आदर्शों के अनुकूल कार्य कर रही हैं अथवा

जो आपके आदर्शों के अनुकूल काम करना चाहती हैं। ऐसे स्कूलों में जाएं, जहां लड़के-लड़कियां साधनों के अभाव से ग्रसित हैं। उनकी मदद करें।

आप चाहे घर में हों, संस्थान में हों, बच्चों के बीच हों अथवा अन्य सामाजिक क्षेत्र में, जनता के बीच में हों अथवा किसी सामाजिक संस्था के बीच, अपनी बात को बड़ी शिष्टता और नम्रता से कहें। आजकल साधन संपन्न पढ़ी-लिखी महिलाएं तेवर चढ़ाकर बात करती हैं, अहं-भरी सोच परिवार पर लादना चाहती हैं, अपनी उच्चता का प्रदर्शन करना चाहती हैं। ऐसी महिलाएं न केवल सामाजिक क्षेत्र में, बल्कि पारिवारिक क्षेत्र में भी अकेली रह जाती हैं। ऐसी गृहिणियों का बुढ़ापा बड़ी कठिनाई से व्यतीत होता है, क्योंकि समन्वय

न कर पाने के कारण युवा लड़के-लड़कियां भी इनका साथ छोड़ जाते हैं।

घर आए मेहमानों का हार्दिक स्वागत करें। उन्हें पात्रानुसार स्नेह, सम्मान और मान-प्रतिष्ठा दें। विदा के समय उन्हें उचित उपहार भी दें। दिखावे अथवा हीनता के प्रभाव में आकर कभी भी उनके सामने अपना रोना न रोएं। न ही अति उत्साह में आकर कभी अपनी सीमाओं का उल्लंघन करें। अकसर कुछ भाभियां देवरों से, जीजा सालियों से मर्यादा के विपरीत हंसी-मजाक करती हैं, या फिर कुछ मुहल्ले-पड़ोस वाले लड़के ही ऐसा व्यवहार कर देते हैं, जो आपकी मान-प्रतिष्ठा के विपरीत होता है। ऐसे किसी भी मजाक का कड़े शब्दों में विरोध करें, ताकि कोई आपकी ओर से प्रोत्साहन न पा सके। वास्तव में ऐसे संबंधों को प्रोत्साहन मिलते ही ये 'अमर्यादित' होने लगते हैं।

दूसरों की सहानुभूति पाने के क्रम में अपनी हीनता प्रकट न करें। अपने पति अथवा ससुर की निंदा कर, अपने देवर की शियकतें कर, अपनी ननद की हरकतों पर बयानबाजी कर न तो आपकी प्रतिष्ठा ही बढ़ेगी और न ही परिवार की कोई समस्या ही हल होगी। अतः इस संबंध में अपने व्यवहार को गरिमायुक्त गंभीरता प्रदान करें।

किसी भी स्तर पर छिछला व्यवहार न करें। यदि कभी कोई अप्रिय हादसा हो भी गया हो, तो उसे एक अप्रिय प्रसंग समझ कर भुला दें। दूसरों में विश्वास प्रकट करें। यदि आप बड़े घर की बहू-बेटी हैं और संयुक्त परिवार की मर्यादाओं का पालन करना पड़ रहा है, तो गर्व के साथ ऐसा करें। अपने आचरण को अवसर के अनुकूल बनाएं। शादी-ब्याह के अवसर पर अथवा तीज-त्योहारों पर अथवा अन्य किसी ऐसे ही शुभ अवसर पर 'सिर बांध' कर बैठना अथवा 'कोप भवन' में जाकर लेटना, मुंह फुलाना अशिष्टता तो है ही, साथ ही खानदानीपन के भी खिलाफ़ है। अतः ध्यान दें कि ऐसे अवसरों पर आप सबकी नज़रों में आती हैं। अपने इस आचरण और व्यवहार में मृदुता का परिचय दें और प्रत्येक सदस्य की अपेक्षाएं जानें। उन्हें अपने स्तर पर पूरा करें। उन्हें यथेष्ठ मान-सम्मान दें, ताकि उनके दिल में आपकी अच्छी छवि बन सके।

''लाला जी, आपके लिए बिना चीनी की चाय... ।''

''मां जी, यह शाल आपके लिए है। सुबह के समय सर्दी ज़्यादा पड़ती है, इसे पहना कीजिए... ।''

''शालिनी तुम्हें पार्क जाना है, तो मुझे बताकर जाना। तुम्हारे साथ नौकर को भेज दूंगी। रात देर हो जाएगी लौटने में... ।''

ऐसी बातें न केवल मेहमानों का दिल जीत लेती हैं, बल्कि उन्हें आपके प्रति सामर्पित होने की प्रेरणा भी देती हैं। बच्चों में ऐसे संस्कार डालें कि वे अनुशासित तो बनें ही, साथ ही जीवन के प्रत्येक क्षेत्र में जुड़े रहें। अपनी सफ़ाई, जूतों की देख-भाल, रख-रखाव आदि प्रारम्भ से ही ऐसा रखें कि बाद में यही आदत उन्हें जीवन-भर सुखी रखे। बच्चों को प्रारम्भ से ही व्यावहारिक जीवन का प्रशिक्षण दें।

आचरण और व्यवहार दो ऐसे पक्ष हैं, जो गृहिणी की कुशलता को हर क्षेत्र में प्रभावित करते हैं। अपनी सुघड़ता और कुशलता का प्रदर्शन क़दम-क़दम पर करें।

बड़ों का अभिवादन करें

अपने परिचय क्षेत्र में सबका अभिवादन करें, अभिवादन स्वीकार करें। अभिवादन कर हम एक दूसरे के प्रति अपनी सद्भावनाएं, सम्मान, शुभकामनाएं, स्नेह प्रदर्शित करती हैं। आपकी एक हलकी-सी मुस्कान जहां दूसरों को आपसे जोड़ती है, वहीं स्नेहपूर्ण आत्मीय अभिवादन पाने की इच्छा हर व्यक्ति में होती है। आप अपने सामाजिक, पारिवारिक और कामकाजी जीवन में इस इच्छा की पूर्ति खुले दिल से करें।

'हैलो... ।', 'हाय...', 'नमस्ते', 'सतश्रीकाल', 'राम राम' आदि औपचारिक अभिवादन के शब्द हैं, तो दूसरी ओर बढ़कर हाथ मिलाना, आशीर्वाद प्राप्त करने के लिए सिर अथवा पीठ आगे करना, आगे बढ़कर चरण स्पर्श करना, आत्मीयजन को गले से लगाना आदि भी अभिवादन के अंग हैं। वास्तव में ऐसे अभिवादनों का प्रभाव हृदय की गहराइयों तक पड़ता है। इसलिए आप जहां भी हों, परस्पर अभिवादन की इन क्रियाओं का उपयोग यथासंभव करें। विशेषकर तब, जब आप मुहल्ले-पड़ोस की किसी वृद्ध महिला अथवा पुरुष से मिलें। ऐसे सम्मानित पुरुष अथवा महिला के चरण स्पर्श कर उनका आशीर्वाद प्राप्त करें। ऐसे आशीर्वाद सामाजिक जीवन में अवश्य फलीभूत होते हैं। यदि न भी हों, तो भी

आपको कुशल गृहिणी होने का मान-सम्मान तो दिलाते ही हैं। अतः संपर्क क्षेत्र में इस प्रकार के आचरण और व्यवहार को शिष्टाचार के रूप में अपनाएं।

बातचीत की कला

गृहिणी के आचरण और व्यवहार में बातचीत का बड़ा महत्त्व है। इसे अपनी सफलता का आधार मानें। बातचीत के क्रम में हमेशा दूसरों की सुनने की आदत डालें। मुहल्ले, पड़ोस की किसी भी महिला से परिचय प्राप्त करने के उद्देश्य से यदि आप पहल करती हैं, तो इसकी शुरुआत कुछ इस प्रकार से करें :

''नमस्ते बहन जी। इस कोठी में आप ही नई आई हैं। मैं मिसेज शर्मा सामने जी-15 में रहती हूं। किसी चीज़ की आवश्यकता हो, तो नौकर को भेजकर मंगा लीजिएगा... ।''

इस प्रकार की बातचीत जहां आपके संपर्क सूत्र का आधार प्रस्तुत करती है, वहीं संबंध बनाने की शुरुआत भी होती है। ध्यान रखें कि अपनी बातचीत में किसी भी स्तर पर अपनी प्रशंसा अथवा अपनी भाग्यहीनता का रोना न रोएं। न ही अपनी बातचीत में किसी प्रकार की असंसदीय भाषा अथवा गंदी गाली का प्रयोग करें। आप चाहे कितनी ही निकटतम सहेलियों में बैठी हों, गंदी गालियों का प्रयोग न करें। कम बोलें, मधुर बोलें। कम बोलने का सबसे बड़ा लाभ यह होता है कि आप अनावश्यक बातें नहीं करतीं और आपको किसी प्रकार के विवादों का सामना नहीं करना पड़ता।

संबंधों की प्रगाढ़ता इस बात पर निर्भर करती है कि आप अपने सामाजिक जीवन और परिचय क्षेत्र में कितनी शिष्ट हैं। मित्रों, पड़ोसियों, निकट संबंधियों, सहकर्मियों से संबंध बनाते समय इस बात का ध्यान रखें कि आप अपनी ओर से हमेशा मैत्री संबंधों का निर्वाह करें। आपके पड़ोसियों को आपके साथ अच्छे मैत्री संबंध होने का गर्व-गौरव होना चाहिए। ऐसे संबंधों को बनाते समय इस बात का भी ध्यान आप ही रखें कि आपके इन संबंधों का प्रभाव उनके पारिवारिक जीवन पर क्या पड़ रहा है?

पड़ोस की मिसेज आनन्द के दोनों बच्चे देहरादून होस्टल में पढ़ते हैं। इसलिए समय काटना उनकी समस्या है, वे अपनी इस इच्छा की पूर्ति मुहल्ले-पड़ोस की महिलाओं से करती हैं, लेकिन शाम को जैसे ही मिस्टर आनन्द घर आते हैं, तो पूरे घर को अस्त-व्यस्त देखकर उनका मूड खराब होने लगता है। इस स्थिति के लिए वे पत्नी को तो कुछ नहीं कह पाते, लेकिन पड़ोसियों को हमेशा उपेक्षा-भरी नज़रों से देखते हैं। अब पड़ोसी भी मिस्टर आनन्द की मानसिकता समझने लगे हैं, लेकिन वे मिसेज आनन्द से कुछ नहीं कह पाते।

आशय यह है कि पड़ोस में मिलने, बैठने, संबंध बनाने आदि में आप केवल पड़ोसी महिला का ही ध्यान न रखें, बल्कि उस घर में रह रहे अन्य सदस्यों की भावनाएं भी समझें।

इसी प्रकार से घरेलू नौकर, कार्यालय सहायक से भी अपने मधुर संबंध बनाकर रखें। ध्यान रखें कि घरेलू नौकर अथवा कार्यालय सहायक तभी तक आपके प्रति वफ़ादार, लाभदायक रह सकते हैं, जब तक उनके साथ आपके संबंध मधुर अथवा मर्यादित बने हैं, इसके बाद तो यही घरेलू नौकर अथवा सहायक आपके लिए अभिशाप अथवा मुसीबत बन सकते हैं। घरेलू नौकरों अथवा काम करने वालियों के साथ शिष्टता से पेश आएं। गाली देकर, उन्हें भला-बुरा कहकर आप उन्हें अपने प्रति वफ़ादार नहीं बना सकतीं। उनसे काम कराते समय हमेशा उनके साथ रहें, उन्हें इस बात का अहसास कभी न होने दें कि उनके बिना घर का कोई काम हो ही नहीं सकता।

पार्टी या घरेलू आयोजन में व्यवहार

पारिवारिक, सामाजिक क्षेत्र और सह कुटुंबियों में आपकी कुशलता इस बात से आंकी जाती है कि आप अपने घर में आयोजित होने वाले कार्यक्रमों को कितनी सुघड़ता से आयोजित करती हैं। इसलिए ऐसे किसी भी अवसर पर बड़ी दूरदर्शिता के साथ काम करें। पार्टी के आयोजन का समय, आमंत्रित मेहमानों की सूची, उनके स्वागत की पूरी-पूरी व्यवस्था आदि बातों को पहले से ही सोच लें। जिन मेहमानों को आप बुलाना चाहती हैं, उन्हें समय पर सूचना मिल जाए, उनकी सहमति से आश्वस्त हो लें। घर आने पर उनका हार्दिक स्वागत करें। उन्हें व्यक्तिगत रूप से पूछें। उन्हें स्नेह के साथ भोजन परोसें, खिलाएं और फिर समय पर उन्हें विदा करें। विदा के इन क्षणों में उन्हें आने के लिए धन्यवाद दें,

कृतज्ञता ज्ञापित करें, साथ आए बच्चों को कुछ 'रिटर्न गिफ्ट' भी दें।

यदि आप घर में बच्चे के जन्म दिन पर किसी पार्टी का आयोजन कर रही हैं, जिसमें केवल बच्चों को ही बुलाया गया हो, तो ध्यान रखें कि आने वाले बच्चों को सद्भावना उपहार अवश्य दें। पार्टी का आयोजन चाहे आप किसी भी स्तर पर करें, उपहार देने अथवा लेने में लाभ-हानि का हिसाब-किताब कभी न लगाएं।

पत्रों द्वारा संपर्क बनाए रखें

सामाजिक और पारिवारिक जीवन में अपनों से निरंतर संपर्क बनाए रखें। पत्र संपर्क सूत्र बनाने का सर्वोत्तम माध्यम है। बातचीत के बाद अभिव्यक्ति का यह एक ऐसा माध्यम है, जो आपको अपनों से जोड़ता है। कुछ लोग इसे औपचारिकता मात्र मानते हैं, लेकिन वास्तव में यह एक ऐसा माध्यम है, जो आपको हमेशा अपनों से जोड़कर रखता है। पत्रों के माध्यम से आप अपनों को अपने अधिक नज़दीक लाती हैं। पत्र हृदय की गहराइयों तक प्रभाव डालते हैं, क्योंकि भावनाओं की अभिव्यक्ति जितनी अधिक पत्रों के माध्यम से हो सकती है, उतनी प्रत्यक्ष में भी नहीं हो पाती। पत्र आप चाहे जिसे लिखें, संबंधी और संबोधनों का ध्यान रखें। ये संबोधन हृदय पर सीधा प्रभाव डालते हैं।

'प्रिय वीरेन्द्र...।', 'प्रिय अनीता...', 'प्रिय सलोनी बेटी...' लिखकर अपना आत्मीय संबोधन दें। इसी प्रकार से पत्र के अंत में भी 'तुम्हारी अपनी...', 'ढेर सारे प्यार के साथ तुम्हारी मम्मी...' 'बड़ी दीदी...', लिखने मात्र से ही इस प्रकार के संबंधों में जुड़ाव बना रहता है।

दुःख-सुख में शामिल हों

गृहिणी का सबसे उत्तम आचरण यही है कि वह दुःख-सुख में शामिल हो। कहते हैं कि आड़े वक़्त पर ही अच्छे बुरे, अपने-पराए की पहचान होती है। गृहिणी होने के नाते आप ऐसे किसी भी अवसर को हाथ से न जाने दें और ऐसे सभी अवसरों पर अपनों का दिल जीतकर आप अपनी अलग छवि बनाएं।

अवसर चाहे खुशी का हो अथवा ग़मी का, समय पर पहुंचकर आप अपनी उपस्थिति दर्ज कराएं। ऐसे अवसरों पर अपनी हार्दिक प्रसन्नता अथवा दुःख प्रकट करें। ध्यान रखें कि ऐसे अवसरों पर जब आप किसी के दुःख-सुख में सहभागी बनती हैं, तो आप उनके परिवार से जुड़ती हैं।

यदि आप किसी ऐसे अवसर पर प्रत्यक्ष में नहीं पहुंच पातीं, तो पत्र लिखकर अपनी खुशी अथवा ग़म का इज़हार करें। उनके दुःख-सुख में बराबर की हिस्सेदार बनें।

सामाजिक और पारिवारिक जीवन में इस बात का विशेष ख्याल रखें—

- असमय किसी के घर न जाएं।
- पड़ोसी का टेलीफ़ोन अपना न समझें। अत्यधिक जरूरत में ही प्रयोग करें।
- बस अथवा ट्रेन में दूसरों को होने वाली असुविधाओं का भी ख़्याल रखें, हो सके तो अपनी सीमा में उनकी मदद करें।
- दूसरों के पत्र पढ़ने अथवा दूसरों की बातें सुनने या पड़ोसियों के घरों में क्या हो रहा है, जानने की कोशिश न करें।
- सड़क अथवा सार्वजनिक स्थानों पर कूड़ा न फेंकें और न ही केले आदि के छिलके आदि ऐसी जगह पर फेंकें।
- जब भी किसी के घर मेहमान बन कर जाएं, अपने निजी उपयोग की वस्तुएं जैसे तौलिया, पेस्ट, सौंदर्य-प्रसाधन, कंघा आदि अपने साथ ले जाएं और इन्हीं का उपयोग करें।
- घर के किसी भी सदस्य के पर्स, बैग, जेब अथवा अटैची की 'तलाशी' न लें और न ही मन में ऐसी भावनाएं पैदा होने दें।

सामान्य शिष्टाचार की ये छोटी-छोटी बातें आपके व्यक्तित्व का निर्माण करती हैं, आपके आचरण और व्यवहार को प्रभावित करती हैं। अपने स्तर पर आपको सफल गृहिणी के पद पर पहुंचाती हैं।

इन व्यवहारों को अपनाएं

- हमेशा प्रसन्न रहें।
- हमेशा दूसरों का हलकी मुस्कान के साथ स्वागत करें।
- आत्मीयता प्रदर्शित करने वाला संबोधन दें।
- मधुर बोलें, कम बोलें।

- दूसरों की भावनाओं का सम्मान करें। दूसरों का मजाक न उड़ाएं।
- परिवार के सभी सदस्यों के साथ समानता का व्यवहार करें। विशेषकर वृद्धों को पूज्य मानें।
- चोर मानसिकता से बचें, चाहे काम करना हो अथवा अन्य कोई व्यवहार।
- मांगना असभ्यता का सूचक है। वह चाहे पैसा हो अथवा कोई वस्तु।
- अपने रंग-रूप, सुंदरता अथवा संपन्नता पर न इतराएं।
- दूसरों से बड़ी-बड़ी अपेक्षाएं न पालें। विशेषकर परिवार के सदस्यों से।
- क्रोध से बचें।
- साधनों की पवित्रता का ध्यान रखें। 'शार्ट कट' की बातें मन में न आने दें।

इन व्यवहारों से बचें

- चाहे जब पड़ोस में मिलने-बैठने जाने से।
- प्रतिशोधी अथवा ईर्ष्याजन्य विचारों से।
- मांगकर इच्छाएं पूरी करने से।

- पड़ोस में ताक-झांक करने से, आए-गए का हिसाब रखने से।
- मेहमानों को मुसीबत समझने से।
- अपने लिए वस्तुएं, पैसा बचाकर कनस्तर या दाल के बर्तनों मे रखने से।
- हमेशा जली-कटी सुनने-सुनाने से। कोप भवन में बैठने से।
- बात-बात में 'हमारे वहां तो...' से।
- दूसरों के घरों में लगे कलेंडर, शो-पीस आदि पर कुदृष्टि डालने से अथवा मांगने से।
- फैशन अथवा 'मॉड' बनने के नाम पर पारदर्शी कपड़े पहनने, धूम्रपान करने अथवा नशा करने की इच्छा से।
- घर आए पुरुष मित्रों में अति उत्साह दिखाने अथवा अति रुचि लेने, उनके साथ द्विअर्थी बातचीत करने से।
- अपनी हीनताओं का रोना रोने से।
- हर बात में 'आधी रोटी पर दाल लेने' से। बात चाहे आप से संबंधित हो अथवा न हो, बीच-बीच में न बोलें।

कुशल गृहिणी के रूप में मर्यादा ही आपका रक्षा-कवच है, इसलिए अपने आचरण और व्यवहार में हमेशा मर्यादा का पालन करें।

अध्याय 5

गृहिणी और गृह-सज्जा

घर चाहे छोटा हो या बड़ा, कोठी हो या बंगला, साफ़ सुथरा सजा-सजाया घर गृहिणी की पहचान बनाता है। प्रत्येक गृहिणी अपने घर को अपनी रुचि, सूझ-बूझ और अवसर के अनुकूल अपने सीमित साधनों से एक ऐसा स्वरूप प्रदान करती है, जो परिवार के हर सदस्य को अपनी ओर आकर्षित करता है। घर के प्रति यह आकर्षण ही गृह-सज्जा है।

बंदनवार, रंग-बिरंगी झंडियां, केले के पत्ते, आम के पत्ते आदि से घरों को सजाने की प्राचीन परम्परा है। समय के साथ गृह-सज्जा के इन साधनों में भी परिवर्तन आया और अब रंग-बिरंगी रोशनी, विद्युत बल्बों ने इसका स्थान ले लिया। इस विषय में एक कहावत प्रचलित है कि पैसा कमाना तो आसान होता है, लेकिन उसे खर्च करना कठिन होता है। गृह को सजाना-संवारना भी एक ऐसा ही आचरण है। घर को सजाना-संवारना तो सभी चाहते हैं, लेकिन इसे वही अच्छी तरह से सजा-संवार पाते हैं, जिनमें निम्न गुण और व्यावहारिक सोच हो—

1. बुद्धि : गृह-सज्जा में गृहिणी को अपनी बुद्धि, विवेक से यह सोचना चाहिए कि कौन-सी वस्तु कहां अधिक आंकर्षक लगेगी। जिस गृहिणी में बुद्धि का अभाव होगा, तो वह अच्छी-से-अच्छी वस्तु का उपयोग भी उचित तरीके से न कर सकेगी। विभिन्न अवसरों पर, विभिन्न परिस्थितियों में समन्वय और सामंजस्य स्थापित करके ही गृह-सज्जा को नया रूप दिया जा सकता है। परिवार की अपेक्षाओं का अनुमान भी गृहिणी अपनी बुद्धि और विवेक से लगाती है और इस प्रकार से बुद्धि का उपयोग ही उसे गृह-सज्जा में सफल बनाता है।

2. उत्साह : गृहिणी में गृह-सज्जा के प्रति हमेशा उत्साह होना चाहिए। इस प्रकार का उत्साए ही उसे नई-नई सोच प्रदान करेगा। उत्साह से किए गए कार्य में अधिक सुखानुभूति और संतुष्टि होती है। गृहिणी के इस उत्साह को देखकर परिवार के अन्य सदस्य भी उत्साहित होते हैं और वे भी गृहिणी को इस साज-सज्जा के लिए उत्साहित करते हैं। उसमें अपना सहयोग देते हैं। गृह-सज्जा के प्रति मां का यह उत्साह ही बच्चों में संस्कार रूप में पल्लवित होता है और लड़कियां विवाह के बाद भी उसी प्रकार की सोच लेकर ससुराल जाती हैं और अपनी गृह-सज्जा की उत्साही प्रवृत्ति से नए परिवार को सजा-संवार कर अपना स्थान आप बनाती हैं। उत्साह ही सही मायनों में परिवार को अच्छी तरह व्यवस्थित करता है।

3. समन्वय करने की क्षमता : गृह-सज्जा के कई पक्ष होते हैं : चित्र, पेंटिंग, पोस्टर, पेड़-पौधे लगाना आदि। इन सभी साधनों के लिए परिवार के विभिन्न प्रकृति के लोग अलग-अलग प्रकार से सोचते हैं। गृहिणी समन्वय कर गृह-सज्जा के प्रति सबको एक करती है, ताकि उसकी बनाई हुई रूपरेखा को सबका समर्थन प्राप्त हो सके। इस प्रकार से वह अपनी मौलिक रचनात्मक प्रवृत्ति को सबके सामने रखती है और सबका सहयोग पाकर ही उसका क्रियान्वयन करती है।

4. निर्णय लेने की क्षमता : परिवार में ऐसे बहुत से विषय होते हैं, जिन पर कोई एक व्यक्ति निर्णय नहीं ले

पाता, यहां तक कि गृहिणी भी इस प्रकार के निर्णय लेने से इसलिए घबराती है कि उसमें आत्मविश्वास का अभाव होता है। परिवार की सुख-समृद्धि और दूरदर्शिता के लिए यह आवश्यक है कि परिवार के सभी सदस्य गृहिणी को निर्णय लेने में सहयोग दें, उनका मनोबल बढ़ाएं। कभी-कभी लिया हुआ गलत निर्णय ही परिवार के भविष्य को दांव पर लगा देता है, इसलिए इस विषय में परस्पर विचार-विमर्श होना चाहिए।

5. सहनशीलता : गृहिणी में सहनशीलता होनी चाहिए, कभी-कभी उसकी गृह-सज्जा की इच्छा को उचित समर्थन अथवा साधन नहीं मिल पाते, अथवा उसे इसके लिए आलोचना का केंद्र बनना पड़ता है, इसलिए आवश्यक है कि उसमें सहनशीलता हो, ताकि वह अपना पक्ष प्रस्तुत कर दूसरों को संतुष्ट कर सके।

6. आत्मविश्वास : गृह-सज्जा के मामले में गृहिणी में आत्मविश्वास होना चाहिए कि उसकी सोच और निर्णय परिवार हित में है और वह ठीक है। परिवार के प्रत्येक सदस्य को गृहिणी की भावनाओं का सम्मान कर उसे गृह-सज्जा के लिए भरपूर सहयोग देना चाहिए। परिवार के प्रबंध संबंधी अंतर्विरोधों को परस्पर विचार-विमर्श से ही सुलझाना चाहिए, नहीं तो ये अंतरविरोधी विचार ही पारिवारिक विघटन के कारण बनते हैं। गृह-सज्जा और गृह-प्रबंध में भले ही 'वीटो' अधिकार गृहिणी के पास होते हैं, लेकिन परिवार के अन्य सदस्यों की भावनाओं, संवेगों का सम्मान भी होना चाहिए,

ताकि परिवार का प्रत्येक सदस्य परिवार के प्रति समर्पित हो सके।

गृह-सज्जा और गृह-प्रबंध में गृहिणी द्वारा ली गई रुचि, उसे यथा-शक्ति कुशल गृहिणी बनाएगी और वह अपनी योग्यता और प्रवीणता से गृह-सज्जा को एक नया रूप प्रदान करेगी।

इसलिए गृहिणियों को सबसे पहले अपनी आर्थिक सीमाओं का आकलन करना चाहिए और अपनी सारी व्यवस्था का आधार इसी आय के साधन को बनाना चाहिए।

अंग्रेजी में एक कहावत है—कट योर कोट एकार्डिंग योर क्लोथ। जिसका सीधा सरल अर्थ है—हमें उतने ही पैर पसारने चाहिए, जितनी लंबी हमारी चादर हो। जिस गृहिणी की आमदनी अठन्नी और खर्चा रुपया होता है, वह गृहिणी हमेशा समस्याओं और अभावों से घिरी रहती है। ऐसे परिवारों में बात-बात में नोक-झोंक होती रहती है। परस्पर में खींचतान बनी रहती है। हर बात पर एक-दूसरे पर दोषारोपण किया जाता है। बात-बात में आर्थिक अभावों का रोना रोया जाता है। परिवार का हर सदस्य मानसिक रूप से खिंचा-खिंचा सा तनावग्रस्त रहता है। इसलिए सबसे पहले गृहिणी को अपनी आर्थिक स्थिति का मूल्यांकन करना चाहिए।

7. आय और गृहिणी : परिवार की आय कितनी होनी चाहिए अथवा कितने रुपयों से परिवार का खर्च चल सकता है, ये सब बातें कोई अर्थ नहीं रखतीं, क्योंकि प्रत्येक परिवार की आर्थिक सीमाएं होती हैं। कमाने के साधन सीमित होते हैं। आप चाहे व्यापारी हों अथवा कर्मचारी, अधिकारी हों या राजनायिक, किसान हों अथवा मजदूर आय के साधन तो निश्चित होते हैं। इसलिए गृहिणी को चाहिए कि वह अपने इन आर्थिक साधनों का मूल्यांकन अपने स्तर पर आप करे। आर्थिक क्षमता ही घर-परिवार की उन्नति का सबसे बड़ा कारण होती है।

गृहिणी को यह बात गांठ बांध लेनी चाहिए कि अधिक पैसे से अधिक सुख नहीं प्राप्त किया जा सकता। वास्तव में सुख तो एक अनुभूति है। पैसा सुख प्राप्ति का साधन है। इसीलिए कहा जाता है कि पैसा एक अच्छा नौकर है, लेकिन एक बुरा स्वामी भी है। आशय यह है कि जीवन की न्यूनतम आवश्यकताओं की पूर्ति के लिए पैसे की आवश्यकता होती है। ये आवश्यकताएं कितनी होती हैं अथवा कितनी होनी चाहिए, इस पर भी विचार करना आवश्यक है।

8. आय कितनी हो : आय की सीमा पर भी कोई निर्णय नहीं लिया जा सकता। हां, हमारी संस्कृति का एक आदर्श है—

सांईं इतना दीजिए, जा में कुटुम समाय।
मैं भी भूखा न रहूं, साधु न भूखा जाय॥

सफल गृहिणी के लिए इतना ही समझ लेना चाहिए कि घर में आई आय का संतुलित व्यय ही उसकी कुशलता है। इसलिए उसे अपने व्ययों को पारिवारिक बजट बनाकर पूरा करना चाहिए।

पारिवारिक व्ययों को निम्नलिखित घटक प्रभावित करते हैं—

1. परिवार का स्वरूप : यदि परिवार संयुक्त है, तो उस पर खर्च भी अधिक होगा, क्योंकि इस प्रकार के परिवार में सारी-की-सारी जिम्मेदारियां एक ही स्थान से पूरी होती हैं। यदि कोई व्यक्ति नहीं भी कमाता है, तो उसका पालन-पोषण हो जाता है। इसके अतिरिक्त संयुक्त परिवार में अनेक खर्चों की बचत हो जाती है जैसे मकान किराया, बिजली, पानी, फोन के बिल, नौकर, बर्तन साफ़ करने वाली आदि। यदि परिवार के सभी सदस्य कमाने वाले हैं, तो हर माह अधिक पैसा आने से परिवार का जीवन स्तर अच्छा हो जाता है। फिर भी यह देखा जाता है कि संयुक्त परिवार के खर्च पारिवारिक बजट को प्रभावित करते हैं।

2. परिवार का आकार : यदि परिवार छोटा होता है, तो व्यय कम होते हैं। अधिक सदस्यों वाले परिवार में खर्चे अधिक होते हैं। बड़े परिवार में हर सदस्य को उतना पौष्टिक भोजन और जीवन की अन्य सुख-सुविधाएं भी नहीं मिल पातीं। इसलिए 'हम दो हमारे दो' का नारा देकर छोटे परिवार को ही आदर्श परिवार माना जाता है।

3. बच्चों की संख्या : पारिवारिक बजट को सब से अधिक प्रभावित करने वाला तत्त्व बच्चों की संख्या है। बच्चों को दूध, पढ़ाई-लिखाई, जेब-खर्च, दवा आदि के लिए पैसों की अधिक आवश्यकता होती है। यदि परिवार में छोटे बच्चे

अधिक हों, तो खर्चा स्वाभाविक रूप से बढ़ जाता है। बच्चों के मनोरंजन, खेल, शिक्षा, ट्यूशन आदि पर भी खर्च अधिक ही होता है।

4. परिवार का सदस्य : यदि परिवार ग्रामीण है, तो खर्च कम होगा। शहरी परिवारों पर खर्च अधिक होता है। इसके अतिरिक्त समाज में जिस परिवार की प्रतिष्ठा पूर्व से ही चली आ रही है, उसका व्यय भी अधिक होता है। सरपंच, राजा साहब, नवाब साहब, अधिकारी, मंत्री, विधायक आदि परिवारों में खर्चा अधिक ही होता है।

5. रहने का स्थान एवं पारिवारिक संबंध : यदि कोई परिवार शहर में रहता है अथवा गांव से आकर शहर में बस जाता है, तो उसका व्यय अधिक होता है। आने-जाने वालों की संख्या अधिक होने से भी व्यय बढ़ जाता है। यदि परिवार के कर्त्ता की दुकान अथवा दफ्तर घर से अधिक दूर है, तो यातायात में व्यय अधिक होने से भी उसका खर्च बढ़ जाता है। वैसे भी बड़े शहरों में मकान किराया, महंगाई आदि अधिक ही होती है। सब्जी, दूध, फल आदि पर भी उनका व्यय अधिक ही होता है। कार्यक्षेत्र के निकट रहने से घर के सदस्यों को अनेक फ़ायदे होते हैं।

6. गृहिणी की कुशलता : परिवार के बहुत सारे व्यय गृहिणी की कुशलता से कम अथवा अधिक हो जाते हैं। बहुत-सी गृहिणियां घर पर ही मसाले, अचार, पापड़ आदि बना लेती हैं। बाजार से मंगाए गए सामान और इनमें काफ़ी अंतर होता है। इससे गृहिणी अपने व्यय में बचत कर लेती है। गृहिणी घर में आने वाली आय का सीमांत उपयोगिता प्रतिस्थापन नियम का उपयोग कर अपनी आय का अधिकतम संतुष्टि नियम लागू कर लाभ उठा लेती हैं। इसके विपरीत, अकुशल गृहिणियां फ़िज़ूल ख़र्चा कर अपने व्ययों को बढ़ा लेती हैं। परिवार कर्ज़ में डूबने लगते हैं।

7. आदतें : कुछ आदतें भी परिवार के खर्चे को बढ़ा देती हैं। धूम्रपान, नशे की आदत, लंबी बीमारी, मुकदमेबाजी, लाटरी का चस्का आदि ऐसे व्यय हैं, जो परिवार पर अनावश्यक रूप से भार डालते हैं। चूंकि ये सभी व्यय अनुत्पादक होते हैं, इसलिए इन व्ययों से पारिवारिक बजट प्रभावित होता है और परिवार को आर्थिक तंगी का सामना करना पड़ता है।

पारिवारिक बजट कैसा हो

एक कुशल गृहिणी को अपना बजट बनाकर अपने सारे खर्च इसी के आधार पर करने चाहिए। यदि बजट पर आप लंबी चौड़ी बहस नहीं भी करते, तो भी इसकी जानकारी परिवार के सभी सदस्यों को होनी चाहिए और उन्हें विश्वास में लेकर अपना बजट बनाना चाहिए।

चूंकि हमारे परिवारों में इस प्रकार की मानसिक सोच का विकास नहीं हुआ है, इसलिए गृहिणी को चाहिए कि वह अपने इस बजट और बजट प्रस्तावों को अपने मस्तिष्क में रखे और उस पर उसी प्रकार से खर्च करे। यदि इस प्रकार खर्च करना संभव न भी हो, तो भी इसका सहारा अवश्य लें। इससे आपकी सोच विकसित होगी और आप परिवार के लिए अधिकतम संतुष्टि का सिद्धांत पूरा कर लेंगी।

एक मध्यवर्गीय गृहिणी को अपनी आय निम्न मदों पर, निम्न प्रकार से व्यय करनी चाहिए। यदि परिवार की मासिक आय 10 या 5 हजार का अनुमान हो, तो उसका विवरण इस प्रकार से होगा :

	व्यय की मद	**वास्तविक खर्च**	
		10,000.00	**5,000.00**
1.	भोजन आदि	2500.00	1550.00
2.	वस्त्र	800.00	250.00
3.	आवास, बिजली, पानी आदि	2200.00	1200.00
4.	शिक्षा, स्वास्थ्य एवं मनोरंजन	1000.00	500.00
5.	दूध, फल, सब्जी	1000.00	600.00
6.	पर्यटन एवं मेहमान	500.00	200.00
7.	आकस्मिक खर्च	500.00	250.00
8.	बीमा प्रीमियम	350.00	(–)
9.	पति-पत्नी जेब खर्च	800.00	300.00
10.	बचत	450.00	100.00
		10,000.00	5,000.00

गृहिणी को चाहिए कि वह अपने पारिवारिक बजट को संतुलित बनाने के लिए परिवार को अनुत्पादक खर्चों से बचाए। जैसे नशे की आदत, मुकदमेबाज़ी आदि।

बचत की उपयोगिता और उसके तरीक़े

अग्र सोचि सदा सुखी–पिछली बुद्धि गंवार की...। आशय यह है कि जो व्यक्ति भविष्य के बारे में सोच कर चलता है, वह सदा सुखी रहता है। जबकि बाद में सोचने वाला गंवार (मूर्ख होता) है और उसके हिस्से सिवाय पश्चात्ताप के और कुछ नहीं आता।

भविष्य की इन्हीं आशंकाओं को ध्यान में रखकर पारिवारिक बजटों में बचत के प्रावधान रखे जाते हैं। भविष्य की सुरक्षा के लिए हमें अधिक-से-अधिक बचत करनी चाहिए। कुल आय का पांच से दस प्रतिशत तक बचत के लिए रखना अच्छी सोच है। छोटी-छोटी बचत राशि ही भविष्य में एक बड़ी राशि हो जाती है। बचत की इस राशि का उपयोग गृहिणियां निम्न व्ययों में कर सकती हैं–

- घर की बड़ी वस्तु खरीदने में, जैसे टी.वी., फ्रिज, वाशिंग मशीन, स्कूटर, कार आदि।
- विवाह, मकान, 'पर्च्च', 'भात' आदि में।
- सुरक्षा के उपायों में, जैसे बीमा कराने अथवा बीमे की किश्तें आदि में।
- कठिन दिनों के लिए जैसे वृद्धावस्था में अथवा जब आय के साधन कम हो जाएं, तो बचत से परिवार का खर्च चल सकता है।
- दान अथवा सामाजिक जीवन के अन्य खर्चों की पूर्ति के लिए इसका उपयोग।
- आकस्मिक खर्चों की पूर्ति के लिए, जैसे दुःख, तकलीफ, बीमारी आदि पर होने वाला भारी व्यय इन्हीं बचतों में से संभव होता है।
- पर्यटन आदि पर जाने, तीर्थ यात्रा करने में इस प्रकार की बचत ही काम आती है।
- पूंजी के लिए, उच्च शिक्षा के लिए या फिर क़र्ज़ चुकाने के लिए भी बचत ही काम आती है।

आशय यह है कि कुशल गृहिणी की कुशलता इसमें दिखाई देती है कि वह अपनी आय का कितना सदुपयोग करती है और कितनी बचत करती है। बचत करने के लिए गृहिणी को चाहिए कि वह–

- अपने खर्चों में कमी करे।
- विलासितापूर्ण वस्तुओं का उपयोग न करे।
- पारिवारिक बजट की धारणा मन में बनाए।
- घर के काम स्वयं करे और घर में उपयोग होने वाली वस्तुओं का निर्माण और उत्पादन स्वयं करे। किसान गृहिणियां ऐसा ही करती हैं।
- खाली समय का उपयोग उत्पादक वस्तुएं बनाकर करे।
- अपनी आय में वृद्धि करे, जैसे सिलाई-कढ़ाई, ट्यूशन, लेखन, पालन-घर आदि चलाकर।

गृहिणी द्वारा की गई बचत को बैंक में अथवा पोस्ट आफ़िस में खाता खोलकर जमा करना चाहिए। इससे जहां बचत सुरक्षित रहती है, वहीं उस पर ब्याज भी मिलता है, जिससे जमा की गई राशि बढ़ती रहती है। छोटी-छोटी बचतों को बचत खाते में और बड़ी राशि हो जाने पर इसी बचत को राष्ट्रीय बचत पत्रों में अथवा किसान विकास पत्रों में लगानी चाहिए। इनमें ब्याज की राशि भी अधिक मिलती है और मूलधन लगभग साढ़े पांच वर्ष में दूना हो जाता है। इनमें बचत हर प्रकार से सुरक्षित रहती है।

आशय यह है कि घर की साज-सज्जा का सीधा संबंध पैसे से है और पैसे का उपयोग ही घर की सज्जा को प्रभावित करता है, इसलिए गृहिणी को चाहिए कि वह खर्च और आय में संतुलन बनाकर चले ताकि आप अथवा आपका परिवार क़र्ज़ से बचा रहे।

बचत संबंधी आधुनिक सोच

अधिकांश परिवारों का बजट इसलिए असंतुलित रहता है, क्योंकि वे अपनी आय-व्यय के प्रति गंभीर नहीं होते। सुघड़ गृहिणी की बचत संबंधी नई सोच इस प्रकार होनी चाहिए–

- आर्थिक संपन्नता प्रदर्शित करने और आडम्बरों पर भारी-भरकम खर्च दूसरों की देखा-देखी नहीं करनी चाहिए और न ही इस प्रकार की कोई खरीदारी करें।
- उपलब्ध साधनों का सदुपयोग कर अपनी सुघड़ता प्रदर्शित करें।
- आय के साधन चाहे निश्चित हों अथवा अनिश्चित, अपने खर्च को संतुलित रखें। महीने के आखिर में अपने

आय-व्यय का मूल्यांकन अवश्य करें। यदि किसी मद पर व्यय अधिक हो गया है अथवा देनदारियां शेष हैं, तो अगले महीने 'सावधानी' बरतें और इस घाटे को पूरा करें।

- महंगी, बेमौसम की सब्जी, महंगे सौंदर्य प्रसाधन इत्यादि वस्तुएं खरीद कर अपने बजट घाटे को और न बढ़ाएं। छोले, राजमा, लोबिया, बड़ियां आदि घर में रखी सूखी सब्जियों का इस्तेमाल पारिवारिक बजट को संतुलित करने के लिए अवश्य करें।
- मेहमानों पर अपना प्रभाव अथवा संपन्नता प्रदर्शित करने के लिए क़र्ज़ लेकर उन्हें घी न परसें।
- अपनी आय का कम-से-कम 10 प्रतिशत भविष्य के लिए अवश्य रखें, ताकि परिवार पर होने वाले आकस्मिक खर्चों की पूर्ति इस राशि से हो सकें।
- आमदनी अठन्नी, खर्चा रुपया जैसी भूल कभी न करें।
- त्योहारों पर होने वाले खर्चों का पूर्वानुमान लगा लें। इन खर्चों को उसी दिन के लिए न करें। त्योहार के दिनों में कुछ वस्तुओं की कीमतें अपेक्षाकृत अन्य दिनों से अधिक हो जाती हैं। इसलिए उन्हें पहले से ही घर में ले आए।
- अपने व्ययों को परिवार की प्राथमिकताओं के अनुसार खर्च करें। मुकदमेबाजी, बीमारी, दुर्व्यसनों जैसे व्ययों पर नियंत्रण रखें। इसी प्रकार से टाले जाने वाले खर्चों को भी टालें। ऐसे खर्चों पर नज़र रखें।
- अपनी आय-व्यय में इतना संतुलन अवश्य बनाकर रखें कि परिवार का कोई भी सदस्य आर्थिक अभावों के कारण मानसिक रूप से कुंठित न हो और न ही उसका भविष्य प्रभावित हो। इस संबंध में किसी प्रकार का भेदभाव भी न बरतें।
- बच्चों को दिए जाने वाले जेब खर्च पर कभी हमला न करें। यदि परिवार हित में ऐसा करना बहुत आवश्यक हो, तो बच्चों को विश्वास में लेकर उसकी सहमति से उस पैसे का उपयोग करें। बच्चों की इस उदारता की प्रशंसा करें।

इस प्रकार की सोच जहां बच्चों को भी बचत के लिए प्रोत्साहित करेगी, वहीं आपके बजट को भी संतुलित बनाएगी। सामाजिक और पारिवारिक जीवन में आपको कभी किसी के सामने हाथ नहीं फैलाने पड़ेंगे। बच्चों की बचत के लिए उन्हें डाकघर अथवा बैंक में खाता खोल दें, ताकि वे अपनी छोटी-छोटी रकम उसमें जमा कर सकें।

गृहिणी भी अपनी बचत को डाकघर अथवा बैंक के किसी बचत खाते अथवा सावधि खाते में जमा रखें। ध्यान रखें कि बचत की हुई रकम को घर में न रखें। इस प्रकार की हुई बचत की राशि गृहिणी का आत्मविश्वास बढ़ाती है और उसका भविष्य सुनिश्चित और सुरक्षित रहता है। उधार लेकर अपने खर्चों की पूर्ति कभी न करें। सेल के बैनर देखकर आंखों में चमक न लाएं, यह मृगतृष्णा ही सिद्ध होते हैं।

अध्याय 6

घर–इक बंगला बने न्यारा

हर गृहिणी का सपना होता है–इक बंगला बने न्यारा... । बंगलों की इन कल्पनाओं में कोई घर को नही भूलता... । आखिर क्या होता है घर में, जो बड़े-बड़े होटलों, आलीशान भवनों और मकानों में नही होता। कही इसका कारण भी तो गृहिणी ही नही; जिससे घर बनता है, जो घर बनाती है... ।

घर, मकान, कोठी सबके सब रहने के लिए होते हैं। बड़े फ़ार्म हाउस में भी लोग रहते हैं, लेकिन घर में जो सुकून और सुखानुभूति है, वह इन सबमें नहीं। उसका कारण भी यही है कि गृहिणी अपने इस घर को बिलकुल नए अंदाज़ से रखती है। उसका घर, परिवार के प्रत्येक सदस्य की आश्रय स्थली होता है। परिवार चाहे ग़रीब हो अथवा अमीर, साधन संपन्न हो अथवा साधन विहीन, पढ़ा-लिखा हो अथवा अनपढ़, उसे अपने घर में जो आनन्द और सुकून मिलता है, वह उसे आलीशान होटलों, विशाल गेस्ट हाउसों में नहीं मिलता। इसका कारण यह है कि घर में प्रत्येक सदस्य के लिए उसकी सुख-सुविधाओं का ध्यान रखकर व्यवस्था की जाती है। एक कुशल गृहिणी अपने मकान को घर बनाकर रखती है, जिसमें इन सभी बातों का ख्याल रखा जाता है।

बरामदा हो, जिसमें हर मौसम में धूप, हवा, सूर्य की रोशनी आदि आती हो। बरामदों का आकार घर की आवश्यकता के अनुसार रखा जाता है। शहरी घरों में बरामदे के स्थान पर बालकनी आदि के प्रावधान किए जाते हैं। आशय यह है कि बरामदे में परिवार के सभी सदस्यों को हर समय पूरा-पूरा आराम मिलता है। बरामदा आवश्यकता और साधन के अनुसार ऊपर से खुला अथवा बंद भी रखा जाता है। इस स्थान पर बाहर से आने वाले दोस्तों, परिचितों अथवा काम वालों को बिठाया जाता है। अधिकांश वकीलों, डॉक्टरों, विधायकों, अधिकारियों के घरों में बरामदों का उपयोग बातचीत करने के लिए किया जाता है। प्रायः गृहिणियां बरामदे में नहीं बैठती हैं।

बैठक

घर का सबसे महत्त्वपूर्ण कक्ष अथवा स्थान बैठक होती है। जैसा कि इसके नाम से प्रतिध्वनित होता है, बैठक का उपयोग घर अथवा बाहर वालों के बैठने के लिए होता है। पास-पड़ोस से मिलने आने वाली महिलाओं, खास मेहमानों, विशिष्ट लोगों तथा व्यापारिक अथवा कामकाज की बातचीत के लिए लोगों को यहां बिठाया जाता है। गृहिणी इस कक्ष को अपनी सूझबूझ से कलात्मक रूप से सजा-संवार कर रखती है। इसमें टी.वी., फोन, बीच की टेबिल (जिस पर फूलदान रखा जाता है), एकाध पोस्टर अथवा कलात्मक पेंटिंग रखी जाती है। इसकी कलात्मक सजावट से ही परिवार के रहन-सहन का अंदाज़ लगाया जाता है। कुछ बैठकों में 'डोर टू डोर' कारपेट अथवा गलीचा भी बिछाया जाता है। इस कमरे में ही बैठने के लिए सोफ़ा, दीवान, पंखा, कूलर आदि रखे होते हैं। कुलीन घरों में अब इन बैठकों में 'ए.सी.' का उपयोग होने लगा है। स्थान अभाव होने पर गृहस्वामी इसी बैठक का उपयोग अपने व्यावसायिक उद्देश्यों, जैसे मरीज़ देखना, आए ग्राहकों से बातचीत करना आदि के

रूप में भी करते हैं। यदि घर बड़ा होता है, तो गृहस्वामी अपने व्यापारिक उद्देश्यों के लिए अलग कमरे का प्रबंध करते हैं, जिसमें उनके व्यवसाय से संबंधित किताबें, टाइप मशीन, कंप्यूटर आदि रखे जाते हैं।

रसोई घर

रसोई घर गृहिणी का कर्म क्षेत्र होता है। कहते हैं कि गृहिणी का आधा जीवन रसोई घर में व्यतीत होता है। आजकल रसोई घर बड़ा बनाने का फैशन-सा हो गया है। आधुनिक रसोई घरों में पूरे मकान के निर्माण का लगभग पचीस प्रतिशत तक व्यय होता है। रसोई घर का उपयोग हमेशा से रहा है, लेकिन अब जब से लोगों के सोच में अंतर आया है, खाने-खिलाने का फैशन बढ़ा है, तब से रसोई घर, घर

का सबसे महत्त्वपूर्ण स्थान हो गया है। घर चाहे बड़ा हो अथवा छोटा, रसोई घर अवश्य होता है। इसे घर के आखिरी छोर पर बनवाना चाहिए, ताकि इसमें बाहरी लोगों की तांक-झांक न हो सके। रसोई से पानी और धुएं की निकासी का पर्याप्त प्रबंध होना चाहिए। इस कक्ष का प्रबंध कुछ इस प्रकार से होना चाहिए कि गृहिणी खड़ी-खड़ी अथवा बैठकर अपना सारा काम कर सके और उसे बार-बार कोई भी वस्तु लेने, रखने के लिए भाग-दौड़ न करनी पड़े। खाना पकाने का सामान, मसाले, छोटे-बड़े उपकरण जैसे मिक्सर-ग्राइंडर, चाकू, चलनी, खाना पकाने के बर्तन, रोटी बेलने का चकला-बेलन आदि गृहिणी की नज़र सीमा में रखे हों। रसोई में नल, प्रकाश आदि का उचित प्रबंध होना चाहिए।

रसोई घर से लगा हुआ ही भोजन कक्ष होना चाहिए। इसमें डाइनिंग टेबल रखा होना चाहिए। भोजन चाहे जमीन पर बैठकर करते हों, अथवा कुर्सी-टेबल पर भोजन गर्म व ताज़ा ही करना चाहिए। गृहिणी की सुविधा के लिए भोजन कक्ष को सुरुचि अनुसार सजाना, संवारना चाहिए। भोजन कक्ष में अथवा भोजन के पास ही डाइनिंग टेबल होना चाहिए, जो सुरुचिपूर्ण ढंग से सजा होना चाहिए। सजे हुए डाइनिंग टेबल पर बैठकर खाने-खिलाने का मजा दोगुना हो जाता है।

शयनकक्ष या बेडरूम

शयनकक्ष परिवार का वह कक्ष है, जहां उसके सपने साकार होते हैं। यह कक्ष नितान्त व्यक्तिगत उपयोग के लिए होता है। इसलिए इसे हमेशा बंद ही रहना चाहिए। इसका उपयोग दोपहर और रात में सोने के लिए करना चाहिए। घर में यदि सदस्यों की संख्या ज्यादा न हो, तो सबके लिए अलग-अलग शयनकक्ष की व्यवस्था करनी चाहिए। इस कक्ष में सूर्य की रोशनी सबसे पहले पहुंचनी चाहिए। यह न केवल स्वास्थ्य के लिए जरूरी होती है, बल्कि सोने वालों को सूर्योदय से पूर्व जगाने में भी सहायक होती है। इसमें सुविधा अनुसार पलंग, डबल बेड आदि होने चाहिए। यदि परिवार के सदस्य अधिक हैं, तो शयनकक्ष का उपयोग एक से अधिक सदस्यों के लिए भी किया जा सकता है। ध्यान रहे, पढ़ने-लिखने वाले किशोर बच्चों का शयनकक्ष अलग ही होना चाहिए। चूंकि गृहिणी का एक तिहाई समय इसी बेड रूम में व्यतीत होता है, इसलिए बेडरूम की साज-सज्जा पर ध्यान अवश्य रखना चाहिए। इसमें न केवल आराम का ध्यान रखें, बल्कि मानसिक संतुष्टि के चित्र, दीवारों के रंग, परदे, चद्दरें आदि भी उपयोग में लाएं। अगर आपके शयनकक्ष में रोशनी कम आती है अथवा नहीं आती है, तो इस कक्ष में हलकी रोशनी का प्रबन्ध करें। अधिक रोशनी वाले बेडरूम के दरवाजे व खिड़कियां आदि बंद रखें, या फिर मोटे परदे लगा कर रखें। आवश्यकता से कम हलके रंग उदासीनता के परिचायक हैं, अतः इनसे बचें। दांपत्य जीवन की खुशहाली और सरसता के लिए बेडरूम की दीवारें हलकी गुलाबी रंगों की हों, उसी रंग के परदे, बिस्तर की चादरें आदि भी हों।

यदि बेडरूम की दीवारें आकर्षक नहीं हैं, तो इनकी दीवारों को 'वाल पेपर' से सजाएं। यदि आप साधन संपन्न हैं और बेडरूम नया बनवा रही हैं, तो बड़ी-बड़ी टाइल्स का प्रयोग करें। इससे आपका बेडरूम बड़ा-बड़ा दिखने लगेगा। बेडरूम जितना आकर्षक होगा, उतना ही मन को शांति देने वाला होगा। इसलिए फर्श पर 'कारपेट' बिछाएं। आजकल तेज व चटक रंगों के डोर-टू-डोर कारपेट मिलते हैं। ऐसे कारपेट यदि साफ रखे जाएं, तो बड़ी सरलता से 5-7 वर्ष चल जाते हैं।

परदों का चुनाव भी कमरे के साइज के हिसाब से स्वयं करें। परदे टांगने के लिए पेलमेट्स, ड्रेपर राड्स आदि का प्रयोग करें। आशय यह है कि शयनकक्ष की इस सज्जा के प्रति जरा-सी भी उदासीनता न बरतें। बेडरूम में हलकी लाइट वाला नाइट बल्ब अवश्य रखें। शयनकक्ष में पलंग के पास ही एक या दो छोटे टेबल अवश्य रखें, जिस पर आवश्यकता अनुसार दूध, चाय, पानी आदि रखने की सुविधा हो। इसी टेबल का उपयोग ताजे फूलों का गुलदस्ता रखने आदि में भी कर सकती हैं।

शयनकक्ष के कपड़े जैसे चादरें, तकिए के कवर, परदे आदि यदि प्रतिदिन न बदलें, तो एक-दो दिन में अवश्य बदलें, इससे बेडरूम की खूबसूरती बढ़ जाती है और उसका आकर्षण बना रहता है। इसके अलावा बेडरूम में अनावश्यक सामान न रखें और न ही इसका उपयोग मेहमानों को बैठाने आदि में करें।

शृंगार कक्ष

बैठक अथवा बैठक के पास वाला कमरा शृंगार कक्ष के रूप में उपयोग में लाना चाहिए। इसमें ड्रेसिंग टेबल, बिना हत्थेदार कुर्सियां, स्टूल, छोटी मेज आदि सामान होना चाहिए। इस कक्ष में ही टांगने के लिए हेंगर, खूंटियां आदि भी होनी चाहिए, ताकि कपड़े, तौलिए आदि सरलता से टांगे जा सकें। चूंकि शृंगार सामग्री रखने के लिए स्थान की आवश्यकता होती है, इसलिए इस कमरे में ही अलमारी, दराज आदि भी होने चाहिए। इस कक्ष के परदे मोटे, गहरे रंग के होने चाहिए। इस कमरे में प्रकाश अपेक्षाकृत कम होना चाहिए।

शृंगार कक्ष को ही पति-पत्नी का 'प्राइवेट' रूम भी बना सकती हैं। इसमें रखी अलमारी का उपयोग आप अपनी नितांत निजी वस्तुएं, आभूषण, पैसे, डायरी, फोटो एलबम, रसीदें, बिल्स, टैक्स संबंधी कागजात, बैंक की पास बुकें आदि रखने के लिए करें। इन सब बातों की जानकारी पति-पत्नी को होनी चाहिए। ध्यान रखें कि घर की अनावश्यक वस्तुएं, फालतू चीजें इसमें न रखें। इसकी सफाई भी करते रहें, ताकि समय पर आपको इस प्रकार की रसीदें आदि मिलते रहें और समय पर ही आप ऐसे टैक्स, प्रीमियम आदि का भुगतान कर सकें। इस प्रकार आवश्यक कागजातों को एक स्थान पर रखने में समय लग सकता है, लेकिन इससे आप और आपके पति कई प्रकार की परेशानियों से मुक्त रह सकते हैं।

स्नानघर

घर का सबसे महत्त्वपूर्ण कक्ष स्नानघर अथवा बाथरूम होता है। इसे किसी भी प्रकार से कम महत्वपूर्ण न समझें। आजकल शयनकक्ष से जुड़े हुए स्नानगृह बनने लगे हैं। स्नानगृह में पानी की उचित व्यवस्था होनी चाहिए। पानी गर्म करने की सुविधा के लिए गीजर लगा होना चाहिए। टंकी का नल अपेक्षाकृत कुछ ऊपर हो। स्नानघर से पानी की निकासी सरलता से हो इसका ध्यान रखें अन्यथा सीलन, काई जम जाने का भय रहता है, जिससे कई प्रकार की दुर्घटनाएं हो सकती हैं। बाथरूम के दरवाजे पर मैट बिछाएं, ताकि फिसलने का भय न रहे। नहाने के बाद बाथरूम के नल, टोंटियां अच्छी तरह से बंद कर दें। पानी की टपकती बूंदें स्नान गृह को हमेशा गीला बनाए रखती हैं, जिससे वहां बदबू आने लगती है।

छोटे बच्चों को अकेला बाथरूम में कभी न छोड़ें। न ही उसे अकेले में शावर अथवा टब आदि में बिठाएं। इससे कभी भी दुर्घटना हो सकती है। बाथरूम में रखा हुआ फिनाइल, रेजर, ब्लेड, ब्लीचिंग पाउडर आदि बच्चों की पहुंच से बाहर रखें। इसी तरह किसी भी प्रकार का कीट नाशक पदार्थ भी बाथरूम में न रखें, तेल, शैम्पू आदि में भी अंतर रखने के लिए उन्हें अलग-अलग रखें। नहाने के बाद साबुन को हमेशा ऊपर रखें अन्यथा उसकी चिकनाई से फिसलन होगी और अपव्यय भी होगा। इसके साथ बाथरूम के दरवाजे भली प्रकार से बंद होने चाहिए, ताकि किसी अंजान व्यक्ति के अचानक खोलने पर न खुलें।

शौचालय

ग्रामीण क्षेत्रों में आज भी महिलाएं, पुरुष शौचादि के लिए खुले मैदान, खेतों में जाते हैं। शहरों और कसबों में इन्हें घर के अंदर ही बनाया जाता है। यदि शौचालय सीवर लाइन से जुड़े हुए हों, तो उसमें पानी अधिक बहाना चाहिए। यदि अन्य किसी तरीके से बनाया गया है, तो उसकी आवश्यकता-नुसार साफ सफाई करते-कराते रहना चाहिए।

सिंक को ब्रश से साफ करें। कभी-कभी उस पर सूखा चूना छिड़क कर सूखे कपड़े से रगड़ कर साफ करें। इससे सिंक पर जमी हरी काई हट जाती है और सिंक चमकने लगता है। शौचालय की सफाई के लिए फिनाइलयुक्त पानी का प्रयोग करें। महीने में कम-से-कम एक बार तेजाब का इस्तेमाल भी कर सकती हैं। इसका इस्तेमाल करने में बड़ी सावधानी बरतें। बाजार में इसका बना हुआ हलका घोल इसके लिए सर्वोत्तम रहता है। बाथरूम अथवा अन्य ऐसे स्थानों पर जहां सीलन की गंध आती रहती है, वहां समय-समय पर नमक रख दिया करें, इससे सीलन की गंध समाप्त हो जाती है। नीबू के सूखे छिलकों का उपयोग अलमारी में रखे कपड़ों के लिए किया करें, इससे अलमारी में गंध नहीं आती और कपड़ों में कीड़ा भी नहीं लगेगा। शौचालय अथवा वाश बेसिन में बाजार से मिलने वाली नेफ्थलीन की गोलियां, टिकिया आदि लटका दें, इससे दुर्गन्ध कम हो जाएगी और हवा तथा पूरी रोशनी पाकर यह दूर भी हो जाएगी।

पूजा गृह

घर चाहे छोटा हो अथवा बड़ा, प्रत्येक घर में घर का कोई एक कोना पूजा गृह के लिए निर्धारित होता है। इस कक्ष में परिवार की गृहिणी, परिवार का कर्त्ता, बड़े तथा बच्चे सुबह-शाम बैठकर अपनी-अपनी इच्छानुसार अपने इष्ट देव की पूजा अर्चना करते हैं। हिंदू घरों में 'जय जगदीश हरे' की आरती सुबह-शाम होती है। बच्चों में धार्मिक संस्कारों के लिए परिवार की भावनाओं के अनुसार पूजा गृह अवश्य बनवाना चाहिए। इससे बच्चों में नैतिक आचरण का विकास होता है।

सफाई

घर चाहे जैसा भी हो, यदि उसकी सफ़ाई नहीं होती, तो वही घर धूल-मिट्टी से गंदगी का ढेर बन जाएगा। जगह-जगह जाले लग जाएंगे और स्थान-स्थान से टूट-फूट हो जाएगी और कुछ ही वर्षों में अच्छा-खासा घर खंडहर का ढेर बन जाएगा। इसलिए गृहिणी की दिनचर्या में सबसे अधिक समय सफ़ाई के लिए होता है। घर को साफ़-सुथरा और सजा-संवरा हुआ रखने के लिए उसमें तीन प्रकार की सफाई का होना आवश्यक है–

दैनिक सफ़ाई,

दैनिक सफ़ाई से आशय यह है कि घर में आई धूल-मिट्टी, कूड़ा आदि की सफ़ाई झाड़ू आदि से कर दी जाए। गीले कपड़े से फर्श पर पोंछा लगा दिया जाए। रसोई के बर्तन आदि साफ़ कर यथास्थान रख दिए जाएं। दैनिक सफ़ाई करते समय जिस कमरे को आप साफ़ कर रही हैं, उस कमरे की खिड़कियां, दरवाजे आदि खोल देने चाहिए, ताकि उसमें अच्छी तरह से सूर्य की रोशनी, हवा आदि आ-जा सके। परदे हटा दें। दिन भर में उपयोग में आने वाली वस्तुओं से धूल हटा दें। टी.वी., सेंट्रल टेबल आदि को झाड़ दें। पुस्तकें, पत्रिकाएं, अखबार आदि उठाकर यथास्थान रख दें। रसोई में रोज़ उपयोग आने वाली वस्तुओं को धो-पोंछकर यथास्थान रख दें। रसोई घर, बरामदे, आंगन, स्नानागार, शौचालय आदि में पर्याप्त पानी डालकर उसे साफ कर दें। कचरा डालने वाली डलिया अथवा ड्रम को साफ कर दें।

साप्ताहिक सफ़ाई

ऐसी सफ़ाई जो नित्य नहीं हो सकती, उसे कम-से-कम सप्ताह में एक बार तो कर ही देना चाहिए, जैसे जाले निकालना, रसोई में रखी क्राकरी, पुस्तकें आदि करीने से सजा-संभाल कर रखना। टेबल, क्लाथ, चादरें, परदे आदि बदलना।

वार्षिक सफ़ाई

घर के टूटे-फूटे निर्माण कार्य की मरम्मत, फर्नीचर की मरम्मत, पूरे मकान में डी.डी.टी. का छिड़काव, रंग, पुताई, वार्निश। दरवाज़े आदि की मरम्मत। बिजली की टूट-फूट की मरम्मत, नालियों आदि की मरम्मत।

आशय यह है कि घर की साज-सज्जा के लिए उसकी सफ़ाई बहुत आवश्यक है। यह सफ़ाई ही आपको कुशल गृहिणी होने का सम्मान दिलाती है और आप गर्व से यह कह सकती हैं कि मेरा घर... । मेरा अपना घर, सबसे अलग एक बंगला बड़ा प्यारा।

अध्याय 7

आंतरिक सज्जा

गृह-सज्जा का कलात्मक पक्ष आंतरिक सज्जा है। बैठक के एक कोने में रखा रेखाचित्र, बगीचे में लगा कलात्मक मूर्ति का प्रतीक पत्थर, शयनकक्ष की दीवार पर रेखाओं से बनी कलात्मक पेंटिंग, बरामदे की दीवार में घड़ी के पास लटका हुआ रंगीन पोस्टर, बोन्साई के पौधे पर लगा फल, गृहिणी की कलात्मक अभिरुचि के परिचायक तो हैं ही, साथ ही घर की सजावट के प्रति उसकी सुरुचि को भी प्रदर्शित करते हैं। घर की यह आंतरिक सज्जा यदि मेहमानों को सुकून देती है, तो इसका श्रेय भी गृहिणी को ही जाएगा...इससे सफल गृहिणी शब्द से भी आप नवाजी जाएंगी।

आंतरिक गृह-सज्जा आधुनिक जीवन शैली का एक प्रमुख अंग है। महानगरों में तो इस कार्य के लिए बड़े-बड़े संस्थान खुले हुए हैं और वे इसके विविध कलात्मक पक्षों पर उचित सलाह देकर घरों की आंतरिक सज्जा को नए रूप देते हैं।

आंतरिक सज्जा से घर न केवल आकर्षक और सुंदर दिखाई देता है, बल्कि इसमें बैठना भी शांतिदायक लगता है। कमरों की कलात्मक सज्जा देखकर अशांत मन को शांति मिलती है, मानसिक तनावों से मुक्ति मिलती है।

कमरों, बगीचों, शयनकक्षों को इस प्रकार की सुंदरता प्रदान करने के लिए रेखाओं के रूप में अनुकृतियों के द्वारा सजाया जाता है। रंग, रेखाएं और उनकी विविध आकृतियां, एकता और भावों की प्रतीक सज्जा को नए-नए अर्थ देने लगती हैं। सरल रेखाएं और वक्र रेखाएं अपने-अपने भावों के लिए दर्शकों को बहुत देर तक सोचने, विचारने के लिए विवश करती हैं।

मूर्तियों अथवा चित्रों की अनुरूपता

कमरों, बगीचों में नए-नए विभिन्न आकृतियों के पत्थर रखकर उन पर नए-नए अर्थ गढ़े जाते हैं और फिर भावों की अभिव्यक्ति के अनुसार उन्हें आकर्षक बनाकर उपयुक्त स्थानों पर रखा जाता है। परदे, खिड़कियों के अनुरूप इन्हें भी ऐसा स्थान दिया जाता है, जहां ये अपने नए-नए अर्थों में लोगों को प्रभावित कर सकें।

बनावट के अनुरूप आकृतियां

प्रकृति के विविध पक्षों की अनुकृतियां कमरों की सजावट में विविध प्रकार से काम में लाई जाती हैं। उगता अथवा डूबता हुआ सूर्य, काम से लौटती हुई श्रमिक महिलाएं, पक्षियों का कलरव, पक्षियों का प्रवास आदि अनेक ऐसे पक्ष हैं, जिन को कलाकार अपनी-अपनी कल्पनाओं के अनुसार रूप-सज्जा देकर कमरों को सजाते हैं।

इस विषय में गृहिणी को इतना ही ध्यान रखना चाहिए कि सजावट में आधुनिक शैली का प्रयोग हो, ताकि देखने वाला प्रभावित हुए बिना न रहे। जहां तक संभव हो, कमरों में सजावट का सामान इतना कम हो कि उसकी उपयोगिता कम न हो। कमरों को 'सैलून' बनाने की मानसिकता न पालें। दीवारों को कलेंडरों, पोस्टरों से पाट न दें।

बैठक, मरीज का कमरा, बच्चों के पढ़ने के कमरे आदि में फूलों से भी काम लें, फूल ताज़े और आकर्षक हों। अच्छा हो, फूलों के लिए घर पर ही पौधे लगाएं। यदि साधन और समय हो तो घर में 'किचन गार्डन' बनाएं। यह न केवल आपकी सजावट को प्रभावित करते हैं, बल्कि गृहिणी की रचनात्मक सोच को भी प्रभावित करते हैं। परिवार के लिए ताज़े फल और फूल सरलता से मिल जाते हैं।

बोन्साई

आंतरिक गृह-सज्जा के लिए छोटे-छोटे पुष्प पौधे लगाए जाते हैं। ये पौधे आकर्षक गमलों, पीतल के चमकते हुए बर्तनों तथा अन्य आकर्षक स्थानों पर लगाए जाते हैं। बोन्साई पौधे जापानी पुष्प-विन्यास की देन हैं। इस प्रकार के पौधे बहुत छोटे होते हैं, इनमें तीन शाखाएं रखने की परम्परा है, इन शाखाओं का अर्थ लोग विभिन्न प्रकार से लगाते हैं। वास्तव में ये पौधे अंतरराष्ट्रीय सद्भावना के प्रतीक माने जाते हैं।

इसके अतिरिक्त मनी प्लांट, बारहमासी, तुलसी आदि के पौधे भी सजावट के साथ-साथ हरियाली देने वाले होते हैं, इन पौधों को सरलता से घर में लगाया जा सकता है और ये सरलता से लग जाते हैं। गुलाब के पौधे सर्दियों में लगाने चाहिए।

छोटे-छोटे कलात्मक गमलों, विभिन्न आकारों की चौड़े मुंह वाली बोतलों, चीनी मिट्टी के बर्तन और ऐसे ही अन्य पात्रों में बोन्साई पौधों को उगाने तथा गृह सज्जा के लिए उपयोग करने का फैशन, महानगरों को छोड़कर अब छोटे शहरों, कसबों और होटलों में भी पनपने लगा है।

बोन्साई का मूल अर्थ है—तश्तरी में वृक्ष उगाने की कला। वृक्षों को हथेली के आकार में विकसित करने व सजाने की आधुनिक शैली पिछले कुछ सालों से भारतीय बैठकों में देखने को मिल रही है। यदि इन्हें ध्यान से देखा जाए, तो यह कला का वह रूप है, जो देखने वालों को आश्चर्य में डाल देता है। कला के इस रूप को अब सर्वत्र सराहा जाने लगा है, इसलिए अब लोगों का इस विषय में आकर्षण भी बढ़ने लगा है। शहरी घरों में जहां हरियाली की कमी रहती है, वहां बोन्साई पौधे अधिक लोकप्रिय हो रहे हैं। आपके पास चाहे स्थान कम भी हो, तो भी आप अपनी बैठक अथवा बालकनी में बोन्साई की हरियाली सब मौसमों में पा सकती हैं। केवल इतना ही नहीं, बल्कि इन पर लगे हुए फल-फूलों का आनन्द भी उठा सकती हैं।

सामान्य से कुछ असामान्य देखकर मन प्रसन्न होता ही है। इस कला को भी यही मानसिकता प्रेरित करती है। बड़े नगरों में तो इस कला के कई केन्द्र चलाए जा रहे हैं, जो बोन्साई पौधों की कला और रख-रखाव का प्रशिक्षण देते हैं। इसके विस्तार की संभावनाओं का ज्ञान कराते हैं। सब से अच्छी बात तो यह है कि अब इसे एक अभिरुचि के समान समझा जाने लगा है। लगभग सभी पौधे जिनमें पत्ते, फूल और फल लगते हैं, उन्हें बोन्साई का रूप दिया जा सकता है।

बोन्साई पौधों को उगाने के लिए गमले, मिट्टी, पौधों की जड़ें आदि की आवश्यकता होती है। इन पौधों को तांबे की तारों से बांध कर उन्हें मनचाहा रूप और आकार दिया जाता है। इन पौधों की शाखाओं को पत्थरों से बांध कर उन्हें वजन देते हैं जिससे वह ऊपर न जाकर नीचे ही झुकी रहती हैं और समय-समय पर इन्हें उगाने वाले मनचाहा आकार देते हैं।

बोन्साई की नियमित रूप से देखभाल व रख-रखाव करना जरूरी होता है। इन्हें हवा, पानी, खाद आदि भी पर्याप्त रूप से दी जाती है। इनकी जड़ें और पत्तियों को आवश्यकता और आकार के अनुसार काटा जाता है, विशेष कर जिस मौसम में पौधों की वृद्धि सामान्य से अधिक होती है, उस मौसम में इनकी डालियों, पत्तों को सीमित रखना पड़ता है। जब एक डाली काटी जाती है, तो उसकी जड़ से दूसरी डाली उगने लगती है। इस प्रकार इन पौधों की डालियां, शाखाएं, फूल और फल सीमित मात्रा में ही प्राप्त किए जाते हैं। वास्तव में इन पौधों को लगाने का उद्देश्य कलात्मक सजावट करना है। फल, फूल अथवा छाया लेना नहीं।

बोन्साई पद्धति विदेशी पद्धति है, जो चीन से पैदा हुई, लेकिन हमारे देश में भी औषधीय पौधे इसी रूप में पैदा करने की परम्परा प्रचलित थी। आज भी औषधीय पौधों के तने, डालियां आदि काट-छांटकर उन्हें लघु रूप में बरतनों और गमलों में विकसित किया जाता है और फिर इन औषधीय पौधों को बड़े पैमाने पर पैदा किया जाता है। घरों में लगाया जाने वाला तुलसी का पौधा एक ऐसा ही पौधा है, जिसे हम घर-घर का बोन्साई कह सकते हैं। बोन्साई पौधों की विशेषता यह होती है कि उसका छोटे-से-छोटा पौधा भी कई-कई वर्षों तक घर की बैठक की शोभा बना रहता है। यहां तक कि आप इस पौधे की आयु का अंदाज भी नहीं लगा पातीं।

पौधों की लघु रूप में उगाने व संवारने की कला में शामिल होने के साथ-साथ सजावट के लिए कुछ अपनी मौलिक सूझ-बूझ का भी परिचय दें। इस विषय में केवल इतना सोचें कि कमरे की सजावट का संबंध कला से होता है और कला की परख केवल कलात्मक अभिरुचि के व्यक्ति ही कर सकते हैं। वे किसमें क्या भाव तलाश लें, कह नहीं सकते। गमलों में लगे हुए कैक्टस इसी प्रकार के शो पीस हैं, जो आपको ऐसे-ऐसे स्थानों पर मिल जाएंगे, जहां आप सोच भी नहीं सकतीं। कला का क्षेत्र असीम है, इसलिए इस विषय में अपनी सोच को खुला, उन्मुक्त आकाश दें। कल्पनाओं में रंग भरने दें।

डाइनिंग टेबल

यद्यपि आंतरिक सज्जा से इसका कोई सीधा संबंध नहीं है, लेकिन यह आधुनिक परिवारों की दोहरी आवश्कता को पूरा करता है। आजकल के व्यस्त जीवन में जब परिवार का प्रत्येक सदस्य अपने-अपने कामों में मकड़ी के जाले जैसा उलझा रहता है, किसी को इतना समय ही नहीं मिलता कि एक छत के नीचे रहते हुए भी एक साथ मिल-बैठ सकें, तब यह कैसे संभव है कि उनमें भावनात्मक सामीप्य स्थापित रहे। वे एक-दूसरे की समस्याएं सुन सकें, समझ सकें। उन्हें अपने-अपने स्तर पर हल कर सकें। वास्तव में पारिवारिक एकता और परस्पर सौहार्द संबंधी लगाव के लिए एक दूसरे

को इतना समय तो मिलना चाहिए और आज के प्रगतिशील जीवन में केवल डाइनिंग टेबल अथवा खाने की मेज़ ही वह स्थान है, जहां गृहिणी अथवा उसका परिवार एक साथ मिल-बैठकर एक दूसरे से बातचीत करते हैं।

आप चाहे कामकाजी गृहिणी हों अथवा सामान्य गृहस्थ, मध्यवर्गीय हों अथवा उच्च वर्गीय, कसबाई जीवन हो अथवा शहरी, खाना चाहे भारतीय पद्धति से नीचे पटरे पर बैठकर खाते हों या आसन पर बैठकर या फिर पाश्चात्य शैली से डाइनिंग टेबल पर बैठकर खाएं, यदि आप खाना पूरे परिवार के साथ मिल-बैठकर खाते हैं, तो न केवल आपके भोजन का स्वाद बढ़ता है, बल्कि भोजन का आनन्द ही कुछ और होता है। इससे परिवार के सदस्यों में परस्पर विश्वास बढ़ता है, स्नेह और आत्मीयता बढ़ती है। परिवार में एकता के साथ-साथ मधुर संबंधों की बुनियाद पड़ती है। इसलिए गृहिणी को चाहिए कि वह अपने स्तर और सीमा में इसे अपनाएं। यदि दोनों समय संभव न हो, तो कम-से-कम एक समय (रात्रि का भोजन) तो अवश्य ही पूरे परिवार के साथ डाइनिंग टेबल पर लें। पूरे परिवार को एक निश्चित समय पर खाने की टेबल पर बुलाएं। स्नेह के साथ खाना परोसें और पारिवारिक जीवन का आनन्द लें।

प्रगतिशीलता के नाम पर अथवा अति व्यस्तता के नाम पर रात देर तक घर से बाहर रहना, होटलों में खाना, बाज़ार में मिलने वाले 'फास्ट फूड' से बच्चों का पेट भरना, नशा करना, देर तक गृहिणी का पति का इन्तजार करते रहना और भूखे रहना, देर रात तक टी.वी पर पिक्चर देखते रहना, क्लबों में जाना, मनोरंजन के नाम पर देर रात तक ताश अथवा पपलू, तम्बोला खेलते रहना आदि ऐसे आचरण हैं, जो कालान्तर में परिवार के विघटन का कारण बनते हैं तथा पारिवारिक हितों पर भारी पड़ते हैं। अभिभावकों के इस आचरण का प्रभाव बढ़ते बच्चों पर भी पड़ता है और फिर वे भी यह सब करते हैं, इसलिए यदि आप पूरे परिवार को एक साथ डाइनिंग टेबल पर खाना खिलाती हैं अथवा स्वयं भी मिलकर खाती हैं, तो जहां सबको साथ, समय पर खाने की आदत बनेगी, वहीं ऊपर लिखे व्यवहारों में से एक भी घर में न पनप सकेगा। परिवार का प्रत्येक सदस्य एक-दूसरे की भावनाओं का सम्मान कर समय पर डाइनिंग टेबल पर आने का प्रयास करेगा। कोई भी सदस्य एक-दूसरे की भावनाओं

की उपेक्षा न कर सकेगा। यदि परिवार का कोई सदस्य किसी कारण से समय पर घर नहीं आ पाता अथवा डाइनिंग टेबल पर नहीं आ पाता अथवा कोई रात देर से घर आएगा, तो उस सबकी जानकारी गृहिणी अथवा परिवार के कर्त्ता को होनी चाहिए। परिवार का कोई सदस्य रोज-रोज इस प्रकार का व्यवहार न कर सकेगा अथवा परिवार का मुखिया उसके इस व्यवहार में अपने स्तर पर सहयोग कर उसकी समस्याएं सुलझाएगा। आशय यह है कि परिवार के प्रत्येक सदस्य को यह अहसास होना चाहिए कि मेरी वजह से पूरे परिवार को खाने पर मेरा इन्तजार करना पड़ रहा है। इस अहसास के कारण ही वह यह प्रयास करेगा कि सब काम शीघ्र पूरे कर समय से घर पहुंचे, ताकि पूरे परिवार के साथ डाइनिंग टेबल पर पहुंचकर खाना खा सके। गृहिणी अपने इस व्यवहार के कारण पूरे परिवार में यह विचार भी पैदा करे कि भौतिक सुखों और साधनों की इच्छा कभी पूरी नहीं होती, इसलिए परिवार के लोग इस मृगतृष्णा से बचें। हर समय पैसा कमाने की सोच न पालें। कुछ समय मां-बाप, पत्नी और बच्चों के लिए भी निकालें। परिवार के प्रति दायित्वों का यह अहसास हर परिवार के दिल में होना चाहिए और डाइनिंग टेबल ही वह स्थान है, जहां परिवार के सदस्य अपने इन अहसासों का प्रदर्शन कर सकते हैं।

डाइनिंग टेबल पर पूरे परिवार को बुलाने का यह एक ऐसा आचरण है, जो हमारे नैतिक मूल्यों को भी प्रभावित करता है। हमें आदर्श जीवन यापन के लिए प्रेरित करता है। परिवार का प्रत्येक सदस्य दूसरों के सामने आदर्श स्थापित करना चाहता है, इसलिए खाने की टेबल पर आने के इस व्यवहार से वे अपने इन आदर्शों को भी रखना चाहते हैं। खाने की टेबल पर बैठकर आप परिवार के सभी सदस्यों की बातें सुनें। दिल खोलकर उनके कार्यों, व्यवहारों, उपलब्धियों, सफलताओं की चर्चा करें, प्रशंसा करें। यदि परिवार के किसी सदस्य को उसकी योग्यता और प्रतिभा के अनुसार सफलता नहीं मिल रही है, तो उस पर चर्चा करें। उसे विश्वास में लेकर अपने अनुभवों के आधार पर उसे प्रेरित और प्रोत्साहित करें। एक दूसरे के विश्वास को जीतें। परिवार के कर्त्ता के रूप में आप उसे अपने स्तर पर सहयोग दें।

डाइनिंग टेबल का समय ऐसा होता है, जब गृहिणी बच्चों की पढ़ाई की जानकारी भी ले सकती है। यदि पति-पत्नी

दोनों ही कामकाजी हैं, तो एक दूसरे की कठिनाइयों को जानें, समझें, उस पर विचार-विमर्श करें, भावी योजनाएं बनाएं। आज का कार्यक्रम बनाएं। एक दूसरे की भावनाओं का सम्मान कर आज शाम का प्रोग्राम बनाएं। आने वाले इस रविवार का प्रोग्राम बनाएं। किसके घर जाना है अथवा किसे बुलाना है, इस पर विचार करें। कौन, कब, कहां मिला था, क्या कह रहा था, इस पर विचार करें। आशय यह है कि जीवन के सामान्य व्यवहारों की चर्चा भी यहां की जा सकती है।

आर्थिक संपन्नता प्राप्त नए-नए प्रगतिशील परिवारों में नई-नई होटल संस्कृति पनप रही है। महानगरों में जहां नशे की आदत बढ़ रही है, वहीं आपराधिक घटनाएं बढ़ रही हैं। अभी हाल ही में दिल्ली में कुलीन कहे जाने वाले लड़कों ने ही होटल की एक लड़की का खून कर दिया। परिवारों में वैचारिक संकीर्णता के कारण स्नेह के स्थान पर संदेह पनपने लगा है। सब व्यवहारों का एक ही कारण है कि परिवार में जुड़ाव के साधन कम होते जा रहे हैं। बड़े परिवारों में जहां लोग अपने-अपने कमरों में अलग-अलग रहते हैं, चाहे जब भोजन करते हैं, करते भी हैं कि नहीं, वहां भोजन का अपव्यय तो होता ही है। साथ में इस प्रकार के अपराध और पारिवारिक विवाद भी बढ़ते हैं और पारिवारिक बिखराव के अंकुर फूटने लगते हैं। जब परिवार में सबके खाने का समय निश्चित होता है, तो उस समय सब सदस्य सात्विक रूप से भोजन करते हैं। उस समय उनके मन में कोई मनोविकार नहीं होता।

यह एक सुखद आनन्द और सच्चाई है कि खाने की टेबल पर इस प्रकार से खुले दिल से मिलना, बातें करना ही पारिवारिक जीवन की सरसता है। परस्पर स्नेह और सौहार्द बढ़ाने वाला आचरण है। घुटन तो बंद कमरों में पनपती है। खुले आकाश के नीचे तो मन प्रफुल्ल रहता है। डाइनिंग टेबल पर एक साथ बैठे परिवार-जनों के दिलों में संकीर्णता कहां ? खाने की टेबल पर बैठकर पति, बच्चों और परिवार के वृद्धजनों को साथ-साथ, हंस-हंसकर खिलाएं, तभी गृहिणी का स्वीटहोम का सपना साकार होगा और इस सपने को साकार होने में समय भी नहीं लगेगा।

डाइनिंग टेबल पर परसे हुए खाने को खाने-खिलाने का आनन्द बढ़ाने के लिए भोजन को डाइनिंग टेबल पर सुरुचिपूर्ण ढंग से सजाने की कला जानें। परसे हुए खाने को सुंदर, आकर्षक और सुघड़ बनाने के लिए डाइनिंग टेबल के कुछ शिष्टाचार भी जानें—

- आमंत्रित मेहमानों अथवा परिवार के सदस्यों के अनुसार ही इसका आकार हो। अतिरिक्त रूप से लगाई गई कुर्सियां अथवा बीच-बीच में लगे हुए स्टूल मेहमानों को असुविधाजनक लगेंगे और उन्हें खाने में उतना आनन्द नहीं आएगा।
- टेबल पर छुरी, कांटे, चम्मच, नेपकिन, सर्विस स्पून, डोंगे, प्लेट आदि पहले से ही सजा दें।
- बीच में ताजे फूलों का गुलदस्ता अथवा 'केडल लैम्प' रखें।
- पानी के गिलास डाइनिंग टेबल पर न रखें। इन्हें रखने के लिए साथ में एक छोटी टेबल अवश्य रखें। इस पर जग, पानी आदि रखें।
- सलाद की प्लेटें हमेशा ढंक कर रखें। ये मेहमानों के इतने पास हों कि लेने में कठिनाई न हो। यदि टेबल बड़ी हो, तो सलाद को दो अथवा अधिक स्थानों पर रखें।
- डाइनिंग टेबल बीच-बीच में खाली भी करते रहें। ऐसा न हो कि वहां इतने बरतन एकत्र हो जाएं कि स्थान ही शेष न रहे।
- स्वीट डिश, फलों की प्लेट आदि हमेशा बाद में परसें। इसी प्रकार से आइसक्रीम भी बाद में ही परसें।

आशय यह है कि जब आपने मेहमानों के लिए डाइनिंग टेबल लगाई है या फिर आप स्वयं डाइनिंग टेबल का इस्तेमाल करती हैं, तो उससे संबंधित कुछ शिष्टाचार भी निभाएं, ताकि आपकी मेजबानी में चार चांद लग जाएं और यह मेहमानों के दिल में स्मृति बनकर रह जाए।

डाइनिंग टेबल की सज्जा देखकर मेहमानों का दिल खुश हो जाता है, इसलिए इसे सजाने में कोई कसर न छोड़ें। डाइनिंग टेबल भले ही सनमाइका का क्यों न हो, उस पर साफ, सादा, सुंदर मेजपोश अवश्य बिछाएं, इससे भोजन की खूबसूरती बढ़ जाएगी, ध्यान रखें परिवार के साथ मेहमानों को शराब न परसें।

अध्याय 8

गृहिणी के कुछ घरेलू उपकरण

घर में उपयोग आने वाले अनेक उपकरण होते हैं। इलैक्ट्रिक प्रेस से लेकर ए.सी. तक... । इन उपकरणों के रख-रखाव से जहां गृहिणी का दैनिक कार्य सरल हो जाता है, वही थोड़ा-सा ध्यान देने से ही इनके टूट-फूट और मरम्मत पर होने वाले भारी खर्चों से बचा जा सकता है। बस, आप इनके रख-रखाव पर ध्यान दें। मैकेनिक बनने की सोच कभी न पालें।

घर की सफ़ाई रख-रखाव, श्रम की बचत, समय की बचत और सुख-सुविधाओं के लिए आधुनिक घरों में कई प्रकार के उपकरण प्रयोग में लाए जाते हैं। एक समय था, जब ये उपकरण विलासितापूर्ण आवश्यकताएं माने जाते थे, लेकिन अब ये परिवार और गृहिणी की आवयकता बन गए हैं।

वाशिंग मशीन

श्रम और समय की बचत के लिए यह एक अति आधुनिक घरेलू उपकरण या मशीन है। यह बिजली से चलती है। इसमें सूती, रेशमी, नायलॉन, लिनन, ऊनी कपड़े आसानी से धोए जा सकते हैं। इस प्रकार की मशीनें छोटे-बड़े परिवारों में आवश्यकता अनुसार छोटी-बड़ी मिलती हैं। इन मशीनों से कपड़े धोने पर साबुन लगाने, रगड़ने, पटकने की आवश्यकता नहीं पड़ती। बस, कपड़ों के अनुपात से उसमें साबुन या कपड़े धोने का पाउडर डाला जाता है। इसके अंदर बिजली से चलने वाली मोटर, घूमने वाले पंखे लगे रहते हैं, जो कपड़ों की मैल, पसीना, धूल आदि निकाल देते हैं। इनमें कपड़ों को निचोड़ने के लिए बेलन जैसे डंडे लगे रहते हैं जिनसे होकर निकलने पर गीले कपड़े निचुड़ जाते हैं। गृहिणी को चाहिए कि मशीन खरीदते समय इसकी पूरी-पूरी जानकारी और बरतने वाली सावधानियों आदि के बारे में जान-समझ ले।

वेक्यूम क्लीनर

धूल, मिट्टी आदि को साफ़ करने के लिए, कालीन और गलीचों की सफ़ाई, फ़र्श की सफ़ाई आदि के लिए वैक्यूम क्लीनर का उपयोग किया जाता है। यह भी बिजली से चलने वाला उपकरण है। इसके साथ-साथ कई सहायक उपकरण होते हैं, जो अलग-अलग कार्यों के लिए उपयोग में लाए जाते हैं। इसका उपयोग करते समय इसकी भीतरी थैली में जमा होने वाली धूल, मिट्टी आदि को साफ़ करते रहना चाहिए।

मिक्सर, जूसर तथा ग्राइंडर

यह रसोई का महत्त्वपूर्ण, नित्य काम में आने वाला उपकरण है। मिक्सर, जूसर आदि भी मोटर से चलते हैं। इसका ऊपरी जार शीशे या प्लास्टिक का पारदर्शी होता है। इसका उपयोग मसाले पीसने (गीले), लस्सी, मैंगो शेक आदि बनाने के लिए होता है। जूसर से फ़लों का रस निकाला जाता है। ग्राइंडर से ठोस मसाले जैसे मिर्च, जीरा, दालचीनी आदि पीसते हैं। हलदी जैसे ठोस मसाले के लिए पहले उसके छोटे टुकड़े कर लेने से ग्राइंडर में मसाले सरलता से पीसे जा सकते हैं।

इस प्रकार के यंत्र को अधिक देर तक एवं लगातार उपयोग नहीं करना चाहिए। प्रयोग करने के बाद इसे साफ़ कर, सुखाकर रखना चाहिए अन्यथा जंग लग जाने का डर रहता है।

फ्रिज या रेफ्रिजरेटर

परिवार के खाद्य पदार्थों (ताजी और बची हुई) को रखने के लिए फ्रिज का उपयोग होता है। इसमें खाद्य पदार्थ, दूध, दही, फल, अंडे, मक्खन, पनीर, सब्जियां आदि सुरक्षित रहती हैं। चूंकि इसका ताप हिमांक के आसपास रहता है, इसलिए इसमें रखी वस्तुएं कई दिनों तक सुरक्षित रहती हैं।

इसमें बर्फ़, कुलफ़ी, आइसक्रीम आदि भी जमाई जा सकती है। ठंडे पानी के लिए भी इसका उपयोग होता है।

फ्रिज की देखभाल इस्तेमाल में सावधानियां

फ्रिज की उपयोगिता के साथ-साथ वह परिवार और रसोई का एक ऐसा उपकरण है, जिसके बिना रसोई घर खाली लगता है। वास्तव में इसकी उपयोगिता का अहसास तब होता है, जब यह खराब होता है। अतः इसकी देखभाल और इस्तेमाल में निम्न सावधानियां बरतें—

- सूखे कपड़े से दिन में एक-दो बार अवश्य पोछें। सप्ताह में एक बार साबुन के घोल से साफ करें। बाजार में मिलने वाले 'कोलिन' जैसे स्प्रे जोकि साबुन के घोल से ही बने होते हैं, का प्रयोग करें।
- फ्रिज साफ करने से पहले प्लग निकाल दें, क्योंकि गीले कपड़े अथवा हाथों में करन्ट लगने की संभावना बनी रहती है।
- फ्रिज का इस्तेमाल फ्रिज की तरह ही करें। इसे 'स्टोर' या अलमारी न समझें और केवल आवश्यक वस्तुएं

ही इसमें रखें। बार-बार खोलकर इसका दुरुपयोग न करें।

- आवश्यकता से अधिक बर्फ को 'डी फास्ट' करके गलने दें और बाद में किसी सूखे कपड़े से अंदर साफ करें।
- सर्दियों में भी फ्रिज बंद न करें। इसमें लगे हुए 'रेगुलेटर' का उपयोग कर इसे 'मिनिमम' पर चलाएं। इसी प्रकार से यदि लंबे समय तक बाहर जाना हो, तो भी कुछ ऐसा ही करें।
- वोल्टेज कंट्रोल के लिए 'स्टेबलाइजर' का इस्तेमाल करें। यदि इसकी व्यवस्था अंदर ही हो, तो इस संबंध में दिए हुए निर्देशों का कड़ाई से पालन करें।
- फ्रिज में रखी हुई सभी वस्तुएं अथवा सब्जियां ढक कर रखें। सब्जियों के लिए अलग-अलग पोलीथिन थैलियों का इस्तेमाल करें।
- फ्रिज में रखे बर्तन बर्फ के कारण आपस में न चिपकें, इसके लिए 'प्लास्टिक मैट्स' रखें।
- फ्रिज का इस्तेमाल टेबल के रूप में न करें और इस पर अन्य कोई सामान ला कर न रखें।
- दरवाजों की रबर समय-समय पर अवश्य बदलते रहें, इससे फ्रिज का तापमान अनावश्यक रूप से प्रभावित नहीं होगा और उसकी कार्य-शैली पर कोई विपरीत प्रभाव भी नहीं पड़ेगा। कंप्रेशर की जांच भी कराते रहें।
- यद्यपि अधिकांश परिवारों में फ्रिज को रसोई घर में ही रखा जाता है, लेकिन इस विषय में यह सावधानी बरतें कि रसोई घर में जहां धुआं अथवा गैस का काम होता है, फ्रिज को उससे कुछ दूरी पर रखें। यदि सुविधा हो और रसोई के पास ही बैठक हो, तो फ्रिज बैठक में रखें। इससे उसकी पालिश अथवा रंग पर धुएं का प्रभाव नहीं पड़ेगा और फ्रिज की रंगत वर्षों तक बनी रहेगी।

प्रेशर कुकर

शायद ही कोई ऐसा घर हो, जहां खाना पकाने के लिए प्रेशर कुकर का इस्तेमाल न होता हो। इससे न केवल ईंधन की बचत होती है, बल्कि एक साथ कई प्रकार के भोजन भी पक सकते हैं।

प्रेशर कुकर में सब्जी बनाते समय उसके बड़े-बड़े टुकड़े करने चाहिए, इससे उसके पौष्टिक तत्व नष्ट नहीं होते। प्रेशर कुकर में भोजन 'प्रेशर' से पकाएं। इसे बहुत अधिक देर तक न उबालें। भाप द्वारा पकाई गई सब्जियों के पौष्टिक तत्त्व उनके अंदर ही रहते हैं। कुकर में पानी कभी भी दो तिहाई भाग से अधिक न भरें। इसमें प्रेशर बन जाने के बाद गैस बंद कर दें। प्रेशर बन जाने के तुरन्त बाद इसका ढक्कन न खोलें। कुकर खोलते समय इस बात का ध्यान रखें कि भाप आपके मुंह पर न आए। कुकर का रबड़ समय-समय पर बदलते रहें। इसकी सीटी की तली को साफ रखें अन्यथा कभी भी कोई दुर्घटना हो सकती है। विशेषकर चने बनाते समय इस प्रकार की दुर्घटनाएं होती हैं।

एक साथ दो प्रकार से भोजन बनाते समय सेप्रेटर्स के नीचे पानी डालना न भूलें। कुकर का प्रयोग करते समय उसके 'सेफ्टी वाल्व' का ध्यान रखें और उसके खराब हो जाने पर तुरन्त ठीक कराएं।

गैस चूल्हा

गैस स्टोव को समय-समय पर सफाई करती रहें। हमेशा स्तरीय गैस चूल्हा ही प्रयोग करें। गैस चूल्हे के ऊपरी भाग को साफ करने के लिए हमेशा साबुन के घोल का इस्तेमाल करें।

नान-स्टिक बर्तन

नान स्टिक बर्तनों में खाना पकाने के लिए लकड़ी के चम्मच का इस्तेमाल करें। लोहे के चम्मच से इन बर्तनों का इनेमल खराब हो जाता है। इसलिए इनकी सफाई भी सावधानी से स्वयं ही करें। चाकू से खुरचें भी नहीं।

थर्मस

यह एक छोटा किन्तु बहु उपयोगी उपकरण है। इसे जितना सावधानी से रखेंगे, यह उतना ही सुरक्षित रहेगा। इसमें अधिक गर्म अथवा अधिक ठंडा पेय पदार्थ न डालें। जो भी पदार्थ डालें, धीरे-धीरे डालें। यदि लगातार कई दिनों तक कोई वस्तु इसमें रखी रहे, तो वह वस्तु खराब हो जाती है। ऐसी स्थिति में थर्मस को गर्म पानी से धोकर खुला रखकर सुखा लें। थर्मस के अंदर कांच की बोतल होती है, जिसमें

गैस भरी रहती है, इसलिए इसे उठाते रखते समय सावधानी बरतें। थर्मस की बोतल यदि अंदर से पीली पड़ गई हो, तो उसमें अखबार के टुकड़े भर दें। कुछ घंटों में निकाल दें। थर्मस का पीलापन दूर हो जाएगा। यदि उसमें बदबू आने लगी हो, तो एक प्याला छाछ व चुटकी भर नमक डालकर साफ करें, बदबू गायब हो जाएगी।

सिलाई मशीन

उच्च एवं मध्यवर्गीय परिवारों के लिए यह एक आवश्यक उपकरण है। यह गृहिणी की सुघड़ता में भी सहायक है, क्योंकि कपड़ों की छोटी-मोटी मरम्मत के लिए बाजार जाने में न केवल समय और पैसे का दुरुपयोग होता है, बल्कि आप भी जगहंसाई की पात्र बनती हैं।

सिलाई मशीन के रखरखाव के लिए निम्न सावधानियां बरतें—

- मशीन हमेशा ढककर रखें, क्योंकि इस पर धूल ज्यादा जमती है।
- समय-समय पर इसमें 'मशीन का तेल' निर्धारित स्थानों पर डालती रहें। इससे जहां मशीन हलकी चलेगी, वहीं इसमें जंग भी नहीं लगेगी।
- यदि मशीन बार-बार धागा तोड़ती है, तो शटल प्वाइन्ट संतुलित करें अन्यथा उसे किसी अच्छे मेकेनिक को दिखाकर उसकी मरम्मत कराएं।
- इसके अतिरिक्त यदि कैंची की धार कम हो गई हो, तो कैंची से सेंड पेपर को कई बार काटें। कैंची की धार तेज हो जाएगी। सुघड़ता इसमें नहीं कि आपके घर में आधुनिक जीवन की सुख सुविधाओं के कितने उपकरण हैं, सुघड़ता इसमें है कि आप इनका कितना सदुपयोग करती हैं। उदाहरण के लिए रसोई गैस की बचत ही लें।

रसोई गैस की बचत ऐसे करें

रसोई गैस की बचत के लिए निम्न उपाय अपनाए—
- खाना पकाने के लिए छोटे बरतनों का इस्तेमाल करें।
- पानी की उचित मात्रा डालें।
- सब्जियों को ढककर पकाएं।

- चना, मटर, राजमा जैसी अन्य खाद्य वस्तुएं पहले सादे पानी में भिगो दें, फिर गैस पर कुकर की एक-दो सीटी बजने के बाद गैस बंद कर दें और प्रेशर से इन्हें पकने दें। खाने को बार-बार गर्म न करें।
- सब्जियों को छोटे-छोटे टुकड़ों में काटें।
- कम चीज बनानी हो, तो बड़े कुकर में अलग-अलग कान्टेनरों का प्रयोग करें। साथ-साथ एक से अधिक वस्तुएं भी आप इन कान्टेनरों में पका सकती हैं।
- आलू उबालने के बाद बचे हुए गर्म पानी का उपयोग अन्य कार्यों जैसे फर्नीचर साफ करने, जेवर साफ करने, कांच साफ करने आदि में करें।
- गैस के लीकेज होने की संभावना हमेशा शून्य रखें।
- इनके अतिरिक्त अन्य अनेक उपकरण जैसे बिजली की केतली, बिजली की प्रेस, पानी गर्म करने वाला हीटर, टोस्टर, बिजली की सिगड़ी, कूलर, पंखें आदि घरों में होते हैं। इन सब उपकरणों के इस्तेमाल में बड़ी सावधानी बरतने की आवश्कता है, क्योंकि जरा-सी असावधानी किसी भी बड़ी दुर्घटना का कारण बन सकती है।
- इन उपकरणों के इस्तेमाल में तो सावधानी बरतें ही साथ ही इनके क्रय, रख-रखाव और उपयोग में भी सावधानियां बरतें। वह चाहे गैस लाइटर ही क्यों न हो।
- उपकरण हमेशा अच्छी कंपनियों के ही खरीदने चाहिए और प्रत्येक खरीद पर 'कैश मेमो' जरूर लेना चाहिए। इससे दुकानदार धोखा नहीं दे पाता। वह घटिया माल बेचने में कतराता है।
- सामान हमेशा 'आई एस आई' मार्क देखकर ही खरीदें।
- गारन्टी कार्ड अथवा वारन्टी कार्ड लेना न भूलें। उसकी पूर्ति भी हमेशा दुकानदार से कराएं, खरीद की तारीख अवश्य अंकित कराएं।
- खराब होने पर स्वयं मेकैनिक न बनें, बल्कि दुकानदार से शिकायत करें। संतोषजनक व्यवहार अथवा उत्तर न मिलने पर सीधे कंपनी को लिखें या फिर उपभोक्ता संरक्षण न्यायालय में जाएं। अच्छी स्तरीय कंपनियां उपभोक्ता हितों का पूरा-पूरा ध्यान रखती हैं।

अध्याय 9

गृहिणी–चौके की रानी

रसोई या चौका गृहिणी का कर्मक्षेत्र होता है। स्वादिष्ठ, पौष्टिक और संतुलित भोजन बनाना, परिवार के सदस्यों, सह कुटुंबियों, मेहमानों को खिलाना। उनसे प्रशंसा पाने में गृहिणी को जो आनन्द की अनुभूति होती है, उसे शब्दों में व्यक्त करना कठिन होता है। भोजन बनाने-पकाने की विविध विधियां कला के रूप में प्रकट हों, तो गृहिणी की प्रतिष्ठा में चार चांद लग जाते हैं। पाक कला में कुशल गृहिणी आप ही तो हैं... । अपने आपको परखिए... ।

खाना तो सभी खाते हैं, अच्छा-बुरा, ताज़ा-बासी, कच्चा-पक्का। यह बात अलग है कि कुछ लोग पेट भरने के लिए खाते हैं और कुछ भोजन से आत्मिक, मानसिक और शारीरिक संतुष्टि का अनुभव करते हैं। मनुष्य के स्वास्थ्य का आधार उसका भोजन ही होता है।

आज के सामाजिक जीवन में भोजन की विविध विधियां प्रचलित हैं, प्रचार माध्यमों ने तो इसे कला के रूप में प्रतिष्ठित कर दिया है। खाने के साथ-साथ कई प्रसिद्ध कुक के नाम जुड़ गए हैं। होटलों और बड़े-बड़े रेस्तरां में उनके नाम से 'डिश' बनने लगी हैं तथा पसंद की जाने लगी हैं। संजीव कपूर, सैफ़ अली, तरला दलाल आदि अनेक नाम खाने के साथ जुड़ने लगे हैं। गृहिणी के रूप में आपको इतनी जानकारी तो अवश्य होनी चाहिए कि खाने में मुख्य तत्व प्रोटीन, कार्बोहाइड्रेट्स, वसा, खनिज लवण, जल और विटामिन्स होते हैं। इन तत्वों का शारीरिक दृष्टि से अपना-अपना महत्त्व है।

प्रोटीन हमारी मांसपेशियों को बढ़ाते हैं, जिससे हमारा शरीर हृष्ट-पुष्ट होता है। यह दालों, दूध, मटर, पनीर, खोए, अंडे की जर्दी, सोयाबीन और मांस में अधिक मात्रा में होते हैं।

कार्बोहाइड्रेट्स से आशय स्टार्च और शुगर, आदि से है। इनकी मात्रा अधिक खाने से मोटापा बढ़ता है। ये ज़्यादातर चावल, गेहूं, मक्का, गन्ना, गुड़, मैदे, साबूदाना और फलों में मिलते हैं। बढ़ती हुई उम्र के बच्चों और गर्भवती महिलाओं के भोजन में इनकी मात्रा अधिक होनी चाहिए। बीमार और बूढ़े व्यक्तियों के भोजन में इनकी मात्रा अधिक नहीं होनी चाहिए। इसी प्रकार से उच्च रक्तचाप, मधुमेह और हृदय रोग के रोगियों के भोजन में इनकी मात्रा अधिक नहीं होनी चाहिए।

वसा से तात्पर्य घी, तेल, चर्बी आदि से है। यह दूध, घी, मक्खन, मूंगफली, बादाम, सरसों, नारियल, मांस आदि में मिलती है। इससे शरीर में ऊर्जा बनी रहती है। यह ईंधन का काम करती है। इन वस्तुओं के अधिक उपयोग से रक्त में कोलेस्ट्रोल की मात्रा बढ़ जाती है और वह गाढ़ा हो जाता है, जिससे रक्तचाप बढ़ने लगता है। इसलिए इन पदार्थों का उपयोग संतुलित मात्रा में ही करना चाहिए।

खनिज लवण एक प्रकार के खनिज पदार्थ होते हैं। लोहा, चूना आदि ऐसे पदार्थ हैं, जो शरीर को निरोग रखते हैं। ये पदार्थ शरीर में रोग प्रतिरोधक क्षमता को बढ़ाते हैं। हरी पत्तीदार साग-सब्जियों में ये मिलते हैं। पालक, चुकंदर, सेब, अमरूद, केला में लौह तत्व पाया जाता है।

जल हमारे शरीर से व्यर्थ पदार्थों को बाहर निकालकर शरीर को स्वस्थ रखता है। इससे शरीर का तापमान भी संतुलित बना रहता है।

भोजन का आवश्यक और सबसे उपयोगी तत्व हैं विटामिन्स, जिन्हें संजीवन तत्व भी कहते हैं, विटामिन ए, बी, सी, डी, ई होते हैं। ये शरीर की रोगों से रक्षा करते हैं। इसलिए गृहिणी को चाहिए कि वह अपने और परिवार के भोजन में इन विटामिनों का ध्यान रखें और भोजन में ऐसे पदार्थों और वस्तुओं का अधिक-से-अधिक प्रयोग करें, जो विटामिनों से भरपूर होती हैं जैसे–

विटामिन ए गाय का दूध, मक्खन, हरी सब्जियों, अंडे की जर्दी व मछली में।

विटामिन बी गेहूं, अन्न, दालें, टमाटर, मांस, मछलियों, फलियों आदि में।

विटामिन सी रसदार फलों, नीबू, टमाटर, गोभी, शलजम, आदि में।

विटामिन डी दूध, फलों, सब्जियों, सेब, अंगूर आदि में।

विटामिन ई पालक, टमाटर, बंदगोभी, मलाई, कच्चा नारियल आदि में।

विटामिनों का भरपूर उपयोग कर गृहिणी, बच्चों को कई प्रकार की बीमारियों, जैसे 'बेरी-बेरी', आंखें, नाक, कान, मुंह की बीमारियों, शारीरिक और मानसिक विकास के अवरोधों से बचा सकती हैं।

इसलिए गृहिणी को चाहिए कि वह भोजन को चटपटा, मसालेदार बनाने की अपेक्षा उसे पौष्टिक बनाए, ताकि परिवार के सदस्यों का स्वास्थ्य अच्छा बना रहे। दैनिक जीवन में परिवार में दाल, रोटी, सब्जी, दूध, चावल, दही, रायता, चटनी, अचार, पापड़ आदि के रूप में गृहिणी खाना बनाती है और परिवार के सभी सदस्य इस भोजन को बड़े चाव से खाते हैं, लेकिन तीज-त्योहारों, उत्सव, पार्टी आदि में कुछ विशिष्ट प्रकार के व्यंजन घरों में परम्परा के अनुसार बनाए जाते हैं।

विवाह समारोहों में जबकि मेहमानों की संख्या बहुत अधिक होती है। घर में हलवाई अथवा 'केटरिंग वाले' बुलाए जाते हैं, जो बताए गए 'मीनू' के अनुसार भोजन बनाते हैं। घरों में आयोजित होने वाली पार्टी अथवा किसी अन्य ऐसे ही अवसर पर घर आए मेहमानों के लिए कुछ विशिष्ट व्यंजन बनाए जाते हैं।

मूंग की दाल का हलुआ, सूजी का हलुआ, खीर, गुंझिया, मावा, कचौड़ी, खोए की बर्फ़ी अथवा पेड़े, काजू की बर्फ़ी आदि ऐसे मीठे पदार्थ हैं, जिन्हें मेहमानों के सामने परोस कर गृहिणी गर्व का अनुभव करती है। इसी के साथ ही कुछ विशिष्ट सब्जियों का बनाना भी आवश्यक होता है। मटर-पनीर, दम आलू, भरवां करेले अथवा भिंडी, शाही पनीर, पालक पनीर, मक्खनी दाल, खोया मटर, मलाई कोफ्ता, मशरूम मटर, टमाटर भरवां, मिक्स वेजीटेबल आदि ऐसी सब्जियां हैं, जो ऐसे अवसरों पर घरों में बनाई जाती हैं। इनके साथ ही टमाटर सूप, वेजीटेरियन सूप, पालक सूप, सलाद आदि भी मेहमानों को परोसा जाता है। सलाद भोजन का अनिवार्य अंग बन गया है। गृहिणी विभिन्न प्रकार के सलाद सजाकर घर आए मेहमानों को प्रभावित करती है।

दही आधुनिक रसोई की अनिवार्यता बन गई है। इसका उपयोग मीठी दही, दही बड़े, रायते, लस्सी आदि में किया जाता है। भोजन में मट्ठे की कटोरी थाली की शान होती है। भोजन में अचार, मुरब्बा, चटनी, पापड़ आदि का परोसा जाना सामान्य शिष्टाचार तो है ही, साथ ही मेहमानों की रुचि भी इन वस्तुओं में अधिक होती है। इसलिए घरों में आयोजित होने वाली पार्टियों में इन वस्तुओं को भी महत्त्व दिया जाता है।

नई व्यंजन विधियां

आजकल लड़कियों को स्कूल-कालेजों में ही गृह-विज्ञान, पाक-कला, गृह-प्रबंध आदि पाठ्यक्रम पढ़ाए जाते हैं। लड़कियों को परिवार के सदस्य के रूप में अनेक पारिवारिक दायित्वों का निर्वाह करना पड़ता है। उसे क़दम-क़दम पर अपने अभिभावकों का सहारा बनना पड़ता है। यदि पति-पत्नी, दोनों कामकाजी हैं, तो लड़कियों को पूरे परिवार की देखभाल करनी पड़ती है। इसलिए आप भी बहू अथवा बेटी को विरासत में रसोई के संस्कार प्रदान करें और उन्हें दैनिक जीवन में बनने वाले भोजन की पूरी-पूरी जानकारी दें। इसी प्रकार से धार्मिक अवसरों पर, घर में होने वाले उत्सवों, समारोहों में अथवा मेहमानों के आने पर बनने वाले व्यंजनों की पूरी-पूरी जानकारी दें। लड़कियां भी इन पाक विधियों को बड़े लगन, उत्साह और उत्सुकता के साथ सीखें। सीखने का इससे अच्छा अवसर उन्हें और कहीं नहीं मिल सकता।

नई-नई व्यंजन विधियां निम्न प्रकार से सीखी जा सकती हैं–

1. परिवार से विरासत के रूप में।
2. पत्र-पत्रिकाओं से।
3. टी.वी. कार्यक्रमों से।
4. कोचिंग सेंटरों से।
5. पड़ोसी महिलाओं अथवा कुकिंग क्लासेज से।
6. संपर्क में आने वाली अन्य प्रदेशों की महिलाओं से।
7. व्यावसायिक रसोइयों से।

आधुनिक प्रगतिशील जीवन में खिलाने-खाने का शौक बढ़ता जा रहा है। महिलाओं और लड़कियों में नए-नए व्यंजन बनाने और सीखने की सोच विकसित हुई है।

लड़कियां जब रसोई में मां का सहयोग करती हैं, तो उन्हें कुछ विशिष्ट व्यंजन विधियां सीखने का व्यावहारिक प्रशिक्षण मिल जाता है। इन व्यंजनों को वे अवसर के अनुकूल बना-पकाकर ससुराल में अपनी कुशलता और सुघड़ता का परिचय देती हैं तथा प्रतिष्ठा प्राप्त कर लेती हैं।

पत्र-पत्रिकाओं ने हमारी जीवन शैली को बहुत प्रभावित किया है। दैनिक समाचार-पत्रों में सप्ताह में एक दिन 'महिला',

'महिला मंडल', 'वनिता', 'सुरभि', 'देहरी', 'परिवार', 'घर-आंगन' नाम से महिलाओं के पृष्ठ प्रकाशित होते हैं। इन पृष्ठों पर नई-नई पाक विधियां प्रकाशित होती हैं। इसके अतिरिक्त हिन्दी, अंग्रेजी भाषा में कुछ स्तरीय मासिक पत्रिकाएं प्रकाशित होती हैं। 'मनोरमा', 'गृहशोभा', 'गृहलक्ष्मी', 'मेरी सहेली' 'वूमन्स एरा', 'न्यू वूमन' आदि ऐसी पत्रिकाएं हैं, जिनमें नई-नई व्यंजन विधियां दी जाती हैं। आप इन्हें अपनी डायरी में नोट कर लें और फिर अवसर के अनुकूल बनाकर परिवार के मेहमानों, सदस्यों की खाने संबंधी इच्छाएं पूरी करें।

भोजन जीवन की अनिवार्य आवश्यकता है और स्वादिष्ट भोजन आधुनिक जीवन शैली का एक हिस्सा है। इसलिए आधुनिक जीवन शैली की इस आवश्यकता की पूर्ति के लिए टी.वी. पर 'खाना-खज़ाना', 'सेहत और स्वाद', 'रसोई शो' जैसे कार्यक्रमों द्वारा बताई गई देश के प्रसिद्ध कुक्स की नई-नई विधियों को अपनाकर न केवल कुशल गृहिणी होने का गर्व-गौरव अनुभव करें, बल्कि परिवार के सदस्यों को होटलों में जाने का अवसर ही न दें।

जैसा कि बताया गया है कि खाना बनाना-खिलाना आधुनिक जीवन शैली का एक हिस्सा है। यदि इसे यह कहा जाए कि सारा जीवन चक्र खाने पर ही केंद्रित है, तो अनुचित न होगा। अन्य उपयोगी पाठ्यक्रमों की भांति कुकिंग को भी अध्ययन-अध्यापन का एक अंग मानकर इसके कई प्रशिक्षण संस्थान खुल गए हैं। आप भी अपनी आवश्यकता, रुचि और सुविधा के अनुसार इन कुकिंग क्लासेज में जाकर नई-नई व्यंजन विधियां सीख सकती हैं। इस प्रकार से लिया हुआ प्रशिक्षण जहां आपकी पारिवारिक अपेक्षाओं और आवश्कताओं को पूरा करेगा, वहीं आप भविष्य में इसे एक व्यवसाय के रूप में अपनाकर रोज़ी-रोटी का एक आधार भी बना सकती हैं। इन कुकिंग क्लासेज में जहां विविध प्रकार की व्यंजन विधियां सिखाई जाती हैं, वहीं कुछ अन्य उपयोगी बातें जैसे वर्थडे केक बनाना, वर्थडे पर साज-सज्जा आदि बातें भी बताई जाती हैं।

पड़ोस की हमउम्र महिलाओं से भी आप विविध प्रकार की व्यंजन विधियां सीख सकती हैं। पड़ोस की बत्रा बहन जी को बनाने-पकाने, खिलाने का बड़ा शौक है। एक दिन गोभी की खीर बनाकर ले आईं। हमारे परिवार के लिए यह बिलकुल नया, अनूठा और स्वादिष्ट व्यंजन था। परिवार के सभी सदस्यों ने इसे जहां सराहा, वहीं मम्मी ने बत्रा बहन जी को दूसरे दिन सुबह चाय पर आमंत्रित कर दिया। उनसे गोभी की खीर बनाना सीख लिया। आप भी अपनी किसी सहेली को 'गुरु' बनाकर उससे नई-नई व्यंजन विधियां तो सीखें ही, साथ ही पारिवारिक संबंधों में भी दृढ़ता लाएं। इस बात का भी ध्यान रखें कि सीखी हुई नई व्यंजन विधि को दूसरों को सिखाने के लिए भी उतनी ही तत्परता और उत्साह दिखाएं।

नई-नई व्यंजन विधियां बनाने-पकाने और सीखने की यह इच्छा जहां आपको पाक कला में प्रवीण बनाएगी, वहीं आप एक अच्छी पड़ोसिन और एक अच्छी सहेली भी बन सकेंगी।

आधुनिक रसोई घर

कुशल और सुघड़ गृहिणी बनने का सपना हर लड़की तथा हर बहू का होता है। आप अपने इस सपने को साकार बनाने के लिए सबसे पहले एक अच्छे आधुनिक रसोई घर की कल्पना करें। आप चाहे लड़की हों अथवा गृहिणी, मकान चाहे नया बनवा रही हों अथवा पुराना ही हो, किराए का हो अथवा अपना, एक अच्छे बड़े रसोई घर की कल्पना अपने मस्तिष्क में बनाएं और हर संभव इस कल्पना को साकार बनाने का प्रयास करें। अपने सीमित साधनों में भी आप एक अच्छे आधुनिक रसोई घर की कल्पना को साकार बना सकती हैं।

रसोई घर बड़ा, समुचित प्रकाश युक्त, हवादार होना चाहिए। रोशनदान में एग्जास्ट पंखा लगा होना चाहिए, ताकि रसोई घर का धुआं, मसालों की गंध, भाप आदि सरलता से बाहर निकल जाए।

गैस के चूल्हे के ऊपर प्लेटफार्म पर ट्यूबलाइट अथवा बल्ब लगा होना चाहिए, ताकि प्रकाश पर्याप्त हो और खाना ठीक-ठीक पक रहा है, देखा जा सके।

रसोई का सामान रखने के लिए पर्याप्त शैल्फ, अलमारियां, आले आदि होने चाहिए, ताकि रसोई का सामान, डिब्बे, कांच की बर्नियां, मसाले, दालें, सब्जियां आदि सुव्यवस्थित रखी जा सकें। अच्छा हो यदि रसोई के पास ही 'फ्रिज' रखने का भी स्थान हो।

रसोई घर के दरवाजे के पास 'डस्टबिन' होना चाहिए, ताकि अवशेष सामान जैसे छिलके, कचरा, कागज आदि उसमें डाले जा सकें।

मिक्सी, टोस्टर, ओवन, हीटर आदि के लिए उचित स्थान पर अच्छी कंपनी का विद्युत पाइंट होना चाहिए, ताकि ऐसे उपकरणों का उपयोग सरलता के साथ हो सके और सुरक्षा भी बनी रहे।

रसोई का फर्श, प्लेटफार्म, पानी में नील डालकर प्रतिदिन दो बार साफ करें, इससे रसोई स्वच्छ बनी रहेगी। रसोई की स्वच्छता पर परिवार का स्वास्थ्य निर्भर रहता है, इसलिए इस विषय में किसी भी स्तर पर उदासीनता न बरतें।

बिगड़े व्यंजनों में सुधार

कभी-कभी किसी असावधानी अथवा भ्रामक स्थिति के कारण रसोई में बनाए हुए खाने, व्यंजन बिगड़ जाते हैं, जल जाते हैं, बेस्वाद हो जाते हैं, कभी आमंत्रित मेहमानों के अनुपात में खाना कम रह जाता है। ऐसी स्थिति में गृहिणी की स्थिति बड़ी विचित्र हो जाती है। उसे यह भी नहीं सूझता कि क्या करे ? कभी-कभी मेहमान भी अपेक्षाओं से अधिक आ जाते हैं। ऐसी सभी स्थितियों के लिए निम्न गुर अपनाकर न केवल पारिवारिक प्रतिष्ठा को बचाएं, बल्कि स्वयं भी सफल और सुघड़ गृहिणी होने का गौरव अनुभव करें।

नमक न डालने की स्थिति में

नमक का स्थान भोजन में रसराज का होता है। इसलिए यदि आप सूखी सब्जी में नमक डालना भूल गई हैं, तो सब्जी पर नमक बुरकने के स्थान पर गुनगुने पानी में नमक घोलकर सब्जी में मिलाइए, इससे पूरी सब्जी में नमक समान रूप से मिल जाएगा।

सब्जी कम पड़ जाने की आशंका में

सब्जी कम पड़ जाने की आशंका में चेहरे पर किसी प्रकार का तनाव अथवा उत्तेजना न लाएं। घर में रखे हुए टमाटरों की ग्रेवी बनाकर सब्जी में डालकर उसकी मात्रा आवश्यकता अनुसार बढ़ा लें। टमाटरों की ग्रेवी बनाने का आसान तरीका यह है कि उन्हें छोटा-छोटा काट लें। अच्छी तरह से उबालकर इसके छिलके और बीज निकाल दें। अब एक बड़ा चम्मच प्याज़, लहसुन, अदरक आदि तलकर इस ग्रेवी में छौंक दें। आवश्यकता अनुसार नमक-मिर्च डालकर बनी हुई सब्जी को बढ़ाने, गाढ़ा करने, स्वादिष्ठ बनाने के लिए इसका उपयोग करें। धनिए के स्वाद में यह ग्रेवी सब प्रकार की सब्जियों में आपका साथ देगी।

उबले हुए आलुओं को बनी हुई सब्जी में डालकर छौंक लें, सामग्री आवश्यकता अनुसार बढ़ा लें। घर में रखी हुई ब्रैड, स्लाइस प्लेट में सजाकर रख दें। भोजन की कमी को पूरा करें।

बिगड़े काम में सुधार

सब्जी में यदि नमक अधिक पड़ गया हो, तो उसमें लकड़ी का कोयला धोकर डाल दें। कुछ देर बाद निकाल लें। इससे सब्जी में नमक कम हो जाएगा। या फिर गूंधे हुए आटे की छोटी-छोटी गोलियां बनाकर डाल दें। थोड़ी देर बाद निकाल दें। नमक कम हो जाएगा।

यदि सब्जी में लाल मिर्च अधिक पड़ गई हों, तो उसमें एक चम्मच घी अथवा नीबू का रस या इमली का रस डाल दें। सब्जी का तीखापन कम हो जाएगा।

यदि आपने सब्जी में हलदी दो बार डाल दी है, तो एक लोहे का चम्मच आग पर गर्म कर इस सब्जी में एक दो बार डुबो दें। हलदी का स्वाद कम हो जाएगा।

कुकर पर सफ़ेद कपड़ा डाल दें। कुकर की भाप इस कपड़े के टुकड़े में से होकर निकलने दें। हलदी का प्रभाव कम हो जाएगा।

यदि पुलाव में पानी ज्यादा पड़ गया है, तो एक मोटे तौलिए को कुकर के ढक्कन पर कुछ देर के लिए रखकर बंद कर दें, अधिक पानी यह तौलिया सोख लेगा।

कम मेहमानों के आने से रोटियां बच गई हों, तो उन्हें फ्रिज में रखकर सुबह इन पर पानी का छींटा देकर पुनः गर्म करके देखें। ये स्वाद में ताजी जैसी लगेंगी। इन्हें परिवार के सभी सदस्यों के सामने निःसंकोच परोसें।

घर में पड़े हुए लड्डू एक-दो दिन में ही 'बासी' हो जाते हैं। इन्हें ओवन अथवा तवे पर सेंक कर परिवार के सदस्यों में परोसें। एक दम ताजा जैसा स्वाद हो जाता है।

- बासी सब्जी में ताज़ापन लाने के लिए ठंडे पानी में नीबू का रस मिलाकर उसमें सब्जी को एक घंटे के लिए रख दें। सब्जी एकदम ताज़ी हो जाएगी।
- नीबू का आचार जल्दी ख़राब होने लगता है। इसके ख़राब होने की ज़रा-सी भी आशंका होने पर उसमें थोड़ा-सा सिरका डाल दें। वह फिर एकदम ताज़ा होकर महकने लगेगा।
- सब्जियों में डालने के लिए टमाटर न मिल पाएं, तो टमैटो केचअप डालें। रंग और स्वाद में कोई अंतर नहीं आएगा।
- चावल बनाते समय यदि उसमें नीबू का रस निचोड़ दें, तो चावल आपस में जुड़ेंगे नहीं। साफ़-सफ़ेद बनेंगे और महक भी अच्छी आएगी।
- चावलों को सुंदर बनाने के लिए उसमें कसी हुई लाल गाजर डाल दें, वह सुंदर बनेंगे और पौष्टिक भी।
- चाय को सुगंधित बनाना हो, तो उबलते.पानी में संतरे के सूखे छिलके का जरा-सा टुकड़ा डाल दें। यदि यह संभव न हो, तो छोटी इलायची का छिलका डालें। चाय का स्वाद और सुगंध बढ़ जाएगी।
- यदि किसी सब्जी में पानी ज़्यादा गिर गया है और सब्जी की तरी को गाढ़ा बनाना ज़रूरी हो, तो कचालू पीस कर डालें। इससे उस सब्जी का शोरबा गाढ़ा हो जाएगा और उसका स्वाद भी स्वाभाविक बना रहेगा।
- यदि मटन न गल रहा हो, तो उसमें अखबार का एक टुकड़ा डाल दें। वह फ़ौरन गल जाएगा।
- लहसुन के छिलके आसानी से न उतर रहे हों, तो लहसुन की कलियों को पांच मिनट तक गुनगुने पानी में भिगाए रखें, फिर खुरदरे कपड़े से रगड़ें। छिलका आसानी से उतरने लगेगा।
- पूरियां तलते समय यदि तेल में अमरूद के चार-पांच पत्ते डाल दें, तो पूरियां सफेद बनेंगी और तेल में झाग भी नहीं पैदा होगा।
- पिसी हलदी ख़राब हो रही हो, तो उसमें पांच-छः साबुत लाल मिर्च डालकर रखें, हलदी खराब नहीं होगी।
- अरहर की दाल में दो-तीन बूंद तेल डालकर उसे मसल कर रख दें। इससे दाल को कीड़ा नहीं लगेगा और आपकी दाल जल्दी भी गलेगी।
- साबुत मूंग, मसूर, मोंठ जैसी दालों में खड़ा नमक रखने से उसमें कीड़ा नहीं लगता।
- सूजी और मैदे में अकसर कीड़ा लग जाता है। इन्हें थैली में बंद कर फ्रिज में रखें। कीड़ा नहीं लगेगा।
- सूजी को हलका भूनकर डिब्बे में बंद कर रखें। इसमें कभी कीड़ा नहीं लगेगा।
- सूखे मेवे जैसे बादाम-काजू में कीड़ा लग जाता है, इनमें लौंग रख कर देखें। कभी कीड़ा नहीं लगेगा।
- कपूर उड़ जाता है। इसे काली मिर्च के साथ डिब्बी में बंद रखें। यह नहीं उड़ेगा।
- जिस डिब्बे में बादाम रखें, उसमें तीन-चार चम्मच शकर डालकर रखें। बादाम वर्षों खराब नहीं होंगे।

भोजन को सजाना भी कला है

बने हुए भोजन को सजाकर डाइनिंग टेबल पर रखें। इससे न केवल भोजन करने की इच्छा जागृत होती है, बल्कि मानसिक संतुष्टि भी मिलती है। लड़की देखने-दिखाने के व्यवहार में इस कला के द्वारा ही लड़की की सुघड़ता की परख होती है। मेहमानों के बीच अथवा परिवार के बीच बैठकर खाना सजाकर रखें। इस संबंध में निम्न बातों का ख्याल रखें—

- जिस प्रकार से कलाकार अपनी बनी हुई कृति को और अधिक आकर्षक बनाने के लिए तूलिका से 'फाइनल टच' देता है, उसी प्रकार से आप· भी भोजन को परोसने से पहले कुछ अतिरिक्त सजावट देकर आकर्षक बनाएं।
- हलुआ, खीर, कस्टर्ड को परोसने से पहले उस पर विभिन्न रंगों की चेरी डालकर प्लेट में सजाएं।
- दाल, तरी वाली सब्जियों पर ऊपर से कटा हुआ धनिया डालकर पिसी हुई लौंग, दालचीनी, तेजपात, मीठी नीम (करी पत्ता) का छौंक दें। थाली में महकती हुई कटोरियां भोजन के प्रति उत्सुकता जगा देंगी।
- गुलाब जामुन कुछ बड़े ही बनाएं। इसे चांदी के वर्क से सजाएं। चाशनी इच्छा अनुसार डालें।

- रायते, दही बड़े की प्लेट सजाने के लिए पुदीने का चूर्ण इस्तेमाल करें। पिसी काली मिर्च ऊपर से सजाएं।
- टमाटर के सूप में बारीक पिसा हुआ पुदीना-चूर्ण मिलाकर परोसें, इससे न केवल सूप का स्वाद बढ़ जाएगा, बल्कि महकने भी लगेगा।
- चावल परोसने से पहले उसमें राई, जीरे का छौंक लगाएं। कटोरी का आकार देकर उसे परोसें। थाली की शोभा बढ़ जाएगी।
- गाजर, मूली, ककड़ी के सलाद को अलग-अलग कस कर उसे एक बड़ी प्लेट में तिरंगे के रूप में सजाकर डाइनिंग टेबल के बीच में रखें। इसी तरह से टमाटर, प्याज और नीबू, खीरे आदि को भी आकर्षक आकृति देकर सजाएं।
- पुलाव में लाल गाजर कस कर डालें, हरी चेरी डालकर पुलाव को भी विभिन्न रंगों में सजाएं। स्वाद और आकर्षण बढ़ाएं। सज्जा से भोजन को आकर्षक बनाकर आप मेहमानों का दिल जीत सकती हैं।
- खाने की मेज़ पर अथवा नीचे फर्श पर फूलों का एक बड़ा गुलदस्ता सजाकर रखें।
- नव दंपती को यदि आपने खाने पर बुलाया है, तो मेज़ पर मोमबत्तियां जलाकर वातावरण को आकर्षक और रोमांटिक बना सकती हैं।

इस प्रकार की साज-सज्जा से भोजन को आकर्षक बनाकर आप मेहमानों का दिल जीत सकती हैं।

खाना परोसना भी कला है

भोजन चाहे कितना भी अच्छा क्यों न बना हो, आप द्वारा प्रदर्शित किया गया स्नेह, आत्मीयता उसके स्वाद को बढ़ाता है। इसलिए खाना परोसना भी एक कला है। भोजन चाहे भारतीय पद्धति से नीचे बैठकर किया जा रहा हो अथवा 'बफ़े' पद्धति से खड़े होकर किया जा रहा हो, अपनी ओर से इस शिष्टाचार का पालन करें—

- भोजन सामग्री बड़े सम्मान के साथ परोसें, ऊपर से फेंकें नहीं।
- आग्रह करें, दुराग्रह नहीं।
- यदि आप जानती हैं कि परिवार के किसी सदस्य को उच्च रक्तचाप रहता है अथवा उसे मधुमेह (डायबिटीज) है या पेट में अलसर है, तो ऐसे सदस्य को मीठे अथवा नमक की वस्तुएं जानबूझ कर न परोसें। उसके साथ सहानुभूति रखें और उसका मज़ाक न उड़ाएं, बल्कि उसे भोजन में ऐसी वस्तुएं अवश्य परोसें, जो उसके आहार के लिए उत्तम हों। सलाद, दूध, दलिया जैसी वस्तुएं ऐसे लोगों के लिए उत्तम आहार होती हैं।
- खाना परोसते समय यह भी ध्यान रखें कि परिवार के किस सदस्य अथवा किस मेहमान को किस चीज की आवश्यकता है। इस आवश्यकता की पूर्ति करते समय किसी प्रकार की जबरदस्ती न करें।
- बच्चों और वृद्धों को अधिक मिर्च-मसाले वाली वस्तुएं न परोसें, इस बात का पहले से ही ख्याल रखें। भोजन में मिर्च-मसालों की मात्रा बड़ी संतुलित हो।
- कांच के गिलासों के नीचे अथवा प्लेटों के पास नेपकिन सजाकर रखें।
- स्वीट डिश हमेशा बाद में परोसें।
- वाश बेसिन के पास साफ़ तौलिया, साबुन, पानी अवश्य रखें।
- रसेदार सब्जी को परोसने के लिए हमेशा कटोरी का इस्तेमाल करें। थाली में ऐसी सब्जी कभी न परोसें।
- जैसे ही आप यह अनुभव करें कि सब मेहमान अथवा परिवार के सदस्य खाना खा चुके हैं, तो मौसमी फलों की प्लेट सजाकर मेज़ पर रखें और उन्हें फल खाने के लिए अनुरोध करें। इस अनुरोध में विनम्रता भरा आग्रह हो। किसी भी मेहमान के साथ किसी भी वस्तु को खाने के लिए हाथ धोकर पीछे न पड़ जाएं। खाने के बाद सौंफ, सुपारी आदि प्लेट में रखकर दें। ध्यान रहे, कि धूम्रपान के लिए आग्रह न करें, बल्कि इसके लिए मेहमानों को हतोत्साहित करें।

बच्चों की रुचियों का ध्यान रखें

अधिकांश माएं बच्चों के खाने के बारे में परेशान रहती हैं। वे खाना लेकर बच्चों के पीछे-पीछे फिरती हैं, लेकिन बच्चे अनेकानेक मनुहारों, आग्रहों के बाद भी कुछ नहीं खाते।

प्रायः बच्चों को खाना खिलाना एक समस्या जैसा होता है ज़रा ठंडे दिमाग से समस्या पर विचार करें। बच्चों में भोजन के प्रति अरुचि का कारण जानें, तो आप इस समस्या के व्यावहारिक समाधान को सरलता से पा लेंगी।

अरुचि का कारण

बच्चों में दूध के प्रति अरुचि का कारण यह होता है कि बच्चा प्रारम्भ में केवल मां के दूध पर आश्रित रहता है। लगातार दूध पीने के कारण उसे दूध से अरुचि हो जाती है। वह दूध किसी कीमत पर पीना पसंद नहीं करता।

कभी-कभी किसी बीमारी अथवा गले की खराबी आदि से भी भोजन के ठोस आहार से अरुचि हो जाती है।

आप बस इतना करें

बच्चा कभी भूखा नहीं रहता, इसलिए आप उसके भोजन के बारे में ज़्यादा चिंता न करते हुए इतना करें कि उसे हलका, सुपाच्य भोजन अवस्था के अनुसार खाने को दें, ताकि वह विभिन्न प्रकार की वस्तुओं के स्वाद जान जाए। इन स्वादों की अनुभूति हो जाने पर वह स्वतः ही इन वस्तुओं को खाने लगेगा।

बच्चों को भोजन के बारे में किसी प्रकार की जबरदस्ती न करें, न ही उन्हें इसके लिए प्रताड़ित करें। कुछ बच्चे तो केवल बिस्कुट से ही अपना पेट भर लेते हैं। आशय यह है कि उनकी रुचियां विकसित करें। उन्हें वही वस्तुएं दें, जो वे शौक से खाने लगें; भले ही वे फल ही क्यों न हों।

भोजन में हमेशा नई-नई वस्तुएं, जैसे पोए, नूडल्स, मेग्गी, ढोकला, वेजीटेरियन चीला, आलू टिक्की, ब्रेड पकौड़ा, सैंडविच, पौष्टिक लड्डू, उपमा, डोनट्स, पंजीरी, दलिया, खिचड़ी, काजू की बर्फ़ी आदि वस्तुएं समय-समय पर बनाकर दें। परिवार के एक सदस्य को सत्तू खाते देख बच्चा सत्तू खाने के लिए मचलने लगे, तो उसे सत्तू भी रुचिकर लगेगा।

इस विषय में मुख्य समस्या यह नहीं कि बच्चा भोजन नहीं करता, बल्कि समस्या यह है कि वह नियमित रूप से समय पर भोजन नहीं करता। भोजन के प्रति उसकी यह अनिश्चतता ही समस्या है। इसलिए अभिभावकों को चाहिए कि वे बच्चों को समय पर भोजन के लिए प्रोत्साहित करें, भले ही वह अल्प मात्रा में ही क्यों न हो। इस प्रकार की सोच ही बच्चों में खाने के प्रति उनका शौक़, इच्छा विकसित करेंगी और बच्चे परिवार के अन्य सदस्यों की तरह भोजन करने लगेंगे।

रसोई में छिपे हैं सौंदर्य प्रसाधन

रसोई गृहिणी का कार्यक्षेत्र है, संभवतः इसलिए इसमें अनेक सौंदर्य प्रसाधन भी छिपे हुए हैं। आप इन सौंदर्य प्रसाधनों को अपना कर अपनी नैसर्गिक कमनीयता और रूप-राशि को स्थायित्व प्रदान करें–

- काजल में कपूर मिलाकर लगाने से आंखें चमकीली और निरोग बनती हैं। आंखों के सौंदर्य के लिए यह प्रयोग करके देखें।
- आधा नीबू काटकर दोनों कोहनियों के बीच लगाकर दस मिनट तक रखें, फिर गर्म पानी से धो दें। नियमित रूप से प्रयोग करने पर कोहनियों पर कालिमा नहीं जमती। अन्य भागों की त्वचा की भांति साफ बनी रहेंगी।
- गर्म पानी में नमक या बोरिक पाउडर डालकर पांवों को धोएं। फटी हुई एड़ियों में मोम मलकर, बादाम तेल मलने से फटी हुई एड़ियां ठीक हो जाती हैं। सर्दियों में मोजे पहनें।
- चेहरे पर कील, मुहांसे हो गए हैं, तो मिर्च-मसालों से परहेज कर हरी सब्जियां, फल, पनीर और अंडे का सेवन करें। पानी अधिक पिएं। कब्ज़ न होने दें।
- बारी-बारी से गर्म, फिर ठंडे पानी के छींटे मारें या चेहरे पर भाप दें। तेज मेकअप न करें।
- मुहासों को दबाएं नहीं। साफ़ तौलिए का इस्तेमाल करें।
- अपनी सुराहीदार गर्दन को काला होने से बचाएं। सप्ताह में दो तीन बार ब्लीचिंग क्रीम का इस्तेमाल करें। नहाने से पहले पक्के पपीते का गूदा गर्दन पर रगड़ें। आलू का रस गर्दन पर रगड़ने से गर्दन का कालापन दूर होता है। खीरे के टुकड़े को गर्दन पर रगड़ने से भी गर्दन साफ़ होती है। उसमें स्वाभाविक कोमलता आती है।
- कच्चे दूध को रुई से चेहरे पर लगाएं और कुछ देर बाद रगड़कर उसे धो लें, धीरे-धीरे झुर्रियां दूर हो जाएंगी।
- आंखों के नीचे का कालापन सौंदर्य का सबसे बड़ा दुश्मन है। इसे दूर करने के लिए उस पर गाजर और टमाटर का रस एक-एक चम्मच मिलाकर लगाएं। गर्मियों के मौसम

में खीरे और टमाटर का रस लगाएं। कालापन खत्म होते दिन न लगेंगे।

- कच्चे दूध में काले तिल व पीली सरसों बराबर-बराबर मिलाकर पीसें। इसे चेहरे पर लगाएं। आधे घंटे बाद धो दें। इससे चेचक के दाग, मुहांसे मिटने में अधिक दिन न लगेंगे।
- दूध में जौ या चावल का आटा घोलकर उसे उबटन की तरह लगाएं, त्वचा कोमल और साफ़ हो जाएगी।
- एक लीटर गन्ने के रस के सिरके में एक मग पानी मिलाकर धोने से बालों का झड़ना बंद हो जाता है।
- रात को सूखा आंवला तथा थोड़ी-सी मेथी मिलाकर भिगो दें। सुबह इसे पीसकर सिर धोने में इस्तेमाल करें। इससे बालों की खुश्की समाप्त होगी, बाल लंबे, काले, घने और चमकदार बनेंगे।
- बालों को तुलसी के रस और नीम की पत्तियों के रस से धोने से जुएं खत्म होती हैं।
- कच्चे दूध का फोहा बंद आंखों पर रखें, आंखों की जलन, और थकान खत्म होने में देर नहीं लगेगी।
- दूध में बेसन, थोड़ा-सा जैतून का तेल, कुछ बूंदें नीबू के रस की, आधा चम्मच हलदी मिलाकर उबटन बनाकर चेहरे पर मलें, फिर धो दें। त्वचा में स्वाभाविक निखार आ जाएगा।
- गेहूं के आटे में थोड़ा-सा दूध, आधा चम्मच शहद मिलाकर चेहरे पर लगाएं, त्वचा निखरी-निखरी सी मुलायम बनेगी।
- गुलाब की पंखुड़ियां कच्चे दूध में पीस कर लेप करें। दस मिनट बाद धो दें, त्वचा कोमल बनेगी।
- चने की दाल रात-भर भिगोएं, सुबह पीस लें, हलदी मिलाकर चेहरे पर मलें, त्वचा में चार चांद लग जाएंगे।
- दूध में चिरौंजी भिगोकर पीस लें। इसका उबटन चेहरे, हाथ, कोहनियों पर मलें, चेहरा खिल उठेगा।
- जैतून के तेल की नाखूनों से आहिस्ता-आहिस्ता मालिश करें, नाखून चमक जाएंगे।
- नीबू के रस और छिलके से हाथों को साफ करें, हाथों का खुरदरापन दूर होगा, हाथ चमक उठेंगे। हाथ मिलाने में, आपके मन में किसी प्रकार की हीनता नहीं आएगी।

रसोई संबंधी आवश्यक बातें

- चूल्हे या कड़ाही पर जमी चिकनाई को आसानी से साफ करने के लिए थिनर का उपयोग कर अपनी सुघड़ता का परिचय दें।
- गैस बर्नर के छेद आटे और दूध के बार-बार गिरने से बंद हो जाते हैं, इन्हें खोलने के लिए सोडा मिले पानी में रात-भर पड़ा रहने दें, सुबह पानी से ब्रश मार कर साफ़ कर लें।
- वाशबैसिन साफ़ करने के लिए स्पंज का एक चौरस टुकड़ा लेकर उस पर एक चम्मच सफ़ाई का पाउडर या सर्फ डालें। प्रतिदिन इस टुकड़े पर कुछ बूंदें पानी की डालें। वाशबेसिन पोंछ लें, बाद में स्पंज को सूखने के लिए रख दें।
- कुकर की रबड़ खोलते ही ठंडे पानी में धो दी जाए, तो जल्दी खराब नहीं होती।
- कुकर की रबड़ यदि ढीली हो, तो उसे फ्रीजर में कुछ देर रखें, वह पहले की तरह ठीक काम करने लगेगी।
- मेथी के परांठे यदि दही से गूंधे गए आटे के बनाए जाएं, तो वह अधिक स्वादिष्ठ बनेंगे।
- पूरियां बनाते समय यदि आटे में थोड़ा-सा बेसन मिला लें, तो पूरियां खस्ता बनेंगी।
- सर्दी में यदि दही आसानी से न जमे, तो लोटे में दूध गुनगुना कर जामन डालें और आटे के डिब्बे में ढककर रख दें। लगभग 6 घंटे में दही जम जाएगा।
- दही जल्दी जमाने के लिए एक साबुत लाल मिर्च दूध में डाल दें।
- आलू के चिप्स घिसने के बाद फिटकिरी के पानी में धोने से वे सफ़ेद बने रहेंगे।
- मिर्च पीसते समय उसमें जरा-सा सरसों का तेल मिला दें। इससे मिर्च का रंग गहरा हो जाएगा और उसकी धांस भी नहीं उड़ेगी।
- नीबू, संतरे के छिलके सुखाकर चूर्ण बनाकर दांत साफ़ करने से वह चमक उठते हैं।
- सूखे नीबू का अचार महीन पीसकर शीशी में भर कर रख लें। इसे चूरन के रूप में हाजमे के लिए प्रयोग करें।

- पनीर का पानी रोटी अथवा परांठे बनाने के लिए आटा गूंधने के काम में लाएं, रोटियां मुलायम बनेंगी। मटर के बेसन में मोयन कम लगेगा।
- नीबू के छिलकों से पीतल के बर्तन साफ करें। बर्तन चमक उठेंगे।
- पपीता यदि मीठा न निकले, तो उसे मसल कर कड़ाही में घी डालकर भून लें। इसमें छोटी इलायची, चीनी डालकर हलुआ बना लें। स्वादिष्ठ हलुआ बच्चों को खिलाएं और खुद खाएं।
- सूजी का हलुआ बनाते समय पानी के स्थान पर दूध डालें, हलुआ स्वादिष्ठ बनेगा। हलुआ बनाने में ठंडा पानी कभी न डालें। हमेशा चाशनी बनाकर पानी डालें।
- पंके केले हमेशा लटकाकर रखें, कई दिन तक खराब नहीं होंगे।
- राख और सूखा वाशिंग पाउडर मिलाकर बर्तन रगड़ें, बर्तन चमक जाएंगे।
- कांच साफ़ करने के लिए अखबार को गीला करके प्रयोग करें।
- रसोई में डायरी और लिखने के लिए पेंसिल अवश्य रखें। यह सुघड़ता का परिचायक है।

रसोई घर की सावधानियां

जैसा कि ऊपर बताया गया है कि गृहिणी का अधिकांश समय रसोई में व्यतीत होता है, इसलिए गृहिणी को रसोई घर में रहते हुए, काम करते हुए बड़ी सावधानी बरतनी चाहिए। रसोई घर की जितनी भी दुर्घटनाएं होती हैं, वे सबकी सब असावधानी से होती हैं। इस विषय में हमेशा एक ही सिद्धांत ध्यान में रखें कि 'सावधानी हटी, दुर्घटना घटी।'

- खाना बनाना एक कला है, इसे पूरे मनोयोग के साथ करें, इसमें किसी भी प्रकार की जल्दबाजी न करें।
- रसोई के बर्तन को इस प्रकार से साफ़ करें कि उसमें चिकनाई न रहे। बहुत-सी घटनाएं चिकनाई के कारण होती हैं।
- भोजन बनाने के बाद चौका साफ़ करें और सब सामान सलीक़े से रखें। सफ़ाई का पूरा-पूरा ध्यान रखें, इससे आपका मन रसोई में लगा रहेगा और आप बोर नहीं होंगी।
- रसोई में उपयोग होने वाले मसाले, दालें और अन्य सभी छोटी-मोटी वस्तुएं डिब्बों में रखें और इन्हें पारदर्शी बर्नियों में ही रखें। यदि बर्नी अथवा डिब्बा पारदर्शी नहीं है, तो उस पर लेबल लगा दें।
- रसोई का प्रत्येक सामान एक निश्चित स्थान पर ही रखें। इतना निश्चित कि आप अंधेरे में भी उसे सरलता से उठा सकें।
- रसोई में साफ़ हवा जाने का स्थान अवश्य हो। घुटन और सीलन बिलकुल न हो। धुआं, खाना पकाते समय की भाप, क्षार आदि निकलने के लिए पर्याप्त स्थान हो। अच्छा हो एग्जास्ट लगवा लें।
- गैस के चूल्हे, हीटर, स्टोव आदि ज्वलनशील उपकरण के ऊपर कोई अलमारी, शैल्फ न रखें और न ही इनके ऊपर कोई ऐसा सामान रखें, जिससे असावधानी हो अथवा दुर्घटना की संभावना हो।
- जब चूल्हा जल रहा है, तो दूध अथवा चाय चढ़ाकर बाहर न निकलें, इससे दूध अथवा चाय में उबाल आकर वह फैल सकती है, चूल्हा बूझ सकता है, गैस निकलती रह सकती है। ऐसे में गैस लीकेज के कारण बड़ी दुर्घटना होने की आशंका बनी रहती है। इसलिए चूल्हे पर दूध, चाय रखकर इधर-उधर बिलकुल न जाएं।
- समान आकार, आकृति की वस्तुएं, जैसे नमक, चीनी, मिसरी, फिटकिरी, अलग-अलग रखें और उस पर लेबल अवश्य लगाएं। सोडा और पिसी हुई चीनी, नमक आदि वस्तुएं भ्रामक स्थिति पैदा कर सकती हैं।
- खाना पकाते समय साड़ी जैसे वस्त्र न पहनें, यदि पहने हुए हैं, तो सावधानी बरतें।
- चूल्हे पर बर्तन चढ़ाने-उतारने के लिए, सफ़ाई के लिए तथा अन्य दूसरे कामों के लिए झाड़न कुछ गीला रखें। इससे जहां सफ़ाई अच्छी होगी, वहीं गर्म बर्तनों की पकड़ अच्छी होगी, इसमें आग भी नहीं लगेगी।
- सब्जी काटने के लिए चाकू, साधारण चाकू ही हो, अन्य कोई अधिक तेज धारदार वस्तु न हो।

- रसोई में भरे हुए गैस सिलंडरों का भंडार न करें। इसी प्रकार से बिजली के प्लग हमेशा बंद करके रखें।
- रसोई को भंडार गृह न बनाएं अन्यथा यहां चूहे, कॉक्रोच, मक्खी, मच्छर, की भरमार हो जाएगी, जो आपके लिए परेशानी का कारण बनेगी।
- माचिस, छन्नी, चाकू, मोमबत्ती, लाइटर जैसी वस्तुएं एक ट्रे में एक साथ रखें।
- गर्म बर्तन उतारने के लिए साड़ी का पल्लू अथवा दुपट्टे का उपयोग बिलकुल न करें।
- खाना बनाते समय छोटे बच्चों को पास न आने दें। आपका ध्यान उधर जाएगा और किसी भी प्रकार की दुर्घटना हो सकती है।
- दुर्घटना हो जाने पर जले हुए स्थान पर ठंडा पानी डालें, फिर रुई आदि लेकर बर्नोल जैसा कोई स्निग्ध पदार्थ लगाएं या कोलगेट पेस्ट लगा लें।
- अगर खाना बैठकर बनाती हैं, तो आवश्यक सामान एक साथ नीचे रखें, बार-बार उठने-बैठने से अनावश्यक रूप से थकान आएगी।
- रसोई में 'डस्टबिन' या कूड़े का डिब्बा (टीन का कनस्तर) अवश्य रखें, प्रतिदिन सुबह इसका कूड़ा बाहर फेंककर सफ़ाई करें।
- यदि खाना बिजली के उपकरणों पर बनाती हैं, तो पैरों के नीचे लकड़ी का तख्ता अवश्य रखें, ताकि आकस्मिक रूप से लगने वाले बिजली के झटकों से बचा जा सके।
- सप्ताह में कम-से-कम एक बार रसोई की सफ़ाई कीटनाशक पदार्थों के घोल से करें।
- सोने से पहले नियमित रूप से गैस सिलेंडर व चूल्हा अच्छी तरह से बंद कर दें, बिजली के प्लग निकाल दें, यदि कोयला, लकड़ी आदि जलाती हैं, तो उन्हें अच्छी तरह से बुझा दें।
- तेल, घी जैसे पदार्थों को इतना अधिक गर्म न होने दें कि उनमें आग लग जाए।
- नया गैस सिलेंडर लगाते समय विशेष रूप से सावधानी बरतें और उसके पास रखे हुए सभी प्रकार के जलते उपकरण बुझा दें।

अध्याय 10

सौंदर्य की अभिव्यक्ति

मनुस्मृति में कहा गया है कि सजना-संवरना, बनाव-श्रृंगार गृहिणी की मनोवैज्ञानिक कमजोरी है। इसलिए त्योहारों, विवाहादि के अवसरों पर उन्हें सजने-संवरने के पर्याप्त अवसर देकर उनकी इस इच्छा की तृप्ति करें। इससे वंचित रहने पर उसमें जो मनोवैज्ञानिक विकार और विकृतियां आएंगी, वह परिवार के लिए अभिशाप सिद्ध हो सकती हैं, तनाव और बिखराव का कारण हो सकती हैं। सौंदर्य की अभिव्यक्ति पर गृहिणी की व्यावहारिक सोच...।

सुंदर दिखाई देना हर गृहिणी की इच्छा होती है, वह अपनी इस इच्छा की पूर्ति के लिए अनेकानेक सौंदर्य प्रसाधनों का प्रयोग करती आई है। महानगरों और छोटे शहरों में ब्यूटी पार्लर की बढ़ती संख्या इस बात का प्रमाण है कि सुंदर दिखाई देने की इस इच्छा को सामाजिक स्तर पर भी मान्यता प्राप्त है।

महिलाओं से संबंधित चाहे जिस पत्रिका को उठाकर देख लें, टी.वी. पर प्रसारित होने वाले विज्ञापनों का प्रतिशत निकाल लें, सब में एक ही बात दिखाई देती है कि महिलाओं में सजने-संवरने की प्रवृत्ति, अलग दिखाई देने की इच्छा बढ़ रही है। एक दूसरे से अधिक सुंदर, आकर्षक दिखाई देने के लिए नित्य नए सौंदर्य प्रसाधनों का उपयोग करने लगी हैं। इस विषय में सचाई यह है कि तेज, भड़कीले बनाव-श्रृंगार गृहिणी के चेहरे की स्वाभाविक कमनीयता को समाप्त कर देते हैं। तेज रासायनिक पदार्थ चेहरे की कोमल त्वचा को 'जला' देते हैं। इसलिए आजकल बाज़ारों में मिलने वाले सौंदर्य प्रसाधनों पर 'हर्बल' लिखा आने लगा है। हर्बल से तात्पर्य ऐसी जड़ी-बूटियों से है, जो सौंदर्य तो बढ़ाती हैं, लेकिन त्वचा पर बुरा प्रभाव नहीं छोड़तीं। इस विषय में सचाई कितनी है, इसके बारे में तो कुछ नहीं कहा जा सकता, लेकिन इतना अवश्य है कि गृहिणी को अपने सौंदर्य की रक्षा के लिए, कमनीयता को बनाए रखने के लिए ऐसे सौंदर्य प्रसाधनों का प्रयोग करना चाहिए जो प्राकृतिक हों। चंदन, हलदी, नीबू, संतरे के छिलके, कच्चा दूध, दही, तुलसी पत्र, बादाम का तेल, चोकर, खीरा, ककड़ी, लौकी आदि ऐसी अनेक वस्तुएं और पदार्थ हैं, जिनसे बने सौंदर्य प्रसाधन न केवल प्रभावकारी होते हैं, बल्कि त्वचा की नैसर्गिक कमनीयता को भी बनाए रखते हैं। बाजार में सौंदर्य प्रसाधनों की इतनी बहुतायत है कि उनमें से अपने लिए चुनना न केवल कठिन होता है, बल्कि उनकी गुणवत्ता को भी समझना कठिन होता है। कम खर्च, हलका-सा व्यायाम और कुछ सौंदर्य प्रसाधन ही आपकी सुंदरता के रक्षक हैं।

व्यस्त जीवन में सुंदरता को बनाए रखना और आत्मविश्वास के साथ मेकअप करने के लिए यहां कुछ सौंदर्य प्रसाधनों की जानकारी दी जा रही है। अपनी आवश्यकता, स्तर और अवसर के अनुकूल सौंदर्य प्रसाधनों का विवेक से उपयोग करें।

1. क्लीजिंग मिल्क : सौंदर्य प्रसाधनों में इसका अपना विशेष स्थान है, क्योंकि मेकअप करने से पहले त्वचा की सफ़ाई के लिए इसका प्रयोग किया जाता है। इसे रुई के फाहे पर लगाकर धीरे-धीरे त्वचा पर रगड़ें। इससे त्वचा बिलकुल साफ़ हो जाती है और त्वचा के बारीक-से-बारीक

छिद्रों में जमा मैल भी बाहर निकल आता है। तैलीय त्वचा पर जमा मैल, पसीने के कण आदि इससे साफ़ हो जाते हैं। बाज़ार में तैयार पैक में यह आसानी से मिल जाता है।

2. स्किन टोनर : त्वचा की सफ़ाई और रोम छिद्रों को खोलने के लिए एस्ट्रैजेंट लोशन या स्किन टोनर आता है। यह त्वचा को नई आभा देता है। यह अधिकतर गर्मी के मौसम में प्रयोग में लाया जाता है। यह त्वचा को शीतलता और ताज़गी प्रदान करता है।

3. क्लींजिंग क्रीम : यह सौंदर्य प्रसाधन क्रीम के रूप में मिलता है।

4. माश्चराईजिंग लोशन : त्वचा की नमी को बनाए रखने और बाहरी वातावरण से त्वचा की रक्षा करने के लिए इसका प्रयोग किया जाता है। इसे मेकअप के रूप में भी प्रयोग किया जाता है। इससे त्वचा में झुर्रियां नहीं पड़तीं। इसका प्रयोग बाहर आते-जाते समय करना चाहिए।

5. इरेज स्टिक : चेहरे पर दाग़, धब्बे तथा निशान छिपाने के लिए इसका प्रयोग किया जाता है। आंखों के नीचे आ गए काले धब्बे भी इससे साफ़ हो जाते हैं।

6. फाउंडेशन : मेकअप की सतह को बनाने के लिए इसका प्रयोग किया जाता है। अपनी त्वचा के रंग से थोड़ा गहरे रंग का फाउंडेशन प्रयोग में लाना चाहिए। इसकी दो-चार बूंदें ही पानी के साथ मिलाकर पूरे चेहरे, गर्दन, कानों आदि पर लगाएं।

7. कांपेक्ट पाउडर : चेहरे पर मेकअप अधिक देर तक बना रहे, इसलिए कंपैक्ट पाउडर का इस्तेमाल करते हैं। अतिरिक्त पाउडर को रुई या हलके मेकअप ब्रश से साफ़ कर झाड़ देना चाहिए।

8. ब्लशर : फेस पाउडर के बाद गालों को स्वाभाविक लालिमा प्रदान करने के लिए ब्लशर का प्रयोग किया जाता है। ब्लशर को इस प्रकार से लगाएं कि गालों की लालिमा बनी रहे और वे उभरे हुए दिखाई दें।

9. कैलामाइन लोशन : हलके बादामी रंग की हर्बल गुणों वाली यह तरल लोशन त्वचा को शीतलता प्रदान करती है और धूप से त्वचा को झुलसने से बचाती है।

10. वैनिशिंग क्रीम : त्वचा को बाहरी वातावरण और मौसमी प्रभावों से बचाती है, विशेषकर जब मौसम बड़ा शुष्क हो।

11. कोल्ड क्रीम : शीत ऋतु में लगाने के लिए उत्तम क्रीम होती है। यह त्वचा को शुष्क होने से बचाती है।

12. नाइट क्रीम : शुष्क त्वचा पर इसे रात को लगाया जाता है, जिससे कि त्वचा इसे पूरी तरह से सोख ले। इसे हाथों, कोहनियों, चेहरे पर कहीं भी लगा सकते हैं।

13. हैंड क्रीम : जो गृहिणियां पानी में काम करती रहती हैं, उनके हाथ शुष्क होकर भद्दे लगते हैं। उनकी नसें उभर आती हैं और झुर्रियां दिखाई देने लगती हैं। उन्हें अपने हाथों पर हैंडक्रीम का प्रयोग करते रहना चाहिए।

14. आई लाइनर : आंखों की सुंदरता के लिए इन्हें आखों के आस-पास लगाना चाहिए।

15. काजल : स्टिक और क्रीम दोनों ही रूपों में मिलता है। इसके प्रयोग से आंखें बड़ी-बड़ी और सुंदर लगती हैं।

कहने का आशय यह है कि सौंदर्य प्रसाधनों का कहीं अभाव नहीं है। नेल पालिश से लेकर लिप पेंसिल तक से बाज़ार भरा पड़ा रहता है, लेकिन चेहरे को नई चमक-दमक देने के लिए जरूरी है कि आप अपना मेकअप स्वयं करें और इसके लिए प्रसाधन भी वही चुनें, जो आपके लिए उपयुक्त हों।

भारी भरकम मेकअप, लिपा-पुता चेहरा आपको न केवल हंसी का पात्र बनाएगा, बल्कि लोग आप पर फिकरें कसने से भी बाज़ न आएंगे।

असमय में ही सफ़ेद बाल कभी-कभी आपके चेहरे पर अच्छे दिखाई नहीं देते। इसलिए या तो आप इन्हें मेहंदी से रंग लें या फिर बाज़ार में मिलने वाली किसी भी अच्छी कंपनी की हेयर डाई का प्रयोग करें। ध्यान रखें कि कभी-कभी हेयर डाई आपकी त्वचा के लिए उपयुक्त नहीं बैठती, इसलिए इसका प्रयोग करना तुरन्त बंद कर दें। यदि लगाएं तो पैकिंग में दिए गए निर्देशों का पूरी तरह से पालन करें।

फेशियल कराना, ब्यूटी पार्लर, में जाना अब कोई नई बात नहीं है। फेशियल त्वचा के 'रुग्ण' रोमों को निकाल कर बाहर करता है। चार-छह बार फेशियल करने से त्वचा में नया कसाव आता है और वह आकर्षक और निरोग बनी रहती है। देश में ऐसे बहुत से ब्यूटी पार्लर हैं, जो सौंदर्य निखारने की पद्धति के लिए प्रसिद्ध हैं।

दिल्ली का शहनाज हुसैन हर्बल क्लिनिक किसी 'फाइव स्टार' से कम प्रसिद्ध नहीं है। मुंबई के ताजमहल होटल में स्थित 'ताज सैलून' भी अपनी फैशियल पद्धति के लिए प्रसिद्ध है। महानगरों में ऐसे बहुत से ब्यूटी पार्लर केंद्र हैं, जो अपनी-अपनी विशेषताओं के लिए एक दूसरे से बढ़कर हैं।

आप अपने चेहरे की प्राकृतिक सुंदरता को बनाए रखने के लिए कुछ घरेलू तरीके अपना कर भी अपने रूप-रंग को बनाए रख सकती हैं, अपने व्यक्तित्व में निम्न प्रकार निखार ला सकती हैं–

- दही में थोड़ी-सी हलदी डालकर कच्चा दूध या मलाई डालकर नहाने से पहले चेहरे, हाथों, कोहनियों, गर्दन आदि पर मलें। फिर धो डालें त्वचा में स्वाभाविक निखार आ जाएगा। बेसन में चुटकी-भर हलदी डालकर उसमें कच्चा दूध डालकर चेहरे पर मलने से भी चेहरे पर निखार आ जाता है।
- कच्चे दूध में चिरौंजी पीसकर उसका पेस्ट बना लें, दस-पंद्रह मिनट तक इस पेस्ट से चेहरे को मलें, चेहरे में स्वाभाविक चमक आ जाएगी।
- संतरे के सूखे छिलके, पीसकर उसमें हलदी, चंदन का पाउडर डालकर पेस्ट बना लें, इसे चेहरे पर लगाएं, त्वचा में निखार आएगा और वह कोमल हो जाएगी, रंग भी निखरेगा। बादाम की गिरी को कच्चे दूध में पीसकर चेहरे पर लगाने से त्वचा में स्वाभाविक निखार आता है।

ग्रामीण क्षेत्रों में महिलाएं जहां किसी प्रकार के सौंदर्य प्रसाधनों को जानती भी नहीं हैं, वहां गेहूं का आटा या चोकर लेकर उसमें हलदी सरसों का तेल, नीबू आदि मिलाकर (दही या दूध मलाई) आदि का उबटन बनाकर चेहरे की स्वाभाविक चमक को बनाए रखती हैं।

इन घरेलू सौंदर्य प्रसाधनों के अतिरिक्त आप खीरे का रस, लौकी का रस, नीबू, नारियल पानी, ग्लिसरीन आदि को एक शीशी में घोल बनाकर रख लें और अपने चेहरे पर सोते समय लगाकर सोएं, फिर सुबह अच्छी तरह से धो दें, चेहरे में स्वाभाविक निखार आएगा।

यदि आपकी अवस्था कुछ अधिक है, त्वचा बेजान और शुष्क है, तो मुल्तानी मिट्टी, चंदन पाउडर, टमाटर का रस, खीरे का रस, ग्लिसरीन, गुलाब जल, थोड़ी-सी हलदी, लेकर इनका पेस्ट बना लें। इस पैक को प्रति रविवार या अन्य किसी दिन, सप्ताह में एक बार लगाएं, इस लेप का प्रयोग करते रहने से आपकी त्वचा कांतिमय बनी रहेगी और त्वचा हमेशा निखरी-निखरी सी दिखाई देगी।

आंखों की सुंदरता

चेहरे की सुंदरता बड़ी-बड़ी काली कजरारी आंखों से बनी रहती है। इसलिए आप इनका विशेष ख़्याल रखें। वैसे भी कहा जाता है कि आंखें हैं, तो जहान है। सुंदर आंखों के लिए कुछ प्राकृतिक और घरेलू उपाय आप कर सकती हैं—

- आंखों को दिन में दो-तीन बार ठंडे व साफ पानी से छींटे मार कर धोएं।
- सप्ताह में एक-दो बार सुबह के समय अपनी आंखों को त्रिफला से धोएं। त्रिफला बाज़ार में पंसारी की दुकान से तैयार मिल जाता है। इसे आवश्यकता अनुसार साफ़ पानी में रात को भिगो दें, सुबह उठकर इस पानी से आंखों को धोएं।
- धूप में आने के बाद, टी.वी. पर फिल्म देखने के बाद, जब भी आपको आंखें भारी लगें, थकी हुई लगें, तो उन पर गुलाबजल का गीला फाहा रखें। यदि गुलाब जल उपलब्ध न हो, तो ठंडे पानी से ही आंखों को ठंडक पहुंचाएं।
- आंखों को बड़ी देर तक धूप, धूल और धुएं से बचाकर रखें। धूप में धूप का चश्मा इस्तेमाल करें।
- लगातार आंखों पर ज़ोर देकर सिलाई, कढ़ाई, टी.वी. देखने, पुस्तक पढ़ने या टाइपिंग का काम न करें।
- खीरे के गोल टुकड़े काटकर आंखों पर रखकर कुछ देर आराम करने का अभ्यास करें।
- प्रातःकाल घास पर नंगे पैर चलने से आंखों की रोशनी बढ़ती है, उन्हें हरियाली देख-देखकर आराम मिलता है।
- अपने खाने में नीबू, गाजर, आंवला, संतरा, पपीता जैसे फलों का पर्याप्त इस्तेमाल करें। ये अप्रत्यक्ष रूप से आपकी आंखों का पोषण करते हैं और आंखें चमकीली, स्वस्थ बनी रहती हैं।

आशय यह है कि सुंदरता किसी अंग विशेष से ही नहीं झलकती। आपका व्यक्तित्व आपके सर्वांग सुंदर होने से ही निखरता है। मोर भी अपने पंखों पर इतराता है। अपनी नृत्य कला के लिए प्रसिद्ध है। अपनी आवाज से भी लोगों को मोहित करता है, लेकिन अपने ही पैरों की दशा देखकर आंसू बहाता है। आप भी केवल अपनी त्वचा, चेहरे, आंखों की सुंदरता पर ही ध्यान न दें, बल्कि अपने हाथों, पैरों, नाखून, बालों यहां तक कि पीठ, गर्दन आदि सभी अंगों की सफ़ाई, सुंदरता और मेकअप का ध्यान रखें।

मुलायम हाथों पर लंबे-लंबे नाखून सुंदरता को बढ़ाते हैं। इन नाखूनों को हमेशा साफ़ रखें और सलीके से काटें। नाखून छोटे हों या बड़े, लेकिन उन पर हमेशा प्राकृतिक रंग की नेल पालिश लगाएं। बड़े-बड़े नुकीले नाखून असभ्यता की निशानी है, अतः इनसे बचें।

हलका व्यायाम या फिर योग शरीर को सुंदर, स्वस्थ बनाता है। इसके साथ ही नियमित रूप से गालों, भवों, कनपटी, आंखों, गरदन आदि की मालिश किया करें। मालिश हलके हाथों से करें। इससे सुंदरता में चार चांद लग जाएंगे।

सुंदर दिखने के लिए सुंदर वस्त्रों का चुनाव भी जरूरी है। भड़कीले रंग के वस्त्र पहन कर बाज़ार में जाना अथवा काम पर जाना आपको जग-हंसाई के सिवाय कुछ न देगा। इसी प्रकार से अपने शरीर पर आभूषणों का लदान न करें। आभूषणों की अधिकता जहां आपको लोगों की नज़रों में 'सेठानी' बनाएगी, वहीं भड़कीले वस्त्र आपको 'हीरोइन' के 'निक नेम' भी देंगें। इसलिए सुंदरता के नाम पर अथवा

फैशन के नाम पर 'कुछ भी' न पहनें। यदि आप स्लीव्ज ब्लाउज पहनती हैं, तो उससे संबंधित अन्य बातों पर भी ध्यान दें। सौंदर्य के प्रति आपकी जागरूकता इस बात पर भी निर्भर करती है कि आपकी केश राशि कैसी है ? आपके चेहरे पर कौन-सा केश विन्यास आकर्षक लगता है ? इसलिए मेकअप के साथ-साथ अपने कपड़े, उनके रंग, आभूषण, धूप के चश्मे, बिंदी, सैंडिल, पर्स आदि पर भी ध्यान दें। सच तो यह है कि सौंदर्य आपके चेहरे में छिपा है। बस, इसे थोड़े-से विवेक, समझ और सूझ-बूझ से इसे निखारें। सौंदर्य प्रसाधन आपके बजट को असंतुलित न कर दें, यह सब आप और आपकी सोच पर निर्भर करता है।

सुंदर दिखने की ललक

स्कूल, कालेज की छात्राओं से लेकर अधेड़ उम्र की कामकाजी महिलाओं में भी यह मनोवैज्ञानिक प्रवृत्ति पाई जाती है कि वे सुंदर दिखना चाहती हैं। अपनी इस कमजोरी के कारण ही वे अपने आपको सुंदर दिखने की ललक में धन और समय, दोनों का ही व्यय करती हैं। महानगरों में ही नहीं, बल्कि अब छोटे-छोटे शहरों और कसबों में भी नित्य नए-नए ब्यूटी पार्लर, हेल्थ क्लब, योग और व्यायाम की कक्षाएं खुलने लगी हैं, जो इस बात का प्रमाण है कि स्त्रियों-पुरुषों में सुंदर बनने और सुंदर दिखने की स्वाभाविक इच्छा लगातार बढ़ती जा रही है।

इस संबंध में एक तथ्य यह भी है कि शारीरिक सुंदरता ईश्वर की देन है और त्वचा के नैसर्गिक रूप और गुणों को एक सीमा तक ही बदला जा सकता है, इसलिए सौंदर्य प्रसाधनों के निर्माताओं के दावे असलियत से बहुत दूर होते हैं। सैकड़ों तरह के इत्र, खुशबू, क्रीम, पाउडर, शैम्पू, स्प्रे, गोलियां आदि मिलकर भी वह चमत्कार नहीं कर सकते, जो आपका विवेक कर सकता है। इसलिए अपने प्राकृतिक और नैसर्गिक सौंदर्य को बनाए रखने के लिए इन सौंदर्य प्रसाधनों के उपयोग के स्थान पर प्रकृति की देनों का उपयोग आप चाहे त्वचा की कोमलता और कमनीयता के लिए करें अथवा आंखों की सुंदरता के लिए, बालों की देखभाल के लिए करें या चेहरे की झुर्रियों को मिटाने के लिए करें, आप के सुंदर और आकर्षक बनने की ललक अवश्य पूरी होगी। इसलिए आप हमेशा घरेलू उबटनों का प्रयोग करें। जड़ी-बूटियों द्वारा अपनी रूप-राशि की रक्षा करें और अपने सौंदर्य वृद्धि के लिए किए गए इन प्रयासों से न केवल सुंदर दिखाई दें, बल्कि सुंदर बनें। इस प्रकार के प्रयास जहां आपकी कोमल त्वचा को तेज रासायनिक द्रवों के कुप्रभावों से बचाएंगें, वहीं आप अपनी आयु के अनुरूप हमेशा जवान और आकर्षक बनी रहेंगी।

स्त्री शृंगार के लिए संसार प्रसिद्ध भारतीय सौंदर्य विशेषज्ञ शहनाज हुसैन स्वयं त्वचा के पोषण के लिए तुलसी, नीम, हलदी, बादाम का तेल, आंवला, मेहंदी, गुलाब जल, नारियल का तेल, चंदन आदि का उपयोग करने की सलाह देती हैं। अब तो इसके पाऊच भारतीय बाजारों में ही नहीं, बल्कि विदेशी बाजारों में भी धड़ल्ले से बिकने लगे हैं।

आप अपनी रूप-राशि, त्वचा की सुंदरता के लिए जागरूक बनें और अपने शारीरिक अंगों की देखभाल स्वयं करें। अपनी रूप-राशि की रक्षा के लिए अंधाधुंध सौंदर्य प्रसाधन अपने शरीर पर न थोपें, बल्कि सादगी के साथ अपने स्वाभाविक आकर्षण को बनाए रखें। इसे बनाए रखने की सोच ही आपको सुंदर, स्वस्थ, नीरोग और विशिष्ट बनाएगी और आप हमेशा खिली-खिली सी बनी रहेंगी।

त्वचा की सजीवता के लिए

आयु के अनुसार त्वचा में कोमलता, लावण्यता, कमनीयता और आकर्षण पैदा होता है। त्वचा की सजीवता, और झुर्रियों से बचने के लिए आवश्यक है कि आप त्वचा के प्रति सावधानी बरतें। त्वचा का काला पड़ जाना, आंखों के नीचे गड्ढे बन जाना, चेहरे पर झांइयां पड़ जाना, कील-मुंहासे होना आदि त्वचा के प्रति बरती गई उदासीनता के लक्षण हैं। इस विषय में विशेषज्ञों का मत है कि जब त्वचा की रक्त कोशिकाओं में रक्त का संचरण ठीक नहीं हो पाता, तो त्वचा काली पड़ने लगती है, फूलने लगती है, झुर्रियां पड़ने लगती हैं। त्वचा को इन सब रोगों से बचाने के लिए साइटोकिन्स नामक प्रोटीन का भरपूर उपयोग करना चाहिए। इससे त्वचा हमेशा नीरोग, कोमल और सजीव बनी रहेगी। त्वचा की सजीवता के लिए घरेलू उबटन ही आदर्श उपाय है।

घरेलू उपाय भी हैं जो निम्न हैं—

- तुलसी का रस, नीबू का रस तथा ग्लिसरीन को समान मात्रा में मिलाकर चेहरे और त्वचा के हर भाग पर मलें,

फिर कुछ देर बाद धो दें। इससे त्वचा में उजलापन आएगा और स्वाभाविक निखार भी आएगा।

- दही, संतरे के छिलके का पाउडर, नीबू, हलदी, चंदन का पाउडर, नारियल का तेल मिलाकर घरेलू उबटन बना लें, नहाने के पहले उसे शरीर के खुले भाग पर मलें, कुछ देर तक लगा रहने दें और बाद में ठंडे पानी से धो दें।
- जैतून के तेल में नीबू का रस मिलाकर रात में सोने से पहले चेहरे और त्वचा पर मलें, चेहरा निखर जाएगा।
- दही की मलाई या केवल दही बेसन में मिलाकर त्वचा पर मलने से कुछ दिनों में त्वचा साफ होने लगेगी और उसमें स्वाभाविक कोमलता आएगी।
- आक का दूध एवं हलदी मिलाकर लेप करने से त्वचा का कालापन दूर होता है।

इस प्रकार से रसोई और घर में सुलभ होने वाले इन साधनों का विवेक-संगत उपयोग करें। भरपूर नींद लें। पूरी नींद लेने से रक्त कोशिकाएं सक्रिय बनी रहती हैं। त्वचा में जब झुर्रियां पड़ने लगती हैं, तो वह न केवल भद्दी दिखाई देने लगती हैं, बल्कि लटकी-लटकी सी दिखाई देने लगती है। झुर्रियां पड़ने का कारण क्रोध, तनाव, चिन्ता, अनिद्रा, धूम्रपान आदि हैं। सौंदर्य प्रसाधनों का अंधाधुंध प्रयोग भी इसका एक कारण है, अतः इनके प्रति सचेत रहें।

इसके लिए आवश्यक है कि शाकाहारी भोजन करें। पर्याप्त पानी पिएं, स्निग्ध पदार्थों युक्त (दही, मक्खन अथवा नारियल तेल आदि) उबटन की नियमित मालिश करें। तेज धूप में छाता लगाकर निकलें। गर्दन, कोहनी आदि में पड़ गई झुर्रियों के लिए नियमित रूप से व्यायाम करें। डॉक्टर की सलाह से नियमित रूप से विटामिन बी का उपयोग करें।

कील-मुहांसे, झांइयां, मोटापा, मुंह की दुर्गन्ध आदि अन्य ऐसे अनेक कारण हैं, जो आपको सुंदर दिखने की स्वाभाविक इच्छा पर प्रतिकूल प्रभाव डालते हैं। इसलिए इन पर भी ध्यान रखें।

कील, मुंहासे और दाग-धब्बे आदि

कील, मुंहासे, झांइयां आदि उत्पन्न होने का कारण मीठे, तले हुए, गरिष्ठ मसाले युक्त, खट्टे पदार्थों का अत्यधिक उपयोग भरपूर नींद न आना, पेट खराब रहना, चेहरे पर तेज रासायनिक पदार्थों का उपयोग करना, क्रीम-पाउडरों का अत्यधिक प्रयोग करना आदि हैं।

कील, मुंहासों से बचने के लिए अपने खान-पान में विशेष सतर्कता बरतें। हरी व पत्तेदार सब्जियों का प्रयोग, नीबू, संतरा, पपीता, अमरूद जैसे फलों का सेवन करना चाहिए। कील-मुंहासों को हाथ से फोड़ना नहीं चाहिए। जहां तक हो, पेट साफ रखें। इसके लिए रात को सोते समय त्रिफला लें। आयुर्वेद में ऐसे अनेक घटक हैं, जिनका उपयोग कील-मुंहासों की सफाई के लिए किया जा सकता है। बाजार में मिलने वाले ऐसे लेप भी चेहरे में निखार ला सकते हैं। खान-पान संबंधी परहेज के लिए तले हुए खट्टे पदार्थ और मिर्च-मसालों से बचकर रहें। कफ़ कारक खाद्य पदार्थों से बचें।

कील-मुंहासे होने पर अथवा शुष्क त्वचा होने पर साबुन का इस्तेमाल न करें। मुंहासों पर लौंग घिसकर लगाएं। चेहरे पर झांइयां होने पर चावल का आटा, मसूर की दाल का पाउडर, चंदन का चूर्ण, संतरे के रस में मिलाकर घरेलू उबटन बना लें, इस उबटन का दस-पंद्रह मिनट तक लगा रहने दें। सूखने पर धो दें।

कील-मुंहासों के साथ-साथ चेहरे पर कांति ले आने के लिए 2 चम्मच खीरे का रस, 1 चम्मच दूध, 1 चम्मच हलदी, 2 चम्मच शहद, 1 चम्मच टमाटर का रस, आधा चम्मच नीबू का रस मिलाकर लगाने से चेहरे की कांति निखरती है। फ्लेवर के लिए इसे नारंगी का छिलका पीसकर मिला सकते हैं।

मोटापा एक अभिशाप

'स्लिम फास्ट' के पोस्टर देखकर लगता है कि आजकल मोटापा एक अभिशाप बन गया है। छोटी उम्र में तो यह इतना दुःखदाई नहीं होता, लेकिन जैसे-जैसे उम्र बढ़ती जाती है, यह अनेक रोगों का कारण बन जाता है। ब्लडप्रेशर का बढ़ना, घुटनों का दर्द, मधुमेह आदि अनेक रोगों का कारण मोटापा होता है।

अपने खाने में ठंडे पेय पदार्थ, चाय, कॉफी, मिठाइयां, आइसक्रीम, आलू, चावल, चिकने पदार्थों का संतुलित उपयोग करें। घी-तेल का कम-से-कम इस्तेमाल करें। हलका व्यायाम अवश्य करें। आवश्यकता से अधिक न खाएं। दोपहर में सोने की आदत से बचें।

मुंह की दुर्गन्ध से बचाव

मुंह की दुर्गन्ध आपकी सुंदरता की सबसे बड़ी दुश्मन है। आप चाहे कितनी ही सुंदर, आकर्षक और स्लिम क्यों न हों, यदि आपके मुंह से बदबू आती है, तो कोई भी आपके पास बैठना पसंद नहीं करेगा। इसलिए शरीर से आने वाली पसीने की बदबू, मुंह से आने वाली दुर्गन्ध आदि के प्रति सावधानी बरतें। इसके अतिरिक्त यह भी करें—

- भोजन के बाद सौंफ, लौंग चबाएं।
- प्रातःकाल नियमित रूप से चार तुलसी की पत्तियां चबाएं।
- बाजार में मिलने वाले 'माउथ वाश' से गरारे करें।
- दिन भर खाने की आदत से बचें। पान, तम्बाकू, पाउच, टाफी, चाय, बिस्कुट जो भी खाएं उसके बाद मुंह साफ रखने की आदत डालें।
- रात में सोने से पहले ब्रश से मुंह अच्छी तरह साफ करें।
- पेट साफ रखें, इसके लिए हरी सब्जियों का उपयोग करें।
- त्वचा और चेहरे की सुंदरता के साथ-साथ अपनी कलाइयों, अंगुलियों, कोहनी, पैरों की सफाई का भी ध्यान रखें।
- सुंदर दिखने की अपनी इस ललक को सुंदरता के अन्य प्रतीकों से भी जोड़ें।

इसके अतिरिक्त कुछ और भी चीजें हैं, इससे आपकी सुंदरता में चार-चांद लगते हैं, इन्हें भी अपनाएं। ये चीजें निम्न हैं :

मेहंदी

नारी सुंदरता की प्रतीक मेहंदी केवल सौंदर्य प्रसाधन ही नहीं, बल्कि सुहाग व सुंदरता का भी साधन है। इसे त्योहारों पर लगाने की प्राचीन परम्परा है। मेहंदी लगाने से पहले हथेली को साफ कर लें। इसे लगाने के बाद कम-से-कम एक घंटे तक लगी रहने दें। सूखने पर उस पर नीबू या चीनी का घोल लगाएं, इससे मेहंदी आकर्षक रचेगी। मेहंदी के कुछ औषधिक गुण भी हैं, जैसे बालों को घना, काला और चमकीला बनाती है। शरीर को ठंडा रखती है आदि। अतएव इसे समय-समय पर अवश्य लगाती रहें।

बिंदी

बिंदी सुहाग चिन्ह के साथ-साथ सौंदर्य को बढ़ाने वाली है। यह विभिन्न डिजाइनों की बाजार में मिलती है। अपने चेहरे की बनावट के अनुसार इसे गोल अथवा लंबा लगाएं। यदि आपका चेहरा लंबा है, तो लंबी बिंदी दोनों भवों के बीच में लगाएं और यदि आपका चेहरा गोल है, तो माथे पर लगाएं, जिससे आप अपेक्षाकृत लंबी दिखें। सिन्दूर की बिंदी नारी की गरिमा को बढ़ाती है। बिंदी को चूड़ियों-साड़ी आदि से 'मैच' करती हुई लगाएं।

चूड़ियां

बिंदी के समान चूड़ियां भी सुहाग का प्रतीक और शृंगार का अंग हैं, अतः इन्हें अवसर के अनुकूल गरिमा प्रदान करें। श्रावण के अवसर पर चूड़ियों से भरी कलाइयां खनका कर स्त्रियां अपने आपको संसार की सुंदरतम रचना समझने का गर्व अनुभव करती हैं। पति के पसंद की चूड़ियां पहन कर आप उन्हें सरलता से रिझा सकती हैं।

सुंदर गर्दन

सुंदर सुराहीदार गर्दन नारी सौंदर्य का प्रतीक समझी जाती है। आप भी इसके प्रति सतर्क रहें। गर्दन पर जमी हुई मैल जहां इसकी सुंदरता को नष्ट करती है, वहीं इसमें पड़ी हुई झुर्रियां भी आपमें हीनता ले आएंगी। गर्दन की सुंदरता को बढ़ाने के लिए हमेशा गरदन उठाकर चलें। इसमें झुर्रिया न पड़ें, इसके लिए जरूरी है कि गर्दन को लटकाकर न रखें। नहाते समय अथवा उबटन मलते समय गर्दन की उपेक्षा न करें। गर्दन की सुंदरता को बढ़ाने के लिए कम-से-कम कुछ आभूषण अवश्य पहनें। इसकी त्वचा को गोरापन देने के लिए टेल्कम पाउडर का इस्तेमाल अवश्य करें।

आशय यह है कि महंगे सौंदर्य प्रसाधनों का उपयोग करने से स्थायी सौंदर्य की प्राप्ति नहीं हो सकती, बल्कि इस के दुष्प्रभाव आपके चेहरे पर अवश्य दिखाई देने लगेंगे। इसलिए अपने प्राकृतिक सौंदर्य के लिए आजमाई हुई सौंदर्य विधियां, उबटन, योग, व्यायाम आदि का नियमित रूप से अभ्यास करें। इससे आपको न केवल स्थायी सुंदरता प्राप्त होगी, बल्कि आप स्वयं को स्वस्थ, प्रसन्न, नीरोग और संतुष्ट अनुभव करेंगी।

हमारे देश में आज भी चेहरे की सुंदरता के लिए गांवों में हलदी, मिट्टी, खमीर, बेसन आदि के फेस पैक बनाकर

उपयोग किए जाते हैं, आप भी अपने प्राकृतिक रूप-रंग को पहचानें और महंगे सौंदर्य प्रसाधनों की मृगतृष्णा से ऊपर उठकर इन प्राकृतिक पदार्थों द्वारा अपनी अनुपम रूप-राशि को निखारें, अपने आपको संवारें।

अब देखिए अरस्तू जैसे महान् दार्शनिक ने कहा है—'किसी परिचय-पत्र की अपेक्षा व्यक्तिगत सौंदर्य स्वयं एक बड़ी सिफ़ारिश है।' यानी घर की स्त्री सजी-बनी रहती है, तो सभी उसकी ओर सहज आकर्षित हो जाते हैं। यही उसकी सबसे बड़ी सफलता है। अतः रूप में कमी भी हो, तो घबराएं नहीं। पूरे आत्मविश्वास के साथ बनी-ठनी रहें, फिर देखिए आपको मान्यता मिलने में कोई कठिनाई नहीं होगी।

अध्याय 11

गर्भ धारण, प्रसव एवं शिशु रक्षा

मां बनना हर गृहिणी की आंतरिक इच्छा होती है। मातृत्व का अहसास उसे असीम आनन्द के क्षण प्रदान कर आत्मिक सुखानुभूति का अहसास कराता है। मातृत्व के बिना वह जहां अपने आपको अपूर्ण समझती है, वही मन के किसी कोने में यह अभाव कसक भी बन जाता है। गृहिणी की आंखों में मातृत्व के इस अभाव को देखने के लिए मां की आंखें चाहिए। गृहिणी के इस प्राकृतिक सत्य पर एक दृष्टि।

मातृत्व एक प्राकृतिक सत्य है। मातृत्व का यह गुण एक प्रक्रिया है, जिसके परिणामस्वरूप गृहिणी बच्चों को जन्म देती है। मौलिक रूप से यह एक जैविक एवं शारीरिक प्रक्रिया है, परन्तु सभ्य समाज में इस प्रक्रिया को एक कला के रूप में विकसित किया गया है। इसमें मातृत्व से संबंधित सभी प्रक्रियाएं वैज्ञानिक आधार पर होती हैं, ताकि पैदा हुए बच्चे का समुचित एवं समुन्नत विकास संभव हो सके। अतः गृहिणी को इससे संबंधित सभी नियमों, सिद्धांतों, सावधानियों एवं प्रतिरक्षा नियमों का ज्ञान होना चाहिए। मातृत्व के इस विशिष्ट महत्त्व को ध्यान में रखते हुए ही गृहिणी को मातृत्व के बहुपक्षीय ज्ञान का व्यवस्थित रूप से अध्ययन करने के लिए कहा जाता है।

मातृत्व के साथ अनिवार्य रूप से बच्चे के जन्म की क्रिया जुड़ी हुई है। संपूर्ण मानवता का विकास इसी क्रिया से संबंधित है। जन्म के बाद से ही बच्चे का पालन-पोषण मां करती है। बच्चे के पालन-पोषण से जुड़ी सारी क्रियाएं मां के ज्ञान पर ही निर्भर करती हैं। मानव और जानवर में यह अंतर ही उसे जानवरों से अलग करता है। शिशु कल्याण मां का दायित्व होता है। इस दायित्व को पूरा करने के लिए मातृत्व की भावना प्रकृति ने मां के हृदय में पैदा की है। मातृत्व का यह क्षेत्र इतना व्यापक है कि इसमें शिशु कल्याण के किसी भी पक्ष की उपेक्षा नहीं की जा सकती। अतः मातृत्व का अध्ययन आगे लिखे बिंदुओं को दृष्टि में रखकर किया जाता है।

मातृत्व एक प्रकृति प्रदत्त उपहार है, परन्तु सफल और उत्तम मातृत्व के लिए जिन सामाजिक वर्जनाओं की व्यवस्था की गई है, उनका पालन होना ही चाहिए। उदाहरण के लिए अविवाहित मातृत्व को समाज में मान्यता नहीं दी गई है। अविवाहित स्त्री से पैदा हुआ बच्चा अवैध संतान के रूप में जाना जाता है।

चूंकि गर्भ धारण करना एक जटिल प्रक्रिया है, इसलिए मातृत्व के द्वारा गृहिणी को मानसिक रूप से इसकी जटिलताओं को समझ लेना चाहिए। गर्भावस्था में गृहिणी को अनेक प्रकार की शारीरिक असुविधाओं का सामना करना पड़ता है। गृहिणी को इस विषय में कुछ निर्धारित सावधानियों का भी पालन करना पड़ता है। इस अवस्था की परेशानियों, समस्याओं आदि के बारे में जानकारी महिलाओं को होनी ही चाहिए। गर्भपात के खतरे, रक्त अल्पता, अपरिपक्व जन्म आदि ऐसी विषम परिस्थितियां हैं, जिनका सामना कई महिलाओं को करना पड़ता है। गर्भ की सुरक्षा का अध्ययन भी महिलाओं को करना चाहिए।

मातृत्व कला और शिशु कल्याण का एक महत्त्वपूर्ण पक्ष परिवार नियोजन है। बच्चे के स्वास्थ्य को बनाए रखने,

परिवार की सीमित आर्थिक स्थिति के लिए, परिवार में पहले से ही बच्चों की अधिक संख्या आदि बातों को ध्यान में रखकर मां को आने वाले बच्चे के जन्म के बारे में गंभीरता से सोचना चाहिए। यदि मां अपने परिवार को सीमित रखना चाहती है, तो गर्भ निरोध के अनेक उपाय प्रचलित हैं। डॉक्टर की सलाह से इनमें से किसी भी उपाय को अपनाना चाहिए, ताकि परिवार पर बच्चों का बोझ न बढ़े और गृहिणी का स्वास्थ्य भी अच्छा बना रहे। हमारे देश में प्रजनन के दौरान मरने वाली गृहिणियों में उन गृहिणियों की संख्या अधिक होती है, जो छोटी उम्र में ही गर्भ धारण करती हैं। एक के बाद दूसरा और दूसरे के बाद तीसरा बच्चा उन्हें समय से पहले ही वृद्ध बना देता है। इस विषय में मां-बाप

की सहमति से न केवल परिवार में बच्चों की संख्या पर नियंत्रण रखा जा सकता है, बल्कि परिवार में खुशहाली और समृद्धि भी लाई जा सकती है।

मातृत्व के इस पक्ष में इस बात का भी बड़ा महत्त्व है कि प्रसव ठीक-ठीक हो जाएगा। प्रसव कार्य में किसी भी प्रकार की लापरवाही मां और बच्चे की जान पर मुसीबत ला सकती है। इसलिए कहा जाता है कि प्रसव के बाद मां का दूसरा जन्म होता है। हमारे देश में नीम-हकीम तथा दाइयों की लापरवाही का शिकार होकर सैकड़ों बच्चे और महिलाएं अपना जीवन गंवा बैठते हैं। इसलिए प्रत्येक गृहिणी को प्रसव-काल की सावधानियों का पूरा-पूरा ज्ञान होना चाहिए। इसी प्रकार से नवजात शिशु का भी उचित ध्यान रखना

चाहिए। कई बार छोटी-छोटी लापरवाहियों के कारण ही नवजात शिशु की मौत हो जाती है। आज से दस वर्ष पूर्व भारत में ही शिशु मृत्यु दर बहुत अधिक थी, पहले की अपेक्षा अब यह ग्राफ़ काफ़ी कम हो गया है। इसी प्रकार से शैशव काल में बच्चों को कई प्रकार के भयंकर रोगों से बचाने के लिए टीके लगना प्रारम्भ हो गए हैं। गृहिणी को चाहिए कि वह नवजात बच्चे के भविष्य को ध्यान में रखते हुए। बी.सी. जी., टिटनैस, पोलियो, खसरा आदि के टीके समय पर लगवाएं।

मातृत्व कला में केवल जन्म लेने वाले बच्चे की देख-रेख ही नहीं आती, बल्कि बच्चों की प्रतिभा विकास, क्रमिक विकास, उसकी मनोवैज्ञानिक आवश्यकताएं, शारीरिक और मानसिक आवश्यकताओं का अध्ययन, उसके चारित्रिक गुणों का विकास आदि सब मातृ-कला के ही विविध पक्ष हैं। बच्चों के पढ़ने-लिखने, खेलने आदि पर उसके विकास का प्रभाव आदि ऐसी ही बातें हैं, जिन्हें मां अनदेखा नहीं कर पाती। घर में आए बच्चों के मित्र और उसके साथ किया गया व्यवहार आदि ऐसे पक्ष हैं, जिन्हें अनदेखा नहीं किया जा सकता। वास्तव में बच्चों की बढ़ती उम्र के साथ-साथ उनमें कई आदतें विकसित होती हैं। ये आदतें ही उनका व्यक्तित्व विकसित करती हैं, उन्हें अच्छा अथवा बुरा बनाती हैं। सामाजिक समन्वय ही बच्चों को पारिवारिक अपेक्षाओं के अनुकूल बनाता है। समाज से कटा हुआ बच्चा अन्तर्मुखी होकर परिवार और समाज पर भारी पड़ता है। मातृ-कला एवं शिशु कल्याण में मां अपने ऐसे बच्चों को परिवार और समाज के लिए उपयोगी बनाती है। बच्चों के संबंध में कहा जाता है कि मां उसकी पहली पाठशाला होती है।

जन्म से लेकर काफ़ी बड़ी उम्र तक बच्चा मां-बाप पर निर्भर रहता है। उसे जब भूख लगती है, तो वह रोता है। मां उसे दूध पिलाती है। असामान्य जीवन यापन करने से एवं मौसम संबंधी विषम परिस्थितियों में बच्चों के स्वास्थ्य पर भी विपरीत प्रभाव पड़ता है। वह कई प्रकार के रोगों से ग्रसित हो जाता है। बच्चों के सामान्य रोग एवं उनसे बचने के उपाय मां ही अच्छी तरह से जानती है। बच्चे के स्वास्थ्य के लिए शुद्ध जल, शिशु आहार, कपड़े आदि की समुचित व्यवस्था मां ही करती है। रोग निरोधक क्षमता वाले टीके बच्चों को मां ही लगवाती है। बच्चों के लिए पौष्टिक आहार

संबंधी जानकारी मां को होनी चाहिए। हमारे देश में अनेक बच्चे कुपोषण के शिकार होकर अनेक प्रकार की गंभीर बीमारियों से ग्रसित हो जाते हैं। अतः बच्चों के स्वास्थ्य से संबंधित जानकारी मातृ-कला का ही अध्ययन है।

बच्चे की शारीरिक स्वच्छता, उसके शौचादि की व्यवस्था, उसका नैपकिन बदलना आदि कार्य व्यवहार मातृ-कला का ही महत्त्वपूर्ण पक्ष है। बच्चों की नींद के संबंध में भी मां ही उसका ख्याल रखती है।

परिवार और बच्चा, मातृ-कला और शिशु कल्याण ऐसे पक्ष हैं, जिन्हें देश के प्रत्येक नागरिक को समझना चाहिए। आप चाहे गृहिणी हों अथवा परिवार की अन्य सदस्या, स्त्री हों अथवा पुरुष, मातृ-कला से संबंधित ये पक्ष अनिवार्य पारिवारिक अपेक्षाएं हैं, जिनकी सामान्य जानकारी तो हर व्यक्ति को होनी ही चाहिए, क्योंकि परिवार में आने वाला प्रत्येक नया सदस्य किसी-न-किसी रूप में आपसे संबंधित होता ही है।

गर्भावस्था में गृहिणी की विशेष देखभाल

गर्भावस्था में गृहिणी के स्वास्थ्य की पूरी-पूरी देखभाल होनी चाहिए और उसे पूर्ण पौष्टिक एवं संतुलित आहार मिलना चाहिए। नारी जीवन में गर्भावस्था एक विशेष अवस्था होती है। इस अवस्था में शरीर में अनेक परिवर्तन एवं वृद्धि होती है। इसलिए भ्रूण के विकास के साथ-साथ मां को भी अनेक पोषक तत्वों की आवश्यकता होती है। मां के आहार में पोषक तत्वों की कमी रह जाती है, तो भ्रूण अपनी आवश्यकता मां के भोजन से करने लगता है। स्पष्ट है कि ऐसी अवस्था होने पर मां की आहार संबंधी आवश्यकताओं में कमी आ जाएगी। मां के स्वास्थ्य पर इसका प्रतिकूल प्रभाव पड़ेगा। इसके अतिरिक्त मां को इस अवस्था में अन्य कई परेशानियों का भी सामना करना पड़ता है। नींद न आना, जी मिचलाना, उल्टियां आना आदि के कारण भी उसकी दशा असामान्य सी बनी रहती है। कभी-कभी आहार के प्रति अरुचि भी हो जाती है। इन सब बातों को ध्यान में रखते हुए गर्भवती स्त्री के आहार के प्रति विशेष जागरूकता की आवश्यकता होती है। इस अवस्था में उसे पर्याप्त मात्रा में प्रोटीन, खनिज और विटामिन युक्त पौष्टिक भोजन मिलना चाहिए। इससे जहां उसकी समस्याएं और परेशानियां कम होंगी, वहीं वह स्वस्थ

बच्चे की मां बन सकेगी। चूंकि बच्चा अपना पूरा आहार मां के आहार से ही ग्रहण करता है, इसलिए इस विषय में किसी प्रकार की भी उदासीनता मां और बच्चे, दोनों के लिए जोखिम पूर्ण हो सकती है।

आधुनिक प्रगतिशील कहे जाने वाले समय में गर्भावस्था में कुछ महिलाएं धूम्रपान करती हैं, कुछ मादक द्रव्यों का सेवन करती हैं, या फिर कभी-कभी अति तनाव में रहकर कुछ असामान्य परिस्थितियों से गुजरती हैं, ऐसी महिलाओं के गर्भस्थ शिशु पर भी इसका बहुत अधिक प्रभाव पड़ता है, इसलिए ऐसी परिस्थितियों से बचने के प्रयास करने चाहिए।

गर्भवती महिलाओं के लिए आहार

जैसा ऊपर बताया गया है कि गर्भवती महिलाओं के लिए पौष्टिक और संतुलित आहार की बहुत आवश्यकता होती है। अतः उसके भोजन में निम्न पौष्टिक वस्तुओं का होना आवश्यक है :

ऊर्जा : गर्भवती महिलाओं के शरीर में तंतुओं के बनने की क्रिया तेज होने से उसे प्रतिदिन 300 कैलोरी अतिरिक्त ऊर्जा की आवश्यकता होती है। इस अतिरिक्त ऊर्जा को केवल दूध और दूसरे पौष्टिक पदार्थों से ही पूरा किया जा सकता है। इसलिए इस अवस्था में महिलाओं को कम-से-कम 700 कैलोरी ऊर्जा मिलनी चाहिए।

प्रोटीन : विशेषज्ञों का कथन है कि गर्भवती महिलाओं को प्रतिदिन 10 ग्राम अधिक प्रोटीन ग्रहण करना चाहिए। प्रोटीन की यह मात्रा गर्भ में पल रहे शिशु की भी शारीरिक आवश्यकताओं को पूरा करती है। गर्भ के अंतिम दिनों में इसकी और अधिक मात्रा लेनी चाहिए। गर्भवती स्त्री के लिए प्रोटीन की इस आवश्यकता की पूर्ति दूध, पनीर, मांस, मछली, अंडे, दाल, हरी सब्जियां, पपीता, सेब, अमरूद आदि फलों से की जा सकती है। सूखे मेवे, अंकुरित दालें, मूंग, चना, अंगूर आदि भी दिए जा सकते हैं।

कैल्शियम : गर्भावस्था में स्त्री के आहार में कैल्शियम की मात्रा पर्याप्त होनी चाहिए। इस अतिरिक्त कैल्शियम से शिशु में अस्थियों का निर्माण और विकास होता है। यदि गर्भावस्था में प्रसूता कैल्शियम से वंचित रह जाती है, तो बच्चों में अस्थियों का पूर्ण विकास नहीं हो पाता। यदि बच्चों को

पर्याप्त मात्रा में कैल्शियम मिलता है, तो बच्चों को दांत निकलने में परेशानी नहीं होती। विशेषज्ञों का मत है कि गर्भवती के आहार में कैल्शियम की पूर्ति के लिए उसे पर्याप्त मात्रा में अंडा, दूध, मछली, पनीर, सेब, फूल गोभी, गाजर, चुकन्दर, बादाम, हरी सब्जियां आदि देना चाहिए, जिससे वह अपने दैनिक आहार में कम-से-कम 500 मिलीग्राम कैल्शियम की मात्रा ले सके और उसमें तथा गर्भस्थ शिशु में कैल्शियम की कमी न रहे। गर्भ के समय कुछ महिलाएं मिट्टी, कोयला, तंदूर की पकी हुई मिट्टी खाती हैं, इसका भी कारण यही है कि उनमें कैल्शियम की कमी रहती है।

आयरन : शरीर में रक्त की पूर्ति आयरन तत्त्व से होती है। इसलिए इस अवस्था में लौह तत्वों की पूर्ति करने के लिए पालक, टमाटर, आंवला, सूखे मेवे आदि देने चाहिए। इस अवस्था में प्रायः महिलाओं में रक्त अल्पता की समस्या आ जाती है। गर्भ के अंतिम महीनों में तो आयरन की आवश्यकता और भी अधिक अनुभव की जाती है। रक्त की कमी के कारण न केवल महिलाओं को अनेक प्रकार का जोखिम उठाना पड़ता है, बल्कि नवजात शिशु पर भी इसका विपरीत प्रभाव पड़ सकता है। अतः इस विषय में पहले से ही सावधानी बरतनी चाहिए।

विटामिन : शरीर के लिए विटामिनों को संजीवन तत्व कहा गया है। गर्भावस्था में सभी प्रकार के विटामिन की अतिरिक्त आवश्यकता होती है। विशेषकर विटामिन ए, बी, सी, ई गर्भवती महिलाओं के लिए आवश्यक होते हैं। ऐसा समझा जाता है कि गर्भवती महिलाओं को यदि पर्याप्त भोजन दिया जाए, तो इन विटामिनों की पूर्ति स्वतः ही हो जाती है।

समग्र रूप से समझ लेना चाहिए कि प्रसूता अथवा गर्भवती महिला को यदि संतुलित भोजन दिया जाता है, तो जहां उसकी शारीरिक आवश्यकताएं पूरी होती हैं, वहीं उसमें सामान्य विकृतियां जैसे मोटापा, शरीर में दर्द आदि नहीं होता। भोजन में हरी पत्तेदार सब्जियों की मात्रा अधिक होनी चाहिए। अनिद्रा तथा कब्ज़ से बचना चाहिए।

जहां तक हो, तले हुए, भारी, गरिष्ठ भोजन और मसालों से बचना चाहिए। भोजन में दूध, दलिया, दालों की मात्रा बढ़ा देनी चाहिए। समय-समय पर गर्भवती महिलाओं

को अपना चैकअप किसी अच्छे डॉक्टर से कराते रहना चाहिए। कैल्शियम और विटामिनों की कमी की पूर्ति के लिए गोलियां या कैपसूल डॉक्टर की सलाह से लेने चाहिए। इस प्रकार की सावधानियां, जहां आने वाले बच्चे के लिए शुभ मानी जाती हैं, वहीं आपका मातृत्व भी सुरक्षित रहेगा।

मां का दूध ही बच्चे के लिए अमृत

प्रथम सांस लेते ही बच्चे को अपने अस्तित्व की रक्षा के लिए आहार संबंधी ऊर्जा की आवश्यकता होती है। प्रकृति ने भी इसकी व्यवस्था मां के दूध के रूप में तुरन्त कर दी है। यूं तो मां के दूध के अतिरिक्त ऊपरी दूध भी बच्चे को दिया जा सकता है, लेकिन विशेषज्ञों का मत है कि नवजात शिशु को मां का दूध ही दिया जाना चाहिए। यही कारण है कि प्रचार माध्यमों द्वारा इस बात का प्रचार किया जाता है कि मां का दूध ही बच्चे का सर्वोत्तम आहार है।

प्रकृति ने ऐसी व्यवस्था की है कि बच्चे के जन्म के बाद ही मां के स्तनों में बच्चे के लिए दूध आ जाता है, जो बच्चे की आहार संबंधी आवश्यकताओं को पूरा करता है। इसलिए बच्चों को किसी भ्रम के कारण अथवा अंध्रविश्वास के कारण इस दूध से वंचित नहीं करना चाहिए। इस दूध में रोगों से लड़ने की क्षमता बच्चों में विकसित होती है।

मां का दूध शीघ्र ही पच जाता है। चूंकि यह दूध नवजात शिशु को प्रकृति का दिया हुआ उपहार है, इसलिए बच्चे के लिए यही सर्वोत्तम आहार है। प्रारम्भ में मां का दूध पतला और सरलता से पचने वाला होता है। इसमें वसा का प्रतिशत भी बहुत कम होता है, इसलिए बच्चा इसे शीघ्र ही पचा लेता है। इसके अतिरिक्त इस दूध में अन्य वे सभी पौष्टिक तत्व होते हैं, जो नवजात शिशुओं के लिए आवश्यक होते हैं।

बच्चे के जन्म के बाद ही मां के स्तनों में एक प्रकार का द्रव स्रवित होता है। इसे 'कोलोस्ट्रम' कहते हैं। इसमें प्रोटीन की मात्रा अन्य द्रव्यों से अधिक होती है। यही द्रव बाद में दूध का रूप ले लेता है। इसमें बच्चों के लिए भोजन के सभी पोषक तत्व पाए जाते हैं। मां के दूध में लैक्टोज़ और कार्बोहाइड्रेट्स की मात्रा भी पर्याप्त होती है, जिससे बच्चे के शारीरिक विकास की सभी आवश्यकताएं पूरी होती हैं।

मां के दूध में किसी प्रकार का संक्रमण (infection) नहीं होता। यदि बच्चे को बाहरी दूध दिया जाता है, तो इसमें अनेक प्रकार के बैक्टीरिया होने का खतरा बना रहता है, जो बच्चों को रोग ग्रस्त बना सकते हैं।

मां अपने बच्चे की आवश्यकता को समझती है, इसलिए वह बच्चे की इस आवश्यकता की पूर्ति तुरंत कर देती है। चूंकि बच्चे को एक बार पिलाया गया दूध शीघ्र ही हज़म हो जाता है, इसलिए उसे आहार की बार-बार आवश्यकता होती है। इसे गर्म करना अथवा सुरक्षित रखने जैसी कोई असुविधा भी मां को नहीं उठानी पड़ती।

मां के दूध से बच्चे को जितनी संतुष्टि मिलती है, वह अन्य किसी आहार से नहीं मिलती। मां भी बच्चे को दूध पिलाकर जितनी संतुष्टि अनुभव करती है, वह उसकी एक मनोवैज्ञानिक आवश्यकता है। इससे उसे आनन्द की भी अनुभूति होती है। स्तनपान से बच्चे का भावनात्मक विकास भी अच्छा होता है। कुछ मनोवैज्ञानिक इसका संबंध सेक्स संतुष्टि से भी मानते हैं।

कुछ विशेष परिस्थितियों में, जैसे मां का अस्वस्थ होना, स्तन पर कोई घाव होने अथवा अन्य किसी ऐसी ही असामान्य परिस्थितियों में बच्चों को मां का दूध नहीं पिलाना चाहिए। इस संबंध में यदि आपकी अपनी कोई समस्या हो, तो उसके समाधान के लिए महिला चिकित्सक से सलाह लेना ही बुद्धिमत्ता है।

मां के दूध के अभाव में बच्चे को यदि उसकी आयु चार माह से अधिक है तो डिब्बे का दूध अथवा अन्य किसी प्रकार का पूरक आहार, जैसे फलों का रस, दाल का पानी, उबली हुई सब्ज़ियां, मसलकर बनाए हुए आलू, लौकी, दलिया आदि दिए जा सकते हैं।

आजकल बाजार में बच्चों के आहार संबंधी नए-नए भोज्य पदार्थ डिब्बा बंद पैक में मिलते हैं। अपने विवेक से इनका उपयोग बच्चों के हित में किया जा सकता है। जैसे-जैसे बच्चे की आयु बढ़ती है, उसे नए-नए पदार्थ खाने को दें, जिससे उसका पूर्ण संतुलित, शारीरिक और मानसिक विकास हो सके। इस बात का ध्यान रखें कि बच्चे को प्रारम्भ में केवल तरल पदार्थ ही खाने को दें। ठोस आहार तभी खाने को दें, जब उसमें चबाने की क्षमता आ जाए, अर्थात् उसके दांत आ जाएं।

बच्चों में होने वाले सामान्य रोग

प्रसव के बाद नवजात शिशु को बाहरी वातावरण से समन्वय कर उसके अनुकूल बनना पड़ता है। उसे जहां बाहरी मौसम के अनुकूल बनना पड़ता है, वहीं उसे अपनी शारीरिक और मानसिक आवश्यकताओं की भी पूर्ति करनी पड़ती है। इस क्रिया में पड़ने वाले अवरोध अथवा व्यवधान ही रोग के रूप में प्रदर्शित होते हैं। बच्चे को मां का पर्याप्त दूध न मिलना, अत्यधिक सर्दी अथवा गर्मी का होना, दूध अथवा पानी का प्रदूषित होना, मां का भोजन असंतुलित अथवा दूषित होना, कब्ज़, अतिसार, दांत निकलना आदि ऐसी अनेक व्याधियां हैं, जो बच्चे को घेर लेती हैं। यहां कुछ ऐसे सामान्य रोग और उनसे संबंधित उपयोगी घरेलू नुसख़े दिए जा रहे हैं, जिनका उपयोग गृहिणी अपने विवेक और आवश्यकता अनुसार कर बच्चों को स्वस्थ बना सकती है :

बुखार : छोटे बच्चों को बुख़ार आने पर नीम की सूखी पत्तियों और घी की धूनी दें। जल्दी ही बच्चों का बुखार उतरने लगेगा।

पसली चलना : बच्चों की पसली चलने पर जल में हींग मिलाकर मलने से, चम्मच भर पिलाने से शीघ्र लाभ मिलता है। सफ़ेद तेल (तारपीन का तेल) पसलियों पर मलने से बच्चे को आराम मिलता है।

सूखा रोग : गूलर का दूध 5-6 बूंद दूध में डालकर पिलाने से इस रोग में आराम मिलता है। बच्चों को गाय और बकरी का दूध भी इस रोग में लाभ देता है।

चेचक से बचाव : बच्चों को चेचक से बचाव के लिए प्रसूता को नारियल की गरी खानी चाहिए। इससे स्तन पान करने वाले बच्चे को चेचक होने का खतरा नहीं रहता।

गैस, बदहज़मी : बच्चे को दूध पिलाकर उसकी कमर थपथपाएं।

सौंफ को पानी में उबालकर ठंडा करके छानकर बच्चों को दो-दो चम्मच दो-दो घंटे के अंतराल पर पिलाएं, लाभ अवश्य मिलेगा।

दांत निकलने की तकलीफों के लिए : ऐसे बच्चों को सुबह-शाम अंगूर का रस पिलाना चाहिए। आंवले का रस शहद के साथ चटाएं, लाभ अवश्य मिलेगा। दातों पर शहद और सुहागा मलें।

कब्ज़ : अंगूर का रस पिलाना चाहिए। चौलाई का साग अथवा रस पिलाने से बच्चे कब्ज़ से मुक्त होते हैं। विशेष परेशानी की स्थिति में बत्ती का उपयोग करना चाहिए। यह बाज़ार में सभी कैमिस्टों के पास सरलता से मिल सकती है।

चुनूने (सफ़ेद कीड़े) : बच्चे जब मीठा अधिक खाने लगते हैं, तो पेट में सफ़ेद-सफ़ेद कीड़े हो जाते हैं। टमाटर का रस हींग में बघार कर बच्चों को पिलाया जाए, तो बच्चों के पेट के कीड़े समाप्त हो जाते हैं। यदि बच्चा बहुत छोटा हो, तो सरसों और मिट्टी के तेल का फोहा मल द्वार पर रखें।

दूध उलटना : तुलसी के पत्तों का रस चटाने अथवा पिलाने से बच्चे दूध उलटना बंद कर देते हैं। जब बच्चा दूध उलटता हो, तो उसे बहुत थोड़ी-थोड़ी मात्रा में ही दूध पिलाएं।

मिट्टी खाना : आम की गुठली का चूर्ण जल के साथ पिलाने से बच्चे मिट्टी खाना छोड़ देते हैं।

पाचन शक्ति : कच्चा अमरूद जल में पीसकर पिलाने से बच्चों की पाचन शक्ति बढ़ जाती है।

गले की खराबी : हलदी का चूर्ण शहद के साथ चटाने से बच्चों के गले की सामान्य तकलीफें दूर होती हैं।

बिस्तर पर पेशाब करना : तिल और गुड़ के लड्डू बनाकर बच्चे को खिलाएं, रात में स्वयं एक दो बार उठकर बच्चे को मूत्र त्यागने की आदत डालें, बिस्तर पर पेशाब करने की आदत छूट जाएगी।

सर्दी-जुकाम : अजवायन, लहसुन को सरसों के तेल में पकाकर बच्चों के शरीर, सीने और पीठ पर मालिश करने से वे सर्दी-जुकाम से बचे रहते हैं।

पेट दर्द : पेट दर्द में बच्चा थोड़ी-थोड़ी देर बाद रोता रहता है, ऐंठता, कराहता है। इसके लिए आधा चम्मच गुनगुने पानी में हींग घोलकर उसकी नाभि पर मालिश करें। लाभ अवश्य मिलेगा। सूखे हुए पुदीने, पुदीन हरा का उपयोग करें।

अतिसार या दस्त : यह बच्चों में सबसे अधिक पाया जाने वाला रोग है। इस रोग का आक्रमण किसी भी अवस्था में हो सकता है। अतिसार में दस्त पतले होते हैं। पेट दर्द और खिंचाव होता है। दो चार दस्त होने के बाद ही बीमार की स्थिति बहुत कमज़ोर हो जाती है। शरीर में पानी की मात्रा

कम हो जाती है। लवणों की कमी के कारण आंखें अंदर धंस जाती हैं। पेशाब कम आता है, या बंद भी हो जाता है।

उपचार : बच्चे के शरीर में पानी की कमी न होने दें। उसे लगातार चम्मच से उबला हुआ पानी ठंडा कर पिलाते रहें। खुले में शौचादि के लिए न बैठाएं। जीवन रक्षक घोल का सेवन प्रारम्भ कर दें। यह बाज़ार में भी आसानी से मिल जाता है। यदि बाजार से लाना संभव न हो, तो घर में बना लें। इसे निम्न प्रकार से बना सकती हैं—

सोडियम क्लोराइड	3.5 ग्राम
सोडियम बाइकार्बोनेट	2.5 ग्राम
पोटाशियम क्लोराइड	1.5 ग्राम
चीनी या गुड़	20 ग्राम
जल	एक लीटर

यदि आपकी समझ में कुछ भी न आता हो, तो साफ़ पानी में चुटकी भर नमक और थोड़ी-सी शकर मिलाकर भी बच्चे को पिलाने से आराम मिलेगा, यह घोल भी जीवन रक्षक घोल जैसा ही काम करेगा।

इन उपायों के होते हुए भी चिकित्सक की सलाह लें और उपचार अवश्य कराएं।

खांसी : बच्चों को होने वाला सामान्य रोग खांसी है। तुलसी की पत्तियों का रस आधा चम्मच, अदरक का रस आधा चम्मच, शहद के साथ चटाएं। छाती पर सरसों के तेल में कपूर मिलाकर गर्म करके मालिश करें। सर्दी से बचाव रखें। खांसी, काली खांसी आदि से बचाव के लिए बच्चों को ट्रिपल वैक्सीन का टीका अवश्य लगवाएं। यह वैक्सीन बच्चों को काली खांसी, टिटनेस और डिप्थीरिया जैसे भयानक रोगों से मुक्त रखती है, साथ ही पोलियो का टीका भी लगवाएं।

कुछ गंभीर रोग

बच्चों से संबंधित कुछ गंभीर रोग हैं। इनमें से प्रमुख हैं : चेचक, खसरा, हैज़ा, डिप्थीरिया, टिटनैस, काली खांसी, पीलिया, टायफायड, पोलियो, मधुमेह आदि।

ये ऐसे गंभीर रोग हैं, जिनके संबंध में किसी भी प्रकार की लापरवाही बच्चे के लिए जानलेवा हो सकती है। अतः गृहिणी को चाहिए कि वह इन रोगों से संबंधित प्रतिरोधक टीके समय पर अवश्य लगवा दें। इन रोगों के संबंध में समय-समय पर डॉक्टर की सलाह लेती रहें। इन रोगों की घरेलू चिकित्सा अधिक दिनों तक न करें और न ही रोग को भयानक रूप से फैलने के अवसर दें। घर में ऐसे किसी भी गंभीर रोग का कोई रोगी हो, तो तुरन्त डॉक्टर से संपर्क कर उसके निर्देशानुसार दवा दें।

- रोग को बढ़ने न दें, इस विषय में बताई गई सावधानियां बरतें।
- प्रतिरोधक टीके लगवाएं।
- रोगों से संबंधित हानि-लाभ की जानकारी प्राप्त करें और रोगी के भोजन में इन वस्तुओं का समावेश करें। जैसे अल्सर के रोगी को ठंडा दूध थोड़ी-थोड़ी मात्रा में दिन में कई बार देना उसे औषधि से भी अधिक लाभ पहुंचाता है। डॉक्टर से रोगी से संबंधित आहार तालिका बनवा लेनी चाहिए और आवश्यक सावधानी बरतनी चाहिए।
- रोग और न फैले, उसके बचाव के प्रयास करने चाहिए।
- डॉक्टर से निरन्तर संपर्क बनाए रखना चाहिए और उसके निर्देशों का पालन करना चाहिए। इस संबंध में हमेशा ध्यान रखें कि Prevention is better than cure.

मरीज की देखभाल

- रोगी के कमरे को साफ़-सुथरा रखें। वहां बच्चों को न जाने दें, न खेलने दें, न शोर मचाने दें।
- मरीज़ का कमरा खुला, हवादार और पर्याप्त रोशनी वाला होना चाहिए।
- रोगी के कमरे में टी.वी., रेडियो आदि न रखें।
- रोगी के कमरे में दो-तीन अतिरिक्त कुर्सियां अवश्य रखें, ताकि उनकी कुशलता पूछने आने वाले बैठ सकें।
- जब रोगी सो रहा हो, तो कमरे का दरवाज़ा बंद कर दें, ऐसे में किसी को भी मिलने न दें।
- रोगी को बहुत देर तक अकेला न रहने दें, आप अपना ज़्यादा-से-ज़्यादा समय रोगी के पास बैठकर बिताएं।
- रोगी को उसकी आवश्यकता, रुचि और डॉक्टर की सलाह के अनुसार थोड़ा-थोड़ा दूध, फल, दलिया, खिचड़ी आदि देते रहें।

- रोगी के सामने परिवार की किसी बड़ी गंभीर समस्या, दुर्घटना, हादसे आदि की बातें न करें।
- रोगी के सामने परिवार के सदस्यों की सफलताओं, उपलब्धियों की बातें अवश्य करें। उसे यह भी बताएं कि अमुक व्यक्ति मिला था, उसके बारे में पूछ रहा था, अमुक का पत्र आया है, यह लिखा है...।
- काम पर जाने से पूर्व और काम से आने के बाद रोगी के पास कुछ देर तक अवश्य बैठें, उसके साथ उसकी रुचि की बातें करें। उसकी आवश्यकताएं जानें और उन्हें पूरा करें।
- रोगी का बिस्तर, चादर, कपड़े आदि नित्य बदलें। यदि प्रतिदिन नहाना संभव न हो, तो कम-से-कम गीले कपड़े से उसका बदन पोंछें, फिर अधोवस्त्र सहित उसके कपड़े बदलें जिससे रोगी अपने आपको स्वस्थ अनुभव करे।
- जब भी घर में मरीज़ के पास डॉक्टर आए, तो परिवार का वह सदस्य वहां अवश्य होना चाहिए, जो रोगी की तीमारदारी कर रहा हो। अच्छा हो यह कर्त्तव्य गृहिणी ही निभाए।
- रोगी यदि किसी विशेष व्यक्ति, अपने मित्र, पुत्र-पुत्री, बहन अथवा अन्य किसी सह कुटुम्बी से मिलने की इच्छा प्रकट करे, तो आप पत्र लिखकर अथवा संदेश भेज कर यह व्यवस्था अवश्य करें कि उसकी यह इच्छा पूरी हो जाए।
- रोगी को उसके रोग के प्रति प्रत्यक्ष अथवा अप्रत्यक्ष रूप से सांत्वना अवश्य देनी चाहिए। अमुक इतने दिन में ठीक हो गया। अमुक को इतना लाभ है आदि।
- दवा समय पर दें।
- मरीज की सुधरती-बिगड़ती हुई स्थिति का आकलन स्वयं करें और उसे डॉक्टर को बताएं।

आशय यह है कि उपचार से कहीं ज़्यादा आवश्यकता इस बात की होती है कि मरीज़ की देखभाल सही हो। मरीज़ अपने आपको भार स्वरुप अनुभव न करे। उसे यह अनुभव नहीं होना चाहिए कि मेरी उपेक्षा की जा रही है।

जीवन के प्रति इस प्रकार की आशा, परिवार के प्रति लगाव और स्नेह न केवल उसे स्वस्थ बनाएगा, बल्कि वह मन से स्वस्थ होकर परिवार से जुड़ सकेगा।

अध्याय 12

वयस्कों के रोग और घरेलू इलाज

हमारे सामाजिक और पारिवारिक जीवन में बच्चों और बड़ों से संबंधित छोटी-मोटी तकलीफ़ों के कुछ घरेलू उपचार प्रचलित हैं। ये उपचार दादी मां के नुसख़े के नाम से बहुत प्रचलित हैं। ग्रामीण क्षेत्रों में जहां आज भी चिकित्सा सुविधाएं पर्याप्त मात्रा में सुलभ नही हैं, वहां इन्ही घरेलू उपचार से लोग लाभ उठाते हैं। ये नुसख़े या उपचार जहां रोग की जड़ तक पहुंच कर शरीर को स्वस्थ करते हैं, वही इनके दुष्प्रभाव (साइड इफ़ेक्ट) भी नही होते। इन नुसख़ों अथवा उपचार को प्राथमिक चिकित्सा के रूप में उपयोग करें। प्राथमिक चिकित्सा केवल डॉक्टर के आने से पूर्व की चिकित्सा या उपचार है। एक-दो दिन में लाभ न होने पर चिकित्सक से परामर्श लेना ही बुद्धिमत्ता है।

गृहिणी परिवार का केंद्र बिंदु होती है। परिवार के सदस्यों के स्वास्थ्य को बनाए रखने के लिए गृहिणी को कुछ व्यावहारिक सोच अपनानी चाहिए। इस विषय में उसे चाहिए कि वह घर की सफ़ाई, संतुलित और पौष्टिक आहार के द्वारा परिवार के सदस्यों को रोगों से मुक्त रखने की चेष्टा करे। इसके लिए निम्न सुझावों पर अवश्य अमल करें–

- परिवार में बच्चों और बड़ों को प्रातः जल्दी उठने और रात को जल्दी सोने के लिए प्रोत्साहित करें।
- नित्य कर्म से निवृत्त होने के बाद परिवार के प्रत्येक सदस्य को हलका व्यायाम करने-कराने की आदत डालें। सुबह का घूमना स्वास्थ्य के लिए उत्तम है। इसे आदत के रूप में विकसित करें।
- ठंडे पानी से स्नान करने की आदत डालें। ठंडा पानी यदि किसी सदस्य के लिए अनुकूल न हो, तो हलका गर्म पानी अथवा हैंड-पम्प का ताज़ा पानी स्नान के लिए सर्वोत्तम होता है।
- अधिक मात्रा में चाय, कॉफ़ी, धूम्रपान, तम्बाकू, गुटखा, शराब अथवा अन्य ऐसी ही वस्तुओं का प्रयोग स्वास्थ्य के लिए हानिकारक है। बच्चों को इन वस्तुओं से दूर रखें। यदि परिवार का कोई सदस्य इन वस्तुओं का सेवन करता है, तो कम-से-कम बच्चों के सामने ऐसी वस्तुएं न लाएं, न ही सेवन करें।
- परिवार के सदस्यों का भोजन सादा, शाकाहारी, संतुलित हो। इसमें हरी सब्जियां, फल, दूध, दही, मट्ठा आदि अवश्य हो।
- अवस्था के अनुसार दोपहर में सभी सदस्यों को कुछ देर विश्राम का अवसर अवश्य मिलना चाहिए। आप स्वयं भी रसोई आदि के बाद कुछ देर के लिए विश्राम अवश्य करें। वह चाहे 'झपकी लगाना' ही क्यों न हो। दोपहर में बहुत देर तक सोते रहना स्वास्थ्य के लिए हानिकारक बन सकता है, इसलिए इससे बचें। मोटापे का एक कारण दोपहर का सोना है। इसलिए दोपहर में बड़ी देर तक न सोएं। यह बताने-समझाने की आवयकता नहीं कि मोटापा अनेक बीमारियों का मित्र है।
- रात्रि का भोजन सोने से कम-से-कम दो घंटे पहले करें। रात देर तक जागरण करना, भोजन करके तुरन्त लेट

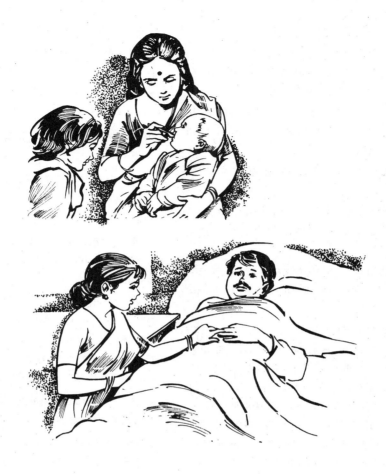

जाना, देर तक टी.वी. देखते रहना, स्वास्थ्य के लिए अनुचित है। अतः जहां तक हो, इन बातों से स्वयं बचें, परिवार के सदस्यों को बचाकर रखें। रात्रि भोजन के बाद भी अवश्य टहलें।

आम रोग और उनकी घरेलू चिकित्सा

कुकर खांसी : यह बच्चों में पाया जाने वाला सामान्य रोग है। कुकर खांसी में बच्चा खांसते-खांसते बेहाल हो जाता है। खांसते-खांसते आंखों में आंसू आ जाते हैं। बच्चे को तब तक आराम नहीं मिलता, जब तक कि उसे उलटी न हो जाए। इसकी घरेलू चिकित्सा निम्नलिखित है—

- लहसुन की दो-तीन कली महीन पीसकर शहद या चीनी के साथ चटाने से कुछ दिनों में कुकर खांसी में आराम मिलने लगता है।

- सोमलता 25 ग्राम, मोटी गांठ वाली मुलेठी 25 ग्राम। दोनों को पीस लें, छानकर शीशी में रख लें। इस चूर्ण को बच्चों की अवस्था के अनुसार एक दो ग्राम तक शहद में देने से लाभ मिलता है।

- काला बांसा 50 ग्राम पंसारी के यहां से मिल सकता है, ले आएं। इसकी राख को जलाकर एक चम्मच शहद में मिलाकर दिन में तीन से चार बार तक चटाएं, लाभ अवश्य मिलेगा।

खांसी : काली मिर्च 3 ग्राम, सोंठ 3 ग्राम पीसकर शहद के साथ दिन में तीन बार लेने से छोटे-बड़े सभी को लाभ मिलता है।

- सुहागे का एक छोटा-सा टुकड़ा मुंह में डालने से खांसी में आराम मिलता है।
- 2 ग्राम हलदी में थोड़ा-सा सेंधानमक मुंह में डालकर गर्म पानी पीने से खांसी में आराम मिलता है।
- हलदी में गुड़ मिलाकर उसकी बेर के बाराबर की गोलियां बना लें, इस गोली को बिना पानी के निगलने से खांसी में आराम मिलता है।
- पान के रस में शहद मिलाकर चाटने से खांसी में आराम मिलता है।
- मुलेठी के टुकड़े को धो-पोंछकर मुंह में रखकर उसका रस चूसें। गला साफ़ व तर हो जाएगा और खांसी में आराम मिलेगा।
- काकड़ासींगी, पीपलामूल, सेंधानमक, गोंद, बबूल और लौंग सम भाग लेकर चने की दाल के बराबर गोलियां बनाकर चूसने को दें।

पेट का दर्द : अजवायन को किसी कांच के बरतन में डालकर उसमें नीबू का रस इतना भर दें कि अजवायन डूब जाए। जब नीबू का रस सूख जाए, तो फिर भर दें, इस प्रकार तीन बार नीबू का रस सुखाएं। फिर अजवायन को छांव में सुखा लें। इसमें पांच हिस्सा नमक डालकर चूर्ण बना लें। जब भी आवश्यकता हो, भोजन के बाद एक-एक ग्राम की मात्रा पानी के साथ लेने से पेट दर्द, अफ़ारा, गैस, अरुचि, कब्ज़ आदि पेट के रोगों में आराम मिलता है। परिवार के सभी सदस्यों के लिए यह उत्तम घरेलू उपचार है।

जुकाम : अलसी के बीजों को कड़ाही में भून लें, इसके चूर्ण में बराबर चीनी डालकर 3 ग्राम की मात्रा में पानी के साथ लेने से जुकाम में आराम मिलता है। जुकाम के साथ यदि खांसी हो, तो भी यह उपचार सर्वोत्तम है।

- उबलते पानी में तुलसी पत्र डालकर इसमें अदरक डालकर चाय बना लें, इसमें काली मिर्च डालकर पिएं, जुकाम, सर्दी, थकावट, शरीर दर्द में आराम मिलेगा।

ज्वर : तुलसी पत्र 100 ग्राम, काली मिर्च 25 ग्राम, फिटकिरी 25 ग्राम। सबको मिलाकर मटर के दाने के बराबर की गोलियां बना लें। 1 से 2 गोली सुबह-शाम गर्म जल के साथ लेने से हर प्रकार का बुखार, खांसी, मलेरिया में आराम मिलता है।

कब्ज़ : कब्ज़ रहने से पेट की कई बीमारियां पनपने लगती हैं, इसलिए पेट का साफ़ रहना अति आवश्यक है। कब्ज़ के लिए निम्न उपाय सरलता से किए जा सकते हैं :

- सप्ताह में कम-से-कम दो दिन त्रिफला चूर्ण हलके गर्म पानी के साथ 5 से 8 ग्राम तक रात को सोते समय लें।
- सप्ताह में तीन दिन 3 से 5 ग्राम तक कायम चूर्ण ले सकते हैं।
- दूध में मुनक्का उबालकर पीने से सुबह पेट साफ़ हो जाता है।
- दूध अथवा पानी के साथ रात को सोते समय ईसबगोल की भूसी लेने से कब्ज़ की शिकायत नहीं रहती। कब्ज़ के लिए रात को सोते समय गर्म दूध का सेवन करना चाहिए।

दस्त : दस ग्राम सौंफ़ को तवे पर डालकर हलका भून लें। अब इसी दस ग्राम में बिना भुनी सौंफ़ डालकर कूटकर चूर्ण बना लें। इसमें बराबर मात्रा में चीनी मिलाकर एक शीशी में रख लें। 3-3 ग्राम की मात्रा में दिन में 2-3 बार मट्ठे के साथ लें। यह दस्त की सर्वोत्तम औषधि है।

- एक कप चाय में उतना ही पानी डालकर पिएं, एक-दो बार में ही जादू जैसा असर होगा, दस्त बंद हो जाएंगे।
- एक चम्मच अदरक का रस, सोंठ के चूर्ण में मिलाकर पिलाने से बच्चों के पतले दस्त बंद होते हैं।

पेट फूलना : 2 ग्राम काली मिर्च आधा गिलास गर्म पानी में डालें और एक नीबू निचोड़ कर सुबह व शाम पिएं, पेट की गैस और पेट फूलना बंद हो जाता है।

- अजवायन में नीबू का रस तथा अदरक के छोटे-छोटे टुकड़े करके डाल दें, इसे खाने के साथ दें, इससे पेट में गैस नहीं बनेगी, भोजन के प्रति रुचि जागृत होगी।
- गर्म पानी में नीबू डालकर पीने से गैस नहीं बनती।
- हरड़ को तवे पर सेंक लें, इसे सुपारी की तरह खाने से पेट में गैस नहीं बनती। भोजन के प्रति रुचि पैदा होने लगती है।

दांत का दर्द : दांत के दर्द पर लौंग के तेल का फाहा रखने से दांत का दर्द जाता रहता है।

मुंह के छाले : पानी अधिक पिएं, चाय-कॉफ़ी बंद कर दें।

- चमेली के पत्तों को चबाने से एवं उसका रस छालों पर लगाने से छाले ठीक हो जाते हैं।
- छोटी इलायची का चूर्ण मक्खन में मिलाकर लगाने से मुंह के छाले ठीक हो जाते हैं।
- फिटकिरी के पानी से कुल्ले करने से मुंह के छाले ठीक हो जाते हैं।

मधुमेह : करेले के बीज, जामुन की गुठली, नीम की पत्ती, तुलसी की पत्ती, गुड़मार के पत्ते और मेथी सबका चूर्ण के रूप में निरन्तर सुबह-शाम सेवन करें। मधुमेह की तकलीफ़ें हावी नहीं होने पाएंगी।

- गिलोय के तने का रस सप्ताह में दो बार लगातार लेने से मधुमेह में काफ़ी आराम मिलता है।
- जामुन की गुठली का चूर्ण दिन में 5-6 ग्राम तक लेने से मधुमेह में आराम मिलता है।

मसूढ़ों से खून आना : बबूल की छाल का काढ़ा बनाकर कुल्ली करें।

- मसूढ़ों पर फिटकिरी के चूर्ण को सरसों के तेल में मिलाकर हलके हाथों से निरंतर मलें।
- नीम की पत्तियों में लौंग, पिपरमेन्ट, नमक मिलाकर मंजन बना लें, इससे पायरिया, दांतों की तकलीफें, मसूढ़ों का सूजना बंद होगा।
- चार पत्ती पुदीने की चबाएं, मसूढ़ों से खून आना बंद हो जाएगा।

आंखों की सुरक्षा : आंख आ गई हो, तो सुबह व शाम गुलाबजल डालने से आराम मिलता है।

- लौकी या खीरे का टुकड़ा रखकर आंखों को ठंडक पहुंचाएं।
- दूध की मलाई को रुई पर रखकर आंखों पर बांधें।

पेशाब की रुकावट : मुनक्के को बासी पानी में चटनी की तरह पीस लें। जल में शरबत की तरह पिएं तथा पिलाएं, पेशाब की रुकावट में आराम मिलेगा।

- कबाबचीनी को मिसरी के साथ लेने से पेशाब की रुकावट दूर होती है।
- 2 ग्राम ज़ीरा, 2 ग्राम मिसरी दिन में 3 बार पानी के साथ लेने से पेशाब खुलकर आता है।
- जीरा, धनिया, मिसरी कूटकर चूर्ण बना लें, इस चूर्ण को पानी के साथ दिन में 2-3 बार लेने से पेशाब की रुकावट कम होती है।

बहुमूत्र की शिकायत : तिल और गुड़ के लड्डू बना लें, इसे सुबह-शाम लेने से बहुमूत्र की शिकायत में आराम मिलता है।

- भुने हुए चने खाने से बहुमूत्र में आराम मिलता है।
- आधा-आधा चम्मच अजवायन दिन में 3-4 बार लेने से बहुमूत्र में आराम मिलता है।

अनिद्रा : भुनी हुई हींग का महीन चूर्ण बनाकर शहद के साथ लेने से अच्छी नींद आती है।

- पीपलामूल का चूर्ण गुड़ के साथ लेने से अनिद्रा रोग दूर होता है।
- सेब का मुरब्बा शाम के समय खाने से अच्छी नींद आती है।
- बैंगन के भुर्ते में शहद मिलाकर खाने से नींद अच्छी आती है।
- सरसों के तेल की पैर के तलवों पर मालिश करने से नींद अच्छी आती है।

सिर दर्द : बादाम की मींग को सरसों के तेल में घिस कर लगाने से सर्दी के कारण हो रहे सिर दर्द में आराम मिलता है।

- सिर और माथे पर बादाम रोग़न की मालिश करने से आराम मिलता है।
- घी में सेंधा नमक मिलाकर सूंघने से आधासीसी (आधे सिर में दर्द) में आराम मिलता है।
- गर्म दूध में जलेबी खाने से आधा सिर के दर्द में आराम मिलता है। सुबह सूर्योदय से पहले ही यह प्रयोग करके देखना चाहिए।

घुटनों का दर्द : प्रातःकाल अखरोट की मिगी खाने से घुटनों के दर्द में आराम मिलता है। घुटनों की सूजन पर एरंड के पत्ते बांधकर प्रतिदिन सरसों के तेल की मालिश करने से घुटनों की सूजन व दर्द कम हो जाता है।

तलवों की जलन : हाथ-पैरों के तलवों की जलन में लौकी के गूदे को मलने से आराम मिलता है।

- मेंहदी लगाने से तलवे की जलन शांत होती है।
- घी की मालिश कटोरी से करने पर आराम मिलता है।

लू लगना : प्याज़ के रस की मालिश करें। नीबू का पानी पिएं।

- कच्चे आम का शरबत (पन्ना) बनाकर पिएं।
- कच्चे आम के गूदे को हाथ-पैरों पर मलें।

पेशाब में जलन : एक गिलास दूध में दो गिलास पानी डालकर उसमें छोटी इलायची को छिलकों सहित उबाल लें। इस दूध को दिन में तीन-चार बार ठंडा करके पिएं, अवश्य आराम मिलेगा।

नकसीर (नाक में खून आना) : पीली मिट्टी को पानी में भिगोकर सूंघने से नकसीर बंद हो जाती है।

- मिट्टी के बरतन में रात को दही जमा दें, सुबह एक कटोरी दही में चीनी डालकर चम्मच से मथ कर बच्चों को खिलाएं। नकसीर में अवश्य आराम मिलेगा।
- जब नकसीर आ रही हो, तो सिर पर ठंडा पानी डालें। सिर के नीचे कुछ न रखें। नकसीर बंद हो जाएगी।

सिर में जूंए : प्याज़ के रस को बालों में 3-4 घंटे लगा रहने दें। फिर धो दें। तीन दिन यह इलाज करने पर जूंएं हमेशा के लिए खत्म हो जाएंगी

- सीताफल के बीजों को पीसकर इसे रात में अच्छी तरह से बालों में लगाएं, कपड़ा बांधकर सो जाएं। जूंएं और लीखें एक दो दिन में समाप्त हो जाएंगी।
- कपूर को तेल में मिलाकर बालों में लगाने से भी जूंएं मर जाती हैं।
- सेब के रस में पानी मिलाकर अंगुलियों से सिर में मालिश करने में जूओं और लीखों का काम तमाम हो जाता है।

फोड़े-फुंसी : अरबी के पत्तों को जलाकर लगाने से फोड़े ठीक हो जाते हैं।

- गाजर को उबालकर उसकी पुल्टिस बांधने से ज़ख्म ठीक हो जाते हैं।
- नीम की कोमल पत्तियों को पीसकर दो-तीन बार बांधने अथवा लगाने से फोड़े-फुंसियां ठीक हो जाते हैं।

स्त्री-रोग और उनकी घरेलू चिकित्सा

मासिक धर्म में कष्ट : केसर और अकरकरे की गोली बनाकर खाने से मासिक धर्म की अनियमितता में लाभ होता है।

- बकायन के रस में अकरकरे का रस मिलाकर पीने से मासिक धर्म शुद्ध होकर नियमित हो जाता है।
- कच्चे प्याज का उपयोग करने से मासिक धर्म की परेशानियां कम हो जाती हैं। रुका हुआ मासिक धर्म जारी हो जाता है।
- विदारीकन्द के चूर्ण को घी, शकर के साथ चाटने से रज का अधिक जाना बंद हो जाता है।
- सुहागा का प्रयोग मासिक धर्म की रुकावट को खत्म करता है।

प्रदर (ल्यूकोरिया) : स्त्रियों के सौंदर्य और स्वास्थ्य का सबसे बड़ा शत्रु प्रदर रोग है। इसका घरेलू उपचार करके देखें, लाभ अवश्य मिलेगा।

- अजवायन का चूर्ण तीन-तीन ग्राम की मात्रा में दिन में दो बार गर्म दूध के साथ लेने से प्रदर में लाभ मिलता है।
- अशोकारिष्ट का सेवन इस रोग में लाभदायक होता है।
- आम की गुठली का चूर्ण 3-3 ग्राम, दिन में 3-4 बार लें।
- कपास की जड़ को चावल के पानी के साथ लेने से लाभ मिलता है।
- गिलोय का काढ़ा पीने से इस रोग में लाभ मिलता है। इसे शतावरी के साथ पीने से भी इस रोग में लाभ मिलता है।
- गूलर की छाल का काढ़ा पीने से प्रदर रोग में आराम मिलता है।
- नागकेसर के चूर्ण को मट्ठे के साथ पीने से लाभ मिलता है।
- पुनर्नवा को जल के साथ लेने से प्रदर रोग मिटता है।
- बबूल की छाल का काढ़ा पीने और इसमें फिटकिरी डालकर योनांगों को धोने से श्वेत प्रदर में लाभ होता है।
- दो पके केले खाकर ऊपर से दूध में शहद मिलाकर पीने से श्वेत प्रदर में आराम मिलता है।
- सिंघाड़े के आटे का हलवा खाने से श्वेत प्रदर में आराम मिलता है।

- फिटकिरी को तवे पर गर्म कर फूला बन जाने पर पीस लें। इसे प्रतिदिन आधी छोटी चम्मच पानी से तीन बार लेने तथा इसे पानी में डालकर प्रक्षालन करने से श्वेत प्रदर ठीक हो जाता है।
- फालसा का शरबत पीने से श्वेत प्रदर में लाभ होता है।

अवसाद (डिप्रेशन) : महिलाओं में पाया जाने वाला यह मानसिक रोग है। जीवन के प्रति निराशाजन्य सोच ही इसका कारण है।

चूंकि यह एक मानसिक रोग है, इसलिए इसकी चिकित्सा के लिए किसी दवा की आवश्यकता नहीं। डॉक्टर से उचित परामर्श कर जीवन के प्रति अपनी नई उत्साही सोच बनाएं। दूसरों में विश्वास व्यक्त करें और अपनी सोच को परोपकारी बनाएं। काम में व्यस्त रहें। शारीरिक कमजोरी के लिए विटामिन-बी, बी-12 आदि चिकित्सक क्रे परामर्श से लें।

इसके अलावा भी महिलाओं में सिर दर्द, कमर दर्द, बवासीर, मधुमेह, खून की कमी आदि रोग पाए जाते हैं। गर्भवती महिलाओं में बार-बार उलटी होना, जी मिचलाना, बार-बार मूत्र त्याग की इच्छा होना, कब्ज़ होना आदि सामान्य रोग हैं।

गर्भवती महिलाओं में प्रायः खून की कमी हो जाती है। इस कमी को पूरा करने के लिए उन्हें चाहिए हरी पत्तेदार सब्जियां, सूखे मेवे, फल, सेव, आंवला, पपीता जैसे आहार लें। लौह तत्व वाली औषधियों का सेवन करें।

परिवार को निरोग बनाए रखने के लिए जहां गृहिणी को सभी सदस्यों के स्वास्थ्य के बारे में सोचना चाहिए, वहीं अपने बारे में भी सावधानी बरतनी चाहिए।

अध्याय 13

गृह-प्रबंध और मितव्ययिता का बजट

जहां कही भी दो चार महिलाएं मिल बैठती हैं, वहां उनकी बातचीत के विषय बढ़ती हुई महंगाई, खर्चों की पूर्ति न हो पाना, अपव्यय, आत्महीनताओं का रोना आदि होते हैं, जबकि एक कुशल गृहिणी के लिए इन बातों का कोई महत्त्व नही, क्योंकि आप अपनी मितव्ययी सोच से इन समस्याओं का सामना स्वयं ही कर सकती हैं। वह भी बिना किसी विशेष कठिनाई के...।

गृह-प्रबंध का सीधा संबंध 'अर्थ' से होता है और प्रत्येक व्यक्ति की आर्थिक सीमाएं निश्चित होती हैं। सीमाओं के बाहर किया गया व्यय जहां आपको जग-हंसाई का पात्र बनाता है, वहीं आप मानसिक रूप से भी तनाव ग्रस्त रहती हैं। इसके बाद भी यदि आप किसी दुराग्रही सोच के कारण अथवा जानबूझ कर अपने गृह-प्रबंध में सीमाओं से अधिक व्यय करती हैं, तो आपको यही सुनने को मिलेगा, 'घर में नहीं दाने, अम्मा चली भुनाने।'

अकसर महिलाओं की आपस की बातचीतं का विषय महंगाई और खर्चों की पूर्ति न हो पाना ही होता है। वे आलू, प्याज, टमाटरों की कीमतों को कोसती रहती हैं, जबकि सुघड़, कुशल गृहिणी अपनी निश्चित आय में ही न केवल परिवार के सभी सदस्यों की न्यूनतम आवश्यकताओं को सरलता से पूरा कर लेती हैं, बल्कि भविष्य के लिए भी कुछ बचा लेती हैं।

मितव्ययी होना एक ऐसी सोच है, जिसके आधार पर गृहिणी परिवार के सभी सदस्यों की इच्छाएं पूरी कर लेती हैं। गृह-सज्जा पर होने वाले व्ययों को ही लें, तो यह आवश्यक नहीं कि आप अपनी बैठक अथवा बरामदे में बड़ी-बड़ी पेंटिंग, महंगे 'तेल चित्र' ही रखें। बड़े-बड़े कांच के झाड़-फानूस लगवाएं। फूल प्रकृति के सुंदर उपहार हैं। आप अपनी बैठक को फूलों से भी सजा सकती हैं। इस प्रकार की सजावट जहां आपकी सुरुचि का परिचय देगी, वहीं आप सज्जा पर होने वाले व्यय में भी काफ़ी बचत कर सकेंगी।

फूलों को यदि आप कमरे के परदों के रंग जैसे ही सजाएं, तो आपकी सजावट और भी मुखरित हो उठेगी। गर्मी के मौसम में सफ़ेद अथवा हलके रंगों के फूल सजाएं, सर्दियों में गहरे लाल गुलाब अथवा अन्य गहरे रंगों के फूल बैठक में सजाएं।

सजावट के साथ-साथ आप अपने सौंदर्य प्रसाधनों पर होने वाले समय और भारी भरकम खर्चों में बचत कर सकती हैं। विभिन्न प्रकार के रंगों अथवा शेड से मिलती-जुलती महंगी लिपिस्टक, नेल पालिश और फाउंडेशन खरीदकर आप कौन-सी बुद्धि का परिचय देती हैं। सुंदर, आकर्षक पैकिंग, विज्ञापनों के चक्कर में आकर नई-नई शीशियां खरीदना, विभिन्न सुगंध वाली सौंदर्य सामग्री खरीदना आपके बजट पर अतिरिक्त बोझ के सिवाय कुछ नहीं साबित होगा। इन सब बातों से बचने के लिए कोई उचित, स्वाभाविक और प्राकृतिक रंग वाली नेल पॉलिश, लिपिस्टिक, फाउंडेशन खरीदें। इससे न केवल आपकी बचत होगी, बल्कि अनावश्यक रूप से खरीद से भी बचेंगी। कुछ गृहिणियां तो केवल अपना समय व्यतीत करने के लिए शापिंग करती हैं। शापिंग उनके लिए

अहम् संतुष्टि का एक व्यवहार है। वे आवश्यक-अनावश्यक वस्तुएं खरीदकर दुकानदार पर अपनी संपन्नता का प्रदर्शन करती हैं। इस प्रकार की खरीद घर को 'स्टोर रूम' बनाती है। भरी-भरी सी बैठक, दीवारों पर लगी विभिन्न प्रकार की फोटो, फ्रेम, पोस्टर पेंटिंग उसे एक अच्छा खासा 'हेयर सैलून' बना देती है।

खाने-पीने की वस्तुओं में भी आप मितव्ययिता की सोच पालें। अपनी संपन्नता का प्रदर्शन करने वाली मिसेज शालिनी बड़ी लापरवाही से बोलीं, ''बस इतनी सी दाल...। इतनी दाल तो सुबह हमें काम वाली को देनी पड़ती है...। इतनी सी सब्जी...। इतनी सब्जी तो बच्चे थाली में जूठन छोड़ देते हैं...।''

मेरे पास उनकी इन बातों का कोई सटीक उत्तर न था, लेकिन मेरी चुप्पी से ही उनकी बात का उन्हें उत्तर मिल गया था। शीघ्र ही उन्हें इस बात का अहसास हुआ कि उनकी इस प्रकार की बात फूहड़ता का परिचायक थी।

खाना, सब्जी, चाय, नाश्ता आदि आवश्यकता से अधिक बनाना और फिर उसे बाहर फेंकना अथवा जूठा छोड़ना सीधा-सीधा अपव्यय है। परिवार की आवश्यकता के अनुसार खाना बनाएं, छोटे-से-छोटा कुकर ले लें, फ्राइंग पेन, नान स्ट्रिक ले लें। इससे जहां खाद्य वस्तुओं में बचत होगी, वहीं आप ईंधन, सफ़ाई, समय आदि की भी बचत कर मितव्ययिता का परिचय देंगी।

यह तो आप जानती ही हैं कि बूंद-बूंद से घड़ा भर जाता है। बेमौसम की बेस्वाद तथा महंगी सब्जियां चार रुपये का एक नीबू, बीस रुपये का सौ ग्राम धनिया खरीदकर आप परिवार को क्या बनाना चाहती हैं? आशय यह है कि इस प्रकार की बेमौसमी व महंगी सब्जी न खरीदें। महानगरों में गृहिणियां बे-मौसम की महंगी सब्जियां ख़रीदकर अपना 'सोशल स्टेटस' बढ़ाना चाहती हैं। दो सौ रुपये की सब्जी। खरीदकर आप न केवल अपने भ्रम को बनाए रखना चाहती हैं, बल्कि नासमझी का काम भी करती हैं। इस प्रकार की सोच से आपका कोई भला न होगा। हां, यह अवश्य होगा कि आपके पीठ पीछे ही आपकी पड़ोसिन यह कहेंगी, 'मिसेज मल्होत्रा का तो दिमाग खराब हो गया है, लेकिन क्या करें...नम्बर दो की कमाई घर में आ रही है...कहीं-न-कहीं तो ठिकाने लगेगी ही, वह चाहें, तो बीस रुपये का एक नीबू भी खरीद सकती हैं... ।'

इस संबंध में सबसे पहले हमें अपना आचरण और सोच व्यावहारिक बनानी चाहिए। हमें केवल आवश्यक वस्तुएं ही खरीदनी चाहिए। शापिंग के चक्कर में अथवा सेल के आकर्षण में आकर, नई-नई आकर्षक पैकिंग के चक्कर में कभी कोई चीज नहीं खरीदनी चाहिए। थोक में सस्ता मिलेगा की सोच गृहिणी के मन में नहीं आनी चाहिए। सस्ते के चक्कर में कुछ गृहिणियां 'स्टोर' कर लेती हैं। इस विषय में आप सोचें कि आप किन-किन वस्तुओं का स्टोर करेंगी? व्यापारी वर्ग भी गृहिणियों की इस सोच का लाभ उठाता है और सस्ते की बात कह कर कई प्रकार के प्रलोभन देकर अपनी वस्तुएं बेचता है। जबकि इन सब बातों का लाभ गृहिणी को नहीं मिलता।

अपनी पूरी खरीदारी एक योजना बद्ध तरीके से करें। केवल पसन्द आने वाली वस्तुएं न खरीदें, बल्कि आवश्यकता वाली वस्तुएं ही खरीदें। जब भी आप शापिंग के लिए जाएं, तो एक सूची बना लें और हमेशा विश्वसनीय दुकानदार से ही वस्तुएं खरीदें।

जिन वस्तुओं का बाजार में अभाव हो, उन्हें न खरीदें। न ही उन्हें 'पीछे की खिड़की' से खरीदने की सोच पालें। इससे जहां आपको उस वस्तु के लिए अधिक पैसा देना पड़ता है, वहीं वह वस्तु भी आपको कम और घटिया मिलती है। दालों के स्थान पर सब्जियां और सब्जी के स्थान पर दाल का उपयोग करने की सोच पालें।

परिवार में उपलब्ध पुरानी और अनुपयोगी वस्तुओं का विवेक से पुनः उपयोग करें। इससे जहां आपके खर्चों में बचत होगी, वहीं अपकी सृजनात्मक प्रतिभा को भी बल मिलेगा। आप अपने समय का भी सदुपयोग कर सकेंगी। बच्चों में भी कुछ इसी प्रकार की आदतें डालें। जूतों पर पालिश करना, परिवार के लोगों का घर पर ही शेव बनाना आदि ऐसे कार्य हैं, जिन पर आप काफ़ी बचत करा सकती हैं।

फास्ट फूड के नाम पर आजकल होटलों में खाने का प्रचलन बढ़ता जा रहा है। चाऊमीन, हॉट डॉग, पिज़्ज़ा, वैज बरगर, चिकन बरगर आदि ऐसे खाद्य हैं, जो न केवल स्वास्थ्य पर विपरीत प्रभाव डालते हैं, बल्कि जेब पर भी भारी पड़ते हैं। अतः इनसे बचें।

घर पर ही पौष्टिक एवं स्वादिष्ठ व्यंजन बनाएं। इस के साथ ही आप घर में अचार, चटनी, पापड़, बड़ी, मुरब्बे आदि बनाकर भी काफ़ी बचत कर सकती हैं। बाजार में मिलने वाले पिसे मसाले उतने शुद्ध नहीं होते जितने कि घर के होते हैं। इसलिए सीजन के समय सब मसाले लें। उन्हें घर पर ही साफ़ कर, सुखाकर पीस लें और पैक कर लें। इससे बचत तो होगी ही साथ ही शुद्धता की भी गारन्टी होगी। मितव्ययिता की यह सोच ही आपके पारिवारिक बजट को संतुलित बनाती है।

आशय यह है कि आप अपनी व्यापक व्यावहारिक सोच से जहां अपनी आय को बढ़ा सकती हैं, वहीं अपनी इस आय का भी संतुलित उपयोग कर अधिकतम सुख और संतुष्टि प्राप्त कर सकती हैं। इसलिए मन से यह विचार निकाल दें कि आर्थिक संपन्नता ही सुख का आधार है। आपके आसपास ही ऐसी अनेक गृहिणियां होंगी, जो आर्थिक संपन्नता के बाद भी अनेक प्रकार के अभावों से ग्रसित रहती हैं। इसलिए महंगाई का रोना रोकर अपना समय व्यर्थ न करें, वरना इन विषम पारिवारिक समस्याओं का सामना अपने स्तर पर अपने विवेक से करें।

अपने गृह-प्रबंध को एक नई सोच प्रदान करें—मितव्ययी सोच, बजट बनाकर अपनी क्रय शक्ति का सर्वोत्तम उपयोग करें। बजट बनाने और उसके अनुरूप खर्च करने की सोच विकसित करें। यह सोच जहां आपको सुखी, संपन्न और सुघड़ बनाएगी, वहीं आप दूसरों से भी प्रशंसा प्राप्त कर सकेंगी।

अपनी आय-व्यय का एक आदर्श संतुलित बजट हमेशा अपने मस्तिष्क में बनाकर रखें। पारिवारिक बजट का प्रारूप चाहे जो भी बनाएं, केवल इस बात का ध्यान रखें कि उसमें दैनिक जीवन के सभी खर्चों का समावेश हो जाए और परिवार के सभी सदस्यों की आवश्यकताओं की पूर्ति हो जाए।

आपकी सोच को व्यापक बनाने के लिए एक मध्यवर्गीय परिवार में होने वाले आय-व्यय का उदाहरण यहां प्रस्तुत किया जा रहा है :

पारिवारिक बजट का प्रारूप

आय के विभिन्न स्रोत	व्यय की विभिन्न मदें
1. पति का वेतन	1. मकान किराया, किश्त आदि।
2. पत्नी का वेतन	2. बिजली, पानी, टेलीफोन
3. किराया	3. बच्चों की स्कूली फ़ीस तथा बच्चों का जेब खर्च।
4. ब्याज	4. पति-पत्नी के जेब खर्च।
5. आय के अन्य स्रोत	5. नौकरों पर होने वाला खर्च (चौकीदार, काम वाली, धोबी)।
	6. बस किराया, पेट्रोल आदि।
	7. भोजन, दूध, सब्जी, फलादि।
	8. समाचारपत्र-पत्रिकाएं।
	9. गैस, तेल, साबुन, सौंदर्य-प्रसाधन।
	10. दवाएं।
	11. आकस्मिक खर्चे।
	12. उत्सव, त्योहार, मेहमानादि।
	13. बचत।

इस प्रकार से आप देखें कि महीने के अन्त में बचत होती है अथवा आपको ऋण लेकर अपने खर्चों की पूर्ति करनी पड़ती है। आपका संतुलित पारिवारिक बजट आपकी सुघड़ता और कुशलता का परिचायक है। सुविधा के लिए आपको बता दें कि मध्यवर्गीय परिवारों में 60 प्रतिशत भोजन पर व्यय होता है। संपन्न परिवार में यह व्यय घटता जाता है और निर्धन परिवारों में यह व्यय बढ़ता जाता है।

यदि आप अपने मासिक व्यय का लेखा-जोखा रखती हैं, तो आपका बजट कभी भी ऋणात्मक नहीं होगा।

यह जान लें कि कुछ खर्च वार्षिक होते हैं। मुख्य वार्षिक खर्च ये होते हैं—

1. आयकर।
2. भवन कर, मकान की वार्षिक किश्त।
3. कार, स्कूटर का कर, बीमा पालिसी की किश्त, बस किराया, रेल का पास।
4. आग अथवा दुर्घटना के बीमे की किश्त।
5. लिए हुए ऋणों पर ब्याज़ अदायगी की किश्त।
6. बैंक लॉकर शुल्क।
7. संस्था का सदस्यता शुल्क।
8. बच्चों की फ़ीस, यूनिफार्म, किताबें, स्टेशनरी।
9. उत्सव, त्योहार अथवा वर्षगांठ।
10. मकान की वार्षिक रंगाई-सफ़ाई।
11. मकान, फर्नीचर की टूट-फूट की मरम्मत।
12. कुछ अन्य आकस्मिक व्यय जैसे शादी में जाना, गर्मी में कहीं बाहर जाना आदि।

इन खर्चों को यदि आप अपने मासिक खर्चों में से नहीं कर पातीं, तो ऐसे खर्चों की पूर्ति के लिए अपने मासिक बजट में वार्षिक खर्चों की पूर्ति की कुछ राशि बचाएं और इन खर्चों को पूरा कर अपनी सुघड़ता का परिचय दें।

मासिक खर्चों का हिसाब रखें। इस प्रकार के हिसाब से यह देखें कि किस महीने में सबसे अधिक व्यय होता है और किस महीने में कम व्यय होता है। अपने वार्षिक खर्चों को उस महीने में ही करें, जिसमें मासिक खर्च कम होते हैं।

अपनी सोच कुछ इस प्रकार से बनाएं कि आपके वार्षिक खर्चों की पूर्ति सरलता से हो सके।

प्रायः यह देखने में आता है कि जुलाई में शिक्षा का नया सत्र होने के कारण बच्चों की किताबें-कापियां, बस्ते, फीस, यूनिफार्म आदि पर भारी व्यय होता है, अतः इसकी पूर्ति की व्यवस्था पहले से ही मई-जून में भारी बचत करके सरलता से की जा सकती है।

जैसाकि समाज शास्त्रियों का मत है कि संपन्न परिवारों में भोजन पर व्यय कम होता है, लेकिन आरामदायक आवश्यकताओं पर व्यय अधिक होता है।

उच्च मध्यवर्गीय श्री सूरी का परिवारिक बजट देखकर आप भी अनुमान लगाइए कि यह कितना आदर्श और संतुलित बजट है।

श्रीमती सुदेश सूरी पत्नी डी.के. सूरी का पारिवारिक बजट

नाम	डी.के. सूरी (काल्पनिक)
व्यवसाय	सरकारी नौकरी
आय	20 हजार रुपये मासिक
पत्नी	गृहिणी, बी.ए. पास
परिवार के सदस्यों की संख्या	पांच
मकान	बैंक ऋण से स्वयं का
आवास	आगरा महानगर
बच्चों की शिक्षा	लड़की बी.ए. में पढ़ रही है।
	लड़का बी.ई. कर रहा है।

आय	व्यय की मद	होने वाला व्यय प्रतिशत में	राशि रुपयों में
20 हजार	1. भोजन पर	30 प्रतिशत	6000.00
	2. विद्युत, आवास, फोन, बैंक की किश्त	10 प्रतिशत	2000.00
	3. बच्चों की पढ़ाई उनका जेब खर्च	10 प्रतिशत	2000.00
	4. पति-पत्नी का जेब खर्च, पेट्रोल, क्लब, मनोरंजन, अखबारादि	10 प्रतिशत	2000.00
	5. दूध, फल, सब्जी, उत्सव खर्च	10 प्रतिशत	2000.00
	6. दवाएं, पर्यटन, आकस्मिक व्यय	10 प्रतिशत	2000.00
	7. बचत और आकस्मिक व्यय	20 प्रतिशत	4000.00
योग		100 प्रतिशत	20000.00

आशय यह है कि आप चाहे किसी भी वर्ग की क्यों न हों, आय-व्यय पर दूरदर्शी बनें और भविष्य के लिए इतना बचाकर अवश्य रखें कि आपको किसी विषम परिस्थिति में हीनता अथवा अपमान न सहना पड़े।

यदि आप किसी गांव से संबंधित हैं, तो निश्चय ही आपके यहां गांव से संबंधियों का आना-जाना लगा रहेगा, जो आपके व्यय को प्रभावित करेगा। इसी प्रकार से यदि आप परिवार के 'बड़े हैं' तो आपको अपने सामाजिक और पारिवारिक दायित्वों को भी पूरा करने में कुछ अधिक ही व्यय करना पड़ेगा। अतः अपने बजट में इन सब बातों का प्रावधान रखें। इस प्रकार की सोच आपको कभी भी आर्थिक हीनता से ग्रसित न होने देगी और आप 'आमदनी अठन्नी और खर्चा रुपया' से भी बच सकेंगी।

समृद्धि और प्रगति के लिए संतुलित बजट

आर्थिक नियोजन, गृहिणी की सुघड़ता की परख होता है। घर में आई लक्ष्मी को कुल लक्ष्मी कितने मान-सम्मान से रखती है, यह इस बात का प्रतीक है कि आपका बजट कितना संतुलित है।

पारिवारिक संपन्नता और खुशहाली इस बात से प्रदर्शित नहीं होती कि आप अथवा आपके पति कितना कमाते हैं, बल्कि इस बात से प्रदर्शित होती है कि आप पैसे का कैसे उपयोग करती हैं। हमारे देश में कामगार मजदूरों, कारीगरों,

हस्त-शिल्पियों, कुलियों की दैनिक आमदनी अच्छी होते हुए भी उनके रहन-सहन का स्तर नीचा है। इसका कारण यह है कि वे अपनी आय का संतुलित उपयोग नहीं करते। उनकी आय का एक बड़ा भाग ऋणों के भुगतान, नशे, बीमारी आदि में खर्च होता है। यही कारण है कि इन वर्गों के लोगों की माली हालत हमेशा कमजोर बनी रहती है। ऐसी गृहिणियां चाह कर भी सुघड़ नहीं हो पातीं।

पारिवारिक बजट के लिए अपनी सोच को सुघड़ बनाने में निम्न बातों पर हमेशा ध्यान दें :

- आर्थिक संपन्नता प्रदर्शित करने के लिए आवश्यकता से अधिक सामान न जुटाएं। कुछ महिलाएं केवल शापिंग करने के लिए बाजार जाती हैं। शापिंग की यह आदत उनके घर को गोदाम बना देती है और सामान की अधिकता घर की एक समस्या बन जाती है।
- किसी भी हालत में खर्चों को आमदनी से अधिक न होने दें। जिन महिलाओं की सोच अथवा आदत आमदनी से अधिक खर्चा करना होती है, वे परिवार में कभी भी सुख-समृद्धि नहीं ला पातीं और ऐसे परिवार में हमेशा कलह बना रहता है।
- अपने आर्थिक बजट में आकस्मिक खर्च और मेहमानों पर होने वाले खर्च का प्रावधान अवश्य रखें, भले ही ऐसे खर्च बाद में बचत खाते में चले जाएं।
- मकान बनाना, बेटे-बेटी की शादी की तैयारी, उच्च शिक्षा अथवा व्यवसाय प्रारम्भ करने के लिए पूंजी की व्यवस्था आदि ऐसे खर्च हैं, जिनकी व्यवस्था एक दिन में नहीं होती। इस प्रकार की नियोजन संबंधी सोच पूर्व में ही निर्धारित करें और छोटी-छोटी बचतों द्वारा उनकी व्यवस्था करें।

बजट की सोच से आशय केवल इतना ही है कि 'ते ते पांव पसारिए जेती लाबी सौर...।' साधनों से अधिक किया गया व्यय आपकी पारिवारिक प्रतिष्ठा को दांव पर लगाएगा।

प्रदर्शन और दिखावे से बचें

आधुनिक प्रगतिशील जीवन की सब से बड़ी कमी यह है कि लोग प्रदर्शन और दिखावे की सोच से प्रभावित होकर अपनी समस्याएं बढ़ा रहे हैं। इस विषय में व्यावहारिक सोच अपनाएं।

- दूसरों की देखा-देखी कोई वस्तु न खरीदें।
- प्रदर्शन और दिखावे के कारण भले ही आपको कुछ समय के लिए मानसिक संतुष्टि मिल जाए या आपका अहं भाव संतुष्ट हो जाए, लेकिन इसके दूरगामी परिणाम अच्छे नहीं निकलते और इस सोच के कारण आपको हीनता ही मिलती है। इसलिए अपनी आर्थिक और सामाजिक सीमाएं कभी न नकारें।
- केवल दूसरों को नीचा दिखाने के लिए अथवा सामाजिक प्रतिष्ठा के सामान, साड़ियां आदि न खरीदें। ऋण लेकर घी पीना परिवार के लिए हमेशा घाटे का सौदा रहेगा।
- संपन्नता प्रदर्शित करने के लिए अथवा केवल दूसरों से वाह-वाही लेने के लिए पार्टियों का आयोजन करना, हैसियत से बढ़-चढ़ कर खर्च करना, दहेज लेना-देना आपकी प्रतिष्ठा को कम करेगा। इसी प्रकार से दान, धर्म, परोपकार सब आत्म शुद्धि के व्यवहार हैं, इन पर निरर्थक खर्च न करें।
- दिखावा कर के आप अपनी सामाजिक प्रतिष्ठा घटाते हैं। ऐसी आदत के कारण ही आपको 'घर में नहीं है दाने, अम्मा चली भुनाने' जैसी कर्कश बातें, ताने और व्यंग्य सुनने पड़ सकते हैं। इसलिए संपन्नता को सुघड़ता के तराजू में कभी तौलने की भूल न करें।

मितव्ययी बनें

फिजूलखर्ची से बचना पारिवारिक बजट के ऐसे पक्ष हैं, जो आपकी सुघड़ता को बढ़ाते हैं। इस संबंध में केवल इतना ही ध्यान रखें कि केवल आवश्यक वस्तुएं ही खरीदें और प्रत्येक खरीद नकद ही करें। नकद और उधार में वस्तु के मूल्य में अंतर आ ही जाता है। इसलिए कहते हैं, नौ नकद न तेरह उधार।

- सेल, डिस्काउन्ट, छः के साथ एक फ्री, आसान किश्तों पर जैसी बातों के चक्कर से बचें। वास्तव में ये सब ऐसे प्रलोभन हैं, जो हर प्रकार से उत्पादकों का ही हित करते हैं। उपभोक्ता के हित तो इसी में है कि वे अपनी सारी खरीदारी सोच-समझ कर करें।
- अगर सुविधा और साधन हो, तो कुछ वस्तुएं मौसम पर ही खरीद लें जैसे—खाद्यान्न, धनिया, जीरा, मिर्च, मसाले,

हलदी आदि। क्योंकि ये मौसम पर अपेक्षाकृत सस्ती मिलती हैं, इसलिए ऐसी वस्तुएं खरीदने में आप बचत कर सकती हैं। कौन-सी वस्तु कब खरीदनी चाहिए, इसका ध्यान रखना ही सुघड़ता है।

- मितव्ययिता की शुरुआत रसोई के नमक से करें। आशय यह है कि मितव्ययिता की सोच आपको बचत करने की प्रेरणा देगी और यह सोच ही आपको समृद्धि की पहचान बन जाएगी।

सुघड़ता प्रदर्शित करने के अवसर

सुघड़ता प्रदर्शित करने का कोई भी अवसर हाथ से न जाने दें। इसके लिए आवश्यक है कि आप :

- अपने समय का सर्वोत्तम उपयोग करें। व्यस्त रहने की आदत डालें।
- घर के छोटे-मोटे कामों को तुरन्त निपटाएं। इन कामों को कल पर, इतवार अथवा छुट्टी वाले दिन के लिए रोक कर न रखें। यदि आप इन्हें कल पर टालेंगी, तो ये काम आपके दिल पर एक बोझ बने रहेंगे और आप अनावश्यक रूप से तनाव ग्रस्त बनी रहेंगी।
- घर के पुराने, अनुपयोगी सामान, कपड़े आदि को संभाल-संभाल कर न रखें। इन्हें बेच दें अथवा जरूरतमंद लोगों को दे दें।
- अपने परिचय क्षेत्र को हमेशा हरा-भरा बनाए रखें। अपने परिचितों, सहेलियों, सह-कुटुम्बियों, शुभ चिन्तकों को फोन अथवा पत्र लिखकर उनसे निकटता बनाए रखें अथवा उनके घर जाकर अपनी स्नेहिल भावनाएं व्यक्त करें। इस प्रकार के व्यवहार से जहां दूसरों के अहं की संतुष्टि होती है, वहीं दूसरों के मन में आपके प्रति सद्‌भावनाएं बनी रहेंगी।
- परिवार के प्रत्येक सदस्य से संपर्क बनाए रखें। पत्र अथवा फोन पर उनकी कुशलता जानें। अपनी कुशलता से उन्हें परिचित कराएं। पारिवारिक जुड़ाव के इस व्यवहार से जहां पति-पत्नी, पुत्र-पुत्री, मां-बाप, भाई-बहन आप से जुड़ेंगे, वहीं आप हमेशा चिन्तामुक्त होकर अपना काम पूरी लगन, निष्ठा और निश्‍चित होकर करेंगी। आपकी कार्यकुशलता बढ़ेगी। आत्मविश्वास बढ़ेगा। संबंधों में सरसता बढ़ेगी।
- केवल मांगने पर ही दूसरों को सलाह दें। अपनी बात को वजनदार बनाएं।
- घरेलू उपकरणों का रख-रखाव बड़े सलीके से करें। इससे जहां उनकी देखभाल अच्छी होती है, वहीं वे बहुत समय तक अच्छी तरह से काम करते हैं। वे चाहे पंखे ही क्यों न हों।
- पहनने-ओढ़ने व बिछाने के कपड़े, परदे, चादरें, पिलो कवर, टेबल क्लाथ आदि का जितना अच्छा रख-रखाव होगा, वे उतने ही अच्छे और सुरक्षित बने रहेंगे।
- हमेशा दूसरों में कुछ गुणों की तलाश करें और जिन गुणों से आप प्रभावित हों, उन्हें स्वीकारने में संकोच न करें। दूसरों से लिए हुए गुण अपनी बुरी आदतों के स्थान पर रखें। अर्थात् बुरी आदतों को छोड़ें, भले ही वह छोटी-से-छोटी आदत ही क्यों न हो।
- पारिवारिक जीवन में धन का सर्वोत्तम उपयोग, इसके माध्यम से अपनों और दूसरों की मदद करना है, अतः आप इसे व्यावहारिक जीवन में अपनाएं। प्रयास करें कि घर में अनैतिक कमाई न आए।
- बजट संबंधी अपनी सोच को अधिक व्यावहारिक बनाने के लिए अपनी डायरी अथवा बैठक में कुछ जानकारी लिखकर अवश्य रखें।
- डाक की दरें, जो वर्तमान में प्रचलित हों, संबंधी चार्ट अथवा जानकारी।
- रेलवे की समय सारणी जहां आपका आना-जाना लगा रहता हो, उन प्रमुख रेलों का समय-चक्र। आने-जाने का समय।

अपने से संबंधित विवरण, जैसे–

1. कार नम्बर,
2. स्कूटर नम्बर,
3. गैस कनेक्शन नम्बर,
4. राशनकार्ड का नम्बर,
5. बिजली का कनेक्शन नम्बर,
6. पानी का मीटर नम्बर,
7. ड्राइविंग लाइसेन्स नम्बर,

8. बीमा पालिसी नम्बर प्रीमियम राशि,

9. ब्लडग्रुप,

10. देय दिनांक,

11. बैंक खाता नम्बर,

12. लॉकर नम्बर (कोड नम्बर चाहे न लिखें) आदि।

इस वर्ष के खुशियों के दिनों का चार्ट

(इस चार्ट में परिवार एवं सहपरिवार में आने वाले सुखद दिन, अवसर, जैसे शादी, वर्षगांठ, मुंडन आदि का विवरण लिखकर रखें)।

	अवसर	तिथि	दिन	समय
1.	....	....	....	....
2.	....	....	....	....
3.	....	....	....	....
4.	....	....	....	....
5.	....	....	....	....
6.	....	....	....	....

आवश्यक फ़ोन नम्बर

परिवार में विभिन्न आकस्मिक घटनाएं हो जाती हैं। ऐसी घटनाओं पर यदि आपको अथवा परिवार के सदस्यों अथवा मुहल्ले के लोगों को समय पर सहायता मिल जाए, तो न केवल उन्हें सुविधा हो जाती है, बल्कि व्यवस्था में भी सुधार आ जाता है। अतः ऐसे स्थानों के टेलीफोन नम्बर अपनी डायरी अथवा चार्ट में लिखकर अपनी बैठक में रखें, ताकि समय पर इन्हें फोन किया जा सके।

इसी प्रकार से कुछ ऐसे फोन नम्बर हो सकते हैं, जहां आपको लगभग प्रतिदिन ही काम पड़ता हो। ऐसे मित्रों, संबंधियों, शुभचिन्तकों के फोन नम्बर भी अलग से नोट कर लें। ये टेलीफोन नम्बर इस प्रकार के हो सकते हैं–

- स्थानीय रिश्तेदारों के फोन नम्बर।
- दफ्तर का फोन नम्बर, जहां आप अथवा आपके पति काम करते हैं।
- पुलिस, रेलवे, अस्पताल, फायर ब्रिग्रेड के नम्बर।
- अपने सम्पर्क के जनरल स्टोर्स के नम्बर जहां से आपका दैनिक उपयोग का सामान आता है।
- इलैक्ट्रिशियन, गैस एजेन्सी तथा केबल आपरेटर का नम्बर।
- ब्यूटी पार्लर का नम्बर, जहां आपको काम पड़ता रहता है।
- फैमिली डॉक्टर तथा स्थानीय कैमिस्ट का नम्बर, जहां से आपको सरलता से दवा मिल सकती है।
- अपने बैंक का फोन नम्बर जहां, आपका लॉकर अथवा खाता है।
- अपने न्यूज एजेन्ट का नम्बर जहां से आपका प्रतिदिन अखबार आता है।

ऐसे लोगों से तुरन्त संपर्क करने के लिए इनके घर और संस्थान, दोनों के नम्बर अपनी डायरी में नोट करें। यदि संभव हो, तो इनके वैकल्पिक नम्बर भी नोट करें।

बधाई तार संदेश

अपने व्यापक, वैचारिक दृष्टिकोण का परिचय देने के लिए अपनों की सफलताओं, उपलब्धियों अथवा शुभ अवसरों पर उन्हें अपनी ओर से बधाई देने में पीछे न रहें। ऐसे किसी भी अवसर को हाथ से न जाने दें। तार विभाग द्वारा ऐसे बधाई संदेश भिजवाने की व्यवस्था की गई है। आप इन बधाई संदेशों और उनके कोड नम्बर को अपनी डायरी में नोट करके रखें अथवा एक चार्ट के रूप में इसे बैठक में लगाएं। वर्तमान में ऐसे 23 संदेश प्रचलित हैं, जो निम्न प्रकार से हैं। अतः आवश्यकता और समय पर इनका उपयोग करें :

1. दीपावली की शुभकामनाएं।
2. ईद मुबारक।
3. विजयादशमी की हार्दिक शुभकामनाएं।
4. नव वर्ष आपको शुभ हो।
5. ईश्वर करे यह शुभ दिन बार-बार आए।
6. पुत्र-जन्म पर हार्दिक बधाई। पुत्री भाग्यवती और चिरायु हो।
7. आपको इस सम्मान पर हार्दिक बधाई।
8. सुखमय और चिरस्थायी वैवाहिक जीवन के लिए हमारी हार्दिक शुभकामनाएं।

9. क्रिसमस की हार्दिक शुभकामनाएं।

10. परीक्षा में सफलता पर हार्दिक शुभकामनाएं।

11. चुनाव में सफलता पर हार्दिक बधाई।

12. आपकी यात्रा आनन्दमय और सकुशल हो।

13. कोटिशः धन्यवाद।

14. बधाई।

15. सप्रेम. शुभकामनाएं।

16. नव-दंपती पर परमात्मा की असीम कृपा हो।

17. आप दोनों का दाम्पत्य जीवन सुखी तथा समृद्धशाली हो।

18. स्वतंत्रता दिवस पर मंगल कामनाएं एवं संस्मरण।

19. हार्दिक बधाई, अमर रहे गणतंत्र हमारा।

20. होली की शुभकामनाएं।

21. उत्सव के लिए हार्दिक शुभकामनाएं।

22. बधाई-संदेश के लिए अनेक धन्यवाद।

23. परीक्षा में सफलता के लिए शुभकामनाएं।

त्योहारों को मान्यता दें

हमारे सामाजिक और पारिवारिक जीवन में व्रत, त्योहार, उत्सव, समारोहों का अपना महत्त्व है। ये जीवन सफ़र में एक खुबसूरत मुकाम का काम करते हैं। जिस प्रकार से दिन भर चलने के बाद यात्री थक कर अपनी थकान मिटाने के लिए मुकाम पर पहुंचकर विश्राम करता है, उसी प्रकार से रोज़मर्रा की ज़िंदगी से हटकर ये त्योहार हमें विश्राम देते हैं। आप इन वार्षिक त्योहारों और व्रतों की तालिका ड्राइंग रूम अथवा किचन में लगाएं।

मकर संक्रान्ति, लोहड़ी, वसंत पंचमी, महाशिवरात्रि, होली, रामनवमी, बुद्ध पूर्णिमा, निर्जला एकादशी, गुरु पूर्णिमा, हरियाली तीज, गणेश चतुर्थी, डोल गयारस, रक्षा बंधन, ऋषि पंचमी, मोर छठ, श्रीकृष्ण जन्माष्टमी, विजयादशमी, शरद पूर्णिमा, करवा चौथ, भाईदूज, गंगा दशहरा, गणगौर पूजन, काली पूजा आदि व्रतों और सामाजिक त्योहारों को मान्यता दें और परिवार के लोगों को सहभागी बनाएं। इससे जहां उनमें सामाजिक भावना विकसित होगी, वहीं वे समाज से और लोक संस्कृति से जुड़ेंगे और परिवार के प्रति समर्पित होंगे।

अध्याय 14

बच्चों की समस्याएं तथा समाधान

जब कोई बच्चा आमतौर पर कुछ असामान्य व्यवहार करता है, तो यह असामान्य व्यवहार अभिभावक के लिए चिन्ता का विषय बन जाता है। इस प्रकार के व्यवहार उसे अन्य बच्चों से अलग करते हैं, अलगाव की यह भावना ही उसमें हीन भावना के रूप में विकसित होती है, जो स्वयं एक समस्या है। बच्चा अपनी मित्र मंडली में उपहास का केन्द्र न बने, इसलिए शैशवकाल में ही उसके इन असामान्य व्यवहारों पर 'नज़र' रखनी चाहिए।

बच्चों के असामान्य व्यवहार ही उसकी समस्याएं हैं। ये समस्याएं व्यवहारगत न होकर स्वाभाविक होती हैं, इसलिए यदि प्रारम्भ से ही इन पर थोड़ा-सा ध्यान दिया जाए, तो ये समस्याएं शीघ्र ही हल हो जाती हैं। पूर्ण परिपक्वता पा जाने पर ये समस्याएं आदतों के रूप में विकसित हो जाती हैं, इसलिए इन समस्याओं का समाधान शैशवकाल में ही होना चाहिए।

बच्चों से संबंधित बाल्यावस्था की कुछ प्रमुख समस्याएं निम्न प्रकार हैं—

अंगूठा चूसना (Thumb Sucking)

बच्चा जन्म से ही कोई-न-कोई क्रियाएं करता है। इन क्रियाओं में एक क्रिया मुंह में अंगूठा डालना है, जो बाद में अंगूठा चूसने की आदत बन जाती है। नवजात शिशुओं में यह क्रिया सामान्य रूप से पाई जाती है, अभिभावक अथवा मां भी उसकी इस क्रिया में किसी प्रकार की बाधा नहीं डालते, लेकिन जब यह क्रिया दो-तीन साल का हो जाने के बाद भी बच्चों में पाई जाती है, तो यह असामान्य व्यवहार कहलाती है। छोटे बच्चों के बारे में तो यह समझा जाता है कि बच्चा भूखा है और वह अपनी इस इच्छा का प्रदर्शन मुंह में अंगूठा डालकर करता है। बड़ी आयु वाले बच्चों का मुंह में अंगूठा डालकर चूसना अपमानजनक व्यवहार माना जाता है। कक्षा 8 में पढ़ने वाली लड़की भी जब मौक़ा मिलता है, तो अंगूठा मुंह में डालती देखी गई है। वास्तव में उसे इस बात का आभास ही नहीं होता कि वह कुछ असामान्य व्यवहार कर रही है।

अंगूठा चूसने की आदत से बच्चों में हीन भावना आ जाती है, वह अपने अन्य साथी मित्रों से दूर रहता है और इस प्रकार वह अकेला रह जाता है। उसके मित्र भी कम होते हैं। उसमें सामाजिकता भी कम होती है। उसमें समायोजन की शक्ति भी कम होती है।

अंगूठा चूसने वाले बच्चों पर कुछ शारीरिक प्रभाव भी पड़ते हैं। ऐसे बच्चों के होंठ मोटे हो जाते हैं, दांत कुछ बड़े और बाहर की ओर निकले हुए होते हैं। चूंकि वह अपना अंगूठा चाहे जब मुंह में डालता है, इसलिए उसमें कई बीमारियां जल्दी पनपती हैं। यह भी देखा जाता है कि जो बच्चे अंगूठा चूसने की आदत से ग्रस्त हो जाते हैं, उनके पेट में कीड़े भी हो जाते हैं। इन बच्चों का अंगूठा भी पतला हो जाता है। चिकित्सकों का मानना है कि इससे तालु भी कमजोर हो जाता है।

कारण

बच्चों में भी संवेगात्मक तनाव पाया जाता है, ऐसी अवस्था में वह अंगूठा मुंह में डालता है। जब बच्चे को नींद नहीं

आती, तो वह मुंह में अंगूठा डालकर सरलता से सो जाता है। कुछ चिकित्सकों का मानना है कि यदि बच्चों को मां का दूध पूरा नहीं मिलता या कम मिलता है, तो वह अंगूठा चूसने लगता है। मनोवैज्ञानिक फ्रायड ने इसका संबंध यौन इच्छाओं की पूर्ति से बताया है। बच्चा अपनी यौन इच्छाओं की पूर्ति के लिए अंगूठा चूसता है।

कारण जो भी हो, आखिर यह बच्चों से संबंधित एक ऐसी समस्या है, जिसका समाधान होना ही चाहिए।

समस्या का समाधान

- बच्चों को अंगूठा चूसने के लिए प्रारम्भ से ही हतोत्साहित करना चाहिए। बच्चों को सही समय पर पूरा-पूरा

दूध देना चाहिए, ताकि उसे अंगूठा चूसने की इच्छा ही न हो।

- बच्चों को एकांत में खाली न बैठने दें, उन्हें घर के काम में अथवा खेल में इतना व्यस्त रखें कि उसे इसका ख्याल ही मन में न आए।

- बच्चों को प्यार से इस गंदी आदत से छुटकारा दिलाएं, इस आदत के लिए उसे भय दिखाना, डांटना, पीटना समस्या का समाधान नहीं।

- परेशानी के समय (नींद न आने के कारण) यदि बच्चा मुंह में अंगूठा डालता है, तो आप स्वयं उसकी इस परेशानी में साथ रहें, ताकि वह इसके लिए मन में विचार न लाए।

- बच्चों के अंगूठे पर कुनैन की गोली का पतला-सा घोल लगा देना चाहिए, ताकि अंगूठा चूसने पर उसे इसका स्वाद बुरा लगे और वह इस आदत को छोड़ दें।

अभिभावकों को चाहिए कि वह इसे आदत न बनने दें।

बिस्तर गीला करना (Bed Wetting)

बच्चों से संबंधित यह दूसरी बड़ी समस्या है। नवजात शिशु का शौचादि क्रिया पर नियंत्रण नहीं रहता। वह चाहे जब बिस्तर गीला कर देता है। जैसे-जैसे उसकी उम्र बढ़ती है, वह अपनी इस क्रिया पर नियंत्रण करने लग जाता है और वह उचित और निर्धारित स्थान पर ही मूत्र त्याग करता है। सामान्य रूप से 3 वर्ष की अवस्था पाते-पाते बच्चे अपने शौच, मूत्र आदि पर नियंत्रण पा लेते हैं। यदि इसके बाद भी बच्चा असामान्य रूप से मूत्र त्याग करता है, आयु बढ़ने पर भी इस व्यवहार में कोई अन्तर नहीं आता है, तो इसे समस्या माना जाना चाहिए। यह समस्या कई बार काफ़ी बड़ी उम्र हो जाने के बाद भी बनी रहती है।

इस समस्या के शिकार बच्चों में हीन भावना आ जाती है। उन्हें अपने इस कार्य के लिए अपमानित तो होना ही पड़ता है, साथ ही उन्हें गंदगी में रहना भी पड़ता है। उनमें धीरे-धीरे आत्मविश्वास का अभाव होने लगता है।

कारण

इस समस्या का सबसे प्रमुख कारण मां का बच्चे पर ध्यान न देना है। यदि प्रारम्भ से ही बच्चों में इनका 'प्रशिक्षण' दिया जाए, तो वे उचित स्थान पर ही मूत्र त्याग करेंगे। इस समस्या का एक कारण बच्चों का मंद बुद्धि होना भी है। यदि बच्चों का मानसिक और बौद्धिक विकास नहीं होता, तो वे इस समस्या से ग्रस्त हो जाते हैं। सोते समय तरल पदार्थों का सेवन भी इसका एक कारण हो सकता है। यदि बच्चे सोते-सोते कोई भयानक सपना देखते हैं अथवा उनके मन में किसी बात का भय समा जाता है, तो भी वे इस आदत से ग्रस्त हो जाते हैं। कुछ बच्चों में असुरक्षा की भावना होती है, वे अंधेरे में उठना, बैठना, जाना अथवा जागना नहीं चाहते। कभी-कभी किसी शारीरिक दोष के कारण भी यह समस्या बन जाती है।

समाधान

समस्या चाहे जितनी भी कठिन क्यों न हो, समाधान तो होते ही हैं। इस समस्या के समाधान के लिए भी आप कुछ इस प्रकार के उपाय करें :

- बच्चों को मूत्र त्याग करने का उचित प्रशिक्षण दें, ताकि बच्चा निर्धारित स्थान पर ही मूत्र त्याग करे। कुछ माएं बच्चों को अपने पैरों पर कुछ इस प्रकार से बिठाती हैं कि वह समझ जाता है और वह तुरन्त मूत्र त्याग कर लेता है। कुछ इसी प्रकार का प्रशिक्षण आप भी बच्चों को दें।

- जब बच्चा बिस्तर गीला कर ले तो उसका अपमान न करें, न ही उसे बुरा-भला कहकर दूसरों के सामने डांटें। बच्चों के आहार पर विशेष ध्यान दें। रात को सोने से पूर्व उसे अधिक मात्रा में तरल पदार्थ न दें।

- सोने से पूर्व बच्चे को मूत्र त्याग करने के लिए कहें या कराएं। इसी प्रकार से रात को भी आप स्वयं इस बात का प्रयत्न करें कि चार-पांच घंटे बाद एक बार फिर उसे मूत्र त्याग कराएं। इस प्रकार के अभ्यास से वह बिस्तर गीला करने की आदत से बच जाएगा और उसमें आत्म-विश्वास भी बढ़ेगा।

- सोने से पूर्व बच्चों को भूत-प्रेत की कहानियां न सुनाएं और न ही उसके मन में किसी तरह का भय पैदा करें।

- बच्चों के सोने वाले कमरे में अंधेरा न हो, हलका प्रकाश हमेशा होना चाहिए, ताकि यदि बच्चा रात को उठना चाहे, तो उसे भय न लगे। वह स्वयं जाग सके और मां को जगा सके।

- यदि किसी शारीरिक दोष के कारण बच्चा ऐसा करता है, तो किसी योग्य चिकित्सक से सलाह लेनी चाहिए।

नाखून काटना (Nail Biting)

दांतों से अंगुलियों के नाखून काटना बच्चों में पाया जाने वाला एक असामान्य व्यवहार है। कभी-कभी तो बच्चे इन नाखूनों को काटने के इतने अभ्यस्त हो जाते हैं कि वे नाखून पैदा ही नहीं होने देते।

यह एक असामान्य व्यवहार है, देखने में तो यह बुरा लगता ही है, इसके कारण स्वास्थ्य पर भी विपरीत प्रभाव

पड़ता है। कभी-कभी तो इससे बच्चों को संक्रामक रोग भी हो जाते हैं।

यदि कोई बच्चा दोस्तों से उपेक्षित होता है, अथवा अभिभावकों से उपेक्षित होता है, तो उसमें संवेगात्मक तनाव आ जाता है, वह अपने इन संवेगों का प्रदर्शन भी नाखून काटने की क्रिया के रूप में करता है। कभी-कभी बच्चों को कोई काम नहीं होता, तो वे अनजाने में ही इस प्रकार का व्यवहार करने लगते हैं, जो बाद में आदत के रूप में विकसित हो जाता है। वह नाखून कुतरता रहता है। इस प्रकार के तनावों में रहने से बच्चों में नाखून काटने की आदत पड़ जाती है। जो बच्चे स्वभाव से चिड़चिड़े होते हैं, उनमें इस प्रकार की आदत पड़ जाती है। किसी हीनता के कारण, भय के कारण अथवा असुरक्षा के कारण भी इस प्रकार की आदत पड़ जाती है। कभी-कभी बच्चों को कोई काम नहीं होता, तो वे अनजाने में ही इस प्रकार का व्यवहार करने लगते हैं, जो बाद में आदत के रूप में विकसित हो जाता है।

समाधान

चूंकि नाखून काटने की आदत का संबंध मनोवैज्ञानिक संवेगों और तनावों से होता है, इसलिए बच्चों को इन संवेगों से मुक्त रखने के लिए हमेशा तनाव रहित बनाएं। उन्हें पूरा-पूरा स्नेह, संरक्षण और सुरक्षा प्रदान करें, ताकि उनके अंदर इस प्रकार की भावनाएं ही न आएं। इसके लिए निम्न उपाय करें :

- इस आदत को निरंतर हतोत्साहित करें। बच्चों को समझाएं कि यह एक बुरी आदत है। अतः इसे छोड़ दें।
- बच्चों के नाखून बढ़ने न दें। स्वयं उन्हें समय-समय पर अपने हाथों से काटें।
- ऐसे बच्चों को अकेले न रहने दें। उनके साथ स्वयं खेलें। उन्हें बच्चों के साथ खेलने के लिए उत्साहित करें। खाली न बैठने दें। आपने भी सुना होगा कि खाली दिमाग शैतान का घर होता है।
- यदि बच्चा किसी कारण हीन भावना से ग्रसित है, तो उसके अच्छे कार्यों की प्रशंसा करें, ताकि उसके अंदर हीन भावना पैदा ही न हो और वह भयमुक्त रहे।

भय (Fear)

बच्चों के मन में काल्पनिक भय समाया रहता है। भूत-प्रेत के किस्से, राक्षस, डाकू, कुत्ता, बिल्ली, सिपाही, अंधेरी कोठरी में बंद करना आदि बातें बच्चों के मन में अपनी-अपनी कल्पनाओं के अनुसार भय पैदा करती हैं। इस प्रकार के भय से बच्चा दब्बू, हीन, कमजोर, बन जाता है और वह दूसरे लड़कों की तुलना में पिछड़ जाता है। यहां तक कि पढ़ाई और खेल में भी वह अन्य लड़कों की तुलना में पिछड़ जाता है।

भय के अन्य कारणों में एक कारण यह भी है कि यदि मां का स्वभाव भयांकित हो, तो बच्चों पर भी इसका प्रभाव पड़ता है। सुनी-सुनाई कहानियों के डरावने पात्रों की कल्पना करके भी बच्चा भयभीत होता है। यदि बच्चा शारीरिक और मानसिक रूप से कमजोर हो, तो भी भय का उस पर अधिक प्रभाव पड़ता है। यदि बच्चों का मनोबल किसी कारण से कमजोर होता है, उसमें तर्क और विवेक शक्ति का अभाव होता है, तो भयग्रस्त रहता है। इसलिए सुनी-सुनाई बातों पर शीघ्र विश्वास कर लेता है। आर्थिक अभावों और वातावरण का भी प्रभाव भी बच्चे पर पड़ता है।

समाधान

बच्चों को भयमुक्त करने के लिए उन्हें प्रारम्भ से ही यह समझा दें कि भूत, प्रेत, राक्षस नाम की कोई वस्तु इस संसार में नहीं है। इसलिए ये सब काल्पनिक बातें हैं, इनसे डरना नहीं चाहिए।

यदि बच्चा अंधेरे से भय खाता है, तो उसके साथ स्वयं जाएं और उसे बताएं कि देखो, अंधेरे में कोई भी वस्तु अनिष्टकारक नहीं होती। कुत्ता, बिल्ली, सब पालतू जानवर हैं। ऐसी वस्तुओं का भय मन में न समाने दें। इसी प्रकार से स्कूल का भय, सिपाही का डर, चोर का डर आदि सब उसके मन से निकालने की कोशिश करनी चाहिए।

यदि बच्चे के मन में कोई भ्रामक विचार अथवा भय के प्रति कोई भ्रामक धारणा बनी हुई है, तो उसका मजाक न उड़ाएं, बल्कि उसका आत्म विश्वास बढ़ाएं, ताकि वह भय के भ्रम से मुक्त हो सके। बच्चों के सामने भय पैदा करने वाली बातें न करें।

क्रोध (Anger)

क्रोध या गुस्सा करना एक स्वाभाविक क्रिया है। यह प्रत्येक बच्चे में जन्म से ही पाई जाती है। जब किसी बच्चे की कोई

आवश्यकता पूरी नहीं होती, तो वह अपनी इस इच्छा को क्रोध व्यक्त कर प्रकट करता है। कभी-कभी बड़े बच्चे छोटे बच्चों की इच्छाओं के विपरीत आचरण करके उसे क्रोधित कर देते हैं। इस स्वाभाविक व्यवहार को ही जब कोई बच्चा अस्वाभाविक रूप से प्रकट करने लगता है, तब यह व्यवहार समस्या बन जाता है। जोर-जोर से चिल्लाना, अपने आपको पीटना, वस्तुएं उठा-उठाकर फेंकना, बर्तन या क्रोकरी को तोड़ना, परिवार के अन्य सदस्यों से लड़ना, मारना-पीटना, कपड़े बिगाड़ना, गालियां देना आदि सब ऐसे ही व्यवहार हैं, जो समस्या के रूप में प्रकट होते हैं। ऐसे बच्चे परिवार से समायोजन नहीं कर पाते और जीवन-भर परिवार पर अभिशाप बने रहते हैं।

ऐसे बच्चे घर की महंगी वस्तुएं यहां तक कि टी.वी. तक को तोड़ देते हैं और उन्हें अपने इस किए का कोई पश्चात्ताप नहीं होता।

क्रोध करने वाले बच्चों की इच्छाओं की पूर्ति नहीं होती, वह अपनी इच्छाओं की पूर्ति या बात मनवाने के लिए क्रोध का सहारा लेता है। यदि उसके काम में कहीं कोई बाधा आती है, तो वह अपना क्रोध घर वालों पर निकालता है। बच्चों के सामान्य व्यवहार जैसे खेलना, दोस्तों के साथ बाहर घूमने जाना आदि पर कोई रोक अथवा बाधा पैदा की जाती है, तो बच्चा क्रोध करता है। किन्हीं अन्य कारणों से जैसे घर में भेदभाव हो जाना, किसी बच्चे को विशेष स्नेह मिलना अथवा किसी बच्चे पर ज़्यादा प्यार दर्शाना भी दूसरे बच्चे में क्रोध का कारण बनता है। प्रायः सौतेलेपन का व्यवहार भी क्रोध का कारण बनता है। बच्चे की गलतियों की चर्चा जब उसके मित्रों अथवा पड़ोसियों के सामने की जाती है, तो वह क्रोध करने लगता है। यही क्रोध धीरे-धीरे आदत बन जाता है। कमजोर बच्चे भी क्रोध ज़्यादा करते हैं। कहावत है कि कम कुव्वत गुस्सा ज़्यादा।

समाधान

सामान्य रूप से अभिभावकों को ऐसे काम नहीं करने चाहिए जिससे बच्चे क्रोधी हों अथवा उनके क्रोध को प्रोत्साहन मिले। बच्चों द्वारा किए जा रहे कार्यों में अनावश्यक रूप से बाधा उत्पन्न न करें। न ही उन्हें आदर्शों की दुहाई दें। यदि बच्चा दर्पण के सामने खड़ा होकर अपने बाल संवारता है, तो इसमें अस्वाभाविक क्या है ? उसे सजने-संवरने दें। उसके इस व्यवहार पर ताने न कसें। अन्यथा आपके ताने आग में घी का काम करेंगे। बच्चों के साथ आप कुछ ऐसा ही व्यवहार करें :

- बच्चों के क्रियात्मक कार्यों की प्रशंसा करें। आपकी प्रशंसा क्रोध में पानी का काम करेगी।
- परिवार के सब बच्चों के साथ समान व्यवहार करें। उनमें किसी प्रकार का भेदभाव न रखें।
- जब बच्चा क्रोध में हो उसे डांटे, मारें फटकारें नहीं। इससे समस्या और भी गम्भीर हो सकती है।
- बच्चों को हमेशा रचनात्मक कार्यों में व्यस्त रखें। निकम्मा, बुद्धू, कामचोर, झूठा, बेईमान आदि कहकर उन्हें वैसा ही बनने के लिए न छोड़ें।

तुतलाना (Stuttering)

तुतलाना एक समस्या न होकर भाषा दोष अथवा शारीरिक दोष है। फिर भी कुछ अभिभावक ज़्यादा लाड़-प्यार में आकर बच्चों की इस आदत को प्रोत्साहन देते हैं, क्योंकि उन्हें छोटे बच्चों की तुतलाती भाषा अच्छी लगती है। वे इस प्रकार के शब्द सुनकर सुखानुभूति अनुभव करते हैं। बाद में यही तुतलाती भाषा बच्चों के लिए समस्या बन जाती है।

प्रायः उम्र बड़ी हो जाने के बाद भी कई बच्चे घोड़ा को 'घोरा', 'रोटी' को 'ओटी', 'कुत्ता' को 'तुत्ता' आदि कहकर पुकारते हैं अथवा शब्दों को अटक-अटक कर बोलते हैं, 'मैं ज ल ... ल ल दी जाऊंगा।'

समाधान

वास्तव में यह समस्या शारीरिक अथवा भाषा दोष से संबंधित है। अभिभावकों को चाहिए कि वे अति लाड़-प्यार में आकर उनकी इस प्रकार की आदतों को प्रोत्साहन न दें। जहां तक हो, अभ्यास द्वारा इन्हें छुड़ाने का प्रयास करें।

यदि बच्चों में किसी शारीरिक दोष अथवा कमी के कारण इस प्रकार की समस्याएं हैं, तो योग्य चिकित्सक से मिलकर उन्हें दूर किया जा सकता है। वैसे बच्चों को प्रातः बादाम और मिसरी खिलाने से भी इस प्रकार के दोष कम हो जाते हैं।

आप केवल इतना करें कि यदि कोई बच्चा अशुद्ध उच्चारण करता है, तुतलाता है, तो उसका मजाक न उड़ाएं और उसे सही बोलने के लिए अभ्यास कराएं। अभ्यास से इस प्रकार की समस्याओं पर काबू पाया जा सकता है। इसी प्रकार से बाएं हाथ से लिखना भी एक सामान्य दोष है। यद्यपि इसका बच्चे के व्यक्तित्व विकास अथवा प्रतिभा पर कोई विपरीत प्रभाव नहीं पड़ता। फिर भी यह एक दोष तो है ही। यह विशेष बात है कि जो बच्चे बाएं हाथ से लिखते हैं, उनका हस्त लेख बड़ा सुंदर होता है। ऐसी भी मान्यता है कि जो बच्चे बाएं हाथ से लिखते हैं, उनमें तुतलाने का दोष भी पाया जाता है। यह कोई सिद्धांत नहीं है। अपवाद बहुत से हो सकते हैं।

बच्चों की इन समस्याओं को गंभीरता से लेना चाहिए, क्योंकि इनका समाधान करना, कराना आपका ही दायित्व है।

अध्याय 15

वस्त्रों की देखभाल

वस्त्र व्यक्तित्व के परिचायक हैं। सुंदर, आकर्षक वेशभूषा देखकर ही व्यक्ति के पढ़े-लिखे होने या उसके सामाजिक और आर्थिक स्तर का अनुमान लगाया जाता है। पहला प्रभाव तो वस्त्रों का ही पड़ता है। वस्त्र चाहे घर के उपयोग के हों अथवा पहनने के आपकी अभिरुचि और सुघड़ता का ही परिचय देते हैं। उचित देखभाल से वस्त्र जहां हमारी अलग पहचान बनाते हैं, वहीं शालीनता और सौम्यता का भी परिचय देते हैं। महंगे वस्त्र भी उचित देख-रेख के अभाव में भद्दे लगते हैं। अतः वस्त्रों के चयन और उचित देखभाल का सदैव ध्यान रखें। मखमल में टाट का पैबन्द लगा देखकर आप हंसी की पात्र न बनें।

वस्त्र जीवन की अनिवार्य आवश्यकता है। गृहिणी के पारिवारिक बजट का दस से बीस प्रतिशत व्यय इस एक मद पर होता है। इसलिए इनकी उचित देखभाल होना उतना ही आवश्यक है, जितना कि अन्य कोई काम। वस्त्रों की उचित देखभाल न होने से जहां ये भद्दे लगते हैं, वहीं ये शीघ्र ही फट जाते हैं अथवा अन्य प्रकार से बेकार हो जाते हैं।

गृहिणी को दो प्रकार के वस्त्रों की देखभाल करनी पड़ती है—1. वे वस्त्र जो घर में उपयोग होते हैं जैसे चादरें, परदे, तौलिए, फर्नीचर के कुशन, गद्दे, उनके कवर आदि। 2. परिवार के सदस्यों के पहनने वाले वस्त्र जैसे साड़ी, सूट, सलवार, कुर्त्ता, पायजामा, स्कर्ट, जींस, पैंट, अधोवस्त्र आदि।

घर के वस्त्र यानी चादरें, परदे, मेज़पोश आदि तो घर की आवश्यकता के अनुसार क्रय किए जाने चाहिए। उनके रंग, डिजाइन आदि कमरे की बनावट और फर्नीचर की आवश्यकता के अनुसार होने चाहिए, लेकिन पहनने वाले वस्त्रों का चुनाव हमेशा अपने रंग रूप, शारीरिक संरचना और अवसर के अनुकूल करना चाहिए।

लोक मान्यता है कि 'खाओ मन भाता और पहनो जग भाता'। अर्थात् खाना तो अपनी मनपसंद का खाना चाहिए और पहनना दूसरों की रुचि का होना चाहिए। यहां लोक रुचि का अर्थ केवल इतना ही है कि वस्त्र आपकी मर्यादा की भी रक्षा करते हैं। इसलिए तड़क-भड़क वाले भड़कीले पारदर्शी वस्त्र आपको लोक निन्दा का केन्द्र बना सकते हैं। सिनेमाई संस्कृति के प्रभाव में आकर जो युवतियां भड़कीले वस्त्र पहनकर बाजार में निकलती हैं, लोगों की छींटाकशी और आवाजों का केंद्र बनती हैं। इसके विपरीत, शालीनता युक्त पहनावा आपको सबकी नज़रों में सम्मान और प्रतिष्ठा दिलाता है।

वस्त्र हमेशा अवसर के अनुकूल पहनने चाहिए। गमी के अवसर पर भड़कीले इंद्रधनुषी रंग वाले वस्त्र आपको आलोचना का केन्द्र बनाएंगे। आपको इस बात की पूरी-पूरी जानकारी होनी चाहिए कि किस अवसर पर आपको क्या पहनना है। वस्त्र के चुनाव में अपनी शारीरिक संरचना का भी ख्याल रखें। यदि आपका रंग साफ़ है, गोरा है, तो आप गहरे रंगों वाले कपड़े पहनें, इससे आपके व्यक्तित्व में निखार आएगा। यदि आपका रंग श्याम वर्ण है, तो आप हलके व साफ़-सुथरे सफ़ेद वस्त्र पहनें। छोटे कद की महिलाओं को लंबी धारीदार साड़ी पहननी चाहिए, चौड़ा बार्डर भी इनके व्यक्तित्व

पर निखरेगा। लंबी महिलाओं को आड़ी धारी वाली साड़ी पहननी चाहिए।

यदि आप डॉक्टर हैं, स्कूल शिक्षिका अथवा समाज सेवा के अन्य किसी कार्य से संबद्ध हैं, तो आप अपने पद की गरिमा के अनुकूल साड़ी, सूट पहनें। साड़ी महिलाओं की सदाबहार पोशाक है, इसका चुनाव आप अपनी आर्थिक और सामाजिक सीमाओं में कर सकती हैं।

त्योहारों पर अपनी परम्परागत पोशाक पहनें। इससे जहां त्योहारों का उल्लास बढ़ेगा, वहीं रिश्ते भी मधुर और मजबूत बनेंगे। शायद इसीलिए त्योहारों पर नए वस्त्र पहनने की परम्परा है। पारिवारिक उत्सव तथा पूजा, पर्व आदि पर नए वस्त्र पहनने की परम्परा भी है।

साड़ी की देखभाल

'साड़ी' शब्द के साथ ही भारतीय नारी की संपूर्ण वेशभूषा की कल्पना होने लगती है। इसमें नारी का संपूर्ण व्यक्तित्व उभरता है। यह भारतीय नारी का सांस्कृतिक पहनावा है। आदिकाल से ही नारी इसे पहनती आई है। देश के सभी प्रांतों में इसका प्रचलन है। अब तो भारतीयों की पोशाक को अंतर्राष्ट्रीय स्तर पर स्वीकार कर लिया गया है। साड़ी आधुनिक नारी की पहचान बन गई है। साड़ी का रख-रखाव, साड़ी बांधना भी एक कला है। अलग-अलग राज्यों में साड़ी बांधने की शैली भिन्न है। महाराष्ट्र की साड़ी बांधने की शैली अन्य सभी से भिन्न है।

सिल्क, पालिस्टर की साड़ियां जहां सर्दी के मौसम में अच्छी लगती हैं, वहीं सूती, तांत, साउथ सिल्क, कोटा,

शिफान आदि की साड़ियां गर्मियों में व्यक्तित्व को प्रभावशाली बनाती हैं। बनारसी साड़ियां शादी-ब्याह पर अच्छी लगती हैं।

महिलाओं में नई-नई साड़ियां खरीदने की इच्छा हमेशा बनी रहती है। बाक्स, अलमारी में काफ़ी साड़ियां होने के बाद भी उनकी यह इच्छा कभी पूरी नहीं होती। वास्तव में साड़ियों का अधिक होना इतना महत्त्वपूर्ण नहीं, जितना कि उनका सही रख-रखाव होना है। इसलिए इस विषय में थोड़ी सी व्यावहारिक सोच रखें और साड़ियों की उचित देखभाल करें :

- साड़ियों को हमेशा तय करके करीने से हैंगर में टांगकर रखें। बनारसी, कांजीवरम् अथवा साउथ सिल्क की महंगी साड़ियों पर कवर चढ़ाकर रखें। इससे उन पर धूल नहीं जमेगी।
- रेशमी साड़ियां हमेशा पुरानी सूती साड़ियों में लपेट कर रखें, इन्हें जहां भी रखें 'फिनायल' अथवा नैफथलीन की गोलियां जरूर रखें।
- सूती साड़ियां चरख कल्फ लगाकर रखें।
- बाक्स में साड़ियां रखें, तो उन्हें अखबारी कागज में लपेटकर रखें, इससे दीमक लगने की संभावना कम रहती है।
- रखे हुए वस्त्रों को समय-समय पर धूप, हवा लगवाते रहें।
- सीलन से बचाव करें।

साड़ियां धोने की घरेलू विधि

रीठे का घोल बना लें। इस पानी को हलका गर्म कर उसमें धोने वाली साड़ी दस-पंद्रह मिनट तक भीगी रहने दें। फिर हलके हाथों से घोलें। साफ पानी में निकालकर इन्हें छाया में सुखाएं। यदि आपके पास रीठे का प्रबंध न हो, तो बाजार में मिलने वाले किसी भी सौम्य साबुन से हलके हाथों से साड़ियां धोएं। ध्यान रखें कि इन साड़ियों को कपड़े धोने वाली मशीन में न डालें। इससे उनकी चमक में अंतर आ जाता है और साड़ियों की चमक फीकी पड़ जाती है।

परदे, मेज़पोश, चादरें कुशन की सफ़ाई

चादरें, मेजपोश, परदे घर की सुंदरता के लिए आवश्यक हैं। चूंकि ये सब मोटे कपड़े जैसे टेपेस्ट्री, वेलवेट अथवा पानीपत की हैंडलूम अथवा खादी के बने होते हैं, इसलिए इन्हें बार-बार धोना, साफ़ करना कठिन होता है। इसलिए इनका उपयोग, देखभाल करते समय निम्न बातों पर ध्यान दें :

- परदों के पीछे मारकीन अथवा अन्य किसी पतले सूती कपड़े की लाइनिंग अवश्य लगाएं, इससे धूप का प्रभाव कम पड़ेगा और इन कपड़ों के रंग सुरक्षित बने रहेंगे।
- दो तीन महीने बाद इन्हें आवश्यकता अनुसार धोएं। इन्हें धोने का सरल उपाय यह है कि बड़े टब में साबुन का घोल बनाकर इन्हें कुछ देर तक पड़ा रहने दें, मैल गल जाने पर हलके हाथों से धो दें।
- यदि परदे सूती अथवा केसमेन्ट के हैं, तो इन पर कल्फ़ अवश्य लगाएं। यदि कोई कपड़ा रंग छोड़ता हो, तो उसे अन्य वस्त्रों के साथ न धोएं।
- एप्लीक अथवा पेचवर्क या पेंटिंग वाले कवर, मेजपोश भी अलग से धोएं। इन्हें तेज धूप में न सुखाएं। तेज धूप में सुखाने से सफ़ेद कपड़े पीले पड़ जाते हैं और रंगीन कपड़ों के रंग फीके पड़ जाते हैं।
- टेबिल क्लाथ, डाइनिंग टेबल क्लाथ, कुशन कवर आदि समय-समय पर बदलती रहें। यदि संभव हो, तो इन्हें बदल-बदल कर उपयोग करें। इससे बैठक का रूप भी बदलता रहेगा और आपकी आंखों को भी सुंदर लगेगा।
- यदि मेज़पोश, कुशन कवर या अन्य किसी में मोती लगे हैं, कांच का काम हुआ है, तो इन्हें निचोड़ने की आवश्यकता नहीं।

कपड़ों के दाग, धब्बों की सफ़ाई

मैल कपड़ों का दुश्मन होता है। वैसे भी मैले कपड़े मन में हीनता लाते हैं। व्यक्तित्व को दबा देते हैं। इसलिए विभिन्न कपड़ों की सफ़ाई दाग़-धब्बे छुड़ाने के लिए निम्न उपाय करें :

- जंग लगे दाग़ को नीबू रगड़ कर साफ़ करें।
- कपड़ों में यदि खून का दाग़ पड़ गया है, तो उसे सफ़ेद सिरका डालकर आधा घंटे तक पानी में पड़ा रहने दें। बाद में धोकर सुखाएं।
- तेल, ग्रीस, तारकोल जैसे हठीले दाग़-धब्बे मिट्टी के तेल से छुड़ाएं।

- सॉस के दाग़ विम या बरतन धोने वाले किसी भी पाउडर से रगड़कर साफ़ कर सकती हैं।
- पसीने के दाग़ सिरके के घोल से साफ़ किए जा सकते हैं। बराबर-बराबर सिरका और पानी इन दागों पर मलें, फिर धो लें।
- जींस जैसे मोटे कपड़ों को उलटा करके धोएं। इससे उनकी स्वाभाविक चमक बनी रहेगी।
- गर्म कपड़ों में एक मुट्ठी लौंग रख दें, इससे उनमें कीड़ा नहीं लगता है।
- जो कपड़े पैरों के पास से ज़्यादा मैले हो जाते हैं, जैसे मोजे, पायजामा आदि ऐसे गंदे कपड़ों को नीबू के पानी में रखने के बाद धोएं, मैल आसानी से निकल जाएगी।
- अधिक देर तक गीले रहने के कारण क़भी-कभी कपड़े बदबू मारने लगते हैं, एक मुट्ठी नमक डालकर इन्हें धोएं फिर सुखाएं। बदबू खत्म हो जाएगी।
- वाशिंग मशीन में कपड़े धोते समय बच्चों के छोटे-छोटे कपड़े, मोजे, रूमाल आदि किसी थैली में बंद कर के उसमें डालें।
- सूती रंगीन कपड़ों को कलफ़ अवश्य लगाएं। इन्हें उलटा कर सुखाएं। कपड़ों को हलकी धूप में सुखाएं या फिर छाया में। इससे उनके रंग फीके नहीं पड़ते।

कभी न बदलने वाला फैशन–सादगी

महाविद्यालय के वार्षिकोत्सव पर कालेज की सर्वश्रेष्ठ छात्रा का सम्मान इस बार शालू बत्रा को मिला। मंच पर जैसे ही शालू बत्रा के नाम की घोषणा हुई, मेरे पास की सीट पर बैठी मीनाक्षी बोली, 'यह वही शालू है ना...। लंबी-सी इकहरे बदन वाली, कुछ सांवले से रंग की, साधारण-से मेकअप वाली, गले में छोटा-सा लाकेट...। बड़ी सादगी पसंद है वह...। बहुत कम बोलती है...। आकर्षक व्यक्तित्व और सादगी ओढ़े...।' मीनाक्षी कुछ और कहती, इससे पहले ही शालू बत्रा मंच पर आ गई थी।

शालू बत्रा इतनी सुंदर तो न थी, लेकिन उसका हलका बनाव-शृंगार और सुरुचिपूर्ण आकर्षक सफ़ेद सूट और गहरे हरे रंग की चुन्नी... ने उसे इतना आकर्षक बना दिया था, कि वह बहुत ही सुंदर लग रही थी। शायद इसी सादगी के कारण उसे कालेज की सर्वश्रेष्ठ छात्रा होने का सम्मान मिला था।

हमारे सामाजिक और पारिवारिक जीवन में नित्य नए-नए फैशन, रंग-डिजाइन आते हैं, बदल जाते हैं। हमारे पारिवारिक जीवन पर भी सिनेमाई संस्कृति का एक रंग चढ़ता है, फिर दूसरा आता है और फिर तीसरा...। लेकिन सादगी...। सादगी कभी न बदलने वाला फैशन है।

भौतिकतावाद के इस युग में सादगी की बातें करना यद्यपि बेमानी-सा लगता है, लेकिन यह एक सत्य है कि सादगी कभी न बदलने वाला फैशन है। सादगी की हर सीमा पूर्ण है, फैशन की कोई भी सीमा नहीं है। फैशन एक प्रकार की मृगतृष्णा है, जिसे लाख पाने का प्रयास करें, वह कभी पकड़ में नहीं आता। आप चाहे जितना पैसा खर्च करें, प्रतिदिन बदलने वाले फैशन, रंगों, डिजाइनों से आप कभी संतुष्ट न होंगी, जबकि सादगी अपने आप में संतुष्टि है।

बात चाहे बनाव-शृंगार की हो अथवा कपड़ों की, केश विन्यास की हो या आभूषणों की, गृह सज्जा की हो या समाज सेवा की...आप चाहे कितने ही प्रयास करें, प्रत्येक स्तर पर कुछ-न-कुछ अभाव आपको हमेशा खटकेंगे। फैशन की यह सोच आपको कभी भी संतुष्ट न होने देगी और आप जीवन में हमेशा एक रिक्तता का अनुभव करेंगी। इसलिए इस विषय में आप अपनी सोच को कुछ व्यावहारिक बनाएं।

आप चाहे घर में हों अथवा घर के बाहर किसी संस्थान में, अपने दैनिक जीवन में अपने व्यक्तित्व और रूप राशि को इतना संवारें कि वह अपने नैसर्गिक सौंदर्य को खत्म न कर सके। हलके रंगों के वस्त्र का चुनाव जहां आपकी सुरुचि पूर्ण पसंद का द्योतक है, वहीं गहरे चटक रंग आपके कठोर होने और शुष्क होने के भी प्रतीक हैं। अतः दूसरों को प्रभावित करने के लिए सबसे सरल उपाय यह है कि आप अपने वस्त्रों का चुनाव करते समय हलके रंगों को प्राथमिकता दें।

गृहिणी अथवा कामकाजी महिला के रूप में सादगी को एक आदर्श के रूप में स्वीकारें। आवश्यकता से अधिक लिपा-पुता चेहरा, सुर्ख गहरी लिपिस्टिक, तेज खुशबू, थोपे हुए लटकते भारी भरकम गहने आपको 'सेठानी जी' आ गई कि टिप्पणी देंगे। हो सकता है आपको लोग 'हीरोइन',

'छप्पन छुरी' 'मस्त-मस्त' आदि निक नेम दें। आशय यह है कि सादगी एक ऐसा आभूषण है, जो आपके व्यक्तित्व को निखारता है। आपको मानसिक 'संतुष्टि' प्रदान करता है, लोगों की टिप्पणियों से बचाता है। खर्चीले सौंदर्य प्रसाधनों से बचाता है और आपके पारिवारिक बजट को संतुलित करता है।

सादगी से तात्पर्य आपके सीमित साधनों का विवेकपूर्ण उपयोग है। किसी भी प्रकार के अभाव को अभिशाप न मानें। अपने आपको काला, कुरूप, साधनहीन, बेचारा अथवा बेचारी समझना, दुःखी होना, कुंठाग्रस्त होना उचित नहीं। इस बात को स्वीकार करें कि इस दुनिया में सबको सब-कुछ नहीं मिलता। इसलिए जो उपलब्ध है, सुलभ है, उसी का उपयोग करें। अपने आप में आत्मविश्वास जगाएं। अपने रहन-सहन, खान-पान को सुरुचिपूर्ण सादगी प्रदान करें। जीवन में इस प्रकार की सोच आपको दूसरों से विशिष्ट, भिन्न, सुंदर बनाएगी, वहीं आप अपने आपको हर स्थिति में संतुष्ट और सुखी पाएंगी। अभाव का अहसास स्वतः ही समाप्त हो जाएगा।

आपकी वैचारिक सादगी आपके आचरण में भी दिखाई देनी चाहिए। महंगे सौंदर्य प्रसाधनों की खरीद से बचें, घर में ही उपयोग होने वाले पदार्थों का सौंदर्य प्रसाधन के रूप में उपयोग करें। कच्चा दूध, दही, मलाई, नीबू, संतरे के छिलके, खीरा, हलदी, बेसन, आंवले का चूर्ण, रीठा, शिकाकाई, टमाटर, मेहंदी, लौकी का छिलका आदि ऐसे पदार्थ हैं, जिनका उपयोग सौंदर्य प्रसाधनों के रूप में किया जा सकता है।

इनके उपयोग से जहां आपके चेहरे और त्वचा पर स्वाभाविक निखार आएगा, वहीं आपकी प्राकृतिक सुंदरता भी बनी रहेगी। इसी प्रकार से वस्त्रों का सादगीपूर्ण चयन आपको गरिमामय सम्मान दिलाएगा।

गृह-सज्जा में भी घर की अनुपयोगी वस्तुओं का उपयोग करें। इन्हें करीने से सजाएं और घर की सुंदरता में चार चांद लगाएं। फूल-पत्तियों, गमलों, सूखी डालियों, चिड़ियों के पंखों, रेखाओं के संयोजन, कंकड़-पत्थरों से कुछ इस प्रकार से सजाएं कि शो पीस बोल उठे।

जिस प्रकार से सुंदरता छिपाए नहीं छिपती, उसी प्रकार से सादगी भी छिपाए नहीं छिपती। इसलिए आप चाहे घर में हों अथवा पार्टी में, सांस्कृतिक समारोह में हों अथवा कामकाजी ज़िन्दगी में, जिस सादगी ने शालू बत्रा को कालेज की सर्वश्रेष्ठ छात्रा का सम्मान दिलाया, वही सादगी आपको भी सर्वश्रेष्ठ गृहिणी होने का सम्मान दिला सकती है। बस, अंतर केवल आपकी अपनी सोच का है।

अतः कभी न बदलने वाले इस फैशन को अपना कर देखें। आपका चेहरा हमेशा संतुष्टि से प्रसन्न और खिला रहेगा और आप सहज में ही सफलताओं की नित्य नई ऊंचाइयां छूती रहेंगी। पति और परिवार के अन्य सदस्य भी आपके इस आदर्श के लिए समर्पित भाव से सहयोगी बनेंगे। आत्म संतुष्टि और प्रसन्नता का यह अहसास ही प्रगतिशीलता की पहचान है, अतः सादगी अपनाकर आप भी अपनी कुछ ऐसी ही पहचान बनाएं। शालू जैसा सम्मान मिलने में समय न लगेगा।

अध्याय 16

सामाजिक होने का परिचय दें

मनुष्य एक सामाजिक प्राणी है। उसके संपूर्ण व्यक्तित्व विकास के लिए समाज आवश्यक है। महानगरों में कालोनी-संस्कृति और अब फार्म हाउस संस्कृति के विकास ने लोगों की मानसिक सोच को संकीर्ण बनाया है। इससे सामाजिक सुरक्षा प्रभावित हुई है। इसके विपरीत सामाजिकता की सोच से न केवल आपकी सुरक्षा का घेरा बढ़ता है, बल्कि दूसरे भी सुरक्षित रहते हैं। सामाजिकता की सोच पर एक आत्मावलोकन...।

''मैं तो कालोनी में किसी के यहां मिलने-बैठने नहीं जाती हूं। मिलना-बैठना तो यहां के लोगों को बिलकुल पसन्द ही नहीं। इन छोटे लोगों को क्या मुंह लगाना...इनसे तो जितना दूर रहो, उतना ही अच्छा है। ज़रा-सी लिफ्ट दी नहीं कि ये सिर पर बैठने की कोशिश करते हैं...।''

''शीला की मां और तो सब ठीक है इस कालोनी में, लेकिन पास-पड़ोस में मिलने-बैठने के लिए कोई नहीं। मैं तो किसी से बात करने के लिए भी तरस जाती हूं। सब अपने-अपने मकानों, कोठियों, बंगलों, बड़ी-बड़ी भुतहा हवेलियों...। गेट ऐसे बंद रहते हैं, जैसे यहां कोई इनसान रहता ही नहीं...। मिलने-बैठने का सुख तो आपके मुहल्ले में था, यहां तो बिलकुल नहीं, बस घर में घुसे रहो, न दिन का पता चलता है न रात का...।''

पास-पड़ोस में मिलने-बैठने, सामाजिक होने के दो ऐसे पक्ष हैं, जिसमें दो अलग-अलग गृहिणियों के विचार हैं। दो पढ़ी-लिखी महिलाओं की यह अलग-अलग सोच ही एक-दूसरे के सामाजिक होने का परिचय है। पहली का अपना निजी दृष्टिकोण है, वह लोगों के साथ इसलिए मिलना-जुलना पसन्द नहीं करती, क्योंकि वह अपने आपको 'बड़ी' और 'प्रगतिशील' समझती है। दूसरी महिला में सामाजिक सोच है, क्योंकि वह सबसे हिल-मिलकर रहना चाहती है। उसकी सोच यह है कि शिष्टाचार के नाते ही हमें एक-दूसरे के दुःख-सुख में शामिल होना चाहिए। एक-दूसरे का सहयोग करने का कोई भी अवसर हाथ से न जाने देना चाहिए। उसकी इस प्रकार की सोच न केवल उसे प्रसन्न बनाए रखती है, बल्कि वह जीवन की सरसता के नित्य नए-नए स्रोत भी बनाती रहती है। जहां वह सबके काम आती है, वहीं उसके स्वयं के भी कई काम घर बैठे ही हो जाते हैं। वास्तव में हम कितनी सामाजिक हैं, इसका पता तब लगता है, जब हम दूसरों के हितों का ख्याल रखती हैं। दूसरे लोग हमारे लिए कितने समर्पित-भाव से पेश आते हैं। यह सोचना कि मिलने-बैठने में परेशानियां बढ़ेंगी, न तो उचित ही है और न तर्क संगत ही। इसलिए सामाजिकता का परिचय देने के लिए मिलना-बैठना एक सामान्य व्यवहार है। सामाजिक होने का यह अर्थ बिलकुल नहीं कि आप जब चाहें, जिस स्थान पर बिना बुलाए रोज़-रोज़ 'सेवा' के लिए अथवा 'टाइम पास' के लिए पहुंच जाएं और बात-बात में अपनी संपन्नता प्रगतिशील अथवा बुद्धिमान होने का परिचय दें। दूसरों की हीनता उछालें, दूसरों की कमज़ोरियों को जानें अथवा दूसरों के निजी मामलों में हस्तक्षेप कर अपनी सलाह दें।

आप चाहे कोठी में रहती हों अथवा कालोनी के किसी फ्लैट में, मुहल्ले में। पड़ोस में आपकी चाहे कितनी ही

घनिष्ठता क्यों न हो, आपके संबंध चाहे कितने ही घरोंपा वाले क्यों न हों, दूसरों के घर अथवा मुहल्ले-पड़ोस में बिना बुलाए न जाएं। किसी के घर जाने से पहले यह सोच लें कि आपके उस घर में जाने से किसी को कोई कठिनाई अथवा बाधा तो नहीं होगी। किसी के काम में व्यवधान तो उत्पन्न नहीं होगा। उन्हें कोई असुविधा तो नहीं होगी। यह उनके खाने, सोने अथवा पढ़ने, पढ़ाने का समय तो नहीं। यदि आप यह जानती हैं कि इस समय उन्हें कोई-न-कोई असुविधा अवश्य होगी, तो आप वहां न जाएं। यदि आप समझती हैं कि आपके वहां जाने से दूसरों को प्रसन्नता होगी, तो ही आप जाएं। अच्छा हो यदि आप जाने से पहले उन्हें अपने आने की सूचना दे दें। यह सूचना फोन पर भी दी जा सकती है। इस सूचना के साथ ही उनसे यह भी पूछ लें कि इस समय में उन्हें अन्य कोई आवश्यक काम तो नहीं है, इस बीच उनके घर कोई और तो नहीं आ रहा, इस समय में उनका कहीं और जाने का प्रोग्राम तो निर्धारित नहीं है? यदि हां, तो आप इस समय को टाल दें और विकल्प के रूप में अन्य कोई समय ले लें। अच्छा हो, यदि आप यह भी बता दें कि आप कितने लोगों के साथ आ रही हैं। इस प्रकार की सूचना जहां आपके मेज़बान सहकर्मी अथवा पड़ोस के लिए उन्हें मानसिक रूप से तैयार करेगी, वहीं वे आपकी प्रतिष्ठा के अनुकूल मान-सम्मान देकर आपका स्वागत-सत्कार कर सकेंगे। सूचना के अभाव में यह भी हो सकता है कि आप जब मेजबान अथवा पड़ोसी के घर पहुंचे, तो वहां दरवाजे पर

लगा अलीगढ़ का ताला आपका मजाक उड़ाए। यह भी हो सकता है कि जहां आप जा रही हैं, उनके घर पहले से मेहमानों का जमघट लगा हो। ऐसे में भला कोई आपको कैसे 'अटेंड' कर सकेगा। यह भी हो सकता है कि घर का नौकर आपको बताए कि मैडम अस्पताल में किसी स्वजन को देखने के लिए गई हैं। शाम तक आएंगी। इससे जहां आपका समय बेकार जाएगा, वहीं आपका स्वागत न कर पाने का अपराध भाव भी आपके स्वजन को होगा, हालांकि वह इसके लिए क़हीं दोषी नहीं है।

सुबह, भरी दोपहर को अथवा देर रात गए, पूजा-व्रत के समय दूसरों के घर मिलने-बैठने न जाएं। ऐसे किसी मिलने-बैठने में छोटे बच्चों को भी साथ न ले जाएं, जो कहीं भी 'गीला' कर देते हैं। यदि ऐसे छोटे बच्चों को साथ ले जाना आवश्यक हो, तो अपने साथ पर्याप्त मात्रा में 'नेपकिन' रखें। उसके दूध की बोतल भी साथ रखें। यदि बच्चा कुछ बड़ा है, तो उसकी क्रियाओं पर भी नज़र रखें। ऐसा न हो कि महंगा शो-पीस अथवा फूलदान धूल खा रहा हो और आप केवल 'सॉरी' कह कर रह जाएं।

''बहन जी, आपको क्या बताऊं यह इतना शैतान है कि घर में भी कोई चीज छोड़ता ही नहीं...। आपने भी तो इसे सामने टेबल पर रख छोड़ा है, बच्चा है...। आखिर बच्चे शैतानी नहीं करेंगे, तो क्या हम और आप शैतानी करेंगे... आपको अपनी वस्तुएं संभालकर रखनी चाहिए थी, खैर सॉरी...।'' ऐसा व्यवहार कर आप मुहल्ले, पड़ोस में अपनी क्या छवि बनाना चाहती हैं और आपकी क्या छवि बनेगी।

जब भी महिलाएं एक-दूसरे के घर मिलने-बैठने जाती हैं, तो बातचीत का विषय परनिन्दा, आत्म-प्रशंसा, अपनी भाग्यहीनता का रोना, सास-जेठानी की निन्दा, अपनी आर्थिक संपन्नता का रोना, दूसरों की सफलताओं पर आंसू बहाना, दूसरों की प्रगति को कोसना, दूसरों के युवा लड़के-लड़कियों के आपसी संबंधों पर टीका-टिप्पणी करना होता है। यदि लड़की नवविवाहिता हुई, तो अपने मायके की प्रशंसा में ज़मीन-आसमान एक कर देगी। इस प्रकार के आचरण आप की सामाजिकता पर प्रश्नचिन्ह लगाते हैं, बल्कि ऐसे में आपकी सामाजिक प्रतिष्ठा पर प्रतिकूल प्रभाव पड़ता है। यदि आप कामकाजी हैं, तो संस्थान के पुरुष सहकर्मियों के व्यवहारों की निन्दा न करें और अपने आचरण को ऐसा बनाएं कि आप इन सब प्रकार के व्यवहारों से बची रहें। इनके स्थान पर आप दूसरों की सफलताओं, प्रगति, गुणों और अच्छे आचरण की प्रशंसा करें। चर्चा करें। अपनी बातचीत को कहीं भी असंतुलित न होने दें। अपनी बातचीत का दायरा स्नेह, सहयोग और परस्पर विश्वास तक सीमित रखें। अपनी वाणी में भी स्नेह मधुरता और शालीनता लाएं। कम बोलें, मधुर बोलें। यह सोच लें कि मुझे न किसी की निन्दा करनी है और न उसमें रुचि लेनी है। बस इतना-सा गुरुमंत्र ही काफ़ी है। आपने जब इस आदर्श को अपना लिया, तो आपके पास पर्याप्त समय बच जाएगा और आपकी सामाजिक प्रतिष्ठा भी बढ़ जाएगी। साथ ही आप अनावश्यक विवादों से बच जाएंगी। आपके पास व्यर्थ बातों के लिए कोई न आएगा और इससे आपके समय की बड़ी बचत होगी। बचे हुए अपने इस समय का उपयोग घर के अन्य कार्यों को पूरा करने में लगाएं।

जहां तक हो दूसरों की कठिनाइयों, परेशानियों को अपने स्तर पर ही हल करें। दूसरों को बड़े-बड़े आश्वासन न दें। किसी भी काम को करने की जिम्मेदारी अपने ऊपर तभी लें, जब आप वह काम कर सकती हों। केवल दूसरों के सहारे किसी को आश्वासन न दें।

अपने और दूसरों से बड़ी-बड़ी अपेक्षाएं न करें। यदि आपको कोई सहयोग नहीं कर रहा है, आपकी सहायता नहीं कर रहा है, तो इसके लिए मन में व्यर्थ की प्रतिशोधी भावनाएं न लाएं। हो सकता है, उसकी अपनी कोई कमजोरी अथवा मजबूरी हो। दूसरों से मन चाहा व्यवहार न मिलने पर उन्हें खरी-खोटी सुनाना, किए हुए अहसानों को याद दिलाना आदि ऐसे व्यवहार हैं, जो आपकी प्रतिष्ठा कम करते हैं।

अपने समय का सर्वोत्तम सदुपयोग करें। आप अपने साधनों, क्षमताओं के अनुसार ही कार्य करें। समाज के ऐसे लोगों से जुड़ें, जो किसी-न-किसी रूप में समाज कल्याण के किसी कार्य में संलग्न हैं। अपने स्तर पर ऐसी संस्थाओं से जुड़कर अपनी ओर से उन्हें समय और सहायता दें।

ध्यान रखें कि लोग आपसे कुछ अपेक्षाएं रखते हैं, इसलिए उन लोगों की अपेक्षाओं के अनुरूप उन्हें सहायता व सहयोग अवश्य दें। ऐसे लोगों को अपने स्तर पर सामाजिक प्रतिष्ठा भी दें, जो आपकी सफलताओं के लिए सहयोग कर रहे हैं। परिवार में यदि आपकी जेठानी, सास अथवा ननद

आपके कार्यों में सहयोग करती हैं, तो उनके प्रति भी धन्यवाद प्रकट करें।

समाज में उन व्यक्तियों का पूरा-पूरा सम्मान करें, जो आपके आसपास रहते हैं, जो आपके दैनिक कार्यों में सहयोग करते हैं। घर का नौकर, काम वाली, धोबी, शिक्षक, आपके अधीनस्थ कर्मचारी, बस का कंडक्टर, रिक्शेवाला, सब्जी वाला सभी प्रतिष्ठा के योग्य हैं। वे अपनी रोजी मेहनत से कमाकर खाते हैं। इसलिए ऐसे लोगों की भावनाओं का भी सम्मान करें। इन्हें 'आप' और 'जी' कहकर संबोधन दें। हर व्यक्ति की इज्जत होती है और वह अपनी इस इज्जत को कहीं भी दांव पर नहीं लगाना चाहता। इसलिए काम के दौरान कभी भी कोई ऐसी बात न कहें जिससे उनका दिल दुखे।

प्रथम परिचय में ही आप दूसरों का दिल जीतें। इसके लिए आवश्यक है कि आपकी वाणी में स्नेह, मधुरता सौम्यता और शालीनता-भरी हो। बड़ों का आशीर्वाद लेने के लिए पैर छू कर पहल करें। इससे जहां आपमें नम्रता आएगी, वहीं दूसरों के दिल में स्थान भी मिलेगा।

ताने मारना, व्यंग्य करना, अपनी हीनता प्रकट करना, दूसरों से हमदर्दी लेने के लिए चापलूसी करना आपको कहीं भी प्रतिष्ठा नहीं दिलाता, इसलिए ऐसे व्यवहारों से बचें।

अपने पैसे में से कुछ-न-कुछ सामाजिक संस्थाओं को अवश्य दें। आप चाहे किसी भी धर्म को मानती हों, अपने हाथों से सामाजिक संस्थाओं को दान दें। यह दान यदि वस्तु के रूप में हो, तो और भी अच्छा है। दान हमेशा पात्र को ही दें। केवल भावनाओं के आवेश में आकर दान देना उचित नहीं।

सामाजिकता एक गुण है, मिल-बैठकर आप इस गुण को संबंधों का आधार बनाती हैं। सौजन्यता और शिष्टता से अपने सामाजिक होने का परिचय दें। वास्तव में इस प्रकार का आचरण जहां आपको अपने मित्रों, शुभचिन्तकों में लोकप्रिय बनाएगा, वहीं आपके मित्रों शुभचिन्तकों की संख्या भी बढ़ेगी। ऐसे सामाजिक लोग ही एक दूसरे के प्रति समर्पित और सेवाभाव से जुड़ेंगे। आप समाज के प्रति कितने समर्पण भाव से जुड़ी हैं, यही आपकी सामाजिकता का प्रमाण है।

आपकी सामाजिकता इस बात पर निर्भर करती है कि आप घर के बाहर कितनी लोकप्रिय हैं। लोकप्रियता भी सस्ती न हो। सफल, प्रभावी और सुघड़ व्यक्तित्व ही आपकी सामाजिकता को प्रभावित करता है। परिवार के प्रति समर्पित होकर समाज से जुड़ें। आपका पारिवारिक रिश्ता चाहे बहू से हो अथवा सास से, देवरानी से हो अथवा जिठानी से, आप ननद हों या साली, पड़ोस में हों अथवा संस्थान में, आप अपनों की नजरों के साथ-साथ दूसरों की नजरों में सम्मानित एवं प्रतिष्ठित बनें।

सास के रूप में

यदि आप सास हैं, तो बहू के मन की युवा भावनाओं का सम्मान कर उन दिनों की रंगीन कल्पनाओं को स्मरण करें, जो कभी आपके मन में थीं। बहू के मन में संजोई रंगीन कल्पनाओं को मूर्त्त रूप देने में बहू का साथ दें। बहू की परम शुभचिन्तक बन उसे मां जैसा स्नेह दें। बहू से बड़ी-बड़ी अपेक्षाएं न करके उसे स्नेहिल आत्मीयता दें। उसे कुल वधू का सम्मान देकर गौरव का अनुभव करें। आपने दुनिया देखी है, अपने अनुभवों को बहू को विरासत के रूप में दें। अपने आदर्श अथवा अनुभवों को बहू पर लादने की सोच न पालें। बहू के कार्यों, व्यवहारों की प्रशंसा करें, उसके बदले मन में अपने लिए उसी प्रकार की मान-प्रतिष्ठा की आशा करें।

इस बात को मन से निकाल दें कि बहू आपके घर को संभाल नहीं सकेगी। वास्तव में इस प्रकार की धारणा ही आपको बहू के प्रति अविश्वासी भावनाओं से ग्रसित करती है और अविश्वास का यह एक अंकुर ही परिवार पर सास-बहू के संबंधों पर काली छाया बनकर मंडराता है। अतः अपनी सोच को इस प्रकार के भावों, विचारों से मुक्त रखें। विश्वास रखें और अपने विश्वास को पूरा होते देखें। सामाजिक जीवन में संपर्क में आने वाले प्रत्येक व्यक्ति के बारे में किसी प्रकार के पूर्वाग्रह न बनाएं।

बहू के रूप में

बहू की सुघड़ता का मापदंड उसका ससुराल में स्थान बनाना है। बहू को ससुराल के प्रति समर्पित भाव से जुड़ना चाहिए। वास्तव में उसकी सामाजिकता की यह प्रथम पाठशाला है। इसके लिए आवश्यक है कि वह अपने मायके पक्ष के प्रभाव, संपन्नता अथवा उच्चता पर न इतराएं और न ही 'हमारे वहां तो...।' के सपनों में खोई रहें। मायके पक्ष की उच्चता का यह प्रदर्शन ससुराल पक्ष की हीनताओं को उछालने वाला

व्यवहार है, जो आपकी सामाजिकता को पंगु बनाता है। सास-बहू में तनाव का कारण बनता है। घर की साज-सज्जा, सफाई, गृह कार्य में निपुणता, रसोई घर से जुड़ाव आदि ऐसे व्यवहार हैं, जो बहू की सामाजिक लोकप्रियता को प्रभावित करते हैं। सह कुटुम्बियों में बहू की मान-प्रतिष्ठा बढ़ाते हैं। 'अमुक की बहू बड़ी सुघड़ है...' का मान दिलाते हैं।

जिठानी-देवरानी

परिवार चाहे छोटा हो अथवा बड़ा, संयुक्त हो अथवा एकल, देवरानी-जिठानी के आपसी सम्बंध सामाजिकता को प्रभावित करते हैं। एक-दूसरे को बड़ी बहन-छोटी बहन के समान रहना चाहिए और एक-दूसरे की भावनाओं का सम्मान कर परस्पर जुड़ाव के व्यवहार को ही मान्यता व प्रतिष्ठा देनी चाहिए। एक-दूसरे की अनुपस्थिति में अथवा प्रसूतावस्था में अथवा बीमारी की स्थिति में परिवार की जिम्मेदारियों का निर्वाह कुछ इस प्रकार से करना चाहिए कि दोनों के मन में एक दूसरे के प्रति सम्मान बढ़े। एक-दूसरे के बच्चों को अपना बच्चा समझकर उन्हें पूरा-पूरा स्नेह, संरक्षण और सुरक्षा प्रदान करें। सामाजिक अथवा पारिवारिक त्योहारों, उत्सवों, पर्वों पर एक-दूसरे को मान-सम्मान देकर रीति-नीतियों के अनुसार परस्पर नेग देकर अपनी भावनाओं की अभिव्यक्ति करें। श्रवण, गणगौर, हरियाली तीज आदि ऐसे अनेक अवसर आते हैं, जिनमें आप इस प्रकार के उपहार एक-दूसरे को देकर उनके दिल में स्थान बना सकती हैं। केवल इतना ही नहीं बल्कि विवाह की वर्षगांठ के अवसर पर अथवा अन्य किसी अवसर पर अपने बड़प्पन का प्रदर्शन करें और देवरानी-जिठानी से जुड़ें। करवाचौथ के व्रत के अवसर पर दिया जाने वाला 'वया' (भावनात्मक स्नेहिल भेंट) बहुएं सास के बाद जिठानी को ही देती हैं। आशय यह है कि आप ऐसे किसी भी अवसर पर अपनी भावनाओं का प्रदर्शन करें और अपने सामाजिक होने का परिचय दें।

केवल देवरानी-जिठानी ही नहीं बल्कि ननद, ननदोई, जेठ, देवर, भाभी आदि ऐसे अनेक रिश्ते हैं, जो आपकी सुघड़ता से पारिवारिक और सामाजिक जीवन को सुखद और समृद्धशाली बनाते हैं। इन सभी रिश्तों के प्रति आपकी प्रतिबद्धता निर्धारित और मर्यादित होनी चाहिए। इन सब सह-कुटुम्बियों के प्रति आपके सामाजिक दायित्व हैं। इनसे संबंधों का निर्वाह करना ही आपकी सामाजिकता है। अतः इन सबकी पसंद-नापसंद का ख्याल रखते हुए उनसे अपने संबंध मधुर बनाएं।

पड़ोसी

आपकी सामाजिकता की परख सबसे पहले पड़ोसी ही करते हैं, इसलिए मकान चाहे किराए का हो अथवा घर का, सबसे पहले यह देखा जाता है कि पड़ोस कैसा है? पड़ोसी के बारे में कहा जाता है कि मौसी से पहले पड़ौसी काम आता है। अच्छे अथवा बुरे समय में सबसे पहले पड़ोसी ही काम आते हैं। पड़ोसी से अच्छे अथवा बुरे संबंध इस बात को प्रमाणित करते हैं कि आप कितनी सामाजिक हैं? इसलिए पड़ोसियों के प्रति हमेशा उदार, सहिष्णु, नम्र और सहयोगी रहें। इसके लिए आपको यह करना चाहिए—

- पड़ोसी की अनुपस्थिति में उनके घर आए मेहमानों का ख्याल रखें, उन्हें पूरी-पूरी सहायता एवं सहयोग दें।
- जब पड़ोसी किसी आवश्यक कार्य से बाहर गए हों अथवा पर्यटन आदि पर गए हों, तो उनके पालतू कुत्ते, बिल्ली, तोते आदि की देखभाल की जिम्मेदारी स्वयं लें। घर में लगे पेड़, पौधों को न सूखने दें। उनकी रखवाली स्वयं करें।
- यदि संभव हो, तो दिन अथवा रात में भी उनके घर की रखवाली स्वयं करें और मकान पर नजर रखें। आपके फोन पर पड़ोसी को किसी ने बुलाया हो अथवा कोई संदेश दिया, हो तो आप उसे इस संदेश की सूचना तत्काल दें।
- पड़ोसी से आपकी चाहे कितनी भी निकटता अथवा घनिष्ठता क्यों न हो। 'घरोपा' पालने में अति उत्साह का परिचय न दें। बिना बुलाए अथवा चाहे जब पड़ोसी के घर न जाएं। न ही पड़ोसी के घर आए-गए लोगों का हिसाब रखें।
- पड़ोसी से अथवा अपने सामाजिक परिचय क्षेत्र से मांगकर अपनी आवश्यकताएं पूरी न करें। यदि कभी विषम परिस्थिति में आपको किसी से कुछ मांगना भी पड़ता है, तो उसकी देनदारी का भी उतना ही ख्याल रखें। इस विषय में आपकी गंभीरता ही आपकी सामाजिकता को प्रभावित करेगी।

- सामाजिकता से हमारा आशय केवल इतना ही है कि आप अपने पारिवारिक, सामाजिक और कामकाजी जीवन में मानसिक रूप से कुछ इस प्रकार से जुड़ें कि आपके सहकर्मी, सह-कुटुम्बी, पड़ोसी आपके स्नेह, सहयोग, सहायता और सौहार्दता से वंचित न रह पाएं। प्रत्युत्तर में भी आपको उन से इसी प्रकार का व्यवहार मिले, वह भी बड़े उत्साह के साथ।

- मायके और ससुराल में स्नेह-सेतु बनें। किसी भी प्रकार की गलतफहमी अथवा भ्रामक सोच को अपने स्तर पर विकसित न होने दें। सामाजिक और पारिवारिक रिश्तों का निर्वाह सम्मानजनक ढंग से करें।

- अपने से बड़ों के अहम की संतुष्टि के लिए उनके प्रति अपने आदर की अभिव्यक्ति 'चरण छू कर' करें।

- अपने बड़प्पन, संपन्नता पर इतराने की सोच मन में कभी न लाएं। इस प्रकार की सोच आपको अकेला बनाती है।

- विवाह अथवा सामाजिक उत्सवों में बढ़-चढ़कर हिस्सा लेकर दूसरों की खुशियों को बढ़ाएं।

- अपने निकट संबंधियों की सफलताओं पर उन्हें बधाई अवश्य दें। नए साल, दीपावली पर अथवा जन्म दिन पर उन्हें बधाई-कार्ड अवश्य भेजें। इसी प्रकार से शोक के समाचार मिलने पर शोक-पत्र अवश्य भेजें।

- संस्थान अथवा सामाजिक समारोहों में लोगों से मिल कर उनसे बातचीत कर 'मिक्स अप' होने या जुड़ने के प्रयास करें।

- अपनी किसी विवशता के लिए क्षमा याचना करें। नियत स्थान या समारोह में शामिल न हो पाने की स्थिति को स्पष्ट करें, साथ ही इस प्रकार के स्पष्टीकरण के लिए मन में कोई हीनता न लाएं, बल्कि इसे एक स्वाभाविक, सामाजिक व्यवहार ही मानें।

- गली, मुहल्ले अथवा कालोनी में हो रहे सामाजिक कार्यों में उत्साह के साथ भाग लें। ऐसे कार्यों में अपनी ओर से आर्थिक सहयोग दें। सकारात्मक पहल करें और उसके लिए कुछ समय भी निकालें।

सामाजिक सोच का यह व्यवहार घर और बाहर एक सा होना चाहिए, ताकि आपके ये सामाजिक संस्कार आपके परिवार में भी दिखाई दें।

अध्याय 17

जब आप अकेली हों

घर हो या बाहर, कभी-कभी अकेले रहना ही पड़ता है और इस अकेलेपन में कुछ ऐसी विषम परिस्थितयां निर्मित हो जाती हैं, जिसमें आप यदि विवेक, सूझ-बूझ, साहस और धैर्य से काम न लें, तो बात बिगड़ सकती है। जोखिम-भरे इन क्षणों में रोने, गिड़गिड़ाने से अथवा हीनता-भरे आंसू बहाने से समस्या हल नही होती। शेर को सामने खड़ा देखकर आंखें बंद कर लेने से शेर अदृश्य नही हो जाता। अपनी सुरक्षा तो आपको ही करनी है।

महानगरों में ही नहीं, बल्कि छोटे शहरों और कसबों में भी महिलाओं पर होने वाले अत्याचार, अपहरण, बलात्कार, ठगी, यौन शोषण, छेड़छाड़ आदि की घटनाओं में लगातार वृद्धि हो रही है। शासन-प्रशासन के लिए यह गंभीर चिंता का विषय है और यही कारण है कि इस दिशा में निरंतर नए-नए प्रयास हो रहे हैं। विशेष बात तो यह है कि अब घरों में भी महिलाएं सुरक्षित नहीं हैं। दिल्ली में महिलाओं से संबंधित अपराधों के एक सर्वेक्षण में यह बात खुलकर सामने आई है कि महिलाओं पर होने वाली अधिकांश आपराधिक घटनाओं में बाहरी लोगों की अपेक्षा उनके घर के अथवा निकट संबंधियों ने ही उन्हें अपना शिकार बनाया।

इस पूरी समस्या के परिप्रेक्ष्य में गृहिणी को अपनी सुरक्षा के लिए एक व्यावहारिक सोच अपनानी चाहिए। महानगरों में जहां आवासीय कालोनियों की संख्या दिनोंदिन बढ़ती जा रही है, शहरों में भी महिलाओं को देर रात तक, दोपहर में, घर में अकेला रहना पड़ता है, अकेले आना-जाना पड़ता है, वहां उनकी सुरक्षा संबंधी समस्या बढ़ती जा रही है। पुरुषों के काम पर चले जाने के बाद अकेली महिलाओं को कितनी कठिनाइयों का सामना करना पड़ता है, यह तो केवल वे ही जानती हैं, जिन्हें अकेलेपन की इस त्रासदी से गुजरना पड़ता है। कभी-कभी तो उन्हें आत्म-सुरक्षा के लिए अपना पूरा-पूरा दिन दूसरों के घर में काटना पड़ता है। जबकि यह उनकी समस्या का समाधान नहीं। क्योंकि अकेलेपन की इस अवधि में काम वाली भी आती-जाती है। पेपर वाला, पोस्टमैन, बिजली वाला, यहां तक कि दुकान अथवा संस्थान से भी पुरुषों का घर में आना-जाना लगा ही रहता है। कभी तो इनके वेश में ही आपराधिक तत्व घर में प्रवेश पा जाते हैं और इस प्रकार से महिलाओं को कई प्रकार के हादसों से गुजरना पड़ता है। घर के नौकर ही लूटमार की वारदातें या चोरी, अपहरण, बलात्कार आदि की घटनाएं कर जाते हैं। दिल्ली में हर साल इस प्रकार की दस-बीस घटनाएं केवल नौकरों द्वारा ही की जाती हैं। वृद्ध दंपती तो हमेशा नौकरों की आंख का निशाना बनते हैं। आए दिन कभी फोन ठीक करने के बहाने, कभी किसी और बहाने से अपराधी तत्व घर में प्रवेश कर जाते हैं और अकेली महिलाओं को डरा-धमका कर वारदात कर जाते हैं। महानगरों में घटित अकेली औरतों के साथ इस प्रकार की घटनाओं के परिप्रेक्ष्य में इतना अवश्य है कि यदि महिलाएं कुछ सावधानी बरतती हैं, तो इस प्रकार की घटनाएं टल सकती हैं। अतः इस संदर्भ में आपको भी दूसरों से कुछ सीख लेने की सोच पालनी चाहिए और अपनी स्थिति का मूल्यांकन स्वयं करना चाहिए। संयुक्त परिवार प्रथा के टूटने के बाद परिवार का स्तर इतना छोटा होता जा

रहा है कि उसमें इस प्रकार की प्रवृत्तियां आने लगी हैं। इस विषय में अधिक अच्छा तो यही होगा कि आप अपने साथ परिवार के ऐसे सदस्यों को रखें, जिन्हें आपकी आवश्यकता है अथवा जो आपकी आवश्यकताओं को पूरा करते हों। गांव से आए किसी निकट कुटुंबी के बच्चे को अपने पास रखें, सास-श्वसुर अथवा वृद्ध मां-बाप को अपने साथ रखें। इस प्रकार से इन सदस्यों द्वारा जहां आपकी सुरक्षा बढ़ेगी, वहीं आप अपने परिवार के प्रति समर्पित होंगी।

इस संबंध में बहुत-सी गृहिणियों का मत है कि इस समस्या के समाधान के लिए हमें स्वयं ही विवेक संगत आचरण करना चाहिए और अपनी सुरक्षा के लिए निरन्तर जागरूक और सतर्क रहना चाहिए, क्योंकि हमारी जरा-सी असावधानी ही दुर्घटना का कारण बन सकती है। लोग हमारी कमजोरी का लाभ उठा सकते हैं।

घर में आने वाले प्रत्येक पुरुष को तब तक अंदर न आने दें, जब तक कि आप उसके बारे में आश्वस्त न हो जाएं। अति उत्साह अथवा उत्सुकता से एकदम दरवाजा न खोलें और न ही किसी को एकदम अंदर आने दें। अच्छा हो, यदि आप 'डोर आई' से पहले बाहर खड़े व्यक्ति को देख लें। अनजान व्यक्ति के साथ खिड़की, बालकनी अथवा जाली आदि में से होकर बात करें। ऐसा कोई अनजान व्यक्ति घर के अंदर अथवा बाहर आ ही जाए, तो तुरन्त पड़ोस से किसी महिला अथवा बच्चे को बुला लें और तभी बातचीत करें।

अपने नौकर को विशेषकर नए नौकर को तब तक अकेला छोड़कर न जाएं, जब तक कि आप उसके प्रति पूरी तरह आश्वस्त न हों। यदि आप देखती हैं कि नौकर का आचरण कहीं भी संदेहजन्य अथवा संदिग्ध है, तो उसे घर में अकेला न छोड़ें। अपने नौकर को विशेषकर बाहर से शहर में आकर बसे नौकर को पड़ोस के अन्य नौकरों के साथ मिलने-बैठने, दोस्ती बढ़ाने की छूट न दें।

घरेलू नौकरों के साथ ऐसा व्यवहार न करें, जिससे उनमें प्रतिशोधी भावनाएं भड़कें और वे हिंसक हो जाएं। अकेलेपन में लूट-मार की अस्सी प्रतिशत घटनाओं में अप्रत्यक्ष अथवा प्रत्यक्ष रूप से घरेलू नौकरों का हाथ अवश्य होता है। क्योंकि वे आपकी कमजोरियों से परिचित हो जाते हैं और इन कमजोरियों का लाभ उठाते हैं। इसलिए नौकरों को कुछ इस प्रकार से रखें कि उन पर नैतिक दबाव बना रहे। जैसे नौकर को किसी माध्यम से रखा जाए, उसका परिचय प्राप्त कर लिया जाए। उसकी पूरी-पूरी सूचना प्राप्त कर ली जाए। यहां तक कि उसका फोटो, पता, माता-पिता और घर के बारे में भी पूरी तरह से आश्वस्त हो लें।

यदि आप गांव अथवा कसबे से शहर में आए हैं, स्थायी हो गए हैं, तो अपने गांव या कसबे से किसी ऐसे व्यक्ति अथवा जरूरतमंद लड़के-लड़की को या वृद्ध को अपने पास रखें, जिसे आपके सहारे की आवश्यकता हो अथवा जो आपके लिए सहारा बन सके। अप्रत्यक्ष रूप से यह आपकी सुरक्षा में सहायक होगा। गांव से किसी बेसहारा महिला को भी आप सहारा दे सकती हैं।

यदि आपका दोपहर का अधिकांश समय खाली व्यतीत होता है और आपको असुरक्षा का भय बना रहता है, तो आप अपने घर में एक कमरा हॉबी सेंटर खोलकर उसका उपयोग करें। चाइल्ड केयर सेंटर, कुकिंग क्लासेज, सिलाई-कढ़ाई केन्द्र, फैशन डिजाइनिंग केन्द्र, ब्यूटी पार्लर या ऐसी ही अन्य कोई संस्था या केन्द्र चलाएं। इससे जहां आपके यहां हमेशा कोई-न-कोई आता-जाता रहेगा, वरन् आपके अकेलेपन की समस्या समाप्त होगी और आप व्यस्त भी रहेंगी। आय तो कुछ-न-कुछ होगी ही। इस प्रकार की व्यावहारिक सोच अपना कर आप अपने अकेलेपन की समस्या से मुक्त हो सकती हैं।

यदि आप इस प्रकार का कोई केन्द्र नहीं चला सकतीं, तो अपने आस-पास चल रहे किसी ऐसे ही केन्द्र पर जाकर उसमें सहयोग कर सकती हैं। उसमें दाखिला ले सकती हैं। उस संस्था अथवा केन्द्र से जुड़कर अपनी प्रतिभा बढ़ा सकती हैं। अपने समय का सदुपयोग कर सकती हैं। अपनी नई सोच का परिचय देकर उसे विस्तार दे सकती हैं। उसमें कुछ नया जोड़ सकती हैं। इससे जहां आपकी अकेलेपन की समस्या हल होगी, वहीं आप हमेशा सुरक्षित अनुभव करेंगी। अपनी विषम परिस्थितियों से समन्वय कर समझौतावादी सोच अपनाएं। सारी दोपहर तो आप अंदर ताले में बंद बैठ नहीं सकतीं, फिर अंदर ताले में भी आप कहां तक सुरक्षित रहेंगी? ताले तो शरीफों के लिए होते हैं, चोर-डाकुओं के लिए नहीं।

यदि आप उचित समझें और आपके पास साधन और सुविधा हो, तो इस समस्या के समाधान के लिए घर में कुत्ता पालें। यद्यपि यह एक कठिन काम है, लेकिन सुरक्षा के लिए इसका अपना महत्त्व है। छोटे-मोटे चोर उचक्के तो कुत्ते के होते हुए साहस ही नहीं कर पाते। इसके अतिरिक्त अपने मकान अथवा कोठी का मुख्य द्वार हमेशा बंद रखें और आने वाले की आहट आवाज अथवा घंटी पर ही दरवाजा खोलें। यदि आप बिलकुल अकेली हैं, दोपहर अथवा रात का समय है और आप यह समझती हैं कि आने वाला व्यक्ति सही नहीं है, अपरिचित है, तो दरवाजा न खोलें और अंदर ही कुछ ऐसा बोल दें, जिससे आपकी बात बन जाए। ऐसे व्यक्ति से यदि आप पीछा न छुड़ा पाएं, तो उसे बाहर बैठने के लिए कहें और इस बीच आप अपनी सुरक्षा की तरकीब सोच लें। फोन करके किसी को बुला लें। पिछले दरवाजे से बाहर चली जाएं आदि। यदि मामला अति गंभीर हो, तो पुलिस को फोन कर दें। ऐसे समय में जो आप उचित समझें वह करें। छत पर चली जाएं और आसपास जो भी आपको दिखाई दे, उसे ही बुला लें। कहते हैं कि डूबते को तिनके का सहारा ही काफ़ी होता है। ऐसे में यदि आप छत पर जाकर जोर-जोर से 'राजू राजू।' कह कर किसी को भी बुलाएं, तो भी आपका काम बन सकता है, चाहे राजू नाम का कोई व्यक्ति वहां रहता ही न हो। आशय यह है कि आप अपने विवेक से इन तिनकों को ढूंढ़ें। निश्चय ही ये तिनके सहारा बनेंगे। आपको पूरा-पूरा संरक्षण देंगे। यदि पुलिस का बुलाना संभव न हो, तो

पड़ोस में किसी भी ऐसे व्यक्ति को फोन करके बुला लें, जिसका नम्बर आपके पास हो। इस पूरे संदर्भ में यह जानें कि उपचार की अपेक्षा सतर्कता ही उचित समाधान होता है, इसलिए अकेली होने के इन खतरों को हमेशा ध्यान में रखें। क्योंकि जानबूझ कर किसी समस्या के प्रति अनजान बने रहना उस समस्या का हल नहीं और न ही इससे कोई समस्या हल होती है। हां, इससे आप जगहंसाई की पात्र अवश्य बनती हैं।

''अरे, जब तुम अकेली थी, तो खतरा मोल लेने की क्या आवश्यकता थी? सुनीता को ही बुला लिया होता...। मैं कौन-सी दूर थी...। फोन ही कर लिया होता...। लाला जी तो हमेशा घर में रहते हैं...। उन्हें ही कह दिया होता...। बहादुर तो हमारा विश्वासपात्र नौकर है...। उसके रहते हुए किसी की क्या मजाल...। चिड़िया भी पंख मार जाए...।''

आशय यह है जानबूझ कर खतरा मोल न लें और न ही अति उत्साह अथवा प्रगतिशील बनने की सोच पालें। अपनी सोच को व्यावहारिक बनाएं। साहस और विवेक के साथ विषम परिस्थितियों का सामना करें। अपने अस्तित्व और अपनी अस्मिता की सुरक्षा के लिए दूसरों का सहारा लेना ही पड़ता है। इसमें संकोच किस बात का?

अकेलेपन की इस समस्या के समाधान के लिए हमेशा 'अच्छा सोचें और बुरे के लिए तैयार रहें' की सोच अपनाएं। तैयार रहने की यह सोच ही आपकी समस्या का समाधान है। इस प्रकार की सोच से ही आप सदैव सुरक्षित, संरक्षित और निरापद अनुभव करेंगी।

सिनेमाई संस्कृति और ग्लैमर-भरी जिन्दगी जीने की चाह ने महिलाओं की सुरक्षा को सबसे अधिक प्रभावित किया है। घर के बाहर तो असामाजिक तत्वों से महिलाओं की सुरक्षा बढ़ी है। इस संबंध में कानून और व्यवस्था संबंधी अनेक प्रयास भी किए गए हैं। महिलाएं स्वयं भी अपनी सुरक्षा और इनके संभावित खतरों के प्रति सतर्क हुई हैं। कानून का शिकंजा भी कसा है। लेकिन इस विषय में एक बात और जो उभर कर सामने आई है, कि घर के अंदर भी महिलाएं सुरक्षित नहीं हैं।

'अपनों से बढ़ रहे खतरों से महिलाओं को सावधान रहने की सलाह' और 'अपनों से ही असुरक्षित हैं अधिकांश महिलाएं' जैसी चेतावनियां और अखबारी सुर्खियां समाचार पत्र-पत्रिकाओं में प्रकाशित होती रहती हैं।

आंकड़ों से यह बात साबित हो चुकी है कि बलात्कार संबंधी मामलों में पीड़ित महिलाओं के निकट संबंधी और उनके तथाकथित अपने ही परिचित दोषी पाए गए हैं। हत्या आत्महत्या अथवा अन्य कारणों से प्रताड़ित होने वाली महिलाओं में अधिकांश की शिकायतें हमेशा अपनों से ही रहती हैं और ये अपराध करने वाले भी और कोई नहीं उनके अपने पति, सास, जिठानी के, दूर के रिश्तेदार, जीजा, ननदोई, मुंह बोले भाई आदि ही होते हैं। इस प्रकार से असुरक्षा का सबसे बड़ा खतरा उन्हें अपने इन्हीं आस्तीन के सांपों से ही रहता है। अपनों से सुरक्षित रखने की एक नई सोच महिलाओं को अपनानी होगी। इस प्रकार की सोच ही जहां उन्हें अपनों से सुरक्षित रख पाएगी, वहीं वे खतरों से भी बच सकेंगी।

करीबी रिश्तेदारों के ये विश्वासघात, घर की लड़कियों को जिन्दगी-भर सहने पड़ते हैं और वे अपने ऊपर हुए इन असामान्य व्यवहारों को जिन्दगी-भर ढोती हैं। इस प्रकार के हादसों से ग्रसित महिलाएं कभी-कभी तो जिन्दगी-भर सामान्य नहीं हो पातीं। डर, शर्म, झिझक, आत्मग्लानि, वितृष्णा को न तो वे सह ही पाती हैं और न कह ही पाती हैं। परिणाम स्वरूप उन्हें डिप्रेशन, चिन्ता, मानसिक तनाव, निराशावादी सोच का शिकार होना पड़ता है। ऐसे हादसों की शिकार महिलाएं, लड़कियां मन-ही-मन हीनताओं से ग्रसित हो जाती हैं और वे कब क्या कर बैठें, कुछ नहीं कहा जा सकता।

सच तो यह है कि अश्लील चित्रों, पत्र-पत्रिकाओं और अश्लील साहित्य ने युवाओं की यौन भावनाओं को कुछ इस प्रकार से भड़काना प्रारम्भ कर दिया है कि ये युवक-युवतियां यौन विकृतियों से मुक्त हो ही नहीं पाते। सह-शिक्षा, सहकर्मियों के साथ काम करना, हंस-हंसकर बोलना उनकी इस सोच में आग में घी का काम करता है। यही कारण है कि युवा मन सामाजिक वर्जनाओं की परवाह न कर इस प्रकार के यौन अपराध कर बैठते हैं। एक बार की हुई गलती उन्हें बार-बार एक ही अपराध को करने के लिए उत्तेजित करती है, प्रेरित करती है। युवक इस प्रकार के अपराधों के आदी हो जाते हैं।

वास्तव में यह एक ऐसा संदर्भ है, जिसके बारे में केवल इतना ही समझ लेना चाहिए कि आप जब भी घर में

अथवा बाहर अकेली हों, अपनी सुरक्षा के बारे में इतनी गंभीर, सतर्क और सावधान रहें कि आपके साथ कोई भी अप्रिय हादसा न हो।

क्या करें जब आप घर के अंदर हों

- अपने दरवाजे, खिड़कियां, कांच अच्छी तरह से बंद रखें और पूरी तरह से आश्वस्त होने के बाद ही अपना अन्य कोई काम करें।

- घर के आंगन, बरामदे में हमेशा लाइट जलाकर रखें। दोपहर में भी चैनल और मुख्य द्वार पर ताला लगा कर रखें।

- किसी भी ऐसे व्यक्ति को घर के अंदर प्रवेश न दें, जो आपकी नजरों में अनुचित हो अथवा जिनकी निष्ठा के बारे में आप आश्वस्त न हों। वह चाहे आप का घरेलू नौकर ही क्यों न हो। ऐसे व्यक्ति से शीघ्र पीछा छुड़ाने की कोशिश करें।

- विषम परिस्थितियों में जोर-जोर से चिल्लाकर अपनी सुरक्षा सुनिश्चित करें।

- किसी पर-पुरुष के सामने अमर्यादित मुद्रा में न बैठें।

- अश्लील चित्रों को देखना, टी.वी. पर भड़कीले दृश्य देखना, अश्लील बातचीत में हिस्सा लेना, पुरुषों की अनुचित हरकतों को सहना अथवा प्रोत्साहित करना आपके लिए खतरे से खाली नहीं।

- किसी भी प्रकार के प्रलोभनों में न पड़ें और न ही किसी तरह के महंगे उपहार लें। क्योंकि लोगबाग मछली फंसाने के लिए कांटें का इस्तेमाल करते ही हैं।

- अपनी पारिवारिक समस्याओं के समाधान के लिए परिवार के सदस्यों का ही सहयोग लें। उन्हें समस्याओं की पूरी-पूरी जानकारी दें। किसी भी बाहरी व्यक्ति की अनुचित इच्छा, हरकत, व्यवहार के साथ किसी प्रकार का कोई असम्मानजनक समझौता न करें। इस प्रकार के समझौते हमेशा आपकी अस्मिता के सुरक्षित होने पर प्रश्न चिन्ह लगाएंगे। आप ब्लैकमेल भी की जा सकती हैं।

- घर में अकेले होने की सूचना किसी ऐसे व्यक्ति को न दें, जो आपके प्रति प्रतिशोधी विचार और भावनाएं रखता हो। यहां तक कि घर के नौकरों को भी न बताएं।

शहर हो अथवा गांव कभी भी किसी गैर पुरुष अथवा निकट संबंधी, मित्र अथवा पड़ोसी के साथ एकांत में जाने, रहने, सोने, पढ़ने का खतरा मोल न लें। वास्तव में एकांत के क्षणों में मानव मस्तिष्क में कुछ रोमांचकारी करने की इच्छा बलवती होने लगती है। वह अपने आसपास के वातावरण से उत्तेजित और आंदोलित होता है। मनोवैज्ञानिकों का कथन है कि इन क्षणों में व्यक्ति के मस्तिष्क में से कुछ ऐसा रिसाव होता है, जो उसे रोमांचकारी कार्य करने के लिए प्रेरित करता है। इसलिए एकांत के क्षणों में कुछ भी घटित हो सकता है। यहां तक कि घर में पढ़ाने वाले ट्यूटर अथवा काम पर जाने वाली महिलाएं भी इस व्यवहार से अछूती नहीं रह पातीं। अतः जब भी आप अथवा आपके युवा बच्चे घर में अकेले हों, तो इन बातों को ध्यान में रखें।

क्या करें जब आप घर के बाहर अकेली हों

- स्कूल, कालेज जाना, काम पर जाना, शिक्षण-प्रशिक्षण के लिए बाहर आना-जाना एक सामान्य व्यवहार है। ऐसे समय में अपनी सुरक्षा को सुनिश्चित बनाने के लिए कुछ बातों का ध्यान देने से संभावित दुर्घटना को टाला जा सकता है।

- अपने रास्ते जाएं, अपना काम करें। अनावश्यक रूप से इधर-उधर तांक-झांककर लोगों को (राह चलते मनचलों को) अपनी ओर आकर्षित करके किसी भी प्रकार का खतरा मोल न लें।

- राह चलते लोगों की छींटाकशी, व्यंग्य, ताने अथवा टिप्पणी का तब तक कोई प्रतिकार न करें, जब तक कि आपके पास विरोध करने का सहारा न हो।

- अपने बैग के प्रति सावधान रहें। इसमें अधिक रुपया-पैसा, जेवर आदि न रखें। न ही अधिक आभूषण पहन कर घर से बाहर निकलें।

- रात्रि में किसी अनजान व्यक्ति से लिफ्ट न लें, न दें। बस से ही आएं, जाएं। यदि बहुत आवश्यक हो, तभी टैक्सी करें। ऐसी स्थिति में टैक्सी का नंबर नोट कर लें और टैक्सी ड्राइवर का हुलिया भी देख लें।

- संदिग्ध चरित्र वाले निकट संबंधी, मित्र, सहकर्मी अथवा बॉस के साथ रात में अकेली न ठहरें। न ही देर रात होटल अथवा पार्टी में साथ रहें।

- यदि रात अधिक हो गई है और आप अकेली हैं, तो अकेले आने-जाने का जोखिम उठाने की अपेक्षा फोन कर किसी नजदीकी रिश्तेदार को बुला लें या फिर पुलिस की सहायता लेकर अपनी सुरक्षा सुनिश्चित करें।

मुखौटे वाले ये रिश्ते

घर के अंदर और घर के बाहर महिलाओं को सबसे अधिक असुरक्षा मुखौटे वाले रिश्तों से होती है। अवैध संबंधों की स्थापना, बलात्कार, हिंसा, यौन शोषण, ठगी, विश्वासघात आदि घटनाओं की शुरुआत कुछ ऐसे ही लोग निकट के रिश्तेदार बनकर करते हैं। हमारे सामाजिक जीवन में ऐसे लोगों का अभाव नहीं, जो परिचय और संबंध बढ़ाने के लिए पहले तो भाई साहब, बहन जी, मौसी, अंकल, आन्टी, सर, दीदी, जीजा जी जैसे संबोधन देकर पारिवारिक निकटता प्राप्त कर लेते हैं और फिर अवसर पाकर इन संबंधों को दरकिनार कर कुछ ऐसी हरकतें कर जाते हैं, जिनसे ये रिश्ते तो बदनाम होते ही हैं, साथ ही कुछ आपराधिक कृत्य भी हो जाते हैं। बहला-फुसला कर अबोध लड़कियों को भगा ले जाना, भावनाओं से खिलवाड़ करना, उन्हें ग़लत हाथों में बेच देना, नौकरी दिलाने के नाम पर उनका यौन शोषण करना, प्रेम-पत्रों अथवा खींचे गए चित्रों को सबको बता देने की धमकी देकर ब्लैकमेल करना, घर से जेवर, पैसा आदि लेकर भागने के लिए विवश करना आदि केवल इसलिए होता है कि इन भुक्तभोगी महिलाओं के सामने अपनी इज्जत बचाने का अन्य कोई विकल्प नहीं होता और वे इन मुंह बोले रिश्तेदारों की बातों में आ जाती हैं। इसी प्रकार से गली, मुहल्ले अथवा कुछ सहकर्मी भी महिलाओं की इन्हीं कमजोरियों का लाभ उठाकर, उन्हें अपनी चिकनी-चुपड़ी बातों में फंसाकर उन्हें बेचने जैसे कुकृत्य कर बैठते हैं। ऐसे लोगों से बचने के लिए आप हमेशा सतर्क रहें। अपने संबंधों को हमेशा मर्यादित, संतुलित और संयत रखें। प्रलोभनों से बचें। अपनी सुरक्षा को दांव पर लगाकर कोई भी असम्मान जनक समझौता न करें।

आशय यह है कि आप चाहे घर के अंदर हों अथवा घर के बाहर, संस्थान में हों अथवा सफर में, अपनी सुरक्षा के प्रति जरा-सी आहट मिलते ही सतर्क हो जाएं। इस प्रकार की सतर्कता ही आपको बड़े-से-बड़े खतरों से बचाएगी।

अध्याय 18

मानसिक संकीर्णता से बचें

पारिवारिक जीवन में 'हमारे अपने भी तो बच्चे हैं...', 'हमारी भी तो कुछ इच्छाएं हैं...', 'मैंने सबका ठेका थोड़े ही ले रखा है...' सोचना और कहना मानसिक संकीर्णता है। इस प्रकार की सोच जहां आपके व्यक्तित्व को ओछा बनाती है, वही आपकी सोच को भी संकुचित करती है। विचार और व्यवहार की यह संकीर्णता आपको अकेला बनाती है। यह आपको वहां छोड़ती है, जहां आप भरे-पूरे परिवार और समाज में अकेली रह जाती हैं। मानसिक संकीर्णता अभिशाप न बने, इसलिए आप सदैव इससे बचें।

'ना भाई ना...। उस स्वेटर का डिजाइन तो मैं तुम्हें नहीं बता सकती। ऐसे ही उसका डिजाइन गली-गली में देती फिरूंगी, तो कामन न हो जाएगा और कामन चीजों से मुझे बड़ी एलर्जी है...। अभी तो दिल्ली में भी यह डिजाइन नया-नया चला है...।'

''मैं भला किसी से क्यों डरूं'...। नौकरी करती हूं, कमाती हूं... खाती हूं, किसी के बाप का क्या खाती हूं...?''

''तुम्हारे सोनू की इतनी हिम्मत? उसने मेरे मोनू को पीटा... मोनू बेटा जा और हाथ पकड़कर सोनू को घसीट ला... मैं देखती हूं, तुझे कौन हाथ लगाता है। हाथ ना तोड़कर रख दूं, तो मेरा नाम राम चमेली नहीं...।''

सामाजिक और पारिवारिक जीवन में मानसिक संकीर्णता के ये ऐसे व्यवहार हैं, जो हमें अपने आसपास नित्य देखने व सुनने को मिलते हैं। मानसिक संकीर्णता का यह व्यवहार जहां हमारे संबंधों में दूरियां बढ़ाता है, वहीं हमें तनावग्रस्त भी रखता है। जो गृहिणियां बिना सोचे-समझे इस प्रकार का व्यवहार करती हैं, उन्हें न तो सामाजिक प्रतिष्ठा ही प्राप्त होती है और न परिवारजनों का स्नेह ही। ऐसी महिलाएं थोड़ी देर के लिए भले ही अहं के प्रभाव में आकर आत्मसंतुष्ट हो लें, लेकिन मानसिक संकीर्णता का यह व्यवहार उन्हें अकेला, कमजोर, असहाय और तनावग्रस्त ही बनाएगा। लगातार मानसिक संकीर्णता के कारण ऐसी महिलाओं का स्वभाव चिड़चिड़ा, शक्की, सनकी हो जाता है। उनकी वाणी में कर्कशता आ जाएगी और वे तेज-तर्रार होकर स्त्री-जन्य स्वाभाविक सौम्यता, मधुरता और स्नेह से हीन हो जाएंगी। इतना ही नहीं, बल्कि दैनिक जीवन में वे भयांकित होकर तनावग्रस्त बनी रहेंगी और हमेशा यही सोचती रहेंगी कि परिचय क्षेत्र में किसे और कैसे नीचा दिखाया जाए। किस प्रकार से दूसरों को अपमानित किया जाए? इस प्रकार की मानसिक संकीर्णता जहां हमें मानवतावादी आदर्शों से नीचे गिराती है, वहीं हमारे सामाजिक संबंध भी खराब होते हैं। हमारे इस व्यवहार के कारण लोग हमसे दूर रहना ही उचित समझते हैं।

मानसिक संकीर्णता के अन्य चाहे जो भी कारण हों, लेकिन इतना आशय तो स्पष्ट है कि यह एक मनोगत कमजोरी है, जब हममें योग्यता, प्रतिभा और मौलिक चिन्तन का अभाव होता है, तो हम मन-ही-मन अपनी किसी छोटी सी योग्यता के छिन जाने के भय से ग्रसित हो जाती हैं, दूसरों से भयभीत रहती हैं, तब हम अपने आसपास भय और आतंक का एक ऐसा वातावरण बनाती हैं, जो हमारी कमजोरियों

की रक्षा करता है। दूसरे हमारी कमजोरियों को पहचान नहीं पाते, यदि पहचान भी लेते हैं, तो वे इतना साहस नहीं जुटा पाते कि वे हमारी कमजोरियों को सरेआम उछालें। प्रगतिशीलता का मुखौटा लगाए हम एक संकीर्ण दायरे में ही जीती हैं। वास्तव में मानसिक संकीर्णता का अर्थ योग्यता का अभाव है। इसलिए हमें अपने मौलिक चिन्तन में इस प्रकार के व्यवहार को नहीं आने देना चाहिए और अपनी अयोग्यता का प्रदर्शन भी नहीं होने देना चाहिए।

मानसिक संकीर्णता कोई असाध्य रोग अथवा दोष नहीं, बल्कि यह तो एक असामान्य व्यवहार है, जो हम किन्हीं गलत अथवा भ्रामक धारणाओं के कारण करती हैं। अगर हम अपने आचरण और विचारों में थोड़ी-सी भी

दूरदर्शिता लाएं और विवेक से काम लें, तो कोई कारण नहीं कि हम मानसिक संकीर्णताओं से ऊपर उठकर सामाजिक आदर्श का आचरण न करें।

'स्वेटर का डिजाइन कॉमन हो जाना' कितनी संकीर्ण सोच है। क्या संसार में इससे अच्छा कोई और डिजाइन नहीं हो सकता। फैशन, रंग और डिजाइन की क्या कोई सीमा होती है? नित्य नए-नए फैशन आते हैं और चले जाते हैं। इसलिए यह सोचना कि 'डिजाइन कॉमन हो जाएगा' मूर्खतापूर्ण सोच है।

मानसिक संकीर्णता से ऊपर उठकर सोचने से ही हमारी योग्यता, प्रतिभा, कौशल और सुघड़ता अथवा ज्ञान का लाभ दूसरों को मिलता है। इससे जहां हमारी योग्यता

बढ़ती है, वहीं हमारी प्रतिभा में और भी वृद्धि होती है। इस संबंध में वास्तविकता यह है कि संसार में कोई भी वस्तु पूर्ण, श्रेष्ठ नहीं है, उससे अच्छी वस्तुएं और भी हैं। मैं ही श्रेष्ठ हूं, सुंदर हूं, बुद्धिमान हूं की सोच उचित नहीं। हमसे भी श्रेष्ठ, संपन्न और सुंदर लोग हैं। ऊंट को अपनी लघुता का अंदाज तब लगता है, जब वह पहाड़ के नीचे आता है। आपकी 'योग्यता' तो तभी तक सार्थक है, जब उसका लाभ परिवार, समाज और दूसरे लोगों को मिलता है और आप यह लाभ देते हैं, अन्यथा आपकी योग्यता मूढ़ता के सिवाय कुछ नहीं। फिर आप अपनी योग्यता पर इतना क्यों इतरा रही हैं? अपनी योग्यता का लाभ जब आप दूसरों को देती हैं, तो इसका एक अप्रत्यक्ष लाभ आपको यही होता कि अनुभव, ज्ञान, योग्यता और बढ़ती है, क्योंकि योग्यता और ज्ञान तो बांटने से ही बढ़ते हैं। अभ्यास ही आदमी को प्रवीण बनाता है।

कमाने योग्य हो जाने मात्र से ही आपकी सामाजिक पद-प्रतिष्ठा और मान-सम्मान नहीं बढ़ता। कमाना प्रतिष्ठा अर्जित करने का साधन है, इसे साध्य न मानें। केवल कामकाजी होने अथवा नौकरी पेशा होने पर इतराएं नहीं। इसी प्रकार से मायके पक्ष की संपन्नता पर इतराना आपकी प्रतिष्ठा कम करता है। आपकी नौकरी किसी भी हालत में पारिवारिक अपेक्षाओं से ऊपर नहीं हो सकती, क्योंकि परिवार को बनाने-सजाने-संवारने के लिए ही आप नौकरी करती हैं। यदि आपका नौकरी करना परिवार पर भारी पड़ेगा, तो आपका नौकरी करना उचित नहीं होगा। पारिवारिक अपेक्षाओं को पूरा करने के लिए जब आप नौकरी करेंगी, तो न केवल आपकी सामाजिक प्रतिष्ठा बढ़ेगी, बल्कि आपको परिवार का पूरा-पूरा संरक्षण और विश्वास भी प्राप्त होगा।

मानसिक संकीर्णता से ऊपर उठने के लिए अपने पारिवारिक और सामाजिक परिवेश के संपर्क में आने वाले प्रत्येक व्यक्ति के अच्छे कार्यों, व्यवहारों और विचारों का दिल खोलकर स्वागत करें। उनकी प्रशंसा करें। उनके कार्यों में सहयोगी बनें। पड़ोस में भजन, कीर्तन के कार्यक्रम में उत्साहपूर्वक शामिल होकर उनके इस आयोजन को सफल बनाएं। हमेशा दूसरों में गुण ही देखें, अवगुण नहीं। इन गुणों की चर्चा करने में, अपनाने में किसी भी प्रकार की कंजूसी न बरतें। ऐसे किसी भी अवसर को हाथ से न जाने दें, जिसमें आप दूसरों की प्रशंसा कर सकती हों। वास्तव में बात वहीं

करनी चाहिए जहां उसका कोई महत्त्व हो, कोई सुनने वाला हो, समझकर उस पर अनुकरण करने वाला हो। दूसरों के उपकारों की भी चर्चा करें।

'मां के आपरेशन के समय अनिल ने न जाने कहां से बी-निगेटिव ग्रुप के खून की एक बोतल का इन्तजाम किया। मां की जान तो इसी ने बचाई...। ऐसी बातें न केवल आपकी मानसिक सोच को व्यापकता प्रदान करती हैं, बल्कि दूसरे भी अच्छे कार्यों को करने के लिए उत्साहित और प्रोत्साहित होते हैं।

अपनी बातचीत में हमेशा दूसरों को जली-कटी सुनाते रहना, व्यंग्य कसना, ताने मारना, उलाहने देना उचित नहीं। इस प्रकार का व्यवहार आपकी सोच को कुंठित करता है और आप दूसरों के प्रति अच्छा नहीं सोचतीं। दूसरों के प्रति अच्छा न सोचने का एक कारण यह भी है कि आप लोगों से बड़ी-बड़ी अपेक्षाएं करती हैं। दूसरों से बड़ी-बड़ी अपेक्षाएं न करें।

गली-मुहल्ले अथवा परिवार में बच्चों की लड़ाई को लेकर कभी-कभी बड़ों में भी कहा सुनी हो जाती है। बच्चे असली बात तो बताते नहीं, अभिभावक सुनी-सुनाई बातों पर विश्वास कर एक-दूसरे के प्रति दुर्भावना पाल लेते हैं। बच्चे तो एक-दो दिन में ही सामान्य हो जाते हैं, आपसी विवाद भूल जाते हैं, लेकिन अभिभावक इस प्रकार की बातचीत और व्यवहारों को मन में गांठ बांध लेते हैं और उनके आपसी संबंधों में मनमुटाव बना रहता है। इसलिए जहां तक हो, बच्चों की बातों में आकर आपसी संबंध न बिगाड़ें।

विवाह पूर्व के विवादों को भी विवाह बाद मन में लाना अथवा इन विवादों से प्रभावित होकर कोई प्रतिशोधात्मक कार्यवाही करना उचित नहीं, यह सब मानसिक संकीर्णता के व्यवहार हैं।

'मेरा भानजा है...।', 'मेरा भतीजा है...।', 'मेरी बहू ने बनाया है...।', 'मैंने अपनी सास के लिए बनाया है...।' जैसी बातें न केवल आपको मानसिक संकीर्णता से ऊपर उठाएंगी, बल्कि इससे आपके संबंध भी उनसे मजबूत होंगे और आप इस प्रकार के संबंधों को बताने में गर्व का अनुभव करेंगी।

मानसिक संकीर्णता से बचें, समाज और परिवार से जुड़ें, इससे जहां आप का परिचय क्षेत्र बढ़ेगा, वहीं आपकी सोच भी व्यापक होगी।

संकीर्णता को प्रभावित करने वाले तत्व

- अपनी शिक्षा, योग्यता और प्रतिभा पर इतराने की अपेक्षा सहयोगी बनें। अपनी आर्थिक संपन्नता अथवा राजनीतिक प्रभाव का प्रदर्शन न करें।
- अपने परिचय और सामाजिक क्षेत्र में अपने आपको दूसरों से श्रेष्ठ, सुंदर, पढ़ा-लिखा, बुद्धिमान समझने का भ्रम न पालें। इस प्रकार का भ्रम आपको ईर्ष्यालु वृत्ति का बनाएगा और आप हमेशा दूसरों को अपने से हीन, छोटा समझकर, स्वयं को तनावग्रस्त बनाएंगी।
- मानसिक संकीर्णता आपकी सोच एवं क्षमताओं को सीमित करती है और आप हमेशा कुएं का मेढक बनी रहती हैं, जब कि मानसिक उदारता आपकी सोच को सफलता के नए आधार प्रस्तुत करती है।
- परिवार और परिचय क्षेत्र के ऐसे मित्रों, सगे-संबंधियों के प्रति उदार दृष्टिकोण अपनाएं, जिन्हें आपकी सहायता की आवश्यकता है। कठिन दिनों में अथवा बीमारी के दिनों में अपनों की कुशलता पूछकर उनका संबल बनें।

इसी प्रकार से परिचय क्षेत्र में यदि किसी की लड़की की शादी है अथवा कोई लंबे समय से बीमार है, तो उसकी आर्थिक सहायता कर अपनी मानसिक उदारता का परिचय दें। इस प्रकार की सहायता अथवा सहयोग पाकर जहां दूसरे आपके प्रति कृतज्ञ होंगे, वहीं आपकी मान-प्रतिष्ठा बढ़ेगी। समय पर दी गई आपकी यह सहायता उन्हें बहुत दिनों तक स्मरण रहेगी। आपकी सुघड़ता प्रमाणित होगी।

मानसिक संकीर्णता शारीरिक दोष न बने

शरीर और मन का सीधा संबंध होता है। स्वस्थ शरीर में ही स्वस्थ मन का वास होता है। मानसिक संकीर्णता की सोच आपको अपनों से दूर रखती है, जिससे आप मानसिक रूप से बोझिल और थकी-सी रहती है। इस प्रकार की सोच ही आपके व्यक्तित्व को कुंठित करती है। यह सोच दूसरों से ईर्ष्या रखना सिखाती है। इससे आपके मित्रों और शुभ-चिन्तकों की कमी होती है। आप हंसना-खेलना भूल जाती हैं। मानसिक तनावों के कारण सामान्य शिष्टाचार तक भूल जाती हैं, बाद में आपको अपनी इस भूल के कारण पश्चात्ताप होता है।

मानसिक संकीर्णता के कारण आपके मन में सजने संवरने के प्रति कोई उत्साह नहीं रहता। यहां तक कि जीवन के स्नेह स्रोत भी सूखने लगते हैं। इस प्रकार की सोच में बने रहने के कारण कालान्तर में आपकी सोच उत्साहहीन हो जाती है और आप अपनी वास्तविक उम्र से कहीं अधिक लगने लगती हैं। मानसिक संकीर्णता आपके चेहरे पर भी दिखाई देने लगती है।

प्रसन्न रहें

मानसिक संकीर्णता से बचने, उससे मुक्त होने का सरल उपाय यह है कि आप हमेशा प्रसन्न बनी रहें। प्रसन्नता व्यक्ति को जीवन के प्रति आशावान व आस्थावान बनाती है। उसकी सोच को सकारात्मक बनाती है। लक्ष्य के प्रति उत्साहित करती है। जब आपके मन में दूसरों के प्रति कोई द्वेष भाव नहीं होगा, तो स्वाभाविक है कि आप अपने आचरण और व्यवहार के प्रति संतुष्ट होंगी। संतुष्टि का यह अहसास ही आपको प्रसन्न रखेगा। आपके चेहरे की मुस्कान आपकी मानसिकता को प्रभावित करेगी।

मानसिक संकीर्णता से बचने के लिए आवश्यक है कि आप मन से शुद्ध, वचन से मृदु, कर्म से सक्रिय हों। वैचारिक उदारता, सहिष्णुता, दया, करुणा और मैत्री-भाव अपने मन में रखें। इस प्रकार की भावनाएं और विचार जहां आपको समाज के अन्य लोगों से जोड़ेंगे, वहीं आपका सामाजिक और पारिवारिक जीवन भी सरस, सरल और समृद्धशाली बनेगा।

मानसिक उदारता प्रदर्शित करने के लिए हमेशा दूसरों को महत्त्व दें। अपनी आलोचना, निन्दा सुनकर उत्तेजित न हों। न ही अपनी प्रशंसा सुनकर कुप्पा हों।

'मेरी मानो तो...।', 'मैं कहती हूं कि...', 'मैं जानती हूं...।' जैसी बातें कह कर अपनी बात को ही अंतिम न मानें। न ही अपनी बात अथवा अपने व्यवहार, मत का दूसरों से समर्थन कराएं। अपनी पसंद दूसरों पर न लादें। अपने मन में कभी भी ईंट का जवाब पत्थर से देने की सोच न लाएं। इस प्रकार की सोच आपके दुःख, अशांति, क्रोध और

आत्मग्लानि का कारण बनेगी। मानसिक उदारता प्रदर्शित करने के लिए दूसरों को बदलने, समझने-समझाने के पर्याप्त अवसर दें। आपके मन में पैदा हुआ सेवा-भाव जहां आपको सामाजिक सुघड़ता से जोड़ेगा, वहीं आप मानसिक संकीर्णता से मुक्त होंगी।

सामाजिक और पारिवारिक जीवन में संपर्क में आने वाले व्यक्तियों से नम्र व्यवहार करें। घरेलू नौकर, कामवाली, दूधवाला, सब्जी की फेरी वाला, अखबार वाला, प्रोस्टमैन आदि के प्रति नम्रता और शिष्टता से बात करें। कामकाजी जीवन में भी सहकर्मियों के प्रति मान-सम्मान प्रकट करें।

अपनी सामाजिक और पारिवारिक प्रतिष्ठा को बनाए रखने के लिए ऐसा कोई काम न करें, जो आपका कद कम करे अथवा आपको अपने आदर्शों से नीचा गिराता हो।

अपनी मानसिक उदारता को प्रकट करने का कोई भी अवसर हाथ से न निकलने दें। अपने परिचितों, जरूरत मंदों की सहायता अवश्य करें, जो लोग आपसे अपेक्षा करते हैं। इस प्रकार की सोच जहां आपको मानसिक संकीर्णताओं से मुक्त रखेगी, वहीं आप शक्ति का स्रोत बन अपनों का संबल बनेंगी और उनसे अपनापन पा सकेंगी।

अध्याय 19

सास की खास बनें

सास गृहिणी की परम सहयोगी, सहायक और शुभचिंतक है। बहू के रूप में गृहिणी पर गर्व करने वाली सास... । जब मुहल्ले-पड़ोस में महिलाओं के बीच बैठकर बड़े आश्चर्य से आंखें फैलाकर यह कहती है कि मेरी बहू अलका तो ऐसी नही, तब आपको भी यही लगता है कि कुछ तो ऐसा है, जो आपको सास की खास बनाता है।

सास की अपेक्षाएं केवल सुघड़ गृहिणी ही पूरी कर सकती हैं और वे अपने स्तर पर बड़ी नही होती। कुशल गृहिणी जब सास की खास बनती है, तो वह घर स्वर्ग से सुंदर बन जाता है, फिर आपको भी तो एक दिन सास बनना है। सास-बहू के नाजुक रिश्तों की डोर... इसे तानने का प्रयास बिलकुल न करें।

गृहिणियों की बातचीत का एक मात्र बिन्दु सास और सासों की बातों का एक मात्र केन्द्र बिन्दु बहुएं। सास-बहू भारतीय घरों की दो ऐसी पात्र हैं, जो पूरे परिवार को प्रभावित करती हैं। बहू, सास की आशाओं का केन्द्र होती है। वह उसे अपने इस घर-संसार को सौंप कर गंगा नहाना चाहती है, लेकिन चाहती है कि बहू उसका दिल जीत ले। इस इच्छा के कारण ही वह बहू से बड़ी-बड़ी अपेक्षाएं करती है। दूसरी तरफ़ बहू के अपने कुछ सपने होते हैं। जिन्हें मन में संजोकर वह इस नए घर में प्रवेश करती है। वह अपने इन सपनों को मूर्त्त रूप देना चाहती है। उसे अपने इन सपनों को मूर्त्त रूप देने के लिए सास के सहयोग की आवश्यकता होती है, जो उसे उस स्तर पर नहीं मिल पाता, जो वह चाहती है। बस इस तरह के व्यवहार और सोच में ही सास-बहू में परस्पर अविश्वास, खिंचाव, तनाव का वातावरण निर्मित होने लगता है, जो समन्वय और समझ के अभाव में टकराव और बिखराव का कारण बन जाता है। थोड़े बहुत परिवर्तनों के साथ हर घर की यही कहानी है।

सास की खास बनने के लिए आवश्यक है कि आप (गृहिणी) कभी भी सास के अधिकारों को चुनौती न दें, उनके वर्चस्व को नकारने की सोच न पालें। बस इतना-सा गुर ही गृहिणी को सास की खास बना देगा।

सास-बहू में छत्तीस का आंकड़ा होना कोई नई समस्या नहीं। लेकिन आश्चर्य तो तब होता है, जब नए विचारों की सास अथवा बहू भी कुछ इसी प्रकार की भावनाओं से ग्रसित होकर परस्पर 36 का आंकड़ा बना लेती हैं। यद्यपि अब इस व्यवहार में बहुत अंतर आया है, क्योंकि दोनों ही प्रगतिशील सोच रखने लगी हैं। आज विवाह भी बड़ी देख-परख के बाद ही होते हैं, फिर भी सास-बहू के संबंधों में 'शनि का प्रवेश' हो ही जाता है। सास-बहू चाहे कितनी भी अच्छी क्यों न हों, उनमें परस्पर आत्मीयता, स्नेह और सौहार्द की इच्छा चाहे कितनी ही क्यों न हो, परन्तु उनमें किसी-न-किसी कारण से यह कटुता आ ही जाती है। इस प्रकार का अविश्वास अथवा कटुता ही परस्पर संबंधों में स्नेह और विश्वास को लीलने लगते हैं। स्नेह स्रोत सूखने लगते हैं और फिर कई अर्थों में वही पुरानी सास-बहू की 'लड़ाई' 'शीत युद्ध' में बदलने

लगती है। इसके अपवाद भी हो सकते हैं। होना भी स्वाभाविक है, लेकिन सास-बहू 'पुरान' किसी-न-किसी रूप में अवश्य ही दिखाई देते हैं।

इस पूरे संदर्भ में वास्तव में न तो पूरी तरह से सास ही दोषी हैं और न बहू। वास्तव में पूरी समस्या का एकमात्र कारण परस्पर में समन्वय और समझ का अंतर है, अभाव है। शाश्वत सत्य तो यह है कि सास अपनी बहू पर गर्व करती है और उस पर सारी खुशियां लुटाना चाहती है। यह उसकी चिर साध होती है। दूसरी तरफ बहू अपना सब कुछ छोड़कर नए घर को बनाने-सजाने-संवारने, केवल सास के सहारे आती है। यदि बहू थोड़े-से विवेक और समझ से काम लेती है, तो उसे सास का मन जीतने में समय नहीं लगता

और प्रत्युत्तर में वह भी सास की खास बन उसके स्नेह और आत्मीयता को प्राप्त कर लेती है। इसलिए प्रगतिशील सोच वाली नई बहू को अपने विचारों और व्यवहार में यह मूल परिवर्तन लाना ही होगा। सास का अपना पारिवारिक वर्चस्व होता है, उसके कुछ अधिकार होते हैं और उसके इन अधिकारों और वर्चस्व को मान्यता मिलनी ही चाहिए। इनका अतिक्रमण करना ही इस समस्या की बुनियाद है। यदि बहू-सास के इस वर्चस्व को स्वीकार कर उसकी मान-प्रतिष्ठा को बढ़ाए, तो कोई कारण नहीं कि बहू सास की चहेती न बने, उसे अपनी आंखों पर न बिठाए। यह भी एक सत्य है कि बहू के सिवाय उसका और कौन होता है? वह तो अपनी बहू पर गर्व कर अपने अहं की संतुष्टि करना चाहती है। इस प्रकार की

संतुष्टि ही उसकी इच्छा होती है। इसलिए आप चाहे कहीं भी हों, छोटी हों या बड़ी, सास को इस गर्व से वंचित न करें। उसे भरपूर प्रतिष्ठा देकर ही उसका दिल जीतें। यह सास की मनोवैज्ञानिक अपेक्षा है, अतः इसे मान्यता अवश्य दें। सास बहू की उपेक्षा नहीं करना चाहती, इसलिए आप यह विचार मन से निकाल दें कि सास 'खराब' होती है। जिस प्रकार से एक पिता हमेशा अपने बच्चे का शुभचिन्तक होता है, उसी प्रकार सास भी बहू की शुभचिन्तक होती है। इस विषय में अपने मन को पूर्वग्रहों से ग्रसित न होने दें।

बहू के दिल में प्रतिशोधी भावनाएं, असंतोष, कुंठा, हीनता अथवा आत्मग्लानि तभी पैदा होती है, जब उसे उसकी कल्पनाओं के विपरीत व्यवहार मिलता है। बहू का मन तब और भी आहत होता है, जब उससे बड़ी-बड़ी अपेक्षाएं तो की जाती हैं, कर्त्तव्यों और आदर्शों की दुहाई तो दी जाती है, सहनशीलता का पाठ तो पढ़ाया जाता है, लेकिन उसकी भावनाओं का जरा भी ख्याल नहीं रखा जाता। यहां तक कि कभी-कभी तो जानबूझ कर उसकी भावनाओं की उपेक्षा की जाती है, उन्हें नकारा जाता है। उसके साथ भेदभाव किया जाता है। विरोधाभासों का व्यवहार दोहराया जाता है। बहू का माथा तब और भी ठनकता है, जब सास उसे तो गुड़ खाने के लिए मना करती है और स्वयं गुड़ खाती है। घर की बेटी जोकि किसी दूसरे घर की बहू भी है, उसे तो दस-दस बजे तक सोने दिया जाता है और बहू को सुबह छः बजे ही उठा दिया जाता है। जब बहू सास के इस दोहरे रूप को देखती है, तो उसके मन में भी असंतोष, विद्रोह और आक्रोश की ज्वाला भड़कने लगती है। यही असंतोष एक सचाई के रूप में जब बहू के मुख से प्रकट होने लगता है, तो सास चोट खाई हुई नागिन की तरह फन पटकने लगती है। बहू पर खानदानी न होने का आरोप आरोपित करने लगती है। किसी 'नीच' घर की होने का आरोप लगाकर उसे 'कुलच्छनी' कहकर मन की भड़ांस निकाली जाती है। इस असंतोष के कारण ही पूरे परिवार पर शनि की छाया मंडराने लगती है।

सास की वक्र दृष्टि से बचने के लिए आवश्यक है कि दोनों ही एक-दूसरे के अस्तित्व को मान्यता दें। सास को यह कभी नहीं भूलना चाहिए कि वह भी कभी बहू थी, बहू को यह समझना चाहिए कि वह भी एक दिन सास बनेगी। आज के प्रगतिशील युग में जबकि परिवार के सभी सदस्य पढ़े-लिखे हों, सबको अपना-अपना जीवन अपने तरीके से जीने का पूरा-पूरा अधिकार है, हक है, उसे इतनी स्वतंत्रता अवश्य दें, कि वह अपने व्यक्तित्व का विकास कर सके, इसलिए आप चाहे सास हों अथवा बहू एक दूसरे से बड़ी-बड़ी अपेक्षाएं न करें, न ही इन अपेक्षाओं के पूरा न होने पर अपने भाग्य अथवा कर्मों का रोना रोएं। न ग्रहों को दोषी मानें, न अपनी हीनता ही प्रकट करें। वास्तव में यह किसी शनि अथवा ग्रहों का प्रभाव नहीं, बल्कि परिस्थितियां हैं, आपकी अपनी सोच है, जिन्हें आप ही बदल सकती हैं। जब आप यह जानती हैं कि सास का स्वभाव तेज है, शंकालु है अथवा कुछ और ही सोचती है, तो आप ऐसे अवसर ही क्यों आने देती हैं कि कोई अप्रिय स्थिति निर्मित हो। यदि किसी विशेष कारण से ऐसी कोई परिस्थिति निर्मित हो गई है, तो ईंट का जवाब पत्थर से देने की सोच से बचें और कोई सकारात्मक विचार अपनाएं, ताकि बात न बिगड़े, क्योंकि सास-बहू के किसी भी विवाद का प्रभाव परिवार पर पड़ता है। हर हालत में हानि परिवार की ही होती है। तनाव परिवार में ही निर्मित होता है। इन विवादों के कारण परिवार को केवल जगहंसाई ही मिलती है। आप चाहे सास हों अथवा बहू, पारिवारिक हितों पर इनका प्रभाव पड़ता है। छुरी कद्दू पर गिरे अथवा कद्दू छुरी पर कटता कद्दू ही है। अतः आप सह-कुटुंबियों, पड़ोसियों को हंसने का अवसर न दें। आप परिवार के हितों को सर्वोच्च मानें। अपने विवादों को बड़ी सरलता के साथ उदार मन से स्नेह और विश्वास के साथ सम्मान जनक समाधान दें। इसलिए उसमें कहीं भी किसी तीसरे पक्ष को अपना पक्षधर न बनाएं और न ही घर की कोई बात बाहर जाने दें।

बहू का आचरण पारिवारिक अपेक्षाओं के अनुकूल हो, तो सास को गर्व, गौरव का अहसास होता है, इसलिए इस सत्य को स्वीकारें और अपने व्यवहार में कहीं भी किसी प्रकार का अमर्यादित छिछलापन न आने दें। इस भ्रम को अथवा पूर्वग्रह को मन से निकाल दें कि 'मैं सबको ठीक कर दूंगी... । मैंने अच्छे-अच्छों को सीधा कर दिया है।' एक-दूसरे को 'सीधा' करने की बात मन में कभी न लाएं, इससे परिवार टूट जाते हैं। बहू को जितनी आत्मीयता, स्नेह, सुरक्षा और सहयोग सास से मिल सकता है, उतना अन्य कोई नहीं दे सकता।

बहू के रूप में आप विवाद अथवा उपेक्षा की पात्र तब बनती हैं, जब आप बात-बात में मायके की प्रशंसा करने लगती हैं और बात-बात में 'हमारे वहां तो... । हमारे मम्मी पापा...।' कहकर मायके पक्ष की तारीफों के पुल बांधती हैं, जबकि आपका इस प्रकार का व्यवहार अप्रत्यक्ष रूप से ससुराल पक्ष की हीनता प्रदर्शित करने वाला व्यवहार है। आप समझ भी नहीं सकतीं कि आपके इस कथन का ससुराल पक्ष पर क्या प्रभाव पड़ रहा है? भावावेश में अथवा अदूरदर्शिता के इस आचरण में आप कुछ देर के लिए यह भूल जाती हैं कि ससुराल पक्ष की इस हीनता को कोई सहन नहीं करता और वह भी तब, जब आप इसी नाव में सवार हैं। आपका इस प्रकार का आचरण ही आपको सास की नजरों से गिरा सकता है। एक बार पटरी से उतरी गाड़ी फिर बड़ी मुश्किल से पटरी पर आती है। सास चाहे कितनी भी उदार मना, विशाल हृदय की क्यों न हो, वह यह सहन नहीं कर पाती कि कोई उसकी कमजोरी, हीनता अथवा अभावों को उछाले, उसका मजाक उड़ाए। अतः आप अनजाने में भी इस प्रकार की भूल न करें और न ही अनावश्यक रूप से तनाव अथवा टकराव की स्थिति निर्मित करें। ऐसे ही सास-बहू में जो शीत युद्ध प्रारम्भ होता है, उसमें अगले-पिछले ताने, व्यंग्य उलाहने, अपेक्षाओं का रोना ही रोया जाता है। एक-दूसरे की गलतियां दोहराई जाती हैं।

यदि आप कामकाजी हैं, प्रतिभाशाली हैं, साधन संपन्न हैं, सुंदर हैं, प्रभावशाली हैं, तो अपनी इस संपन्नता, प्रभाव और सुंदरता का प्रदर्शन न करें, न ही अपनी उच्चता का प्रदर्शन करें। संपन्नता और कमाई पर इतराने से, उच्चता का प्रदर्शन करने से, अहं पालने से आपकी मान-प्रतिष्ठा नहीं बढ़ती। आपकी मान-प्रतिष्ठा परिवार की मान-प्रतिष्ठा के साथ ही बढ़ती है, इसलिए अपनी संपन्नता अथवा प्रभाव का उपयोग परिवार के हितों में करें।

एक-दूसरे को समझकर ही सास-बहू एक दूसरे के निकट आएंगी, यह निकटता उनमें तभी बढ़ेगी, जब वे परस्पर विश्वास व्यक्त करें और एक-दूसरे की सीमाओं का मान-सम्मान करें। एक-दूसरे की सोच को समझें। दोनों एक-दूसरे के प्रति समर्पित हों। कुछ लोगों का मत है कि सास-बहू को बेटी के समान समझे। वास्तव में यह सोच भी संकीर्ण है, क्योंकि बहू का दर्जा बेटी से कहीं बड़ा है। सास का बहू के प्रति समर्पित होना हमारा सांस्कृतिक आदर्श है, इस आदर्श की प्राप्ति के लिए सास-बहू के संबंधों का मधुर होना परमावश्यक है। परस्पर समझ का यह आचरण ही बहू को सास की खास बनाएगा और तब यह समस्या अपने आप हल हो जाएगी। बहू की उम्मीदों को सास ही पूरा करती है। इसलिए इस प्रसंग में सास-बहू दोनों को ही प्रगतिशील सोच अपनानी चाहिए।

विवाह के बाद सास ही बहू को स्नेहिल हाथों से गृह प्रवेश कराती है, गृह प्रवेश के इस स्नेहिल संस्कार में ही बहू पूरी तरह से समर्पित होकर सास से जुड़ती है। निश्चय ही इन क्षणों में उसके मन में सास की खास बनने की इच्छा बलवती हो उठती है। सास का मन जीतने के लिए बहू को कुछ ऐसी सोच अपनानी चाहिए, जो सीधे सास के दिल को प्रभावित करे। सास की इच्छाओं का मान-सम्मान कर उसे ससुराल की मान-प्रतिष्ठा, रीति-रिवाजों को ही मान्यता, प्रतिष्ठा और सम्मान देना चाहिए।

उम्र की ढलान पर बैठे परिवार के बुजुर्ग, बहू से केवल मान-सम्मान की अपेक्षा करते हैं। बहू को परिवार के ऐसे आत्मीयजनों से भावात्मक रूप से जुड़कर उन्हें भरपूर आदर देकर उनका दिल जीतना चाहिए।

सास-बहू में कभी-कभी वर्चस्व अथवा मतभेदों का वैचारिक शीत युद्ध छिड़ जाता है। इस युद्ध में बहू को अपनी पराजय स्वीकार कर लेनी चाहिए, क्योंकि इस पराजय में भी बहू की विजय छिपी हुई है। समन्वय और समझदारी से बहू को विवेक से काम लेना चाहिए। इस प्रकार की विषम परिस्थितियों में पति से समर्थन जुटाने, उसके कान भरने, शिकायतों, उलाहनों का रोना रो कर अपनी हीनता प्रदर्शित न करें, इस प्रकार के व्यवहार तनावों के समय आग में घी डालने का काम करते हैं। अतः पारिवारिक क्लेश से बचने के लिए ऐसे प्रसंगों को अपनी ओर से तूल न दें।

सास को वश में करने का एक और उपाय यह भी है कि बहू अपने कान बंद रखे। कान बंद रखने का आशय यहां केवल इतना ही है कि अपनी सोच को 'शांत' बनाएं और मन में सुनी-सुनाई बातों के लिए प्रतिशोधी विचार मन में न लाएं।

130

मायके पक्ष की संपन्नता पर इतराना नहीं चाहिए। विवाह पूर्व के विवादों, संबंधों को पढ़े हुए पृष्ठ के समान पलट देना चाहिए। ऐसे व्यक्तियों अथवा बिचौलियों से संपर्क समाप्त कर लेने चाहिए, जिनके कारण पारिवारिक विवाद होने की संभावना हो।

बहू को घर आए मेहमानों, सह-कुटुंबियों के प्रति मान-सम्मान प्रकट करना चाहिए। घर आए पुरुष मेहमानों के साथ मर्यादा युक्त एक सम्मानित दूरी बनाकर रखनी चाहिए। मेहमान चाहे ससुराल पक्ष के हों अथवा मायके पक्ष के, उनके साथ किसी प्रकार का भेदभाव न बरतें।

सामाजिक और पारिवारिक जीवन में संपर्क में आने वाले व्यक्तियों, सह कुटुंबियों का बहू से परिचय कराना भी सास का दायित्व है। सास को इस परिचय के क्रम में रिश्तों की निकटता का भी परिचय देना चाहिए। सास को चाहिए कि वह घर के नौकर, कामवाली, दूध वाले, सब्जी वाले, अखबार वाले, पोस्टमैन आदि का परिचय भी बहू से कराए, ताकि बहू ऐसे लोगों के प्रति सहिष्णुता, शिष्टता से बात कर सके और अपनी शालीनता से इनके दिल में भी सम्मान पा सके।

सास को चाहिए कि वह बहू को सामाजिक और पारिवारिक प्रतिष्ठा के ऐसे व्यवहारों से परिचित कराए, जो उसकी सामाजिक प्रतिष्ठा को बढ़ाते हों। इस प्रकार की सोच ही उसे बड़े घर की बहू होने के गर्व का अनुभव कराएगी और वह इन संबंधियों, परिचितों और पड़ोसियों की अपेक्षाएं पूरी कर सकेगी।

सास इस सत्य को खुले रूप में स्वीकार करें कि बहू के लिए ससुराल के लोग, उनकी सोच, अपेक्षाएं, वातावरण, रीति-रिवाज, रहन-सहन का स्तर, शैली आदि सब नए हैं। वह पूरी तरह से इस वातावरण से अपरिचित है और एकाएक वह इन सबसे समन्वय करने में भी असमर्थ हैं। ऐसी स्थिति में केवल सास ही बहू परिवार की मान-मर्यादाओं से परिचित कराती है। सास का यह स्नेहिल व्यवहार बहू के साथ अपनेपन का होगा, तो सास-बहू के संबंधों में सरसता के अनेक स्रोत स्वतः ही पैदा होने लगेंगे। बहू को परिवार से जोड़ने का यह कार्य सास ही कर सकती है, जो उसे सबसे पहले करना चाहिए। इस विषय में सास की उदारता ही बहू

की सुघड़ता है। प्रत्युत्तर में बहू भी सास की प्रतिष्ठा को चार चांद लगाएगी। बेटे के मन में बहू के प्रति स्नेह, मान-सम्मान और प्रतिष्ठा बढ़ाने के लिए हमेशा बहू के अच्छे कार्यों, व्यवहारों की प्रशंसा करें। इस प्रकार की प्रशंसा बहू-बेटे के दांपत्य जीवन में सरसता के नए स्रोत पैदा करेगी और बहू-बेटे में विवाद भी कम ही होंगे।

सास की खास बनने के लिए बहू को परिवार के सदस्यों की मान-प्रतिष्ठा का ध्यान रखते हुए उनके दिल में स्थान बनाना चाहिए। इसके लिए आवश्यक है कि ससुर को पितातुल्य सम्मान दें। परिवार के प्रति उसके मन में उपजी अपेक्षाओं को जानें और अपनी सक्रिय और सकारात्मक सोच से इन अपेक्षाओं को पूरा करें।

ससुर का सम्मान करें

ससुर की मनोवैज्ञानिक इच्छाओं का सम्मान करें उनकी आदतों पर व्यंग्य, कटाक्ष अथवा ताने न मारें। ससुर की दवा, आराम, चाय-नाश्ते संबंधी जरूरतों आदि का ध्यान रखें। ससुर की सबसे बड़ी मनोवैज्ञानिक इच्छा यह होती है कि उनके बहू-बेटे उससे परामर्श लें। उससे बातें करें। उन्हें 'आउट आफ डेट' कह कर उपेक्षित न करें।

ससुर के अलावा परिवार की महिला सदस्यों जैसे देवरानी, जिठानी, ननद, भाभी आदि से हमेशा बोल-चाल बनाए रखें। इससे जहां उनके अहं को संतुष्टि मिलती है, वहीं संवाद हीनता की स्थिति निर्मित नहीं हो पाती। संवाद हीनता (अनबोलापन) हमेशा गलतफहमियां पैदा करती है और संबंधों में दूरियां बढ़ाती है।

पारिवारिक विवादों में अति उत्साह के साथ भाग न लें और न ही इन विवादों में पति पक्ष का समर्थन करें। ऐसे विवादों में उलटा-सीधा जवाब देकर आप परिवार के किसी भी सदस्य से मान-प्रतिष्ठा प्राप्त नहीं कर सकतीं। आपसी विवादों, मतभेदों को उस सीमा तक कभी न ले जाएं, जहां इन्हें जोड़ने की संभावनाएं ही समाप्त हो जाएं। पारिवारिक विवादों को एक-न-एक दिन समाप्त हो जाना है, यह मान कर चलें और यदि जुड़ाव की ऐसी कोई स्थिति आती है, तो सम्मानजनक समझौता कर इस जुड़ाव का श्रेय लें। इससे आपकी प्रतिष्ठा तो बढ़ेगी, साथ ही आपकी सुघड़ता भी रंग लाएगी।

परिवार के किसी सदस्य की किसी कमजोरी, हीनता, गलती अथवा घर में ही हुए किसी अप्रिय हादसे से ग्रसित बात, व्यवहार, रहस्य को बात-बात में न उछालें और न ही इस हीनता के लिए उस सदस्य को आहत अथवा अपमानित करें, क्योंकि कुछ रिश्ते ऐसे होते हैं, जिनमें उनके किए हुए व्यवहारों अथवा गलतियों के लिए मां-बाप, पति-पत्नी की गलती न होते हुए भी उसकी टीस सब को सहनी पड़ती है। ऐसी गलतियों-व्यवहारों को बार-बार कुरेद कर उन्हें हरा करने की सोच मन में कभी न लाएं।

सास और बहू एक-दूसरे की खास बनने के लिए इतना ध्यान रखें :

- एक-दूसरे के प्रति सकारात्मक दृष्टिकोण अपनाएं। परस्पर की भावनाओं, इच्छाओं, विचारों का सम्मान कर एक-दूसरे के साथ जुड़ें।

- एक-दूसरे को मन से स्वीकारें। परस्पर संबंधों को वर्चस्व की लड़ाई न मानें और न ही विजयी होने का घमंड करें। बच्चों की खुशी में ही अभिभावकों की खुशी होती है, बहू-बेटे की खुशियों को इसी भावना के साथ स्वीकारें।

- एक-दूसरे को अपना बनाकर देखें, अपनत्व का यह व्यवहार ही आपको एक-दूसरे से जोड़ेगा और आप सास की खास बन सकेंगी। बहू आपकी खास बन सकेगी।

अध्याय 20

घर आए मेहमान

अतिथि को सामाजिक जीवन में देवतुल्य माना गया है। अंतर केवल इतना है कि देवताओं के लिए उनका आह्वान करना पड़ता है, जबकि अतिथि बिना किसी आह्वान के ही हमें कृतज्ञ कर जाते हैं। घर आए मेहमान के प्रति आपकी सोच में कुछ तो नवीनता हो, जो मेहमान के दिल को छू ले।

''मीना दीदी, जबसे तुम्हारे यहां से आई हूं, तुम्हारे बारे में ही सोचती रहती हूं। वास्तव में तुम्हारे साथ व्यतीत हुए थोड़े-से दिन तन-मन में खुशबू बनकर बस गए हैं। तुम्हारा स्नेह, सद्व्यवहार और तुम्हारा आत्मीय भाव..., भुलाए नहीं भूलता, मेहमानी तो सब कर लेते हैं, लेकिन तुम्हारा मेजबानी का तौर-तरीका हमेशा याद रहेगा...।''

''खिलाना-पिलाना तो दूर रहा, उसने तो सीधे मुंह बात भी नहीं की, उसे तो जैसे बोलने में भी तकलीफ होती थी, ऐसी जगह क्या जाना, इससे तो अच्छा है कि किसी होटल या धर्मशाला में रात काट लो, जहां चाह नहीं, वहां कौन जाए...? मैं ऐसे किसी के ऊपर बोझ बनना बिलकुल पसंद नहीं करती...।''

दो मेहमानों के अलग-अलग ऐसे उदाहरण हैं, जो हमें आए दिन अपने ही पारिवारिक परिवेश में देखने-सुनने को मिल जाते हैं। प्रथम उदाहरण इस बात का प्रमाण है कि मेजबान ने मेहमान का दिल खोलकर आत्मीय भाव से स्वागत किया। दूसरा उदाहरण इस बात का प्रमाण है कि मेजबान ने मेहमान की उपेक्षा की। वास्तव में हमारे कार्य व्यवहार की कोई हमारे सामने भले ही प्रशंसा अथवा आलोचना न करे, लेकिन मेहमान के दिल में तो मेजबान से किए गए आचरण और व्यवहार का प्रभाव पड़ता ही है। ऐसे आचरण और व्यवहार का प्रभाव मेहमान के मस्तिष्क पर बहुत दिनों तक बना रहता है।

जब कभी आपके घर में कोई मेहमान आता है, तो स्पष्ट है कि मेजबान के रूप में आपके कर्त्तव्य और भी बढ़ जाते हैं। वैसे तो जब मेहमान आता है, तो वह बहुत सोच समझकर ही आपके घर आता है, क्योंकि वह जानता है कि आपका घर छोटा है, आप नौकरी पेशा हैं अथवा दुकानदार हैं, आपके पास इतना समय नहीं कि आप उसका साथ दे सकें आदि-आदि। लेकिन इन सबके बाद भी यदि कोई मित्र, स्नेही, स्वजन, गांव वाला आपके पास आ जाता है, तो निश्चित ही जान लें कि वह अपने मन में आपके बारे में कुछ विशेष बातें सोचकर ही आया है। इसलिए घर आए मेहमान का खुले दिल से हार्दिक स्वागत करें। आत्मीय-भाव से उसे स्वीकारें।

इस संबंध में एक व्यावहारिक सोच यह है कि जब आपके घर कोई मेहमान आ ही गया है, तो निश्चित ही वह खाना भी खाएगा, सोएगा, विश्राम भी करेगा, चाय-नाश्ता आदि भी करेगा। यह आप पर निर्भर है कि आप उसके साथ कैसा व्यवहार करती हैं, यदि नाक-भौंह सिकोड़ कर खाने की थाली देंगी और सस्नेह परोस कर देंगी, तो भी खाना तो उसे खाना है और वह खाएगा ही। बस अंतर तो केवल आपके व्यवहार में ही आएगा, इसलिए आप इस विषय में सोचें और

अच्छा व्यवहार कर, स्नेहासिक्त भाव से खिलाएं। यदि आप संयम बरतती हुई अपने व्यवहार कुशल होने का परिचय देकर मेहमान को अपनी ओर आकर्षित करने में सफल हो जाती हैं, तो यह आपकी सबसे बड़ी सफलता होगी। इसलिए जरूरी है कि परिवार में आए हुए मेहमानों का स्वागत करें। यदि मेहमान के साथ आए हुए बच्चे छोटे हैं, तो उनके दूधादि का भी ध्यान रखें। समय पर अपनी ओर से ही बच्चे को दूध देने के लिए मेहमानों का ध्यान इस ओर दिलाएं। विवाह-शादी के अवसर पर अकसर इस प्रकार की छोटी-छोटी बातों के कारण ही आपस में मनमुटाव हो जाता है और इन बातों को ही तूल देकर लोग संबंध बिगाड़ लेते हैं। अतः मेहमानों का इस विषय में ख्याल रखें।

किशोरावस्था के बच्चों को शहर में घूमने, फिरने, पार्क-पिकनिक, बाजार, मेला, प्रदर्शनी, पिक्चर आदि जाने दें और आप अपनी ओर से इसका प्रबंध कर दें। यदि आप स्वयं उनका साथ नहीं दे सकतीं, तो उनके साथ किसी को भेजने का प्रबंध कर दें। यदि यह भी संभव न हो, तो बच्चों को इतना समझा, बता दें कि उन्हें किन-किन स्थानों पर जाना है, कैसे जा सकेंगे, कहां उतरेंगे, कितना किराया आदि लगेगा, कितना समय लगेगा। आशय यह है कि बच्चों में रुचि लेकर इस संबंध में मेहमानों को पूरे-पूरे निर्देश दें। उन्हें ऐसा न लगे कि मेहमान उन पर बोझ बने हुए हैं। यदि आप कोई साधन दे सकें, तो बहुत ही अच्छी बात है, यदि न हो, तो उन्हें बता दें कि साधन कहां से और कैसे मिल सकते हैं।

नए मेहमानों के घर आ जाने से घर का काम बढ़ जाना स्वाभाविक ही होता है, इस बढ़े हुए काम और खर्चे के कारण कुछ गृहिणियां खीझ जाती हैं, चेहरे पर तनाव की रेखाएं उभर आती हैं। क्रोध करने लगती हैं। बच्चों को मारती-पीटती हैं, बरतन पटकती हैं, आप अपनी इस उत्तेजना अथवा तनाव का प्रदर्शन मेहमानों के सामने बिलकुल न करें। बढ़े हुए काम को कराने के लिए मेहमान का सहयोग लेंगी, तो इससे जहां मेहमान के दिल में आपके प्रति आत्मीय-भाव बढ़ेगा, वहीं आपका काम भी हलका होगा। उदाहरण के लिए मेहमान गृहिणी से सब्जी काटने के लिए कहें। चौके में सहयोग के लिए प्रोत्साहित करें। कोई नई 'डिश' बनाने के लिए कहें। इस बनी हुई अच्छी अथवा बुरी 'डिश' का पूरा-पूरा श्रेय मेहमान गृहिणी को दें। उसकी प्रशंसा करें और उसमें रुचि लें।

मेहमानों के खाने, चाय-नाश्ते आदि का समुचित प्रबंध करें और ध्यान रखें कि यह सब समय पर हो जाए। अपनी ओर से सूक्ष्म निरीक्षण कर लें कि मेहमानों के पास नहाने के सामान जैसे साबुन, पेस्ट, तौलिए आदि की समुचित व्यवस्था है कि नहीं, यदि न हो तो आप अपने स्तर पर इनका प्रबंध कर दें। इस प्रकार से यदि महिलाएं साथ में हैं, तो उनके बनाव-शृंगार की सामग्री, साधन आदि का प्रबंध भी आप अपने स्तर पर कर दें। उदाहरण के लिए दर्पण, कंघा, टेल्कम पाउडर आदि तुरन्त उनके कमरे में पहुंचा दें। इसके साथ ही आप उनसे उनकी अन्य कोई आवश्यकता हो, तो बड़े आत्मीय-भाव से पूछ लें और उसका प्रबंध कर दें। इससे जहां आप मेहमानों का विश्वास प्राप्त कर लेंगी, वहीं वह भी आपकी अंतरंग सहेली बन जाएंगी। आपको सम्मान देंगी।

मेहमानों के खाने का विशेष ध्यान रखें। हमेशा उनके साथ ही खाएं, साथ-साथ खाने में ही आनन्द आता है। यदि मेहमानों की संख्या अधिक हो, साथ में बच्चे हों, तो पहले बच्चों को खिला दें। फिर पुरुषों को खिलाकर अथवा उनके साथ बैठकर खाएं। यदि आप परिवार के साथ बैठकर मेहमानों के साथ खाना खाती-खिलाती हैं, तो इससे मेहमान के दिल में आपके लिए विशेष स्थान बनता है। इस बात का ध्यान रखें कि आप स्वयं परोसें और सबका ध्यान रखें। नाश्ता विभिन्न प्रकार का हो और उसमें सबकी सुरुचि के व्यंजन हों। यदि मेहमान महिलाएं हैं, तो उनसे पूछ लें कि नाश्ता कैसा लेंगी? इससे आप मेहमानों को उनकी रुचि के अनुसार नाश्ता खिला सकेंगी और उसमें नवीनता भी बनी रहेगी।

जब आपके घर में मेहमान आए हुए हों, तो अपने कुछ दैनिक कार्य स्थगित कर दें (यदि संभव हो तो), इससे आप मेहमानों को काफ़ी समय देंगी और मेहमान 'बोर' भी नहीं होंगे। फिर भी यदि आपका जाना आवश्यक ही हो, तो मेहमान को कहकर उसे घर सौंप कर, बताकर जाएं, ताकि मेहमान अपने आपको उपेक्षित न समझें।

जब घर में मेहमान आए हुए हों, तो बड़े धैर्य का परिचय दें। यदि आपको परिवार के किसी सदस्य की कोई बात अच्छी नहीं लग रही अथवा मेहमान की कोई बात अच्छी नहीं लगी है, तो धैर्य का परिचय दें और अपनी बात बड़ी शालीनता के साथ कहें, विरोध करें, अपना मत व्यक्त करें, इससे जहां बात स्पष्ट हो जाएगी, वहीं विवाद अथवा तनाव भी पैदा न होगा।

घर आए मेहमानों के सामने अपने अन्य सह कुटुंबियों की बुराई अथवा आलोचना न करें और न ही उनके सामने अभावों का रोना रोएं। यदि मेहमान के स्वजनों के साथ भी आपके कहीं कोई विवाद हों, तो उनका हिसाब-किताब तब तक न करें जब तक कि मेहमान इस विषय में बात न करें। लेने-देने के व्यवहार भी वहीं अच्छे लगते हैं, जहां लोगों के दिल में देने-लेने की इच्छा हो। मधुर सम्बंधों की स्थापना में कहीं भी विवाद के पत्थर न लगाएं।

मेहमानों के सामने अपनी हीनता का प्रदर्शन न करें और न ही अपनी बेचारगी का प्रदर्शन करते हुए अपना रोना रोएं। कभी-कभी कुछ गृहिणियां अपनी हीनता अथवा अपेक्षाओं का रोना रोते हुए रोने लगती हैं, अथवा उनकी आंखें डबडबा आती हैं, इस प्रकार का व्यवहार मेहमानों के सामने न करें। वास्तव में इस प्रकार के व्यवहार से मेहमानों का मन बोझिल होता है, क्योंकि वह प्रत्यक्ष में आपकी कोई सहायता तो कर नहीं पाता, मनका बोझ अवश्य बढ़ जाता है। अतः इस प्रकार के व्यवहारों से बचें।

विदा के समय मेहमानों को बस स्टैन्ड अथवा रेलवे स्टेशन तक छोड़ने अवश्य जाएं, यदि यह संभव न हो, तो

दरवाजे तक तो अवश्य जाएं। उन्हें आने के लिए उनके प्रति धन्यवाद ज्ञापित करें। उन्हें पात्रानुसार उपहार दें, विदा दें। ध्यान रखें कि मेहमानों द्वारा दिए उपहारों को आप भी अस्वीकार न करें। उपहार अस्वीकारना अशिष्टता है, अतः इससे बचें। यदि आप कुछ समझती हैं कि दिया जाने वाला उपहार 'असामान्य' है, कुछ अधिक है अथवा आप उसकी पात्र नहीं हैं, तो अपनी बात बड़ी शिष्टता के साथ कहें और दिए जाने वाले उपहार को धन्यवाद के साथ अस्वीकार करें।

यदि कोई व्यक्ति उपहार देकर आपके साथ संबंधों की स्थापना की पहल करता है, तो इसे अवश्य स्वीकारें। आखिर कोई तो पहल करेगा ही, इसलिए यदि मेहमान अथवा मेजबान करता है, तो इसमें अस्वाभाविक क्या है?

मेहमान अथवा मेज़बान का इस प्रकार का व्यवहार और सोच जहां आपस में मधुर संबंधों की आधारशिला है, वहीं आप मेहमान का दिल भी जीत सकती हैं। मेहमान आपसे इस प्रकार का व्यवहार पाकर भविष्य में एक अच्छा मेज़बान बनने का संकल्प करेगा, उसका यह संकल्प ही उसे अच्छा मेहमान या अच्छा मेज़बान बनाएगा, क्योंकि यदि आप आज मेहमान हैं, तो कल आपके मन में मेजबान बनने की इच्छा भी बलवती होगी। एक अच्छा मेहमान—मेजबान अच्छे मेहमान-मेजबान की प्रेरणा होते हैं। आप भी घर आए मेहमानों का दिल जीतें। उसकी भावनाओं को समझें, उसका सम्मान करें।

'अतिथि देवो भव...' का सत्य समझने और समझाने के लिए अब कोई दृष्टांत देने की किसी को आवश्यकता नहीं। महंगाई, सीमित आवासीय क्षमता, समय का अभाव, पति-पत्नी का कामकाजी होना और घड़ी के पेंडुलम की तरह निश्चित गति से चलने वाली जिन्दगी के बावजूद मेहमानों का आना अथवा मेहमान बनना परम् सौभाग्य समझा जाता है। इस सौभाग्य को बनाए रखने के लिए मेहमानों को अपनी सोच, आचरण और व्यवहार को मेजबान की अपेक्षाओं के अनुसार बनाना चाहिए। मेजबान की सुविधाओं-असुविधाओं, इच्छाओं का ध्यान रख कर ही आप एक अच्छी मेहमान बन सकती हैं।

मेहमान बनें—बोझ नही

मेहमान बन कर मेजबान के घर पहुंच कर 'सरप्राइज विजिट' देने की सोच से बचें। आपकी यह सरप्राइज विजिट मेजबान की असुविधाएं बढ़ाती हैं। यहां तक कि आपकी यह सोच स्वयं आपके लिए भी कठिनाई का कारण बन सकती है। क्योंकि कभी-कभी यह हो जाता है कि सरप्राइज विजिट के चक्कर में आपको मेजबान के घर पर ताला लटका भी मिल सकता है। इसलिए मेहमान बनने से पहले इसकी सहमति लें, उसे सूचना दें। इस प्रकार की सहमति से यह भी ज्ञात हो जाएगा कि मेजबान कहीं बाहर तो नहीं जा रहा है।

आप चाहे जितने दिन भी मेजबान के यहां रहें, इस अवधि में हमेशा अवसर के अनुकूल सज-संवर कर रहें। उस मेजबान को आपके रहन-सहन के कारण अपने मित्रों, परिचितों अथवा पड़ोसियों के सामने किसी प्रकार की हीनता नहीं सहनी पड़ेगी। वे आपका परिचय बड़े गर्व के साथ अपने अन्य मेहमानों, परिचितों, मित्रों के साथ कराएंगी। इसी प्रकार से मेजबान के साथ आपका व्यवहार स्नेहिल और आत्मीयता से पूर्ण होना चाहिए।

मेजबान के घर की सजावट, जीवन शैली, रसोई, खाने-खिलाने और सुघड़ता पूर्ण अन्य व्यवहार की दिल खोल कर प्रशंसा करें। इस प्रशंसा में अपनी ओर से अपनी हीनता प्रकट न करें। इस क्रम में यदि आपको मेजबान के किसी व्यवहार के कारण अपमान सहना पड़ा हो अथवा आपका मन आहत हुआ हो, तो उस व्यवहार को अनावश्यक रूप से तूल न दें। इस प्रसंग को बार-बार उछाल कर मेजबान को नीचा दिखाने का प्रयास बिलकुल न करें।

मेहमान के रूप में आपका व्यवहार मेजबान की अपेक्षाओं के अनुकूल होना चाहिए। बातचीत में नम्रता, हाव-भाव में शिष्टता और शालीनता, पहनावे में सादगी का प्रदर्शन हो। अशिष्ट और अमर्यादित बातचीत, व्यवहार और मेकअप मेजबान की आंखों में अखरता है।

मेजबान की संपन्नता, प्रभाव, उपलब्धियों, सफलताओं पर ईर्ष्या करना, उनकी इन सफलताओं और उपलब्धियों को अपने पक्ष में मांग करना उचित नहीं। इसी प्रकार से यदि मेजबान आपसे कुछ छिपाना चाहता है, आपको अपने किन्हीं रहस्यों से परिचित नहीं कराना चाहता, तो ऐसी बातों, रहस्यों और भेदों को कुरेद-कुरेद कर जानने की कोशिश बिलकुल न करें।

मेजबान की इच्छा के बिना आप उनके अन्य पड़ोसियों, मित्रों, निकट संबधियों से संबंध बढ़ाने की सोच मन में कभी न लाएं और न ही इस विषय में अपनी ओर से कोई पहल करें।

मेजबान के रूप में आप इस सत्य को स्वीकारें कि आजकल मेहमानी के लिए समय निकालना अथवा मेहमान बनकर रहना बड़ा कठिन काम है। वास्तव में यह तो मेजबान की भावनाओं के सम्मान का प्रदर्शन ही है। यदि कोई व्यक्ति मेजबान की भावनाओं का सम्मान कर उनके आग्रह, स्नेह और आत्मीयता के कारण मेहमान बनकर आता है, तो वह वास्तव में ही 'देवोभव' की सार्थकता को चरितार्थ करता है। इससे न केवल मेजबान की प्रतिष्ठा बढ़ती है, बल्कि मेहमान भी गर्व का अनुभव करता है।

जब पति के मित्र मेहमान बनें

कामकाजी जीवन में पति-पत्नी को उनके पुरुष मित्रों के घर मेहमान बनकर आना-जाना एक सामान्य व्यवहार है। इस व्यवहार में जब भी पति-मित्र आपके घर मेहमान बनकर आएं तो ध्यान रखें कि :

- पति के मित्रों को सपत्नीक घर पर आमंत्रित करें। इससे आपके संबंधों में निकटता और सरसता आएगी और आप बड़े सहज भाव से आपस में जुड़ सकेंगे।
- पति के मित्र, बॉस अथवा सहकर्मियों को जब भी आप अपने घर खाने अथवा मेहमानी के लिए आमंत्रित करें, तो यह ध्यान रखें कि वे आप की सौजन्यता, सहृदयता, सरलता का कहीं कोई गलत अर्थ न लगाएं। ऐसे लोगों से बातचीत करते समय, स्वागत करते समय अथवा मेहमानी के दिनों में एक निश्चित मर्यादित दूरी बनाए रखें।
- अपने और पति के बीच किसी विवाद, कमजोरी अथवा अतरंग बातों को पति के मित्रों की दखलंदाजी का विषय न बनने दें। अति उत्साह अथवा भावुकता में आकर इस प्रकार की बातों को मेहमानों के सामने बिलकुल न करें। मेहमानों के कारण पति के विश्वास में कहीं कोई कमी न आने दें।

व्यावहारिक सोच अपनाएं

- मेहमान बनने-बनाने में इस सत्य को स्वीकारें कि खुशियां बांटने से बढ़ती हैं, इसलिए अपनी इन खुशियों को मेहमानों में बांटें, खुद मेहमान बनकर एवं दूसरों को मेहमान बनाकर प्रसन्न हों।
- घर आए मेहमानों की बुराई पड़ोसियों अथवा अन्य दूसरे मेहमानों से न करें। इस विषय में ध्यान रखें कि दीवारों के भी कान होते हैं और आपका इस प्रकार का व्यवहार मेहमानों से छिप नहीं सकता।
- मेहमानों से परस्पर जुड़ाव और आत्मीयता के लिए कभी-कभी उनसे अपनी पारिवारिक समस्याओं पर सलाह लेने में आत्मीयता बढ़ती है। इस विषय में भले ही आप अपने मन की करें, लेकिन सुनने में कोई बुराई नहीं।
- संकट अथवा बीमारी की स्थिति में रिश्तेदारों, पड़ोसियों एवं मित्रों की सहायता करने में तत्पर रहें।
- आप कहीं जा रही हैं और इसी समय कोई मेहमान आ जाता है, तो पहले उन्हें स्वीकारें। फिर बड़े धैर्य और आत्मविश्वास के साथ उन्हें घर सौंप कर आप बाहर जाएं। इस प्रकार के व्यवहार से जहां आप मेहमान के दिल में स्थान बनाएंगी, वहीं आप घर की चिन्ता के प्रति भी अनावश्यक रूप से तनावग्रस्त होने से बचेंगी।
- दो-चार दिन ठहरने के बाद जब आप वापस आ रही हों, तो मेजबान की सहमति और उसके माध्यम से ही घरेलू नौकर, माली, कामवाली आदि को अपनी ओर से कुछ 'टिप्स' अवश्य दें। यह टिप्स नकद अथवा वस्तु के रूप में भी हो सकती है।
- मेहमान बनना-बनाना एक ऐसा सामाजिक व्यवहार है, जो आपके सामाजिक और पारिवारिक जीवन की सरसता को बढ़ाता है, इस विषय में आपका आचरण, व्यवहार, सोच और चिन्तन ही आपको सुघड़ बनाएगा।

अध्याय 21

दिखावे से बचें

परिवार और समाज के विभिन्न लोगों के बारे में आपके विचार, आपकी भावनाएं क्या हैं, आप इनकी अभिव्यक्ति कैसे करें? इनका प्रदर्शन तो करना ही पड़ता है, वह चाहे औपचारिकता ही क्यों न हो, किन्तु बार-बार किया गया ऐसा प्रदर्शन आपकी आदत बन सकता है, दिखावा अच्दी आदत नहीं है, लेकिन इस बात का हमेशा ध्यान रखें कि दिखावा आपकी सुघड़ता और सफलता पर हावी न होने पाए।

एक कहावत है—जंगल में मोर नाचा, किसने देखा? आप अपने पड़ोसियों, कुटुंबियों, स्वजनों, मित्रों, शुभचिन्तकों के साथ कितना अच्छा व्यवहार करती हैं, यह कैसे पता चले? यह तो तभी संभव है, जब आप अपनी इन भावनाओं, विचारों और भावों को कहीं-न-कहीं प्रदर्शित करें। कुछ करके दिखाएं। आज का युग व्यवहार का युग है, केवल मुंह से कहने का प्रभाव उतना नहीं पड़ता, जितना कर के दिखाने का पड़ता है। इसलिए अपने इन भावों का प्रदर्शन भी करना जानें। इसलिए आप अपने पारिवारिक, सामाजिक और कामकाजी जीवन में जब भी अवसर मिले, दूसरों के प्रति भावनाओं का प्रदर्शन अवश्य करें।

'मुझे तो आपकी स्वीटी बहुत अच्छी लगती है, कितनी प्यारी है...! जी चाहता है, इसे गोद ले लूं...। गोद ले लूं का यह मतलब न समझें कि मैं इसे गोद लेना चाहती हूं, मेरा मतलब है कि गोद में उठा लूं...।' जैसी बात कहकर आप दूसरों का दिल प्रसन्न करती हैं, वहीं मधुर हास्य बिखेर कर वातावरण को बड़ा सुखद बनाती हैं। बस, यदा-कदा अपनी इन्हीं भावनाओं का प्रदर्शन कुछ इसी तरह से करती रहें। ऐसे में यदि आप बच्चों को गोद में लेकर प्यार करती हैं, उसके हाथ में बैग से निकालकर टॉफ़ी रखती हैं या बिस्कुट का पैकेट देती हैं, तो आपकी इस अभिव्यक्ति में चार चांद लग जाते हैं। आपकी प्रतिष्ठा अपनों के बीच तो बढ़ती ही है, साथ ही अन्य के बीच भी आप आकर्षण का केन्द्र बनती हैं।

'बेगानी शादी में अब्दुल्ला दीवाना...।' भी कुछ इसी प्रकार का दिखावे का व्यवहार है, लेकिन है अच्छा। आप भी दिखावे के नाम पर कुछ ऐसे ही व्यवहार करें। इतना ध्यान अवश्य रखें कि आपके इस आचरण में कहीं भी कुछ बनावटी, अमर्यादित न लगे। यही आपकी व्यावहारिक विशेषता है। जब आप दूसरों की खुशियों में शामिल होकर हंसती-हंसाती हैं, नाचती-गाती हैं, धार्मिक अनुष्ठान में आगे बढ़कर अपना भरपूर सहयोग देती हैं, तो आप जहां दूसरों की नज़र में आती हैं, वहीं आप उनके दिल में भी स्थान पा लेती हैं। अन्य मेहमानों में भी आपकी छवि बनती है। लोग आपकी इस सोच से प्रभावित हुए बिना नहीं रह पाते। इसलिए अभिव्यक्ति ही आपके व्यक्तित्व की विशेषता बन जाती है।

इसी प्रकार से गर्मी के दिनों में अथवा अन्य किसी कठिन परिस्थिति में जब आप दूसरों की भावनाओं का सम्मान कर उनके प्रति अपनी ओर से सहानुभूति पूर्ण व्यवहार करती हैं या अपनेपन का प्रदर्शन करती हैं, तो आप दूसरों की नज़रों में अवश्य आती हैं।

'भाभी उठो! सब्र करो...! सब ठीक हो जाएगा। हर अंधेरी रात के बाद सुहानी उजली सुबह ज़रूर होती है...। उठो, चलो...! मेरे साथ चलो...! उठो, देखो, तुमने अपना क्या हाल बना रखा है...? एक कप चाय ले लो, सिर हलका हो जाएगा।' जैसा संबल पाकर भला किसे सहारा न मिलेगा? आप भी कुछ इसी प्रकार का दिखावा कर दूसरों का सहारा बनें। यह सब आपके विवेक पर निर्भर करता है कि आप अपने इस दिखावे अथवा अभिव्यक्ति को किस प्रकार से व्यक्त करती हैं।

पड़ोस में आपके अच्छे आचरण के कारण ही आपकी प्रतिष्ठा बनती है। अपनी इस प्रतिष्ठा को स्थायी रूप प्रदान करने के लिए मिसेज शर्मा को बहन, छोटी दीदी, मिसेज श्रीवास्तव को भाभी अथवा मां बनाकर इन संबंधों में अपनत्व स्थापित कर सकती हैं। ध्यान यही रखें कि इन स्थापित संबंधों को मर्यादा के अनुसार गरिमा प्रदान करें और इनके प्रति कुछ ऐसा प्रदर्शन भी करें। उन्हें पूरे मान से मानें। प्रतिष्ठा दें। चरण स्पर्श कर आशीर्वाद प्राप्त करें। अगर आप किसी की भाभी, मौसी, आंटी बनने का दम भरती हैं, तो अपनी भावनाएं भी उनके प्रति कुछ ऐसी ही व्यक्त करें, ताकि आप उन्हें और वे आपको उसी प्रकार की प्रतिष्ठा दे सकें। त्योहार आदि अवसर सामाजिक संबंधों को प्रगाढ़ता देने के लिए ही बनाए गए हैं। हमारे सामाजिक जीवन में ऐसे अनेक त्योहार हैं, जिनमें बहनें, भाइयों को, भाई-बहनों को, बेटी को अथवा अन्य सगे-संबंधियों को मान-प्रतिष्ठा देने के

प्रावधान हैं। आषाढ़ महीने की एकादशी में लड़कियों को उपहार देने से पुण्य की प्राप्ति होती है, जैसी मान्यताएं समाज में इसलिए प्रचलित हैं, ताकि लोग अपनी भावनाओं का प्रदर्शन कर सकें, संबंधों में निकटता स्थापित कर सकें।

ऐसे ही कुछ अन्य अवसर भी हैं, जिनमें सुहाग प्रतीकों, बिन्दी, चूड़ियां, मेंहदी, रोरी, ईंगुर, बिछुए आदि भेंट किए जाते हैं। आशय यह है कि आप भी अपने सामाजिक जीवन में इन वस्तुओं का उपहार देकर संबंधों का प्रदर्शन करें। भला कोई सहेली आपसे मंगलसूत्र की भेंट पाकर आपके प्रति कृतज्ञ क्यों न होगी? अथवा आप अपनी सास से इस प्रकार का उपहार पाकर प्रसन्न और आत्म-संतुष्ट क्यों न होंगी? इस प्रकार के व्यवहारों का प्रदर्शन भले ही दिखावा है, लेकिन इस दिखावे में आपकी सोच अच्छी और पारिवारिक हित की है, इसलिए इसे दिखावा नहीं कहा जा सकता। ऐसे अवसरों पर अपनी इस प्रकार की भावनाओं का दिखावा भी करना पड़े, तो अवश्य करें।

परस्पर संबंधों में निकटता, मधुरता लाने के लिए आवश्यक है कि आप अपनी ओर से सदैव पहल करें। यह पहल आप किसी भी रूप में कर सकती हैं। पहल करने में आपकी उदार भावनाओं की अभिव्यक्ति होती है, साथ ही यह भी पता चलता है कि आपके मन में दूसरों के प्रति क्या विचार हैं? कभी-कभी संकोच के कारण कुछ महिलाएं पड़ोसियों से अच्छे संबंध बनाने की पहल नहीं कर पातीं, जबकि वास्तव में वे दिल की बड़ी उदार होती हैं।

हमारे समाज में गृहिणी के रूप में बहू को परिवारी जनों की उतनी आत्मीयता नहीं मिलती, जितनी कि उसे मिलनी चाहिए। इसलिए आप उनके प्रति कुछ दिखावा करके इस कमी को पूरा कर सकती हैं।

दिखावे से यहां तात्पर्य आदर्शों की दुहाई देना अथवा अपने सिद्धांत को दूसरों पर थोपना नहीं, न ही किए हुए अहसानों का प्रलाप करना है। यहां आशय केवल इतना है कि आप जिसके लिए जो करती हैं, उसकी जानकारी भी संबंधित व्यक्ति को होनी चाहिए। ऐसा न हो कि 'मुर्गी तो जान से गई और मियां जी को स्वाद ही नहीं आया'। अपने कर्त्तव्यों का भावनात्मक प्रदर्शन अवश्य हो। प्रत्युत्तर में फल की आशा किए बिना आप उसे यह तो बता दें कि मैंने तुम्हारे

लिए यह व्यवस्था कर दी है। इससे ही उसे आत्म-संतुष्टि मिलेगी और वह आपके प्रति समर्पित होगी।

यहां प्रदर्शन से आशय किसी प्रकार के अहसानों की दुहाई देने से नहीं है। यहां उद्देश्य केवल इतना है कि हमारे दिल में दूसरे के प्रति जो स्नेह, श्रद्धा, मान-सम्मान है, उसका प्रदर्शन आपके आचरण में कहीं-न-कहीं अवश्य होना चाहिए।

'मां जी के लिए गर्म शाल लाकर देना...', 'बाबूजी के लिए टॉनिक लेते आना', 'यह कोट बाबूजी के लिए स्पेशल लाई हूं... ।' 'यह साड़ी निक्की के लिए है, उसकी शादी पर मैं अपनी ओर से उपहार देना चाहती हूं... ।', 'यह लंच बॉक्स सलोनी के लिए... ।' जैसी बातें उनके प्रति स्नेहमयी भावनाओं की अभिव्यक्ति हैं, जो अवश्य होनी चाहिए।

कई लोग परिवार के प्रति बड़े समर्पित होते हैं। वे अपने मिलने वाले वेतन में से बहुत कुछ बचाकर अपने अभिभावकों को भेजते रहते हैं। ऐसे लोगों को यह विश्वास होता है कि यह उनका कर्त्तव्य है और जब भी मां-बाप से मिलेंगे, उन्हें आशीर्वाद और शुभकामनाएं ही मिलेंगी। वे इन शुभकामनाओं को ही मां-बाप का आशीर्वाद मानते हैं।

सामाजिक जीवन में अपनी भावनाओं का इस प्रकार का प्रदर्शन न केवल ज़रूरी है, बल्कि संबंधों के जुड़ाव के लिए आवश्यक भी है। इसलिए आप चाहे जहां भी हों, आपकी सामाजिक और पारिवारिक स्थिति जो भी हो, जहां भी अवसर मिले इस प्रकार का दिखावा, अभिव्यक्ति अवश्य करें किन्तु इस प्रकार का प्रदर्शन में यह नहीं होना चाहिए कि आप बातें तो बड़ी-बड़ी करें, लेकिन व्यवहार में उसके ठीक विपरीत हों।

गलत है अहंकार पूर्ण दिखावा

सामाजिक जीवन में दूसरों की देखा-देखी वस्तुएं खरीदना, कपड़े बनवाना अथवा पहनना, बनाव-शृंगार करना और ऐसे ही दूसरे आचरण करना, जहां आपकी समस्याएं बढ़ाएगा, वहीं आप हमेशा तनावग्रस्त बनी रहेंगी।

प्रगतिशीलता के नाम पर अथवा समय पास करने के लिए संपन्न परिवारों की महिलाएं कई प्रकार के 'शगल' पालने लगी हैं। समय बिताने अथवा अपनी आर्थिक संपन्नता का प्रदर्शन करने के लिए ये महिलाएं जहां क्लबों, होटलों,

घरों में किटी पार्टियों का आयोजन करने लगी हैं, वहीं अपने अहं की संतुष्टि के लिए दिखावे के अन्य कई आयोजन करने लगी हैं। दिखावे का यह व्यवहार उनके लिए एक मृगतृष्णा से अधिक कुछ साबित नहीं होता। दिखावे और संपन्नता प्रदर्शन का यह व्यवहार उनके लिए कितना भारी पड़ता है, यह वे स्वयं भी नहीं जानतीं। आत्म-प्रशंसा, आत्म-प्रतिष्ठा और अपने आपको बड़ा कहलाने का भ्रम पाले ये महिलाएं तो अपना समय काट लेती हैं, लेकिन वास्तव में ऐसी महिलाओं को समय भी 'काट' देता है। दिखावे की यह मृगतृष्णा-भरी सोच उन्हें अंदर-ही-अंदर कितना खोखला बना देती है, यह तो उनकी बनावटी हंसी से ही प्रकट हो जाता है। टूटने का यह व्यवहार ही वास्तव में झूठी शान, मान-प्रतिष्ठा और दिखावे की नियति है। दिखावा और समय काटना दोनों ही ऐसी महिलाओं की कमज़ोरी होती है।

उच्च और संपन्न परिवारों की ये तथाकथित प्रगतिशील महिलाएं जब दिखावे और समय पास करने के लिए किसी एक के घर अथवा क्लब में या फिर किसी होटल में एकत्र होती हैं, तो उनकी बातचीत का केन्द्र दिखावा, ईर्ष्या, दूसरों की निन्दा, ताने, आत्म-प्रशंसा के सिवाय और कुछ नहीं होता। दूसरों को नीचा दिखाने की सोच इनमें कूट-कूटकर भरी होती है। समय आने पर इनकी ये साथी महिलाएं ही एक दूसरे के बखिए उधेड़ने से बाज नहीं आतीं। वास्तव में इस प्रकार की महिलाओं का मुख्य उद्देश्य दिखावा, झूठी शान-शौकत होता है। भौतिकवाद की चमक में थोड़ी देर के लिए ऐसी महिलाएं यह भूल जाती हैं कि जीवन का यथार्थ क्या है? दिखावे और मृगतृष्णा का यह जाल उन्हें इतना कमजोर और छोटा बना देता है कि वे सुकून की ज़िन्दगी जीना चाहें तो भी नहीं जी पातीं। चूंकि सब एक-दूसरे की कमियों को जानती हैं, इसलिए वे किसी से कुछ नहीं कहतीं और अपने इस वर्तमान को ताश खेलकर, रमी खेलकर अथवा एक-दो पैग पी कर व्यतीत करती हैं।

स्वाभाविक जीवन ही जिएं

कुशल गृहिणी को चाहिए कि वे जीवन की कठोर वास्तविकताओं को जानते हुए स्वाभाविक जीवन ही जिएं। सामाजिक जीवन में अपनी मान-प्रतिष्ठा बढ़ाएं। अपने दैनिक, सामाजिक और पारिवारिक जीवन में दूसरों के अच्छे गुणों, व्यवहारों, सफलताओं, उपलब्धियों की दिल खोलकर प्रशंसा करें।

समय काटने के लिए दूसरों की निन्दा के स्थान पर आप किसी ऐसी सामाजिक अथवा धार्मिक संस्था से जुड़ें, जो आपकी रुचियों, प्रतिभा और आदर्शों के अनुकूल हों। अपनी सीमा और क्षमता के अंदर रहकर इस प्रकार की संस्थाओं की सहायता करें। उसके लिए कार्य करें। समय-समय पर असहायों, कमजोरों, जरूरतमंदों की सहायता करें। यह सहायता चाहे रुपयों के रूप में हो अथवा अन्न, वस्त्र के रूप में अथवा अन्य प्रकार से, वह आपको अधिक सुख और संतुष्टि प्रदान करेगी और आप दूसरों के लिए कुछ अधिक ही कर सकेंगी। अपनी सोच को कुछ इस प्रकार का नया आधार दें।

'सोशल स्टेटस' के नाम पर होटल संस्कृति को घर में प्रवेश न करने दें। होटल संस्कृति का यह गृह-प्रवेश आपको और आपके परिवार को पतन की किस सीमा तक ले जा सकता है, इसकी आप कल्पना नहीं कर सकतीं। वास्तव में सामाजिक प्रतिष्ठा के नाम पर सबकुछ जानकर भी अनजान बने रहने का आपका यह व्यवहार, घरों में आयोजित होने वाली कॉकटेल पार्टियां विशुद्ध रूप से दिखावे का प्रदर्शन है, सिनेमाई संस्कृति का अनुकरण हैं। इससे न केवल स्वयं बचें, बल्कि अपने बच्चों को बचाएं। इस प्रकार की प्रदर्शन प्रवृत्ति अथवा दिखावे का व्यवहार दोषियों को 'हीरो' बनाता है, जो आपकी सुघड़ता से मेल नहीं खाता। यह सोच लें कि इस प्रकार के दिखावे का अंत पतन के सिवाय कुछ नहीं होता। इसलिए दिखावे के प्रभाव में आकर 'आज की शाम—आपके नाम' जैसे कार्यक्रमों को घर में प्रवेश न होने दें। यह दिखावा और इस प्रकार की संपन्नता निश्चित रूप से ही आपके गले की हड्डी बन जाएगी और फिर आपके पास पश्चात्ताप के सिवाय कोई चारा न रहेगा।

दिखावे और संपन्नता के इस प्रदर्शन में जब भी आप घरों में इस प्रकार के आयोजन अथवा पार्टियां आयोजित करती हैं, तो पीने के बाद लोगों का रोमांटिक हो जाना स्वाभाविक ही होता है। फिर रोमांस की चाह और फिर अवैध संबंध...। इन सब बातों के बाद हर पति-पत्नी के हिस्से में आती है एक हीनता, एक अनचाहा तनाव, एक-दूसरे

से नफ़रत, आत्मग्लानि...और फिर इन सबकी परिणति होती है जीवन के प्रति निराशा, प्रतिशोधी भावनाएं और विचार,. हिंसक विचार, अविश्वास, हत्या और आत्महत्या...।

आप तो केवल इतना ही सोचें कि आपका एक घर-संसार है, आप अपने इस घर संसार की गृहिणी हैं, कुशल और सुघड़ गृहिणी। अपनों के लिए किए गए व्यवहार से प्रतिष्ठा प्राप्त करें। यही प्रतिष्ठा, सच्ची प्रतिष्ठा है। अतः इस विषय में अपनी मान्यता और सोच को नई परिभाषा दें। समय काटने के लिए बाहर नही परिवार से जुड़ें। संपन्नता प्रदर्शन द्वारा परिवार को खुशी के नए अवसर प्रदान करें। उनके कैरियर के बारे में सोचें। इस प्रकार की सोच अपनाएं। समय का पता नहीं चलेगा कि कब व्यतीत हो गया। अपने परिवार, समाज और देश के लिए कुछ करते रहने की सोच पालें।

अपने सामाजिक, पारिवारिक और कामकाजी जीवन में अपने से बड़ी उम्र के लोगों का सम्मान करें, बराबरी के लोगों से मैत्री संबंध स्थापित करें और छोटों को स्नेह देकर कृतज्ञ हों। इस प्रकार की सोच ही मानसिक संतुष्टि का आधार है, अतः इसी सोच को सकारात्मक बनाएं। इस प्रकार की सोच जहां आपको दिखावे की प्रवृत्ति से बचाएगी, वहीं आप अपने सामाजिक जीवन में आडंबरों से बची रहेंगी। निरर्थक कल्पनाओं से बची रहेंगी।

दिखावा एक मृगतृष्णा है, इसके दूरगामी परिणाम हमेशा घातक होते हैं, क्योंकि यह झूठ पर आधारित व्यवहार होता है, जो एक-न-एक दिन प्रकट हो ही जाता है। इस प्रकार की सोच पालकर आप अकारण ही भय और चिन्ताग्रस्त बनी रहती हैं। यही भय और चिन्ता आपको खुलकर हंसने भी नहीं देती, जबकि आप दिखावे के कारण ही जगहंसाई की पात्र बनती हैं।

आर्थिक अभाव कोई अभिशाप नहीं, इसलिए अपनी आर्थिक सीमाओं के अनुसार ही खर्च करें। अपने खर्चों को इतनी बुद्धिमत्ता से करें कि उसमें आपकी सुघड़ता दिखाई दे।

आप चाहे घर में हों अथवा संस्थान में, मंच पर हों अथवा मेहमानों के बीच, अपनी बातचीत, व्यवहार, पहनावे आदि में शालीनता, शिष्टता का हमेशा ध्यान रखें। अनावश्यक रूप से आभूषणों का लदान करके अथवा मेकअप लगाकर आप सुंदर नहीं बन सकतीं। अतः इस प्रकार के दिखावे से बचें।

आंसू बहाकर, क्रोध करके अथवा चिल्लाकर अपने आपको आकर्षण का केन्द्र बनाकर अपनी कमजोरियों का लाभ न उठाएं। न ही कभी तिल का ताड़ बनाकर दिखावे का प्रदर्शन करें।

अपनी कमजोरियों, दोषों, कमियों को सहज-सरल भाव से स्वीकारें और इन्हें दूर करने के लिए सकारात्मक पहल करें। दूसरों को दोषी ठहराना अथवा दूसरों पर दोषारोपण करना उचित नहीं।

भूल हो जाना स्वाभाविक है, अतः अपने से हुई भूल, गलती अथवा भ्रामक सोच के कारण लिए गए गलत निर्णयों को मन-ही-मन स्वीकारें, हो सके तो संबंधित व्यक्ति से क्षमा याचना भी कर लें। वास्तव में पश्चात्ताप करने से मन का बोझ कम होता है। दूसरी और एक भूल को छिपाने के लिए निरन्तर भूल करते जाना आपकी कठिनाइयां बढ़ाएगा और आप इन कठिनाइयों से कभी भी मुक्त न हो पाएंगी।

अपनी सामाजिक और पारिवारिक प्रतिबद्धता से जुड़ें, इसे स्वीकारें। तदानुसार आचरण करें।

दूसरों की अपेक्षा अपने बारे में सोचें। ऐसी महिलाओं से बातचीत न करें, जिनका ध्यान आकर्षित करने के लिए आपको बार-बर उनके हाथ-पर-हाथ मारकर उनका ध्यान अपनी ओर आकर्षित करना पड़ता हो। इस प्रकार का व्यवहार इस बात का द्योतक है कि उन्हें आपकी बातचीत में कोई रुचि नहीं है और वह आपसे छुटकारा चाहती हैं।

अपने बनाव-शृंगार को अथवा अपने घर की साज-सज्जा को महंगे शो पीस अथवा सौंदर्य सामग्री से सजाने की आवश्यकता नहीं, बल्कि इस विषय में अपनी कलात्मक अभिरुचि का परिचय दें। फूल-पत्तों, सूखी टहनियों से भी आप अपने चिन्तन को सक्रिय बना सकती हैं। सादगी पूर्ण मेकअप भी आपके व्यक्तित्व को आकर्षक बना सकता है।

दिखावे से बचने के लिए अपनी इच्छाओं, कामनाओं को नियंत्रित रखें। अनावश्यक रूप से खरीद बिलकुल न करें।

अपनी बात को अतिरंजित करने के लिए अपनी ओर से बात में नमक-मिर्च लगाकर कल्पनाओं के पंख न लगाएं। कभी-कभी इस प्रकार की आदत का बड़ा गंभीर प्रभाव पड़ता है और अर्थ का अनर्थ हो जाता है।

अवसर के अनुकूल दूसरों के अच्छे कार्यों, व्यवहारों की खुले दिल से प्रशंसा करें।

दिखावे की सोच आपके व्यक्तित्व का एक ऐसा दोष है, जो आपके चिन्तन, व्यवहार और कल्पना शक्ति को पंगु बनाता है, इसलिए इससे बचें। अपनी सृजनशीलता से अपने घर-संसार को नया स्वरूप दें। आपकी इस प्रकार की सोच जहां आप को दिखावे की दलदल से बचाएगी, वहीं आप अपने पारिवारिक जीवन में प्रसन्न, संतुष्ट और सुखी रहेंगी।

अध्याय 22

पत्नी-धर्म नहीं, आचरण जरूरी

पत्नी यानी कि चरणों की दासी...। कैसी विडंबना है कि धर्मशास्त्रों में पति को देवतुल्य मानकर पत्नी को पतिव्रत धर्म का पालन करने के लिए बाध्य किया जाता है। स्वतंत्रता और समानता के इस युग में पत्नी-धर्म नही, आचरण जरूरी है। क्या है यह आचरण? इस विषय में आपकी सोच ही आपका पथ प्रदर्शक है।

एक समय था जब पत्नी को चरणों की दासी, पैरों की धूल, जूती, भोग्या और न जाने किन-किन विशेषणों से संबोधित कर अपमानित किया जाता था और इन सबके बाद भी पत्नी से पतिव्रत धर्म का पालन करने की अपेक्षा की जाती थी। स्त्री इन सब विरोधाभासों के बाद भी अपने पत्नी धर्म का पालन करती थी। दूसरी पत्नी और रखैल बनकर भी अपना जीवन व्यतीत करती थी। स्वतंत्रता और समानता के इस युग में जबकि स्त्री को उसके राजनीतिक अधिकारों से भी अलंकृत किया जा रहा है, उसे पत्नी-धर्म अपनाने के स्थान पर पत्नी आचरण का पालन कराना ही अधिक श्रेयस्कर है। वास्तव में यही एक ऐसा व्यवहार है, जिससे पत्नी के रूप में उसकी सामाजिक और पारिवारिक प्रतिष्ठा बढ़ती है और उसे उच्च स्तरीय जीवनयापन के सभी अवसर प्राप्त होते है।

विवाह के अवसर पर सप्तपदी के बाद पुरोहित वर-वधू को समाज के सामने जो कसमें दिलाता है, वे कसमें स्त्री पुरुष को जीवन-भर सहभागिता के योग्य बनाती हैं। इसमें पुरुष और स्त्री की कसमें कुछ इस प्रकार की हैं, जो परिवार की मान-मर्यादा को बनाती, सजाती, संवारती है, इन कसमों के बाद किसी भी प्रकार की कहीं कोई कमी पत्नी अथवा पति में नहीं रहती। इस दृष्टि से विवाह एक ऐसा धार्मिक और सामाजिक पवित्र अनुष्ठान है, जिसके परिप्रेक्ष्य में पत्नी का आचरण ही सर्वोपरि बनता है और यह आचरण ही उसे परिवार तथा समाज में प्रतिष्ठा के योग्य बनाता है।

पत्नी के रूप में आप कुछ सामान्य और शालीन शिष्टाचार अपनाएं। बहू और बेटी की मान-मर्यादा के अंतर को समझें। यह अंतर ही आपको प्रतिष्ठा के योग्य बनाएगा। अपने से छोटों को स्नेह देकर आप उनका मन जीत सकती हैं। हमारे सामाजिक जीवन में लक्ष्मण को छोटों का प्रतिनिधि समझा जाता है। स्नेह का यह भावनात्मक पक्ष ही आपके परिवार में एकता और पवित्रता लाता है। आप एकता की इस कड़ी को तभी मजबूत कर सकती हैं, जब आपका आचरण पारिवारिक अपेक्षाओं के अनुकूल हो।

पत्नी के रूप में आप अपने पति की तुलना अन्य किन्हीं बाहरी पुरुषों से न करें। इस प्रकार की तुलना में आप यह भूल जाती हैं कि इसका प्रभाव आपके पति पर क्या हो रहा है। एक उदाहरण लें। यदि आप अपने पति के सामने यह कहें—

''तुम्हारे मित्र मिस्टर वर्मा आए थे, बहुत देर तक बैठे रहे, आपका इन्तजार करते रहे। बड़े सरल स्वभाव के हैं...। देखने में भी बड़े सुंदर लगते हैं...। क्लीन शेव..., गोरा रंग..., एक आप हैं कि कभी दाढ़ी ही नहीं बनाते...। उनका

कपड़े पहनने का भी अपना सलीका है..., मुझे बहुत अच्छा लगा... ।''

यद्यपि बात बड़ी छोटी-छोटी है, लेकिन मनोविज्ञान की दृष्टि से यह एक तीखा व्यंग्य है। पति के मन में हीनता अपने आप अंकुरित होने लगेगी। बातचीत के ऐसे प्रसंग पति के आचरण के विरुद्ध है। ऐसे छोटे-छोटे प्रसंग भी आपको पति की नजरों से गिरा सकते हैं। पर-पुरुष की प्रशंसा अपने पति के सामने न करें। हो सकता है कि आपके पति प्रत्यक्ष में इस पर कोई प्रतिक्रिया अथवा विचार प्रकट न करें, लेकिन मानसिक तनाव का धुआं तो अंदर-ही-अंदर पुरुष मन में घुमड़ता रहेगा और अवसर पाकर प्रकट भी होगा। अतः अपने व्यावहारिक जीवन में ऐसे किसी भी अप्रिय प्रसंग को न आने दें।

घर में आने वाले पुरुषों, महिलाओं, निकट संबंधियों, स्वजनों का मान-सम्मान तो करें, लेकिन उनमें अति उत्साह प्रदर्शित न करें। यह सम्मान आपकी वाणी में दिखाई देना चाहिए। वाणी की कर्कशता आपकी प्रतिष्ठा के अनुकूल नहीं। बड़े बूढ़ों का कहना है कि 'गुड़ न दे लेकिन गुड़ जैसी बात तो कह दे।' इसके लिए आप एक अनुकूल आदर्श अपनाएं। हमेशा 'जी हां...', 'जी नहीं' 'बहन जी', 'मां जी'

145

'आन्टी जी', 'अंकल जी'—'आप' जैसे शब्द मुंह से निकालें। ये शब्द आपकी वाणी को मधुर बनाएंगे और आपके व्यक्तित्व की शोभा बनेंगे। शब्दों की यह स्निग्धता आपके व्यवहार की विशेषता बन जाएगी।

मेहमानों के सामने या मुहल्ले, पड़ोस में जाकर अपना रोना न रोएं। न ही पति अथवा श्वसुर की किन्हीं कमियों, आदतों, व्यसनों का व्याख्यान घर के बाहर करें। 'बाबू जी का क्या है? उन्हें तो कुछ दिखता ही नहीं, दिन भर बैठे-बैठे सिगरेटें पीते रहते हैं और अखबार पढ़ते रहते हैं...। काम-धाम तो कुछ करते नहीं, हर बात में हुकुम चलाते रहते हैं...' जैसी बातें कहकर आप गृहिणी की मर्यादा को कम करती हैं। वास्तव में इस प्रकार की बातें आपको शोभा नहीं देतीं और न ही इससे परिवार का कुछ हित होने वाला है। इससे आप ही उनकी नजरों से गिर जाएंगी, जिनके सामने आप यह सब कह रही हैं। इसीलिए घर के अंदर की इस प्रकार की बातें कहकर आप जगहंसाई की पात्र न बनें।

यह तो सत्य है कि पति को आपके सहयोग की आवश्यकता होती है। घर और बाहर में उसकी अपनी जिम्मेदारियां भी होती हैं। आप भी अपनी जिम्मेदारियों का निर्वाह उनके सहयोग के बिना नहीं कर सकतीं। अतः आप जहां भी हों, उनका मनोबल बढ़ाएं। आपका संबल पाकर ही वे अपनी इन सामाजिक और पारिवारिक जिम्मेदारियों को पूरा कर सकेंगे। उनमें व्यक्त किया गया विश्वास ही उन्हें प्रेरित करेगा और वे आपके साथ कंधे-से-कंधा मिलाकर पति धर्म का पालन करेंगे। इसलिए उनमें कमियां अथवा दोष ढूंढ़ कर आप परिवार की किसी समस्या का हल नहीं कर पाएंगी। परस्पर विश्वासी आचरण ही आधुनिक पत्नी का आचरण है। आप इस विश्वास को भी भंग न होने दें।

अपनी खुशियों को घर में तलाशें। जो महिलाएं अपनी खुशियां घर के बाहर तलाशती हैं, वे गुमराही के अंधेरों में भटकने के सिवाय कुछ प्राप्त नहीं कर पातीं और हमेशा भटकती ही रहती हैं। उनका जीवन कटी पतंग-सा बनकर रह जाता है।

आज के आर्थिक युग में जहां पति-पत्नी, दोनों ही कमाते हैं, वहां पत्नी का आचरण कुछ अधिक ही प्रगतिशील दिखाई देता है। कभी-कभी उसकी यह प्रगतिशीलता की सोच इतनी अधिक अहंवादी हो जाती है कि अहं की इस सोच में पति-पत्नी दोनों के 'ईगो' परस्पर में टकराने लगते हैं। परस्पर नासमझी के कारण पारिवारिक संबंधों में टकराव की स्थिति बनने लगती है। इस संबंध में यदि कामकाजी महिलाएं किन्हीं भ्रामक धारणाओं के कारण अपने आपको पति से सुपीरियर समझने लगती हैं, तो यह उनका भ्रम होता है। पति से सुपर बनकर आप परिवार में कौन से मान स्थापित करना चाहती हैं? फिर पति-पत्नी के संबंधों में सुपर बनने का यह विचार कहां से पैदा हुआ? वास्तव में सुपर बनने की यह सोच ही गलत है। यदि यह स्वीकार भी कर लें, कि पत्नी ही पति से सुपर है, तो इससे पारिवारिक परिवेश में क्या श्रेष्ठता आ जाएगी?

इस प्रकार के निरर्थक संपर्क में आने वाले पुरुषों-महिलाओं से अपना व्यवहार सौजन्यपूर्ण रखें। सौजन्यता और सौहार्दता का यह व्यवहार ही आपको उनसे प्रतिष्ठा दिलाएगा। पुरुषों से मैत्री संबंध एक सीमा तक ही रखें। वास्तव में हमारे सामाजिक जीवन में पुरुषों से मैत्री संबंधों को कोई मान्यता नहीं मिलती है और न ही इस प्रकार के मैत्री संबंधों को कोई पसंद करता है। अतः आप ऐसे मैत्री संबंधों को बढ़ाकर अपनी पारिवारिक समस्याएं क्यों बढ़ाना चाहती हैं? इससे आप उपहास का केन्द्र बनेंगी। यदि विवाह से पूर्व आपके प्रेम-प्रसंग किसी के साथ जुड़े थे, तो इसका जिक्र भूलकर भी पति से न करें। पति चाहे कितना ही उदार क्यों न हो, आपसे कुछ न कहें, किन्तु सारे जीवन के लिए उसके मन से यह कांटा निकल नहीं पाता। एक कुंठा उसे घेर लेती है। उसका आत्मबल क्षीण हो जाता है। कुछ पति ऐसे भी होते हैं कि इन पुराने संबंधों की छुरी से पत्नी को हर पल घायल करते रहते हैं। पत्नी चाहे कितना भी सहयोग करे, प्रेम करे, किन्तु अविश्वास की गांठ खोले नहीं खुलती।

146

पत्नी आचरण अपनाकर पति और परिवार के प्रति समर्पण की ये भावनाएं ही दांपत्य संबंधों की आधारशिला हैं। इसके व्यावहारिक पक्ष को अपनाएं और अपने घर को 'स्वीट होम' बनाने की कल्पना को साकार करें।

पत्नी हर क्षण पति पर अपनी आसक्ति प्रदर्शित करती रहती है। इस संबंध में जहां तक प्रगतिशील पति की सोच एवं व्यवहार का संबंध है, पत्नी का व्यवहार उसमें अपेक्षित परिवर्तन ला सकता है। एक सुघड़ पत्नी की सोच घर को स्वर्ग-नर्क बना सकती है। चूंकि पत्नी पति की शक्ति और प्रेरणा का स्रोत है, इसलिए पति को चाहिए कि वह पत्नी को संपूर्णगुण-दोषों सहित स्वीकार करें।

कहते हैं कि स्त्री और धरती को बहुत कुछ सहना पड़ता है। इस सत्य को पति के रूप में आपको भी स्वीकारना चाहिए कि पत्नी रूपी गृहिणी बहुत कुछ सहती है। पति का सहयोग पा कर उसकी आंतरिक शक्तियां दृढ़ होती हैं, वरना अकेली स्त्री तो बहुत कमजोर होती है। वह थोड़ी-सी ही विपरीत अथवा विषम परिस्थितियों का भी सामना नहीं कर पाती। हताश और निराश होकर टूट जाती है।

पति का स्नेहिल और संतुलित सहयोग पा कर वह शक्तिवान् बनती है। परिवार के उद्धार का आधार बनती है। पति-पत्नी के आचरण से यहां आशय केवल इतना ही है कि पति-पत्नी का रिश्ता संसार के सबसे अधिक जुड़ाव का रिश्ता है। हमारी सारी सामाजिक और पारिवारिक, मनोवैज्ञानिक अपेक्षाएं इसी एक रिश्ते से जुड़ी हुई हैं। सामाजिक जीवन में अन्य सभी व्यवहार इसी एक रिश्ते की सरसता से प्रभावित होते हैं। पति-पत्नी का धर्म उनके आचरण से ही एक-दूसरे को बांधता है। एक दूसरे की भावनाओं को समझे बिना वे परस्पर जुड़ ही नहीं पाते। परस्पर का विश्वास उन्हें कुछ इस प्रकार से जोड़ता है कि चोट पति को लगती है और आहत पत्नी का दिल होता है। कुछ इस प्रकार के व्यवहार ही पति-पत्नी का आचरण है। पति को चाहिए कि वह पत्नी के स्वाभिमान को पहचाने, उसके स्वास्थ्य, रुचियों, आवश्यकताओं, इच्छाओं, समस्याओं को समझें और यथाशक्ति उन्हें हल करें।

कमियां किस में नहीं होतीं? पति-पत्नी की इन कमियों, कमजोरियों, दोषों को सरल हृदय से स्वीकारें व इन्हें दूर करने का प्रयास करें।

पति-पत्नी की सोच और व्यवहारों में अनेक विसंगतियां और विरोधाभास मिलते हैं। कहीं पर पत्नी अधिक पढ़ी लिखी है, तो कहीं पति अधिक पढ़ा-लिखा है। पति सुंदर है, तो पत्नी प्रतिभाशाली है। पत्नी फूहड़ है, तो पति प्रशासनिक अधिकारी। ऐसे सभी संयोगों को पति-पत्नी को धैर्यपूर्वक स्वीकार करना चाहिए। समन्वय कर परस्पर सम्मानजनक समझौते कर अपने-अपने आचरण को एक-दूसरे की अपेक्षाओं के अनुरूप संवारना चाहिए। एक-दूसरे की इच्छाओं के प्रति समर्पित होकर सहयोग करें। इस प्रकार की सोच जहां उनके दांपत्य जीवन की सरसता को बढ़ाएगी, वहीं वे इन विरोधाभासों को सरलता से स्वीकार कर अपना जीवन सामान्य रूप से हंसी-खुशी बिता सकेंगे। ऐसे विरोधाभासों को ताने मार कर अथवा एक-दूसरे की हंसी उड़ाकर, एक दूसरे को नीचा दिखाकर दांपत्य जीवन में सरसता के फूल नहीं खिलाए जा सकते। न ही ऐसे व्यवहारों पर आत्महीनता का रोना रोकर आप अपनी किसी समस्या का हल कर सकती हैं।

पति-पत्नी के संबंध ही अन्य सभी संबंधों को प्रभावित करते हैं, इसलिए पति-पत्नी को चाहिए कि वे आपसी संबंधों को अंतरंगता की उस सीमा तक संवारे-स्वीकारें, जिनके बारे में धर्मशास्त्र कहते हैं कि पति-पत्नी के संबंध दो शरीर एक आत्मा हो जाते हैं। पति-पत्नी के ऐसे प्रगाढ़ संबंधों के लिए दोनों को एक दूसरे की तन-मन की भाषा समझनी-जाननी चाहिए।

पत्नी के तन की भाषा

पत्नी जब शृंगार कर बार-बार चूड़ियां खनकाए, तो समझ लें कि वह अपने रूप, सौंदर्य, शृंगार की प्रशंसा केवल आपके मुख से सुनना चाहती है। ऐसे क्षणों में मनुहार कर उसे मनाने में संकोच न करें, बल्कि अपनी ओर से उसकी इस इच्छा की पूर्ति करें।

किसी बाहरी व्यक्ति के सामने पत्नी आप पर झल्लाए, तो समझ लें कि वह आपकी किसी कमजोरी से परिचित

हो चुकी है, वह आपकी तांक-झांक को रंगे हाथों पकड़ चुकी है।

यदि पत्नी कुछ अधिक ही बोलने लगे, तो समझ लीजिए कि वह आप से अगली-पिछली शिकायतों का हिसाब करना चाहती है। अतः उसे शिकायत करने का अवसर अवश्य दें और उसकी शिकायत अवश्य सुनें।

कुछ अनूठा शृंगार कर जब वह आपकी प्रतीक्षा में बैठी हो, तो समझ लें कि आज उसका मन कहीं बाहर जाकर आपके साथ एकांत में बैठने का है। ऐसे क्षणों में आप उसे बाहर घुमाने अवश्य साथ ले जाएं।

अस्त-व्यस्त बाल, उतरा हुआ उदास चेहरा व लाल आंखें हों, तो समझ लीजिए कि तूफान आने वाला है, आपके आने से पूर्व वह काफी तनाव में रही है। अतः आप उसके इस तनाव को स्नेहिल व्यवहार से कम करें।

रसोई के बर्तन जब जोर-जोर से नीचे गिरने की आवाज सुनें, तो समझ लें कि पत्नी आपके विचारों से सहमत नहीं, पारा हाई है और आपको आत्मसमर्पण करना ही पड़ेगा।

घर में प्रवेश करते ही यदि स्नेहिल मुस्कान से आपका स्वागत हो, तो समझ लें कि आपको कुछ फरमाइशें पूरी करनी पड़ेंगी।

लज्जा नारी का सर्वोत्तम आभूषण है, वह अपने तन-मन की भावनाओं को जितने सुंदर रूप में प्रस्तुत करती है, पति के मन को उतने ही अधिक तीव्र रूप से छूती है, इसलिए आप अपने पति धर्म का पालन करते हुए पत्नी की इन भावनाओं को समझें, उससे जुड़ें। एक-दूसरे के साथ अटूट बंधनों में जीवन-भर बंधे रहें। सुघड़ता के ये आदर्श ही पति-पत्नी की भावनाओं के आदर्श हैं, जो दोनों को एक-दूसरे का जीवनसाथी होने का गर्व प्रदान करते हैं।

मन की भाषा

पति-पत्नी मन से यह चाहते हैं कि वे एक-दूसरे के गुणों की प्रशंसा अपने-अपने मित्रों, सहेलियों सह-कुटुंबियों से करें। एक दूसरे के रिश्तेदारों को मन से स्वीकारें। सम्मान देकर प्रतिष्ठा दें। आंखों में तिरते भावों को पढ़ें और फिर आंखों ही आंखों में इन भावों का आदान-प्रदान करें।

जन्म दिन, विवाह की वर्ष गांठ, बच्चे के जन्म दिन, त्योहारों, किसी पार्टी में आने-जाने जैसे अवसरों पर एक-दूसरे के लिए कुछ-न-कुछ उपहार लाना न भूलें। अच्छा हो, ये उपहार नितांत व्यक्तिगत उपयोग के हों। उपहार लेते-देते एक-दूसरे पर अहसान न थोपें, बल्कि इन उपहारों में अपनी-अपनी भावनाओं को संजोकर दें, ताकि आपके दांपत्य जीवन में आई रिक्तियां पूरी हो जाएं। पति, पत्नी को सुरक्षा, संरक्षण, नाम, प्रतिष्ठा देता है, इसलिए पत्नी के इन भावों को भी सामाजिक उपहार समझकर स्वीकारना चाहिए।

जब दोनों एक दूसरे से लड़ने-झगड़ने के मूड में हों, तो समझ लीजिए कि प्यार में कहीं कोई कमी हो रही है, इसलिए आप जल्दी ही घर लौटकर इस कमी की पूर्ति करें। ठीक उसी तरह से जैसे मशीन में तेल डालने से मशीन अच्छी तरह से बिना आवाज के चलने लगती है।

मन की भाषा समझने के लिए पति को पत्नी से जुड़ने की आवश्यकता है। मांग का लाल सिन्दूर, माथे पर लगी हुई सौभाग्य बिन्दी, मंगलसूत्र और सलीके से पहनी हुई साड़ी का अर्थ है कि उसे आपकी पत्नी होने पर गर्व है और वह अपने इस गर्व को प्रदर्शित करना चाहती है। इसलिए उसे किसी पार्टी, सहेली अथवा होटल में ले चलो।

जब आप अपनी किसी सहेली के पास जाकर अपनी भाग्यहीनता का रोना रोती हैं, तो समझ लीजिए कि आप अपने दांपत्य जीवन से संतुष्ट नहीं हैं।

शयन कक्ष की बदली हुई सजावट, बदले हुए परदे, चादरें, तकिए के कवर इस बात के सत्य को प्रदर्शित करते हैं कि आप अच्छे मूड में हैं और आप पति का संग चाहती हैं। उससे इसके लिए प्रशंसा चाहती हैं।

जब पति अपने मित्रों से आपकी सुघड़ता की प्रशंसा कुछ इस तरह से करें कि पत्नी प्रशंसा सुनकर फूली न समाए, तो समझ लीजिए कि पति महोदय निकट भविष्य में मित्रों को घर पर आमंत्रित करना चाहते हैं।

पति-पत्नी के संबंधों में आई कटुता, परस्पर अविश्वास और अवैध संबंध उनके धर्म से भ्रष्ट होने में सहायक होते हैं। यौन रोग और अपराध बढ़ाते हैं। सामाजिक प्रदूषण फैलाते हैं, इसलिए इस तथ्य को स्वीकारें कि पति-पत्नी के मधुर संबंध ही आदर्श सामाजिक व्यवस्था के आधार हैं। अपने इन संबंधों में कहीं भी कड़ुवाहट न आने दें। इस विषय में अपनी सूझ-बूझ का परिचय देकर सुघड़ होने का गर्व अनुभव करें।

अध्याय 23

दांपत्य संबंधों में सरसता

परिवार की बुनियाद दांपत्य संबंध हैं। यानी पति-पत्नी के अंतरंग संबंध। इन संबंधों में मधुरता, निकटता, सहज व सरलता लाने के लिए आवश्यक है कि वे अपने इन अंतरंग संबंधों को सुदृढ़ करें। एक-दूसरे की भावनाओं का सम्मान करते हुए एक-दूसरे की आंखों में डूब जाएं और अंतरंगता के इन क्षणों में बहुत-सी सार्थक बातें करें। इन बातों से जहां उनकी अभिव्यक्ति को संतुष्टि मिलेगी, वही उनकी एक मनोवैज्ञानिक आवश्यकता भी पूरी होगी, जो शारीरिक आवश्यकता से अधिक जरूरी होती है। दांपत्य संबंधों के इन क्षणों में एक-दूसरे से नितांत व्यक्तिगत बातें करें, इच्छाएं जानें, भावनाओं को समझें, उन्हें आत्मसात् करें।

पति-पत्नी एक सामाजिक समझौते के आधार पर भावनात्मक रूप से एक-दूसरे के साथ जुड़ते हैं। इस जुड़ाव को विश्वास नाम के 'फेवीकोल' से जोड़ते हैं। इन में अविश्वास की ज़रा भी दरार दांपत्य संबंधों में दूरियां बढ़ाती है। आपस में बढ़ती दूरियों का एक कारण यह भी होता है कि पति-पत्नी एक दूसरे से बड़ी-बड़ी अपेक्षाएं करते हैं। इन अपेक्षाओं के पूरा न होने पर उलाहनों, तानों, व्यंग्य वाणों की बौछार होने लगती है। एक दूसरे पर कटाक्ष करना एक-दूसरे की आदत बन जाती है।

'नौकरी करती हो, तो कान खोल कर सुन लो, मुझ पर अहसान नहीं करती हो। पत्नी हो, पत्नी की तरह रहो, मुझे किसी का हुक्म सुनने की आदत नहीं...। मुझ पर हुक्म चलाने की कोशिश करोगी, तो नतीजा अच्छा न होगा...।' जैसी चेतावनी-भरी बातें दांपत्य संबंधों में सरसता कहां से पैदा करेंगी? इस प्रकार की चेतावनी, व्यंग्य अथवा कर्कश शब्दावली और अपेक्षाओं का सिलसिला ऐसे व्यवहार हैं, जो दांपत्य संबंधों में मधुरता नहीं लाते। ऐसे व्यवहार ही दांपत्य संबंधों में कटुता, नीरसता, तनाव और टकराव तो लाते ही हैं साथ ही परस्पर स्नेह, विश्वास और सहयोग के स्रोतों को भी सुखाते हैं। दांपत्य संबंधों की दूरियां बढ़ाने वाला यह व्यवहार हमारे पारिवारिक जीवन की एक ऐसी समस्या है, जिसका समाधान हमें अपने स्तर पर केवल अपने विवेक से करना चाहिए।

आप चाहे गृहिणी हों अथवा कामकाजी महिला, पति हों अथवा पत्नी, अधिकारी हों अथवा कर्मचारी। आपका सामाजिक स्तर चाहे जो भी हो, संपर्क में आने वाले किसी भी व्यक्ति, मित्र, सहकर्मी, अथवा सह कुटुंबी से बात-बात में ताने न मारें, न ही किसी प्रकार का अमर्यादित हंसी-मजाक करें। न किसी प्रकार की अपेक्षाओं का रोना रोएं।

वास्तव में तानें मारकर आप अपनी दूषित और संकीर्ण मनोवृत्ति का परिचय देती हैं। हंसी-मजाक कर आप अपने मन की हीनता, असंतोष और प्रतिशोधी भावनाएं व्यक्त करती हैं। यदि दूसरा आपकी इस मनोवृति को समझकर आपके साथ नहले पर दहले का व्यवहार करता है, तो आप अपनी हीनता छिपाने के लिए उस भाव को हंसकर टाल जाती हैं। जबकि लोग आपकी बात-बात में ताने मारने, जली-कटी सुनाने की मानसिकता को खूब अच्छी तरह से समझ जाते हैं। आप अपने पारिवारिक जीवन में भी इन

आदतों से बाज़ नहीं आतीं और यही कारण है कि आपका दांपत्य जीवन भी नदी के दो किनारे जैसा बनकर रह जाता है। आपको कभी-कभी तो अपने ही प्रियजनों से इस आदत के कारण 'खरी-खोटी' सुनने को मिलती है और आपको नीचा भी देखना पड़ता है।

सपना के साथ कुछ ऐसा ही हुआ। संकीर्ण मनोवृत्ति के कारण बात-बात में आपे से बाहर हो जाना उसकी आदत बन गई। छोटी-छोटी बातों में भी वह सनक जाती। उसकी इस आदत के कारण पति का घर के प्रति आकर्षण कम होने लगा, वह रात देर से घर आता और बिना कुछ खाए सो जाता। आखिर दांपत्य संबंधों में इतना बिखराव आ गया कि तलाक के बाद ही समस्या हल हुई।

ताने मारना अथवा जली-कटी सुनाने का एक मनोवैज्ञानिक कारण यह भी है कि आप अपने आपको दूसरों से 'श्रेष्ठ', 'बुद्धिमान', 'प्रगतिशील सोच वाली' समझती हैं और परिवार के हर सदस्य पर अपना प्रभाव जमाना चाहती हैं। दूसरों को नीचा दिखाने में आपको आत्मसंतुष्टि मिलती है। वास्तव में इस प्रकार की सोच आपको 'घमंडी' बनाती है और पति को 'दब्बू' अथवा 'लल्लू' बनाती है। आपकी उच्चता का यह व्यवहार अन्य लोगों से छिप नहीं पाता और वे आपको उसी नज़रिए से देखने लगते हैं। इससे आपकी मान-प्रतिष्ठा नहीं बढ़ती, बल्कि पति को भी आपके इस व्यवहार के कारण कई बार नीचा देखना पड़ता है।

'भल्ला साहब को तो पार्टी में जाने के लिए हाई कमान से मंजूरी लेनी पड़ेगी...।' जैसी बातें आपके पति को केवल आपके इस व्यवहार के कारण ही सुननी पड़ती हैं।

वास्तव में आप अपने पति का सम्मान करें। परिवार और संपर्क में आने वाले प्रत्येक छोटे-से-छोटे व्यक्ति का भी मान-सम्मान करें। दूसरों के गुण, प्रतिभा और योग्यता की प्रशंसा करें। दूसरों की सफलताओं, उपलब्धियों पर प्रसन्न हों और उन्हें दिल खोलकर इसके लिए बधाई दें, शुभ कामनाएं दें। प्रशंसा करें। उनकी खुशियों में शामिल हों।

परिवार के सदस्यों, पति और सास से समन्वय करके ही आप स्नेह-स्रोतों को स्थायी बना सकती हैं। इसलिए पति की किसी कमज़ोरी, दोष अथवा हीनता का मज़ाक न उड़ाएं, न ही अपनी श्रेष्ठता प्रदर्शित करें।

पति-पत्नी परस्पर एक सामाजिक समझौते के आधार पर भावनात्मक रूप से एक-दूसरे के साथ जुड़ते हैं। इस जुड़ाव को आप परस्पर विश्वास के साथ ऐसे जोड़ें कि उसमें अविश्वास की ज़रा-सी भी दरार कभी पैदा न हो। दांपत्य संबंधों के मनोवैज्ञानिक का कथन है कि पति-पत्नी की लड़ाई अथवा नोक-झोंक चौबीस घंटे से अधिक की नहीं होनी चाहिए। चौबीस घंटे के अंदर-अंदर युद्ध विराम की स्थिति आ ही जानी चाहिए। मेल हो ही जाना चाहिए।

तानों अथवा अपेक्षाओं का व्यवहार दांपत्य संबंधों की सरसता को लीलने वाला व्यवहार है। इन संबंधों की डोर को नयनों से बांधें। भावनाओं से जोड़ें। दांपत्य संबंधों को कभी सूखने न दें।

पारिवारिक जीवन की खुशहाली का आधार दांपत्य जीवन की सरसता है। सरसता के इस स्रोत को कभी न सूखने देने की जिम्मेदारी पति-पत्नी की है। इन संबंधों को प्रगाढ़ बनाने के लिए एक-दूसरे की इच्छाएं, भावनाएं, शारीरिक और मनोवैज्ञानिक आवश्यकताओं को समझें, उन्हें पूरा करें।

दांपत्य जीवन में मधुरता लाने के लिए एक-दूसरे को हमेशा प्रशंसा की नजरों से देखें। एक-दूसरे में अपनी कल्पनाएं साकार करें। जो लड़कियां अपने पति में फिल्मी हीरो जैसे 'ही मैन' की कल्पनाएं करती हैं और फिर निराश होती हैं, उनका दांपत्य जीवन कभी खुशहाल नहीं हो पाता। इसलिए ऐसी लड़कियों को फिल्मी ग्लैमर की दुनिया से बाहर निकल कर सोचना चाहिए कि फिल्मी परदे की कहानी तीन घंटे की होती है, जिन्दगी की वास्तविकताओं से जुड़ें। वास्तविक जीवन के हीरो फिल्मी हीरो से अधिक सशक्त होते हैं। उनमें ही अपने 'ही मैन' को तलाशें, वे अधिक संतुष्ट होंगी।

घर आए पुरुष मित्रों, मेहमानों का स्वागत करने में अति-उत्साही न बनें। न ही ऐसे पुरुषों अथवा मेहमानों से संबंध बढ़ाने की सोच पालें। इस विषय में हमेशा पति के पीछे ही रहें।

एक-दूसरे के कानों में धन्यवाद, थैंक्यू जैसे शब्दों की अभिव्यक्ति करने में कंजूसी न बरतें, विशेषकर तब, जब आपने 'उपहारों' का आदान-प्रदान किया है। उपहारों का यह आदान-प्रदान मन को छूने वाला होना चाहिए। उपहार आप एक दूसरे को नितांत व्यक्तिगत भी लाकर दे सकते हैं।

जब कभी भी किसी पार्टी, उत्सव अथवा विवाह समारोह में जाएं, तो एक दूसरे को हमेशा तलाशी हुई आंखों से देखें। आंखों का यह जुड़ाव आपको सामाजिक प्रतिष्ठा भी दिलाएगा और दांपत्य जीवन में सरसता भी लाएगा।

एक-दूसरे से मनुहार करने में संकोच न करें। इस प्रकार का मनुहार दांपत्य जीवन में निकटता और सरसता लाता है। एक-दूसरे की आंखों में आकर्षण बढ़ाता है।

आप चाहे घर में हों अथवा बाहर, शयन कक्ष में हों अथवा होटल में अपना खान-पान, पहनावा, बनाव शृंगार, सुगंध आदि में एक-दूसरे की पसंद जानें और इसका पूरा-पूरा ख्याल रखें।

दांपत्य जीवन की सरसता को बनाए रखने के लिए दो-चार दिन की जुदाई अर्थात् दूर-दूर रहने के अवसर भी हाथ से न जाने दें। एक दूसरे से कुछ दिन दूर रहने का भी अभ्यास करें। इस प्रकार की दूरियां आपके दांपत्य संबंधों की नजदीकियां बढ़ाती हैं।

लगातर एक जैसी जिन्दगी से बोरियत होने लगती है। इसलिए वर्ष में कम-से-कम एक बार अथवा जब भी इच्छा हो, पति-पत्नी घर के बाहर बच्चों से दूर कहीं पर्यटन पर ले जाएं। एक बंधी-सी जिन्दगी से हटकर कुछ नयापन अनुभव करें। इस प्रकार की सोच और व्यवहार दांपत्य जीवन की नीरसता को दूर करेगा और आप हमेशा अपने को नया अनुभव करेंगे।

दांपत्य संबंधों की दृढ़ता पारिवारिक जुड़ाव को सुदृढ़ करती है। पति-पत्नी मिलकर परिवार की सभी समस्याओं को हल करें। परिवार में आए तूफान और बिखराव की स्थिति का सामना दोनों मिलकर करें।

पति-पत्नी का विश्वास, परस्पर का आकर्षण और जुड़ाव ही एक-दूसरे को रास्ते पर ला सकते हैं, इसलिए अगर कहीं ऐसी स्थिति निर्मित होते देखें, तो बड़े धैर्य, साहस और विवेक से काम लें।

पति अथवा पत्नी से हुई गलतियों अथवा घटित हुए हादसों, दुर्घटनाओं को बार-बार याद दिलाकर एक-दूसरे को अपमानित न करें। विश्वास प्रदर्शित कर आहत मन को राहत दें।

आपसी विवादों को अदालत के दरवाजे तक न ले जाएं। तलाक कोई सम्मानजनक समाधान नहीं और न ही उज्ज्वल भविष्य की गारन्टी है।

दांपत्य जीवन की सरसता और सफलता के लिए हमेशा अपनी सोच को अपने पर लागू करें। अगर आप उसके स्थान पर होते, तो आप क्या करते अथवा क्या चाहते। बस, आप भी पति-पत्नी के साथ कुछ ऐसा ही व्यवहार करें। इस प्रकार की सोच और व्यवहार ही आपको अनावश्यक तनावों से बचाएगा एवं पति-पत्नी के संबंधों की निकटता बढ़ाएगा।

छुट्टी का पूरा दिन बच्चों और पत्नी के लिए सुरक्षित रखें। पति-पत्नी और बच्चों को सदैव इस बात का अहसास कराते रहें कि आप उनके हैं, केवल उनके और उन्हीं के बने रहेंगे।

पारिवारिक जीवन का नियोजन पति की सहमति, सलाह, सहयोग से करें। लक्ष्य के प्रति दोनों समर्पित मन से जुड़ें।

दांपत्य जीवन में परस्पर सौहार्द और भावनात्मक निकटता दो ऐसे सूत्र हैं, जिन्हें कभी भी सूखने न दें। इनके सूखते ही दांपत्य जीवन का पौधा मुरझाने लगेगा। परस्पर मधुरता समाप्त होने लगेगी। परस्पर सौहार्द के द्वारा सुयोग्य, सुघड़ गृहिणी और आदर्श पति-पत्नी होने का गर्व अनुभव करें।

अध्याय 24

व्यस्त पति के संग–दें कुछ अपने रंग

व्यस्तता एक गुण है, व्यक्तित्व की विशेषता है। यही व्यस्तता जब अति व्यस्तता में बदलने लगती है, तो परिवार पर अभिशाप की काली छाया पड़ने लगती है। परस्पर का विश्वास अविश्वास में बदलने लगता है। व्यस्तता को अति व्यस्तता में न बदलने दें, पति की व्यस्तता को कुछ अपने रंग दें। ये रंग जहां पारिवारिक अपेक्षाओं को पूरा करेंगे, वही पति की सोच में भी बदलाव लाएंगे। बस, प्रयास कर देखें...।

''काम! काम!! काम!!! अगर तुम्हें अपने काम से इतना ही लगाव था, तुम इतने ही व्यस्त थे, तो फिर तुमने मुझसे शादी क्यों की? मेरी भावनाओं के साथ खिलवाड़ करने का क्या हक था तुम्हें...। और तो सब कामों के लिए तुम्हारे पास समय है। बस, मेरे पास ही बैठने के लिए तुम्हारे पास समय नहीं...। सुबह से शाम हो जाती है और शाम से रात...। बच्चे हैं कि तुम्हें देखने के लिए तरस जाते हैं...। तुम्हारे साथ खेलने-बोलने के लिए इन्तजार करते रहते हैं और एक तुम हो कि...।''

''तो तुम क्या चाहती हो, अपने सारे काम छोड़कर तुम्हारे सिरहाने बैठकर तुम्हारी लटों को संवारता रहूं...।''

''अगर मेरी लटों से इतनी ही एलर्जी थी, तो मुझसे शादी क्यों की...।'' ये संवाद अथवा पति-पत्नी की बातचीत किसी हिन्दी फिल्म के संवाद नहीं, बल्कि एक व्यस्त पति की व्यस्तता पर पति-पत्नी की नोक-झोंक के ऐसे संवाद हैं, जो मध्यवर्गीय परिवारों में कभी भी सुनने को मिल जाते हैं। हमारे सामाजिक जीवन में ऐसे अनेक पति हैं, जो अपनी व्यस्तता के कारण न तो पत्नी के सजे-संवरे रूप को देखते हैं और न उसकी भावनाओं की कद्र करते हैं। अपनी असीम आर्थिक आवश्यकताओं के कारण वे इतने अधिक व्यस्त रहते हैं कि उन्हें पत्नी की ओर देखने का समय ही नहीं मिलता। अधिकांश स्त्रियों को पति की इस प्रकार की व्यस्तता न तो 'रास' आती है और न वे पसन्द करती हैं, इसलिए समय-समय पर पति की व्यस्तता को कुछ इसी प्रकार से आक्रोशमयी अभिव्यक्ति देती हैं। वास्तव में पति की इस प्रकार की व्यस्तता और पत्नी की इस प्रकार की अभिव्यक्ति जहां दांपत्य संबंधों की दूरियां बढ़ाती हैं, वहीं पति-पत्नी में परस्पर कटुता, वैमनस्य, क्रोध, कुंठा, खीझ और दुर्भावना भी लाती हैं।

इस संबंध में पत्नी को चाहिए कि वह पति की इस व्यस्तता को सहज, सरल व्यवहार माने और उसमें अपनी ओर से क्रोध, खीझ अथवा ताने मारने की अपेक्षा सहयोग दें, ताकि पति की यह व्यस्तता उसके व्यक्तित्व की विशेषता बन जाए। जब आप पति की व्यस्तता को सहज व सरल रूप में स्वीकार लेंगी, तो पति के मन में आत्मीय भाव जागृत होगा और उसमें परिवार के प्रति आकर्षण पैदा होगा। वह अपनी व्यस्तता में से कुछ समय आपके लिए, बच्चों के लिए अवश्य निकालना चाहेगा।

यदि आप किसी ऐसे व्यवसायी, व्यापारी, पत्रकार, संपादक, सामाजिक कार्यकर्त्ता की पत्नी हैं अथवा अधिकारी की पत्नी हैं, तो उसकी पत्नी होने का गौरव अनुभव करें। समाज में उसका जो विशिष्ट स्थान है, उस स्थान को पाने के लिए, उस तक पहुंचने के लिए उसने जो मेहनत की है, उसे

अतिरिक्त समय देना पड़ा है, उसके लिए उसने जो त्याग किए हैं, उसे मान प्रतिष्ठा की बात मानें। इसलिए उसकी व्यस्तता को कोसना किसी भी प्रकार से उचित नहीं। यदि पति का कारोबार नया है, बड़ा है, वे किसी विभाग के स्वतंत्र प्रभारी हैं, जिम्मेदार अधिकारी हैं, निरीक्षक अथवा प्रबन्धक हैं, तो स्वाभाविक ही है कि उन्हें कुछ अतिरिक्त समय देना ही पड़ता है। वैसे आजकल लोगों को अपनी ''पोजीशन'' बनाने के लिए न जाने कितने पापड़ बेलने पड़ते हैं, यदि ऐसे लोगों को पत्नी का समुचित सहयोग नहीं मिलता, स्नेह अथवा विश्वास नहीं मिलता, तो उनकी मानसिक स्थिति खराब हो जाती है। अतः आपको पति की व्यस्तता को सकारात्मक रूप से देखना चाहिए और उसकी व्यस्तता को प्रतिष्ठा देनी चाहिए। पति के काम की भूमिका को समझें, उससे सहयोग की मानसिकता पालें। यदि आप पढ़ी लिखी हैं, तो पति का पत्र-व्यवहार, पत्रों के उत्तर अथवा लेखन कार्य को आप कर सकती हैं।

यदि आप स्वयं कामकाजी हैं, तो पति के कार्य में, उसकी कार्य योजना में, विचार और निर्णयों में उसका सहयोग कर सकती हैं। घर आए मेहमानों का स्वागत, विवाह-शादी आदि में जाना, आना, सामाजिक संबंधों का निर्वाह, बच्चों की पढ़ाई-लिखाई, गृह कार्य, घर का हिसाब-किताब, सामान आदि लाना, नल, बिजली, टेलीफोन, अखबार वाले के बिल का भुगतान आदि ऐसे कार्य हैं, जो आप स्वयं करके पति की व्यस्तता कम कर सकती हैं।

समय-समय पर पति से परिवार की समस्याओं पर चर्चा करें। उन्हें बच्चों की सफलताओं से परिचित कराएं और उनके भविष्य के बारे में बताएं। इस प्रकार की समस्याओं पर विचार करते समय अपने अभावों का रोना न रोएं और न ही इन समस्याओं के कारण अपनी हीनता ही प्रकट करें।

"सूरी साहब को ही देख लो, लड़की की शादी में आठ लाख खर्च कर दिए हैं और अब आदर्श नगर में नया फ्लैट ले रहे हैं और एक आप हैं कि अन्नू की चिन्ता ही नहीं, बीस की हो गई है...।"

स्पष्ट है कि आप पति को कोई बड़ा हाथ मारने के लिए प्रेरित कर रही हैं। आपकी इस प्रकार की प्रेरणा उन्हें जहां मानसिक रूप से तनावग्रस्त बनाएगी, वहीं वे किसी बड़े 'गबन' अथवा 'घोटाले' के लिए हाथ-पैर मारेंगे और वे रात-दिन इसी फिराक में रहेंगे।

पति की व्यस्तता पर उन्हें प्रताड़ित करना, उन्हें अपमानित करना अथवा 'बिजी विदाउट वर्क' कहकर उनका मजाक उड़ाना ठीक नहीं। 'तुम से कुछ होता तो है नहीं। पता नहीं, तुम्हें कब जाकर अक्ल आएगी...। घर में बहू आने वाली है, जंवाई आएगा, तुम हो कि बाहर ही खुश रहते हो, पता नहीं कैसे आफ़ीसरी करते हो...?' जैसी बातें पति में हीनता लाएंगी और वह घर से दूर ही रहने लगेगा। कुछ पति तो व्यस्तता के नाम पर दोस्तों के साथ ताश, रमी खेलने में 'व्यस्त' रहते हैं। आशय यह है कि पति की व्यस्तताओं में आपको सहयोग देना चाहिए, ताकि उनकी व्यस्तताएं कम हों, भले ही वह घर में बैठकर ताश खेलना ही क्यों न हो।

पति को उनकी पारिवारिक जिम्मेदारियों का अहसास कराते रहना चाहिए। उन्हें इस बात का अहसास कभी न होने दें कि उनके विचार, मत, सुझाव अथवा निर्णय का कोई महत्त्व नहीं। वास्तव में उनके विचार, मत, सुझाव को मान्यता और प्रतिष्ठा दें। अपने स्नेहिल व्यवहार से उन्हें जीतें। उनकी व्यस्तता के प्रति विद्रोह अथवा प्रतिशोधी भावनाएं मन में न लाएं। पति के सामने अपनी हीनताओं का रोना भी न रोएं, न ही अपने ऊपर होने वाले अन्यायों की दुहाई दें।

"मैं भी तो नौकरी करती हूं, घर भी संभालती हूं, बच्चे भी पालती हूं, मां जी की जली-कटी भी सुनती हूं...। क्या सुख है मुझे...?" जैसी बातें कहकर पति के स्नेह से वंचित न हों।

परस्पर विश्वास, समझ, समर्पण, सम्मान ऐसे रंग हैं, जो पति की व्यस्तता को अपने रंग देकर और भी आकर्षक बना देंगे, इसलिए पति की व्यस्तता को अपने रंग दें, उन्हें विश्वास में लेकर उनका विश्वास प्राप्त करें। विश्वास की प्रेरणा पाकर जहां आप स्नेह, सहयोग और आत्मीयता प्राप्त करेंगी, वहीं पति की व्यस्तता भी कम होगी। आखिर पति की व्यस्तता भी तो आपके लिए है, बच्चों के वर्तमान और भविष्य के लिए है, आप भी इसे इसी रूप में स्वीकारें, उनमें आक्रोश नहीं विश्वास व्यक्त करें।

अध्याय 25

पति की प्रेरणा बनें

सफल गृहिणी पति की प्रेरणा होती है, वह सबकी उन्नति को प्रेरित करती है। गृहिणी की प्रेरणा पाकर पति अपने कार्य क्षेत्र में नित्य नई सफलताएं प्राप्त करता है। सफलताओं के नित्य नए मान स्थापित करता है। इतिहास साक्षी है कि स्त्रियों ने ही पुरुषों को कर्म-क्षेत्र में संघर्ष के लिए प्रेरित किया है। वह चाहे अकबर बादशाह की पत्नी जोधाबाई हो या फिर दफ्तर के बड़े बाबू की पत्नी रामकली। आप भी पति की प्रेरणा बनें। आखिर आपका भी एक भरा पूरा घर-संसार है।

सामाजिक जीवन में यह कथन प्रचलित है कि किसी भी पुरुष के महान् बनने में किसी एक महिला का हाथ अवश्य होता है। इसका यह अर्थ लगाया जाता है कि पत्नी ही वह महिला है, जो पति की प्रेरणा बन उसे महान् बनाती है। पत्नी का सहयोग परिवार की प्रगति के लिए नए-नए सोपान स्थापित कर सकता है। परिवार में कठिन और विषम परिस्थितियों के कारण केवल पत्नी ही पति का सहारा बनती है, उसे संबल प्रदान कर उसका मनोबल बढ़ाती है, यही मनोबल उसकी प्रेरणा बनता है। पत्नी का सहयोग पाकर पति दिन-भर कठिन परिश्रम तो करता ही है, साथ ही वह अपने आपको हर प्रकार के संघर्ष के लिए भी मानसिक रूप से तैयार करता है। इस संबंध में इतिहास के कई उदाहरण हमारे सामने हैं। अगर रत्नावली ने तुलसी को प्रेरणा न दी होती, तो वे महान् कवि न बने होते। इसी प्रकार से कहते हैं कि कार्ल मार्क्स जैसे विचारक को भी प्रेरणा देने वाली उसकी पत्नी ही थी। उसकी पत्नी जैनी ने उसे सफलता के नए मान स्थापित करने में पूरा-पूरा सहयोग दिया, जैनी पूरी-पूरी रात जागकर मार्क्स को लिखने के लिए प्रेरित करती थी। उसके लिए चाय बनाकर लाती, उसकी अन्य सभी सुख-सुविधाओं का ध्यान रखती। हिंदी साहित्य में कुछ स्त्री चरित्र केवल पति प्रेरणा के लिए अमर हो गए। यशोधरा, उर्मिला, लोई, कमला नेहरू आदि का चरित्र और व्यक्तित्व इस बात को प्रदर्शित करता है कि पति की प्रेरणा बनने की ललक पत्नी में शाश्वत रूप से होती है और वह कहीं भी पति की प्रगति में बाधा नहीं बनती।

महात्मा बुद्ध की पत्नी यशोधरा ने नारी समाज का प्रतिनिधित्व करते हुए स्वयं अपनी सखि से प्रश्न किया—

सखि! वे मुझ से कह कर जाते।

तो क्या मुझे वे अपनी पथ-बाधा ही पाते?

हमारे सामाजिक और पारिवारिक जीवन में भी ऐसे अनेक उदाहरण हैं, जहां पति की प्रगति के लिए पत्नियों ने अनेकानेक त्याग किए हैं। पत्नी, पति की प्रगति में कभी बाधक नहीं बनी है। उसका प्रेरणास्वरूप ही पारिवारिक प्रगति का आधार रहा है, इसलिए आप भी पति की प्रेरणा बन अधिक सुख-संतोष, अधिक सुखानुभूति का अनुभव कर सकती हैं।

प्रति वर्ष सैकड़ों युवक विदेश जाते हैं, अध्ययन और रोज़ी-रोटी के लिए सुदूर शहरों में जाते हैं। सैकड़ों वीर जवान पत्नी को घर अकेला छोड़ सीमा पर तैनात रहते हैं, क्या यह पत्नी का त्याग नहीं। अवसर व पारिवारिक अपेक्षाओं के अनुकूल आचरण कर पति का उत्साह बढ़ाएं। उसके काम में रचनात्मक सहयोग दें। उन्हें अधिक परिश्रम करने के लिए उत्साहित करें। उन्हें अनावश्यक रूप से तनावग्रस्त न होने

दें। अपनी योग्यता, प्रतिभा का लाभ उन्हें दें। आपकी भावनात्मक प्रेरणा व सहयोग उन्हें जीवन के प्रत्येक क्षेत्र में सफल बनाएगा। उनका कार्य क्षेत्र चाहे सरकारी हो अथवा गैर सरकारी, यदि आपका सहयोग और विश्वास उन्हें मिलता है, तो वे अपने कार्य को भलीभांति संपन्न करते हैं। यदि आपके पति के कार्य, उनकी प्रगति, उनकी सफलता से आपको कोई सरोकार नहीं, तो फिर पति अपने कार्यों में दिलचस्पी नहीं लेगा। उसे अपने कार्य में कोई रुचि न होगी, उसे किसी प्रकार की आत्मसंतुष्टि नहीं मिलेगी।

व्यक्ति अपने कार्य की प्रशंसा चाहता है, उसकी सफलता की चर्चा चाहता है, प्रशंसा पाकर जहां उसके अहं की संतुष्टि होती है, वहीं उसे और अच्छे कार्य की प्रेरणा मिलती है। इसलिए बहुत आवश्यक है कि पति की सफलताओं की आप चर्चा करें। उसकी खरीद की प्रशंसा करें। उसके निर्माता की प्रशंसा करें।

यह आवश्यक नहीं कि पत्नी ही प्रेरणा बने, प्रेमिका भी प्रेरणा बन सकती है। देवदास की नायिका (प्रेमिका) पारो का ही उदाहरण लें, जो गृहिणी होते हुए भी देवदास की प्रेरणा बनी रही। आशय यह है कि नारी का तो स्वरूप ही प्रेरणादायक है। इसलिए आप अपने भाई, पिता, मां, सहेली, पुत्र आदि सबके लिए एक आदर्श उदाहरण बन सकती हैं। यदि आप पति से छत्तीस का आंकड़ा बनाए रखती हैं, तो बहुत संभव है कि पति हमेशा भावनात्मक तनाव में रहें और फिर वे पूरे परिवार से खिंचे-खिंचे से रहें। कोई कारण नहीं

कि यह खिंचाव एक दिन टकराव और बिखराव का रूप न ले ले। ऐसे परिवारों में जहां पति-पत्नी में ठनी रहती है, वहां बच्चों को वह स्नेह और आत्मीयता नहीं मिलती, जो उनके व्यक्तित्व विकास के लिए आवश्यक है। पूरा परिवार एक अजीब-सी घुटन अनुभव कर बोझ-भरी नीरस जिंदगी जीता है।

मैं एक ऐसे डॉक्टर दंपती को जानता हूं, जिनमें हमेशा तू-तू, मै-मै होती रहती है और दोनों ही मेरे सामने एक-दूसरे को कोसते रहते हैं, अपने-अपने भाग्य का रोना रोते हैं। इस संबंध में मैंने कुछ जानने का प्रयास किया, तो पता चला कि डॉक्टर साहित्यिक प्रतिभा के धनी हैं। वे हमेशा कुछ-न-कुछ लिखते रहते हैं। कभी-कभी कुछ अच्छी पत्रिकाओं में छपा भी है, लेकिन उनका इस प्रकार से लिखना उनकी पत्नी को फूटी आंखों नहीं सुहाता। कविता, कहानी लिखना उनकी दृष्टि में 'घटिया स्तर' का काम है। वे हमेशा उनके लेखक मन को कोसती रहती हैं। केवल इतना ही नहीं, बल्कि कई बार तो बाहर मरीज़ बैठे होते हैं, तभी पत्नी की कर्कश आवाज़ उनके कानों में पहुंचती है—कवि महाराज, अब लिखना छोड़ो, अब तक तो तुमने न जाने कितने मेघदूत लिख डाले होंगे...? लेकिन कुछ मेरी भी सुनो...। तुम कालिदास तो बन नहीं सकते, आकर देख लो, तुम्हारी कविताओं से चूल्हा भी नहीं जलता है...। मूड ही बनाते रहेंगे कि कुछ घर की भी चिन्ता है। अगर कविता ही लिखनी है, तो बच्चों को किसी आश्रम में छोड़ आओ...। घर में दूध नहीं है...। चाय किससे बनाऊं...।

पत्नी की इस प्रकार की टीका-टिप्पणी सुन-सुनकर डॉक्टर भी तंग आ गया है, उसकी साहित्यिक प्रतिभा तो कुंठित हो ही गई है, लेकिन उसके मन की अन्य भावनाएं भी सूख गई हैं। अब उसने लोगों के बीच बैठना, उठना लगभग बंद-सा कर दिया है। चुपचाप गुमसुम से बैठे रहते हैं। न लोगों में रुचि लेते हैं और न पारिवारिक संबंधों में...। हमेशा एक गंभीर चुप्पी से घिरे रहते हैं।

डॉक्टर, इंजीनियर या दुकानदार होने से कोई अच्छा लेखक, कवि, चित्रकार, दार्शनिक अथवा विचारक नहीं बन सकता, यह तर्क ठीक नहीं। वास्तव में यह तो प्रतिभा है। यह सोचना उचित नहीं होगा कि डॉक्टर अच्छा लेखक नहीं बन सकता। वास्तव में कला और प्रतिभा का विकास प्रोत्साहन पाकर होता है। कला के विकास के लिए साधना की आवश्यकता होती है और पत्नी उसकी इस साधना में सहयोग कर सकती है।

आशय यह है कि पारिवारिक अपेक्षाओं की पूर्ति के लिए पति का सहयोग आवश्यक है। पति की प्रतिभा को मुखरित होने के अवसर प्रदान करें। अपने स्तर पर इन्हें सहयोग दें। पति का क्षेत्र चाहे जो भी हो, आपका सहयोग उनकी प्रगति में सहायक हो सकता है। घर में आने वाले अधीनस्थ कर्मचारियों अथवा उच्च अधिकारियों का मान-सम्मान करना आपका काम है। आपका व्यवहार ही उनके दिल में पति की प्रतिष्ठा को बनाएगा। वे विवेकशील आचरण कर ख्याति प्राप्त करेंगे, जिससे उनका वर्तमान और भविष्य प्रभावित होगा। पति की सफलताओं को ही अपनी सफलताएं मानें और उन पर गर्व कर उन्हें सराहें और अपनेपन का अहसास करें।

अपने अभावों, असफलताओं, दोषों अथवा हीनताओं के लिए पति को दोषी मानना अथवा पति को जिम्मेदार ठहराना, उन्हें कोसना, अपमानित करना आपके और आपके परिवार के हित में न होगा, इसलिए अपनी पारिवारिक कमजोरियों का प्रदर्शन दूसरों के सामने न करें, इससे आपकी कठिनाइयां और बढ़ेंगी और आप जगहंसाई की पात्र बनेंगी।

पति की किसी गलती के लिए मुंह फुलाना, कोप भवन में बैठना, सिर दर्द का बहाना बनाकर पड़े रहना, तानें मारना आदि ऐसे आचरण हैं, जिससे परिवार का वातावरण तनावग्रस्त होता है, साथ ही पति के धैर्य, विवेक और साहस पर भी विपरीत प्रभाव पड़ता है, इसलिए ऐसे किसी भी अवसर पर अपना आचरण संयत और संतुलित रखें।

आपका सहयोग पाकर जहां पति को साहस और विश्वास की शक्ति मिलेगी, वहीं उनके व्यक्तित्व में भी निखार आएगा, इसलिए आप अपनी भूमिका को समझें, पति की सहयोगी बन उसकी प्रेरणा बनें।

परिवार की चिन्ता व्यक्ति के चिन्तन, सोच और व्यवहारों को प्रभावित करती है। जब गृहिणी घर को भली प्रकार से संभालती है, तो पति आश्वस्त होकर, अपने बाहरी कामों को पूरी लगन, निष्ठा और उत्साह के साथ पूरा कर

उसमें सफलता प्राप्त करता है। इस दृष्टि से सफल गृहिणी ही पति की प्रेरणा होती है और वही पति की सफलताओं में सहायक बनती है।

कामकाज के दौरान घर आए अपने सहकर्मियों अथवा अपने वरिष्ठ अधिकारियों के मुख से अपनी पत्नी के सद्व्यवहारों, अच्छे आचरण, शालीनता, शिष्टता और सौहार्दपूर्ण व्यवहार की प्रशंसा सुनकर वह मन-ही-मन संतुष्ट होता है। उसे एक अच्छी सुघड़ पत्नी के पति होने का गर्व अनुभव होता है। संतुष्टि का यह भाव ही उसे अन्य अच्छे व्यवहारों के लिए प्रेरित करता है।

पारिवारिक जीवन में अधिकांश गृहिणियां घर खर्च स्वयं चलाती हैं। सीमित आय में भी अधिकतम संतुष्टि दिलाने का श्रेय सुघड़ पत्नी को ही होता है। पति उसकी इस कार्य कुशलता से सदैव संतुष्ट रहता है।

गृहिणी में परिवार के कर्त्ता के सारे गुण पाए जाते हैं। वह सबका समान रूप से ध्यान रखती है। परिवार की एकता को अप्रत्यक्ष रूप से पत्नी ही बनाकर रखती है। इस दायित्व को पूरा करने में वह पति के साथ बड़ा सहयोग करती है। गली-मुहल्ले में परिवार की प्रतिष्ठा पत्नी ही बढ़ाती है। पत्नी की इस सोच और व्यवहार से ही परिवार प्रतष्ठित होते हैं।

आशय यह है कि पत्नी की सोच और व्यवहार पति की सफलता के स्रोत हैं। इसलिए पत्नी को चाहिए कि वह अपने पति की रुचियों, इच्छाओं, भावनाओं को समझें और एक दूसरे की खुशियों के लिए समर्पित भाव से जुड़ें।

अध्याय 26

सुरक्षा कवच हैं—युवा बच्चों पर बंदिशें...

सामाजिक और पारिवारिक समस्याओं की शुरुआत युवा बच्चों की गलत सोच और व्यवहारों से होती है। किशोरावस्था की दहलीज पर कदम रखते ही युवा बच्चों की कल्पनाएं रंगीन होने लगती हैं। अभिभावकों का स्नेह, संरक्षण और विश्वास-भरी बंदिशें उसे न केवल दुनियादारी की ऊंच-नीच समझाती हैं, बल्कि उन्हें सामाजिक जिम्मेदारियों के योग्य भी बनाती हैं। इस विषय में आप अपनी सोच को व्यावहारिक बनाएं।

'आ गई महारानी...।' 'इतनी देर कहां लगा दी बेटी, फोन ही कर दिया होता...।', 'आज फिर इतनी रात कर दी सपना? ...तुमसे कितनी बार कहा है कि इतनी-इतनी देर बाहर रहना मुझे बिलकुल पसन्द नहीं। पता नहीं लोग कैसी-कैसी बातें बनाते हैं...।', 'फुरसत मिल गई लाटसाहब को अपने आवारा दोस्तों से...।'

ऐसा कोई दिन नहीं व्यतीत होता है, जब युवा लड़के-लड़कियों को अभिभावकों से इस प्रकार के व्यंग्य, ताने, उलाहने, टोका-टाकी न सुनने पड़ते हों। विशेषकर युवा लड़कियों के बारे में तो अभिभावकों की सोच इतनी आशंकित रहती है कि जब तक लड़कियां सुरक्षित घर नहीं पहुंच जातीं, तब तक उनकी आंखें दरवाजे पर ही लगी रहती है।

लड़के-लड़कियों पर इस प्रकार की बंदिशें लगाकर जहां अभिभावक उनकी सुरक्षा और संरक्षण का घेरा मजबूत बनाते हैं, वहीं उनकी सोच यह रहती है कि बच्चों को दी गई ज्यादा छूट कहीं उनकी असुरक्षा का कारण न बन जाए। लड़कों का घर से बाहर रहकर मौज-मस्ती में दिन काटना आम बात होती जा रही है, लेकिन युवा लड़कियों के बारे में अभिभावक हमेशा चिन्ताग्रस्त रहते हैं। कई-कई बार तो माता-पिता जानकर भी अनजान बने रहते हैं, उन्हें यह भय रहता है कि अगर युवाओं के साथ इस विषय में सख्ती के साथ पेश आएंगे, तो लड़के अभिभावकों के प्रति विद्रोह न कर बैठें। कभी-कभी तो इस प्रकार के अंकुश और बंदिशों से परेशान होकर लड़कियां भी खींझ उठती हैं। और कह ही उठती हैं कि ''मां अब तुम मेरे बारे में इतनी चिन्ता मत किया करो, अब मैं दूध पीती बच्ची नहीं हूं। अपना भला-बुरा मैं खुद समझती हूं...।''

यद्यपि अभिभावक युवा बच्चों की इस प्रकार की बातें सुनकर संतुष्ट नहीं होते और बंदिशों की यह डोर कभी ढीली नहीं पड़ती, क्योंकि अभिभावक जानते हैं कि युवा बेटे-बेटियों का इस प्रकार से रात देर तक घर से बाहर बने रहना कितना जोखिमपूर्ण है। वे उनकी सुरक्षा के प्रति हमेशा आतंकित-से रहते हैं। युवा बेटे-बेटियों की सुरक्षा के बारे में अभिभावकों की यह चिन्ता और इस प्रकार की बंदिशें एक ऐसी समस्या हैं, जिन पर अभिभावकों को हमेशा गंभीरता से विचार करना चाहिए। इस विषय में उनकी जरा-सी लापरवाही कितनी बड़ी घटना को जन्म दे सकती है, इस विषय में कुछ भी नहीं कहा जा सकता। युवा बच्चों पर बंदिशें लगाकर अभिभावक उन्हें समझाते हैं, डांटते हैं, चेतावनी देते हैं। कई बार तो कुछ सख्ती से भी पेश आना पड़ता है, कुछ कड़ा रुख अपनाना पड़ता है। इस विषय में वास्तविकता यह है कि बच्चों की युवा भावनाएं रंगीन होती हैं। वे अपनी इन रंगीन कल्पनाओं

के दुष्परिणामों से बिलकुल अपरिचित रहते हैं। उन्हें तो अपनी गलतियों का अहसास तब होता है, जब पानी सिर से ऊपर हो जाता है।

युवा लड़के-लड़कियों की सोच बड़ी अपरिपक्व होती है। वे शीघ्र ही बातों में आ जाते हैं। विपरीत सैक्स के प्रति आकर्षण को ही वे प्यार समझने लगते हैं और इस प्रकार से अपने जीवन को दांव पर लगा देते हैं। इस विषय में अभिभावकों को चाहिए कि वे युवा बच्चों पर अंकुश अथवा बंदिशें लगाने की अपेक्षा उन्हें विश्वास-भरी नजरों से देखें। उन्हें अपने विश्वास के साथ ही घर से बाहर जाने दें और इस विषय में सुनिश्चित हो जाएं कि वे जहां भी जाएंगें, उनकी नजरों से जुड़े रहेंगे, सुरक्षित रहेंगे।

माताओं को चाहिए कि वे युवा बच्चों के मन की बातें सुनें और अगर उनके मन में किसी के लिए कोई आसक्ति भाव है, तो उनकी बातें सुनें और लड़के-लड़कियों को यह बता दें कि अपरिपक्व मानसिक सोच के आवेग-आवेश में वे ऐसा कोई कदम न उठाएं, जिससे उन्हें जीवन-भर तनाव-भरी जिन्दगी जीने के लिए विवश होना पड़े। आत्महीनता अथवा आत्मग्लानि का जीवन जीना पड़े।

सच तो यह है कि युवा बच्चों के विवाह के मामले में माता-पिता हमेशा भयभीत रहते हैं। वे जानते और समझते हैं कि उनके युवा बेटे अथवा बेटी को सुयोग्य जीवन साथी नहीं मिला, तो बच्चों के साथ-साथ उनका जीवन भी बोझ बन जाएगा। इसलिए वे इस अवस्था में उनकी सोच, व्यवहार

और आचरण पर इस प्रकार की बंदिशें लगाकर उनके प्रति सदैव सतर्क, सचेत बने रहते हैं। अब तो बड़े शहरों में इन कामों के लिए जासूसी एजेंसियों की सेवाएं भी ली जाने लगी हैं। यहां तक कि शादी संबंध पक्के हो जाने के बाद भी तथा कथित प्रतिष्ठित समाज में इस बात की जांच होने लगी है कि युवा अवस्था में लड़के-लड़की का आचरण कैसा रहा है? सच तो यह है कि मां-बाप को अपने बच्चों पर बंदिशें न लगाकर उन्हें सामाजिक जीवन का व्यावहारिक प्रशिक्षण देना चाहिए, ताकि वे उचित-अनुचित संबंधों के बारे में समझ सकें। बंदिशों के स्थान पर उनकी मानसिक दुविधाओं को समझना चाहिए। उन्हें संरक्षण, सुरक्षा और विश्वास प्रदान करना चाहिए। यदि अभिभावक अपनी मर्जी से लड़के-लड़कियों की शादी कर भी देते हैं, तो ऐसी शादी की सफलता की भी क्या गारन्टी। थोपे गये रिश्तों में तो और भी जल्दी उफान आता है।

आशय यह है कि युवा लड़के-लड़कियों को हमेशा शंका की दृष्टि से देखने की अपेक्षा विश्वास की दृष्टि से देखें। फिल्मी संस्कृति और आधुनिक ग्लैमर-भरी जिन्दगी की चमक का प्रभाव बच्चों पर शीघ्र पड़ता है, इसलिए युवा बच्चों को समझाएं कि दूर के ढोल सुहावने लगते हैं। प्रत्येक चमकने वाली धातु सोना नहीं होती। जब भी आप अपने युवा लड़के-लड़कियों की आंखों में उभरते लाल डोरे देखें, तो उन्हें अपने बारे में सोचने, निर्णय लेने के पर्याप्त अवसर प्रदान करें। उन्हें सजने-संवरने दें। उनके सजने-संवरने को एक सामान्य व्यवहार मानें। जरा-जरा सी बात में उन्हें बुरा-भला न कहें। जब भी आप अपनी युवा लड़की को एकांत में गुनगुनाते देखें, कुछ असामान्य से व्यवहार करते देखें, तो युवा बेटी की सहेली बन उसका साथ दें। उसके मन की बातें सुनें, जानें। उन्हें गुमराह होने से बचाएं। विपरीत सैक्स के प्रति उसकी भावनाओं को शमित करने के लिए उनकी अभिरुचियों को प्रदर्शित होने दें। उसमें सहयोग दें। उन्हें कला से जोड़ें।

किशोरावस्था की दहलीज पर कदम रखती लड़कियों को अकेला न छोड़ें। इस अवस्था में उन्हें व्यस्त रखने की सोच पालें। ध्यान रखें कि किसी भी स्थिति में उन्हें युवा लड़कों के साथ अकेला न छोड़ें। उसकी युवा सहेलियों की भी रुचियां जानें। बड़ी उम्र की सहेलियों के साथ न रहने दें। कुछ बड़ी उम्र की लड़कियां उनकी संवेदनशीलता से अनुचित लाभ उठा सकती हैं। उनकी भावनाओं के साथ खिलवाड़ कर सकती हैं। युवा लड़कियों पर बंदिशें लगाने की अपेक्षा उनका साथ देना अधिक सकारात्मक सिद्ध हो सकता है। इसलिए उन्हें विश्वास-भरी नजरों से देखें। अविश्वास की स्थिति ही निर्मित न होने दें। युवा बच्चों के प्रति व्यक्त किया गया अविश्वास उन्हें परिवार के प्रति विद्रोही बनाता है। लड़के घर से भाग जाते हैं। यहां तक कि कभी-कभी लड़कियां भी ब्लैकमेल का शिकार होकर शारीरिक और मानसिक शोषण का शिकार होती हैं। युवा बच्चों के प्रति व्यक्त किया गया अविश्वास उन्हें परिवार के प्रति विद्रोही, अनुशासनहीन, पलायनवादी बनाता है। इसलिए परिवार के वातावरण को स्नेहिल बनाएं।

जहां तक युवा लड़कों का प्रश्न है, घर के बाहर रहने से उनके बिगड़ने की संभावनाएं और भी बढ़ जाती हैं। किशोर बच्चे गलत संगत में पड़कर जुआ खेलते हैं, शराब पीना सीखते हैं और नशे का इस्तेमाल करने लगते हैं। स्कूल-कॉलेजों में पढ़ रहे युवा छात्र-छात्राएं नशे की गोलियां, पान-मसाले, सिगरेट के धुएं आदि के रूप में ऐसे नशे की ओर आकृष्ट होते हैं। जेब खर्च की बहुतायत और बड़े घर के 'लड़के' होने का गर्व ही उन्हें 'बीयर पार्टियों' की ओर आकृष्ट करता है। इस प्रकार से प्रगतिशीलता की ओर बढ़ते उनके पैर उन्हें गर्त की ओर ले जाते हैं। नशे की ओर बढ़े हाथ ही उन्हें 'स्मैक' और 'एल.एस.डी.' आदि की ओर ले जाते हैं। एक बार की पड़ी हुई नशे की यह आदत युवा बच्चों की हालत इतनी खराब कर देती है कि उससे पूरा परिवार परेशान हो उठता है।

नशे के प्रति इस आकर्षण को समाप्त करने के लिए ही अभिभावक बच्चों पर अनेक प्रकार की बंदिशें लगाते हैं। सच तो यह है कि युवा पीढ़ी के ये बच्चे अपना भला-बुरा नहीं समझते और शीघ्र ही लोगों की चिकनी-चुपड़ी बातों में आ जाते हैं। इन युवा लड़के-लड़कियों के सामने कई प्रकार के प्रलोभन भी परसे जाते हैं। नौकरी अथवा अच्छा 'जौब' देने का आश्वासन देकर इनके साथ विश्वासघात किया जाता है। भावनाओं को अन्य अनेक बहाव देकर ऐसे युवक-युवतियों को गुमराह किया जाता है। गुमराही के अंधेरों में भटकते ये युवा लड़के-लड़कियां कब कोई समस्या खड़ी कर दें, कुछ

कहा नहीं जा सकता, इसलिए अभिभावक इन पर बंदिशें लगाने में ही अपना और इनका हित समझते हैं।

युवा बच्चों पर बंदिशें लगाने के साथ-साथ उन्हें घर की सारी परिस्थितियों से भी परिचित कराना चाहिए। अपनी आर्थिक सीमाओं से भी परिचित कराना चाहिए। आशय यह है कि किशोर बच्चों पर बंदिशें लगाने के व्यवहार को कोई अपराध नहीं समझना चाहिए। वास्तव में यह तो बच्चों की सुरक्षा और संरक्षण को सुनिश्चित करने वाली सोच का व्यवहार है। इस प्रकार की बंदिशें लगाकर अभिभावक एक प्रकार से अपने युवा लड़के-लड़कियों को गुमराह होने से बचाते हैं। आपराधिक तत्वों से सुरक्षित रखते हैं। क्योंकि कभी-कभी कुछ लड़के-लड़कियां भावनाओं के आवेश में आकर मौज-मस्ती को ही जीवन का लक्ष्य समझने लगते हैं। थोड़ी देर के लिए वे इसके दुष्परिणामों को भूल जाते हैं। कभी-कभी कुछ ऐसी गलतियां कर बैठते हैं, जिनके परिणाम युवकों के साथ-साथ अभिभावकों को भी भुगतने पड़ते हैं। कुछ बातें ऐसी होती हैं, जिनमें गलती किसी की भी हो, हीनताओं की टीस अभिभावकों को ही सहनी पड़ती है। सुघड़ गृहिणी के रूप में आप अपने युवा बच्चों के प्रति जिम्मेदारियों से मुंह न मोड़ें। युवा बच्चों के प्रति जिम्मेदारियों की इस प्रकार की उदासीनता आपके लिए घातक सिद्ध हो सकती है। इस विषय में बच्चों को इस सच्चाई से परिचित कराएं कि वे चरित्रवान बनें और जीवन के प्रति छिछली सोच से कभी प्रभावित न हों। बच्चों पर लगाई गई ये बंदिशें उनके हितों के लिए हैं, अतः वे इन बंदिशों के प्रति गंभीरता बरतें और इन सामाजिक वर्जनाओं का हमेशा पालन करें। बच्चे स्वयं ही अपनी सोच को व्यावहारिक बनाएं और ऐसा कोई काम अथवा व्यवहार न करें, जिससे उनके जीवन में किसी प्रकार की जोखिम की कोई स्थिति निर्मित हो।

लड़कियों को इस विषय में अच्छी तरह से सोच-समझ लेना चाहिए कि संसार में उनके अभिभावक से बड़ा और कोई शुभचिन्तक नहीं हो सकता। इसलिए वे परिवार से विद्रोह करने की बात मन से निकाल दें और घर से भागने की भूल कभी न करें, क्योंकि जिस प्रकार पेड़ से टूटा हुआ पत्ता फिर पेड़ पर नहीं लगता, उसी प्रकार से एक बार घर की दहलीज से निकला हुआ पैर वापस घर में वह सम्मान नहीं पा सकता। इसलिए घर के भागने जैसा आत्मघाती व्यवहार कभी न करें।

युवा लड़के-लड़कियों को चाहिए कि वे हमेशा अभिभावकों का विश्वास प्राप्त करके और उनकी सहमति से ही जीवन के निर्णय लें। वरना एक गलत निर्णय ही उन्हें जीवन-भर पश्चात्ताप की आग में जलने के लिए विवश करेगा और वे सारा जीवन रो-रो कर काटेंगी।

अतः बंदिशों के इस व्यवहार को सुरक्षा कवच के रूप में स्वीकारें, इससे अधिक कुछ नहीं।

अध्याय 27

नारी ही नारी की दुश्मन–एक भ्रामक सोच

नारी ही नारी की दुश्मन होती है... । कहने वाले बात को चाहे कितनी ही गंभीरता से कहें, लेकिन यह बात इसलिए किसी के गले नही उतरती कि सामाजिक और पारिवारिक जीवन में इस सोच का कही कोई ठोस, तर्कसंगत आधार नही। हां, अपनी प्रगतिशील सोच से आप इस धारणा को निर्मूल एवं भ्रामक अवश्य सिद्ध कर सकती हैं। अतः आप को चाहिए कि पारिवारिक जीवन में इसे भ्रामक सिद्ध कर अपनी सुघड़ता का परिचय दें।

''बात-बात में जिठानी के ताने, सास का शुष्क व्यवहार, ननदों की चुगली करने की आदत, इन सबको सहने की जैसे मुझे आदत पड़ गई है। इन सब के बीच भी मैं अपने आपको बहुत संभाल कर रखती हूं। मेरी स्थिति हमेशा बत्तीस दांतों के बीच फंसी जीभ जैसी रहती है। परिवार के सारे स्नेह और विश्वास समाप्त से होते जा रहे हैं। सुख की छाया को तरस जाती हूं, क्या इस बात में कोई सत्यता है कि नारी ही नारी की सबसे बड़ी दुश्मन होती है... ।''

''मेरे बारे में मेरे ही आफिस में मेरी कुछ सहेलियों ने झूठी बातें फैला दी हैं, यद्यपि इन झूठी बातों का कोई आधार नहीं है, समझ में नहीं आता कि मैं किन-किन बातों का स्पष्टीकरण देती फिरूं... ।''

''मेरे बसे हुए घर-संसार को उजाड़ने का श्रेय मेरी अपनी ही बहन को है। मुझे अब उसे बहन कहते हुए भी शर्म लगती है। बहन बनकर वह मेरी सौत बनी हुई है। अपनी समस्या आपको कैसे लिखूं? मैं तो अपने ही घर में रखैल जैसी जिन्दगी जी रही हूं, आपको इतना ही बता सकती हूं कि मैं पत्नी होते हुए भी पति सुख से वंचित हूं, वह भी अपनी ही बहन के कारण... ।''

सामाजिक और कामकाजी जीवन से जुड़ी ये कुछ ऐसी महिलाओं की समस्याएं हैं, पत्र हैं, जिनका संबंध उनकी अपनी ही कहलाने वाली स्त्रियों से हैं। लोग ऐसी औरतों की बातों को चटकारे ले-लेकर सुनते हैं और फिर बड़े ही हलके स्तर पर बात को हवा में उछालते हुए कहते हैं–नारी ही नारी की सबसे बड़ी दुश्मन है। वास्तव में ये समस्याएं इसलिए नहीं कि नारी ही नारी की दुश्मन है, बल्कि इसलिए हैं, क्योंकि हम इन समस्याओं की गंभीरता पर ध्यान ही नहीं देना चाहते।

सामाजिक और पारिवारिक जीवन में औरत न कभी औरत की दुश्मन रही है और न ही इस विषय में कोई ठोस आधार अथवा सिद्धांत ही है। जहां तक इन समस्याओं और ऐसी अन्य समस्याओं का संबंध है, ये समस्याएं चूंकि औरतों से संबंधित हैं, और प्रत्यक्ष अथवा अप्रत्यक्ष रूप से औरतें ही इनकी पृष्ठभूमि में हैं, इसलिए इस प्रकार की बातें कहकर समस्याओं की गंभीरता से मुख मोड़ा जाता है। उन्हें अनदेखा किया जााता है अथवा अपनी अन्य कमजोरियों को छिपाने के प्रयास किए जाते हैं।

हमारे सामाजिक जीवन में मैं, तुम और वो...से संबंधित कई घटनाएं प्रतिदिन घटित होती हैं। पारिवारिक जीवन में भी पति-पत्नी के बीच किसी तीसरे का प्रवेश एक दुखद हादसे जैसा ही होता है। ऐसे संबंधों के उजागर हो जाने पर पत्नी एक घुटन-भरी जिन्दगी जीती है। ऐसी औरतों की जिन्दगी बोझ बनकर रह जाती है। पारिवारिक जीवन में ऐसे

संबंधों के कारण पति-पत्नी में विश्वास टूटने लगता है। दांपत्य जीवन की सरसता में कमी आने लगती है। वास्तव में ऐसी सारी घटनाओं के लिए औरत-औरत की दुश्मन कभी नहीं रही है। न ही ऐसी समस्याओं के समाधान के लिए औरतों को कहीं अपनी हीनताएं प्रकट करनी चाहिए और न औरतों से औरतों की रक्षा की दुहाई ही देनी चाहिए। औरत सबसे पहले मां है। बेटी है। बहन है। पत्नी है। प्रेमिका है। वह दुश्मन किसकी है? स्नेहिल बहन, ममतामयी बेटी, प्रेरणादायी प्रेमिका, समर्पणमयी नारी, पत्नी किसी की दुश्मन कैसे हो सकती है? पत्नी तो स्नेह, ममता, सहयोग और समर्पण की आदर्श है। पति की प्रेरणा है, शक्ति है। वह किसी भी प्रकार से दुश्मन नहीं हो सकती।

हमारा सारा जीवनचक्र केवल नारी की धुरी पर घूमता है, इसलिए वह किसी भी पक्ष से, किसी भी कोण से औरत की दुश्मन हो ही नहीं सकती। सामाजिक जीवन में ऐसे उदाहरणों, आदर्शों की कमी नहीं, जो यह सिद्ध करते हैं कि नारी ने ही परिवार के प्रति सदैव समर्पित होकर परस्पर स्नेह और विश्वास के इस ताने-बाने को बुना है, जिसका नाम परिवार है। परिवार को बनाने, सजाने-संवारने में नारी की भूमिका ही महत्त्व रखती है। इस भूमिका में वह तन-मन से परिवार के प्रति समर्पित भाव से अपना सब कुछ न्योछावर कर देती है। परिवार में नारी की भूमिका भाभी, ननद, दीदी की है। दीदी का महत्त्व तो वे जानते हैं, जिनकी अपनी कोई बहन नहीं होती। वास्तव में नारी को नारी की दुश्मन कहना

अथवा समझना रुग्ण मानसिक सोच है। मानसिकता संकीर्णता है, एक गाली है, जो लोग अपने स्वार्थों और मन की कलुषित भावनाओं की अभिव्यक्ति के रूप में प्रयोग में लाते हैं।

सास-बहू के संबंधों को लोग जिस प्रकार से व्यक्त करते हैं, एक क्षण के लिए वे यह भूल जाते हैं कि सास भी कभी बहू होती है और तब उसे लगता है कि उसकी सोच में कुछ अंतर था और इस प्रकार की सोच ही उसे बहू के प्रति स्नेहिल व्यवहार करने की प्रेरणा देने लगता है। इसलिए सास-बहू, देवरानी-जिठानी, ननद-भाभी आदि ऐसे पारिवारिक रिश्ते हैं, जो परस्पर का स्नेह और विश्वास पा कर समर्पित भाव से प्रकाशित हो उठते हैं। हमारे सामाजिक जीवन में ही आपको ऐसे अनेक उदाहरण मिल जाएंगे, जो सास अपनी बहू पर जान न्योछावर करती है, बहू सास के लिए जान देने को तैयार रहती है। इसलिए अपने मन से इन संबंधों के प्रति यदि आपके मन में कोई दुराग्रह अथवा भ्रामक सोच बन गई है, तो इस भ्रामक सोच से बाहर निकलें। परस्पर संबंधों की अपेक्षाएं जानें और इनका पालन कर एक-दूसरे से जुड़ें।

सास-बहू में परस्पर अधिकारों का संघर्ष होता है। जिसका कारण विचारधारा का अंतर है। अधिकारों के इस संघर्ष में इस सत्य को सहज, सरल हृदय से स्वीकारें कि परिवार में बहू के आ जाने से सास के कुछ अधिकारों में कटौती होना स्वाभाविक ही होता है। सास को भी इस सत्य को बड़ी सरलता से स्वीकार कर लेना चाहिए। अतः इस कटौती को एक सामान्य, सरल और स्वाभाविक व्यवहार समझकर स्वीकारें। इस नए वातावरण में सास को अथवा बहू को जितना मान-सम्मान और प्रतिष्ठा मिल रही है, उसी में संतुष्ट हों। बस, सास के रूप में इतनी-सी व्यावहारिक सोच ही आपको बहू की नजरों में मान-प्रतिष्ठा दिलाएगी। इस प्रकार की सोच अपनाकर देखें, दुश्मन होने का प्रश्न ही नहीं पैदा होगा और आप बहू की सबसे बड़ी हितैषी, शुभचिन्तक और मित्र बन जाएंगी। जहां तक बहू के रूप में आपकी सोच का प्रश्न है, आपको इस सत्य को स्वीकारना चाहिए कि नए घर में आपको अपना स्थान बनाना है, इसके लिए पहल आपको ही करनी है। वास्तव में नया पौधा तभी अपनी जगह बना पाता है, जब पहले उसे गमले में रोपा जाए। रोपने के बाद ही पौधा जीवन में अपनी जड़ें जमा पाता है। बहू के रूप में आप भी अपने स्नेहिल व्यवहार, सद्भावनाओं के साथ परिवार में अपनी जड़ें जमाने के प्रयास करें। परिवार में अपना स्थान पाने के लिए संघर्ष की नहीं, प्रेम और सौहार्द की आवश्यकता होती है।

कामकाजी जीवन में आपको विभिन्न सामाजिक, आर्थिक, वैचारिक और विभिन्न चरित्र की महिलाओं से संपर्क करना पड़ता है। ऐसी महिलाओं से संपर्क के दौरान वैचारिक मतभेद भी होते हैं। कुछ स्वार्थ भी टकराते हैं। वर्चस्व स्थापित करने के लिए कुछ प्रतिस्पर्द्धा भी होती है। कर्त्तव्य पालन के मार्ग में कुछ कठिनाइयां भी उत्पन्न होती हैं। कुछ असामान्य परिस्थितियां भी निर्मित होती हैं। इन सब का यह अर्थ नहीं कि वे सब-की-सब हमारी दुश्मन हैं। वास्तव में विरोध करना और विरोध सहना एक सामान्य व्यवहार है, अतः इसे केवल इसी स्तर पर लें। रुचियों, विचारों में भिन्नता हो सकती है। अतः अपनी सोच को समन्वय के आधार पर किसी एक धरातल पर लाएं। कुछ अपनी सोच में परिवर्तन लाएं कुछ दूसरों को प्रभावित करें। इन सारी परिस्थितियों में जरा भी विचलित होने की आवश्यकता नहीं। न ही किसी प्रकार के अनुचित दबावों अथवा अनुचित समझौतों के लिए विवश होने की आवश्यकता है। अपने मन और आत्मा को मार कर किया गया समझौता किसी समस्या का समाधान नहीं। क्योंकि अनुचित समझौतों के साथ आप अधिक दिनों तक सुखी और संतुष्ट नहीं रह सकतीं। इसलिए संपर्क में आए स्त्री-पुरुषों के साथ हमेशा सम्मान जनक समझौते ही करें।

अपने बारे में किसी भी असत्य बात, प्रचार अथवा आलोचना से विचलित होने की आवश्यकता नहीं। सत्य हमेशा उभर कर सामने आता है। सत्य हमेशा सत्य होता है। सुंदर होता है। शुभ होता है। उसे किसी प्रमाण की आवश्यकता नहीं। कामकाजी जीवन में हों अथवा परिवार में, गृहिणी हों अथवा परिवार की अन्य सदस्य, अपनी छवि, अपना कद बनाकर रखें। अपनी बातचीत, पहनावा, अपना बनाव-शृंगार इतना मर्यादित और संतुलित रखें कि आप परिवार और समाज में हमेशा निर्विवाद बनी रहें। नारी तो हमारे समाज में शक्ति का स्वरूप है। उसे हमेशा शुभ, विनयशील, संयमशाली, साहसी, गंभीर, उदार मना कहकर मान-सम्मान दिया जाता है। वह क्षमा करने वाली होती है। वह बच्चे की गुरू, पति की प्रेरणा, सास-ससुर की सेविका और समाज की शक्ति होती है।

जहां तक समाज की अन्य महिलाओं से संपर्क का प्रश्न है, सब आपसे सहयोग की अपेक्षा करती हैं। आपके दुःख-सुख में सम्मिलित होने में ही उन्हें संतोष मिलता है। आप स्वयं भी अपनी ओर से कुछ इसी प्रकार की पहल करें। इस बात का ध्यान रखें कि समाज और परिवार में हमेशा आपके आचरण और व्यवहार का मूल्यांकन होता रहता है, इसलिए अपने परिचय क्षेत्र में कहीं भी अमर्यादित आचरण न अपनाएं। पारिवारिक जीवन में क्रोध, हीनता, आत्मग्लानि, प्रतिशोधी भावनाएं और विचार मन में न लाएं। ऐसे किसी भी व्यवहार में केवल एक ही बात मन में लाएं कि क्रोध करके क्रोध पर विजय प्राप्त नहीं की जा सकती। दूसरों का मन जीतने के लिए आपको उसके अनुकूल व्यवहार करना होगा। आग पर काबू पाने के लिए पानी का उपयोग किया जाता है। आग से आग नहीं बुझती। बस, इतनी-सी

संवेदनशीलता और मानसिक सोच ही आपको महान् बना देगी और आप संपर्क में आने वाली प्रत्येक स्त्री की मित्र, शुभ चिन्तक बन जाएंगी। प्रत्युत्तर में भला यह आपके साथ दुश्मनी क्यों निभाने लगेंगी। वह चाहे आपके परिवार की सदस्या हो अथवा परिचय क्षेत्र की कोई महिला अथवा सहकर्मी।

आशय यह है कि स्नेह, त्याग और सहनशीलता से सज्जित-मंडित स्त्री किसी की दुश्मन हो ही नहीं सकती, वह अपनों की तो शुभचिन्तक होती ही है, पराए भी उसमें कल्याणी का रूप ही देखते हैं। अतः आप अपने सामाजिक, पारिवारिक और कामकाजी जीवन में इस भ्रम से मुक्त हो कर अपनी सोच को नया चिन्तनशील आधार दें। प्रगतिशीलता की यह सोच ही आपको परिवार और समाज में प्रतिष्ठा दिलाएगी। सबकी परम शुभचिन्तक बनकर जिएं, स्नेह के नये स्रोत हमेशा हरे बने रहेंगे।

अध्याय 28

उपहार का व्यवहार

> उपहार भावनात्मक जुड़ाव का एक सशक्त माध्यम है। उपहारों का आदान-प्रदान हमें एक-दूसरे से जोड़ता है। उपहार प्रेम भी जगाता है और मान भी बढ़ाता है। उपहार पाकर व्यक्ति अपने को गौरवान्वित महसूस करता है। गृहिणी का दर्जा बहुत बड़ा और व्यापक है। उसे छोटे और बड़े सभी के लिए उपहार का व्यवहार करना पड़ता है। इसलिए इस विषय में अपनी सोच को कुछ और नयापन दें।

"हमारे लिए क्या लाए...?" बच्चे, युवा, पति-पत्नी यहां तक कि वृद्ध भी अपनों से प्रत्यक्ष और अप्रत्यक्ष रूप से एक ही प्रश्न करते हैं। अपनों से अपेक्षाओं का यह प्रश्न सबकी आंखों में समान रूप से उभरता दिखाई देता है। स्पष्ट है कि परिवार के सभी सदस्य अपनों से उपहारों की अपेक्षाएं करते हैं। अवसर के अनुकूल उपहार देना एक ऐसा व्यवहार है, जिसके संबंध में कहा जाता है कि उपहार प्रदर्शन की वस्तु नहीं, बल्कि यह तो संबंधों का नवीनीकरण है, जो लेने और देने वाले दोनों के ही होंठों पर मुस्कान बिखेरता है।

मिसेज वर्मा की ओर से उनके बच्चे की वर्षगांठ का निमंत्रण-पत्र सामने रखा था। सुनहरे अक्षरों में छपा, कलात्मक, महंगा कार्ड मिसेज वर्मा के संपन्न होने का परिचय दे रहा था। बार-बार मेरी नजरें कार्ड के नीचे छपी पंक्ति पर जाकर ठहर जाती थीं, कृपया उपहार लाकर हमें लज्जित न करें। उपहार न लाएं। उपहार स्वीकार न होंगे।

दोनों पंक्तियों को बार-बार पढ़ने के बाद भी यह बात मेरी समझ में न आ रही थी और न ही यह सत्य मेरे गले से उतर रहा था कि उपहार स्वीकारने में भला मिसेज वर्मा क्यों लज्जित होंगी? उपहार स्वीकारने का व्यवहार क्या किसी को आहत अथवा अपमानित करने वाला व्यवहार है? उपहार न

लाने का यह अनुरोध आखिर उनकी किस मानसिकता का परिचायक है? उस बच्चे के दिल पर क्या बीतेगी, जब लोग उसे उसकी वर्षगांठ पर कुछ भी उपहार नहीं देंगे? क्या उसके मन में हीनता का अहसास न होगा? यद्यपि मैं यह भी समझ रही थी कि मिसेज वर्मा ने यह अनुरोध क्यों प्रकाशित कराया था। पिछले कुछ वर्षों से जन्मदिन मनाने के व्यवहार को कुछ लोगों ने व्यावसायिक रंग देना प्रारम्भ कर दिया है और कुछ लोग इसे लाभदायक 'धन्धे' का नाम देने लग गए हैं, लेकिन मुट्ठी-भर लोगों की सोच के कारण हम एक अच्छे भले सामाजिक व्यवहार को तोड़ दें अथवा उसे इस रूप में प्रकट करें, यह तो ठीक नहीं।

सामाजिक जीवन में विवेक से काम लें। उपहार के इस स्नेह स्रोत को जी खोलकर स्वीकार करें और भावनात्मक संबंधों के इस स्रोत को कहीं भी विकृत रूप में न देखें। आपको इस प्रकार के अनुरोध लिखकर लोगों की भावनाओं को आहत करने का कोई अधिकार नहीं। न ही समाज में आपकी इस सोच के कारण आपको किसी से प्रतिष्ठा मिलेगी।

जन्मदिन हो अथवा विवाह की वर्षगांठ, उपहार चाहे मित्र लाएं अथवा पति-पत्नी, अवसर चाहे पदोन्नति का हो अथवा सामाजिक या पारिवारिक उत्सव का, पर्व हो अथवा

त्योहार, यानी अवसर कोई भी क्यों न हो, उपहार दे-लेकर इस अवसर की शोभा बढ़ाएं। उपहार ही इन अवसरों की सार्थकता को बढ़ाते हैं। ये भी हमारे कर्त्तव्यों, भाव और भावनाओं, दायित्वों का बोध कराते हैं। यहां तक हम इन उपहारों के माध्यम से ही अपने नैतिक दायित्वों को पूरा करते-कराते हैं। परस्पर संबंधों में निकटता लाते हैं। हम इसी से अतीत में हुई भूलों के लिए खेद प्रकट करते हैं। 'दीपावली के शुभ अवसर पर मां जी के लिए शाल भेज रही हूं।' अथवा 'नये साल के शुभ अवसर पर पप्पू के लिए नया रंगीन स्वेटर भेज रही हूं, जब से विदेश से आई हूं, तुम से मिलने के निरन्तर प्रयास कर रही हूं, लेकिन व्यस्तता के कारण संयोग ही नहीं बन पा रहा है। हांगकांग से तुम्हारे लिए 'मेकअप सेट'

लाई हूं, वह भेज रही हूं। पसन्द आए तो लिखना...।' जैसी बातें, पत्र और भावनाएं परस्पर संबंधों में मधुरता और निकटता लाते हैं, जबकि उपहार न लाने का अनुरोध यानी कि दूसरे की भावनाओं पर प्रहार, कुठाराघात।

यदि किन्ही कारणों (प्रशासनिक कारण भी हो सकते हैं) से आप किसी का उपहार स्वीकार नहीं कर पा रही हैं, तो बड़ी शालीनता और शिष्टता के साथ आत्मीय शब्दों का प्रयोग करते हुए कहें—आपकी शुभकामनाएं और स्नेह ही हमारे लिए आशीर्वाद हैं, इससे बड़ा और उपहार हमें क्या चाहिए। आपने पधार कर हमारी मान-प्रतिष्ठा बढ़ाई है, वही हमारे लिए उपहार है। इसी प्रकार से यदि आप चाहती हैं कि लोग उपहार न लाएं, तो भी यह कहकर टाल दें कि अभी हम

कोई बड़ा 'फंक्शन' नहीं कर रही हैं, अगली बार आपकी यह भेंट अवश्य स्वीकारेंगे। कहने का आशय यह है कि मेहमानों की भावनाओं का हमेशा ख्याल रखें। उपहार अस्वीकार कर उन्हें आहत न करें। उपहार स्वीकारने या अस्वीकारने में अपनाई गई शिष्टता, सौजन्यता और आत्मीय भावनाओं का ख्याल रखें।

किसी भी दृष्टि से घर की स्त्री को अपना वर्चस्व सौम्य व्यवहार के साथ बनाए रखना चाहिए। वही गृहिणी कामयाब है, जो परस्पर आत्मीयता से परिपूर्ण आदान-प्रदान से सरोकार रखती है। उपहार इस प्रकार के व्यवहार का मुख्य साधन है। इससे देने वाला और लेने वाला, दोनों ही अभिभूत हो उठते हैं।

अध्याय 29

कुछ बेतुकी चाहतें...

बेतुकापन कही भी ठीक नही होता और चाहतों में तो बिलकुल भी नही। सार्थक इच्छा तो समझ में आती है। इसके अतिरिक्त कुछ भी नही। जीवन में सभी सार्थकता की तलाश करते हैं। चाहे वह चाहत ही क्यों न हो ? जी चाहता है कि...जैसी जब मन में बेतुकी चाहतें उठने लगें, तो अपने मन को संभालिए। चाहतों के इस व्यवहार पर लगाम लगाएं, क्योंकि कभी-कभी मन में उठी ये बेतुकी चाहतें आपको कही का नही छोड़ती।

''मैं प्रतिष्ठित डॉक्टर की पत्नी हूं। हमारा दांपत्य जीवन भी सुखी और समृद्ध है, लेकिन पिछले कुछ दिनों से मैं इनके क्लीनिक में काम कर रहे एक मेडीकल के छात्र से प्रभावित हो गई हूं। उसके प्रति मेरी चाहत ने मुझे पागल बना दिया है। उसने मेरे शांत जीवन में हलचल मचा दी है। मैं रात-दिन उसी के ख्यालों में डूबी रहती हूं। चाहत की यह चमक मैंने उसकी आंखों में भी तैरते हुए देखी है। अब मैं उसकी निकटता पाने के लिए सदैव बेचैन रहती हूं। मेरी मानसिक अवस्था देखकर मेरे डॉक्टर पति भी परेशान हैं, मुझे क्या हो गया है? क्या मैं अगले कुछ ही महीनों में पागल हो जाऊंगी...मैं क्या करूं...?''

यह एक पत्र नहीं, ऐसे अनेक पत्र मनोचिकित्सकों, मनोविशेषज्ञों और संपादकों के पास प्रतिदिन आते हैं, जिन में हमारे सामाजिक और पारिवारिक जीवन की प्रतिष्ठित, पढ़ी-लिखी, आधुनिक, प्रगतिशील सोच वाली महिलाएं ऐसी अजीब-अजीब चाहतों की बातें लिखती हैं, जिन्हें पढ़कर उनकी इन चाहतों पर 'तरस' आता है। चाहतों की यह सोच अव्यावहारिक तो होती ही है, साथ ही यह भी लगता है कि इनकी ये चाहतें आखिर इन्हें कहां ले जाएंगी? ऐसी महिलाओं की यह सोच, इनकी चाहतें, इन्हें सिवाय बदनामी और हीनता के कुछ और नहीं दिलातीं। विवाह पूर्व के संबंधों अथवा विवाहेतर संबंधों के कारण ऐसी महिलाएं जहां अपने बसे-बसाए घर को आग लगा लेती हैं, वहीं कभी-कभी कुछ चतुर किस्म के लोगों के हाथों में पड़कर चाहत के नाम पर शारीरिक शोषण का शिकार होती रहती हैं। ऐसी महिलाएं चाहतों के नाम पर गुमराही के अंधेरों में केवल इसलिए भटकती हैं, क्योंकि उम्र के आकर्षण और सैक्स की भूख की कमजोरी का लोग लाभ उठाते हैं। पुरुष वर्ग इस कमजोरी का खूब लाभ उठाता है और अन्त में जब उम्र का आकर्षण समाप्त हो जाता है, तो ऐसी महिलाओं को दूध में पड़ी हुई मक्खी की तरह निकाल बाहर फेंक देता है। वास्तव में इन चाहतों के कारण वे कहीं की भी नहीं रहतीं।

कहने का आशय यह है कि इन बेतुकी चाहतों के परिणाम इन्हें ही भुगतने पड़ते हैं। इसलिए आपका सामाजिक, पारिवारिक स्तर चाहे जो भी हो, विवेक से काम लें और इस प्रकार की मृगतृष्णा-भरी सोच से दूर रहें :

- आप अपने कामकाजी जीवन में पुरुष मोहजाल की इन बेतुकी चाहतों को कोई स्थान न दें। इस प्रकार की चाहत मानसिक रोग है। कोई भी पति-पत्नी इसे सरलता से नहीं स्वीकार कर पाता, अतः आप मन में ऐसी चाहतें लाकर परिवार में कैक्टस न पैदा करें।

- विवाहित महिलाओं को अपनी नई स्थिति का स्वयं मूल्यांकन करना चाहिए। विवाह पूर्व के संबंधों को स्लेट पर लिखे रफ कार्य के समान मिटा दें और भूल कर भी पीछे मुड़कर न देखें। यदि कोई पुरुष इन संबंधों को चाहत के नाम पर विवाह के बाद भी जारी रखना चाहता है, तो अपने स्तर पर इसका विरोध करें।

- कामकाजी जिन्दगी, स्कूल, कॉलेज के दिनों में, होस्टल में, ट्यूशन के नाम पर अथवा कैरियर के प्रशिक्षण के क्रम में किशोरावस्था की सोच के कारण आपका आचरण कहीं कुछ अमर्यादित अथवा असंतुलित हुआ है, आपके साथ कोई हादसा हो गया है, आप किसी के विश्वासघात का कारण बनी हैं, अथवा आप अपनी किसी अन्य कमजोरी के कारण लोगों की सवालिया नजरों का शिकार बनी हैं, तो अपनी इस अवस्था को सुबह के सपने की भांति भूल जाएं और ऐसे लोगों की किसी चाहत को अब कोई महत्त्व न दें। सामाजिक जीवन में संपर्क में आने वाले प्रत्येक पुरुष से एक निश्चित मर्यादित दूरी बनाकर रखें। किसी पुरुष से निकटता चाहने की सोच मन में ला कर अपने लिए पतन का रास्ता न चुनें। निश्चय ही इस प्रकार के रास्तों के दूसरे छोर बंद दरवाजे जैसे होते हैं।

- अपने सामाजिक और पारिवारिक जीवन में आर्थिक और सामाजिक सीमाएं जानें। किसी भी व्यक्ति से इस विषय में सहानुभूति पाने के लिए कोई 'शार्ट-कट' की चाहत मन में न लाएं। नौकरी दिलाने के नाम पर अथवा जॉब

173

दिलाने के नाम पर ठगी रोज हो रही है। प्रलोभन-भरी चकाचौंध से प्रभावित न हों।

- कुछ पुरुष धन, वैभव और प्रभाव का उपयोग कर महिलाओं को अपनी ओर आकर्षित करते हैं और उन पर पैसा पानी की तरह बहाते हैं। ऐसी औरतों को जीवन में 'रखैल' और दूसरी औरत से ज्यादा 'सम्मान' नहीं मिलता।

- सिनेमाई जिन्दगी का ग्लैमर आज की महिलाओं की सबसे बड़ी कमजोरी है। महिलाओं को विचार कर लेना चाहिए कि सिनेमाई जिन्दगी और वास्तविक जिन्दगी में बहुत अंतर है और इस अंतर को समझ लेना बहुत जरूरी है। अन्यथा आपके हिस्से आत्मग्लानि और पश्चात्ताप के सिवाए और कुछ नहीं आएगा।

- चाहतों के नाम पर कुछ पुरुष भी आपको बहला-फुसला सकते हैं। ऐसे पुरुषों के मगरमच्छी आंसुओं पर विश्वास न करें। इस भ्रम से ऊपर उठें कि कोई किसी के लिए मर भी सकता है।

- चाहत के नाम पर अपनी भावनात्मक सोच को भी बदलें। रिश्तों का स्वरूप भी उम्र के साथ-साथ बदलता है। युवा बेटे की नजरें सजी-संवरी पत्नी पर ही ठहरती हैं, बूढ़ी मां पर नहीं। पत्नी भी पति पर अपना एकाधिकार चाहती है। मां को ऐसे क्षणों में यह नहीं भूलना चाहिए कि बहू-बेटे की स्वतंत्रता पर अंकुश उन्हें परिवार के प्रति विद्रोही बना सकता है। इसलिए विवाह के बाद मां-बाप को बहू-बेटे को एक स्वतंत्र और खुला वातावरण स्वयं ही प्रदान करना चाहिए। पति-पत्नी की चाहतों के इस व्यवहार को आप स्वयं ही मान्यता देकर उनकी निकटता प्राप्त करें। बहू-बेटे पर बंदिशें लगाकर आप उनसे दूर हो जाएंगी। बहू-बेटे की इस सोच को विरले मां-बाप ही सोचते हैं। अतः चाहतों के इस व्यवहार में इस सत्य को स्वीकारें।

- बहू-बेटे से शिकवे-शिकायतें करके आप उन्हें अपने से नहीं जोड़ सकते, बल्कि उन्हें अपनाकर ही उन्हें अपने से जोड़ सकते हैं। युवा पति-पत्नी के मन में अनेक सपने होते हैं, इसलिए आप उनके सपनों के अनुसार ही उनमें रंग भरें। मां-बाप को चाहिए कि वे बच्चों की खुशियों में ही अपनी खुशियां तलाशें। वास्तव में चाहतों के इस मनोविज्ञान को समझें और एक-दूसरे से अपेक्षाओं का कभी न खत्म होने वाला रोना न रोएं। बल्कि हंस-खेलकर जीवन बिताएं।

अध्याय 30

धार्मिक अभिरुचि जगाएं

स्त्री को कन्या या भवानी कहा गया है, सहधर्मिणी या धर्मपत्नी कहा गया है, मातृ या मातेश्वरी कहा गया है। यानी धर्म ने स्त्री को बहुत महत्त्व दिया है। एक तरह से उसे दिव्य बना डाला है। स्त्री की धर्म के प्रति आस्था प्रबल होती है और आचरण विशुद्ध होता है। इसी कारण हम कह सकते हैं कि जितनी वह पति-परायण होती है, उतनी ही धर्म-परायण भी। आज बदले हुए आधुनिक परिवेश में स्त्रियां धर्म से विमुख हो रही हैं। यह घातक स्थिति है। इससे हमारी विलक्षण सांस्कृतिक संरचना बिखर रही है। उसके क्षरण को रोकना होगा। स्त्रियों को अपने भीतर धार्मिक अभिरुचि जगानी होगी।

धर्म की अनेक परिभाषाएं दी जाती हैं। कुछ लोग धर्म के बारे में इतने उदार होते हैं कि वे यह मानते है कि गृहस्थ जीवन का पालन करना ही सबसे बड़ा धर्म है। आज भी धर्म के बारे में प्रगतिशील सोच यही है कि जो व्यक्ति अपने सामाजिक, पारिवारिक दायित्वों को पूरा करता है, वह सबसे बड़ा धार्मिक है। इस विषय में आज सारी मानव जाति कबीर के प्रति कृतज्ञ है, जिन्होंने आडम्बर विहीन गृहस्थ जीवन को ही धर्म माना। कबीर के साथ-साथ अन्य अनेक आधुनिक धर्म गुरुओं का कथन है कि आचरण की पवित्रता ही सबसे बड़ा धर्म है। साधनों की पवित्रता ही हमें मानसिक सुख-शांति देती है। दया धर्म का मूल है। हमें प्राणी मात्र के साथ दया का व्यवहार करना चाहिए। यदि हमारे मन में प्राणियों के प्रति दया, आत्मीय भाव नहीं, तो हम धार्मिक कहलाने के पात्र नहीं।

संसार में जितने भी धर्म प्रचलित है, सबका सार एक ही है, और वह यह है कि दूसरों के साथ ऐसा व्यवहार कतई न करो, जो तुम अपने प्रति दूसरों से नहीं चाहते। मन, वचन और कर्म की शुद्धता ही हमें धार्मिक बनाती है। यह शुद्धता साधना से प्राप्त होती है, जप-तप, व्रत से प्राप्त होती है। धर्म के मर्म को जानने के लिए हमें मानवतावादी अनेक आदर्शों के उदाहरण दिए गए हैं—

- पापी को पत्थर मारने का हक केवल उसी व्यक्ति को है, जिसने स्वयं कभी पाप न किया हो।
- सत्य का पालन करके ही हम ईर्ष्या भाव से बचे रह सकते हैं।
- ईश्वर में विश्वास रखकर हमें अपने कर्तव्यों का पालन करना चाहिए। ईश्वर के प्रति यह आस्था ही हमें सामाजिक वर्जनाओं के अनुकूल बनाती है। हमारी सोच पवित्र बनी रहती है।
- हम चाहे जिस धर्म को भी मानते हों, इतना अवश्य समझ लें कि सभी धर्मों का आधार एक है। लक्ष्य एक है। और वह है वैचारिक शुद्धता, पवित्रता।
- जो भी व्यक्ति अपने आराध्य, इष्ट से जुड़ा रहता है, उसमें आस्था और विश्वास रखता है उसके आचरण में विकृतियां कम आती हैं। उसका आचरण नीति-रीति सम्यक बनता है। उसकी कथनी और करनी में भी समानता बनी रहती है। जिसकी कथनी और करनी में अंतर होता है, वह व्यक्ति चाहे कितना भी धार्मिक होने

का दावा करे, सामाजिक मान-प्रतिष्ठा प्राप्त नहीं कर पाता ।

● अतः आप भी धर्म के मर्म को जानें । घर ही मंदिर है, मस्जिद है, गुरुद्वारा है । मानसिक सुख-शांति का आधार है । अतः नियति के इस सत्य को समर्पित भाव से स्वीकारें कि बुरे काम का बुरा नतीजा होता है और हर व्यक्ति को उसकी करनी का फल भुगतना पड़ता है । विधि के इस अटल विधान को खुले मन से स्वीकारें ।

● अपना कुछ समय पूजा, अर्चना, भजन, साधना अथवा एकान्त में अपने इष्ट के प्रति समर्पित भाव से वंदना में बिताएं । ज्योति जला कर मन को प्रकाशित करें । इस

प्रकार के आचरण से जहां मन शान्त होता है, वहीं वह तटस्थ भाव से एकाग्र होता है ।

● अपने भौतिक और आध्यात्मिक जीवन में संतुलन बना कर रखें । बच्चों को इसी प्रकार की जीवन शैली विरासत में दें ।

● परिवार में कोई उत्सव हो अथवा संस्थान में मनाया जाने वाला कोई समारोह । आप समूह रूप में हों अथवा अकेले । बड़ों के साथ हों अथवा बच्चों के बीच । समारोह चाहे सरकारी हो अथवा नितांत व्यक्तिगत । मानसिक शांति, आत्मशुद्धि, आत्मसंतोष के लिए, कार्यक्रम के प्रारंभ अथवा अंत में यह सर्वधर्म प्रार्थना करें—

सर्वधर्म प्रार्थना

हमको मन की शक्ति देना मन विजय करें।
दूसरों की जय से पहले खुद को जय करें।
हमको मन की शक्ति देना मन विजय करें।

भेदभाव अपने दिल से साफ कर सकें।
दोस्तों से भूल हो तो माफ कर सकें।
झूठ से बचे रहें, सच का दम भरें।

दूसरों की जय से पहले खुद को जय करें।
हमको मन की शक्ति देना मन विजय करें।

मुश्किलें पड़ें तो हम पर इतना कर्म कर।
साथ दें तो धर्म का चलें तो धर्म पर।
खुद पे हौसला रहे बदी से न डरें।

दूसरों की जय से पहले खुद को जय करें।
हमको मन की शक्ति देना मन विजय करें।

अध्याय 31

सफल गृहिणी के लिए 25 टिप्स

टिप्स यानी कि निचोड़...सार की बात। गृहिणी के व्यक्तित्व को निखारने में ये टिप्स बड़े महत्त्वपूर्ण हैं। अपना मूल्यांकन आप करें। परिस्थिति के अनुसार अपने आप में सुधार कर इन टिप्स को अपनाएं। ये बेशकीमती टिप्स हैं। इन पर अमल करना अपने गृहस्थ जीवन को सफल बनाना है। प्रत्येक गृहिणी के लिए इनकी आजमाइश जरूरी है।

1. गृहिणी का पद परिवार में बड़े मान-सम्मान का होता है, अपनी संकीर्ण सोच अथवा छिछले व्यवहार से इस पद की गरिमा को कहीं भी कम न होने दें।
2. किसी भी मित्र अथवा पड़ोसी, सह-कुटुंबी के घर जाएं, तो वहां लगने वाली किसी भी अच्छी वस्तु की मांग न करें। इस प्रकार से वस्तु मांगना आपकी प्रतिष्ठा को कम करेगा और आपको वह वस्तु मिल ही जाए, इसमें भी संदेह रहता है।
3. अपने घर आए मेहमानों को दूसरों के घर तब तक न ले जाएं, जब तक कि दूसरे उन्हें अपने घर आमंत्रित न करें।
4. शादी-विवाह अथवा अन्य किसी भी अवसर पर पड़ोसी, मित्र अथवा सह-कुटुंबी से मांगकर साड़ियां, वस्त्र अथवा आभूषण आदि न पहनें।
5. परिचय क्षेत्र के किसी भी स्त्री अथवा पुरुष, मुहल्ले, पड़ोस अथवा सहकर्मियों की किसी भी कमजोरी, हीनता अथवा दोष पर कोई बातचीत न करें। न उसमें विशेष रुचि लें।
6. किसी की दुखती नस पर हाथ न रखें, न ही ऐसे किसी अप्रिय प्रसंग के बारे में कुछ जानने की कोशिश करें।
7. परिवार वालों से चोरी-छिपे किसी रिश्तेदार अथवा किसी अन्य की बातों में आकर कोई आर्थिक मदद न करें। यदि करना आवश्यक हो, तो पहले परिवार के सदस्यों को विश्वास में लें।
8. मन का बोझ हलका करने के लिए अपनी किसी विशेष सहेली से कुछ मन की बातें कहें। मन का दुःख कम करने के लिए उसे बांटना सीखें। इस प्रकार की बातें आप अपने पति से भी कर अथवा कह सकती हैं। मतलब तो यह है कि आंतरिक भावों की अभिव्यक्ति आवश्यक है। इसके लिए किसी-न-किसी को हमराज जरूर बनाएं।
9. घर में भी अपने बनाव-शृंगार का ख्याल रखें। सुबह घूमने के समय अथवा घर में रसोई का काम करते समय मैक्सी, गाऊन आदि पहनना उचित नहीं। यह 'नाइट ड्रेस' है, इसका उपयोग रात में ही करें। दिन में पहनकर घर में काम करना उचित नहीं।
10. साड़ी अथवा दुपट्टे के पल्लू को रूमाल न समझें, न स्वयं ऐसा करें, न बच्चों को ऐसा करने दें।
11. पहली ही मुलाकात में अपना प्रभाव छोड़ें। पहला प्रभाव हमेशा याद रहता है।
12. मन में आए हुए विचारों, लिए हुए निर्णयों, सोचे हुए काम को शीघ्र पूरा करें। जब तक वे पूरे नहीं होते, आप मानसिक रूप से बोझिल रहती हैं। आप ही बताएं कि जब पहले से ही मन में कोई बैठा हो, तो

दूसरा कैसे अंदर आएगा और कहां बैठेगा? इसलिए सोचे हुए काम को शीघ्र पूरा करें, ताकि दूसरे विचार को स्थान मिल सके।

13. अपने सगे-संबंधियों, वरिष्ठ अधिकारियों, मित्रों, शुभ-चिन्तकों से समय-समय पर मिलती रहें। इससे जहां आप उनकी गुडबुक में बनी रहेंगी, वहीं आपके संबंध भी अच्छे बने रहेंगे।

14. उपहार लेते अथवा देते समय हिसाब-किताब न लगाएं। हिसाब लगाकर दिया गया उपहार संबंधों में दूरियां लाता है।

15. छोटी-छोटी बातों को भी महत्त्व दें। छोटी-छोटी बातों की उपेक्षा करना बड़े व्यवहारों को प्रभावित करता

है। इसलिए अपने व्यवहार में किसी व्यक्ति, बात अथवा व्यवहार को छोटा न समझें।

16. हंसी-मजाक करते समय बड़ी सावधानी बरतें। इसका मनोवैज्ञानिक पक्ष यह है कि हंसी-मजाक द्वारा कुछ लोग अपने मनोविकारों को प्रकट करते हैं। इसलिए हंसी-मजाक में दूसरों को अमर्यादित होने के अवसर बिलकुल न दें।

17. जब आप उदास हों, मूड ठीक न हो, किसी ने कुछ अप्रिय बोला हो, तो किसी-न-किसी रचनात्मक कार्य में जुट जाएं। आपको सामान्य होने में समय न लगेगा।

18. बोलने में शक्ति व्यय होती है, इसलिए केवल सार्थक

ही बोलें। बिना मांगे सलाह देकर अपने विचारों का मूल्य न घटाएं। अपनी बात को वजनदार बनाएं।

19. फ़ोन की घंटी बजते ही केवल 'हैलो' कहें। संतुष्ट होने पर ही बातचीत को आगे बढ़ाएं। अनावश्यक रूप से बातचीत कर सिर-दर्द मोल न लें।

20. दूसरों का फ़ोन इस्तेमाल करने से पूर्व पूछना एक सामान्य शिष्टाचार है, इसका पालन अवश्य करें।

21. वस्त्र शरीर के रंग, अवसर के अनुकूल पहनें। कलर कंबीनेशन में मेकअप का भी ख्याल रखें और उसकी उपेक्षा न करें।

22. ख़रीदारी करते समय जल्दी न करें। यदि आपके पास समय का अभाव है, तो खरीदारी अगले समय के लिए टाल दें।

23. सेल, डिस्काउन्ट, कीमतों पर भारी छूट जैसी आकर्षक बातों की ओर ध्यान न दें। अर्थशास्त्र का सिद्धांत है कि वस्तु की कीमत उसके उत्पादन की लागत के अनुसार होती है और दुकानदार इस नियम को तोड़ नहीं सकता। इसीलिए कहा जाता है कि किसान भूसे के लिए खेती नहीं करता है। दुकानदार भी लाभ के लिए व्यापार करता है।

24. व्यक्ति के कार्य उसके शब्दों से कहीं अधिक ज़ोर से बोलते हैं। आप भी अपने कार्यों को बोलने योग्य बनाएं।

25. गृहिणी के रूप में पारिवारिक खर्चों में मितव्ययिता बरतें। किसी भी प्रकार का अपव्यय वह चाहे पानी, बिजली ही क्यों न हो, परिवार की जीवन शैली को प्रभावित करता है। इसलिए आप पैसे का महत्त्व समझें और उसकी कद्र करें।

परिशिष्ट 1

कुशल गृहिणी का वार्षिक पारिवारिक कलैण्डर

क्रमांक	करने योग्य कार्य, व्यवहार एवं सोच	जनवरी-फरवरी	मार्च-अप्रैल	मई-जून	जुलाई-अगस्त	सितम्बर-अक्तूबर	नवम्बर-दिसम्बर
1.	स्वयं के लिए	नए संकल्प करें	बच्चों की परीक्षा की तैयारी	पर्यटन की योजनाएं	बच्चों का नए स्कूल में प्रवेश	स्वास्थ्य और शारीरिक सौष्ठव	स्वास्थ्य पर ध्यान, स्वास्थ्य ऋतु से लाभ उठाएं
2.	पारिवारिक सोच के के कार्य	सर्दी से बचाव	मौसम परिवर्तन से होने वाले रोगों से बचाव	लू, कड़ी धूप से बचाव	पानी उबाल तथा छानकर पिएं	कपड़ों, खाने-पीने की चीजों को धूप लगवाएं	गर्म कपड़ों की देखभाल और ओढ़ने-बिछाने के वस्त्रों का रख-रखाव
3.	पड़ने वाले व्रत, त्योहार और उत्सव	नव वर्ष, गणतंत्र दिवस, बसंत पंचमी, महाशिवरात्रि, लोहड़ी, संक्रान्ति	होली, गुड फ्रायडे, राम नवमी, दुर्गा अष्टमी, बैसाखी	ईद	गुरु पूर्णिमा, रक्षा बंधन	गणेश चतुर्थी, गांधी जयन्ती, नवरात्रि, शरद पूर्णिमा	करवा चौथ, दीपावली, क्रिसमस डे
4.	खान-पान में सावधानी	हैल्दी सीज़न के पौष्टिक भोजन करें	कोई ख़ास नहीं	बर्फ की अत्यधिक ठंडी चीजें, पेठे की चीज़ें	दूध, दही, हरी सब्जियों का प्रयोग न करें	पौष्टिक आहार लें	दही, चावल, मट्ठा आदि ठंडी वस्तुओं का परहेज रखें

जारी...

जारी...

5.	मेहमानों, पार्टियों और उत्सवों पर बनाए जाने वाले व्यंजन	गाजर का हलुआ, ब्रेड पकौड़ा, चूड़ा-मटर	ढोकला, मीठी ब्रेड, बर्फी	सूजी का हलुआ, आइसक्रीम, दही बड़े	काजू की बर्फी ब्रेड रौल, पोए	मावा कचौड़ी, गुझिया	मूंग की दाल का हलुआ, मूंगफली पाक
6.	पारिवारिक बजट पर पड़ने वाला प्रभाव	गर्म कपड़ों पर व्यय भार	बचत की पर्याप्त संभावनाएं	पर्यटन पर व्यय, मेहमानों के आने पर बढ़ता व्यय भार	नए शिक्षा सत्र के कारण बच्चों की फीस, किताबें, यूनीफार्म पर भारी व्यय	त्योहारों एवं वार्षिक सफाई पर व्यय भार	बचत की संभावनाएं पर्याप्त

परिशिष्ट 2

बधाई के तार/संदेश

बधाई के निम्नलिखित संदेश आप रियायती दरों पर भेज सकती हैं, बशर्ते आप तार-फार्म पर 'बधाई का तार' अवश्य लिखें, तथा जो बधाई-संदेश आप भेजना चाहती हैं, उसके पहले अंकित अंक (कोड नं.) संदेश के स्थान पर लिखना भी न भूलें।

1. Heartiest Diwali Greetings.
   दीपावली की हार्दिक शुभ-कामनाएं।
2. Id Mubarak.
   ईद मुबारक।
3. Heartiest Vijaya Dashmi Greetings.
   विजयादशमी की हार्दिक शुभ-कामनाएं।
4. A happy New Year to You.
   नव वर्ष आपको शुभ हो।
5. Many Happy Returns of the Day.
   ईश्वर करे यह शुभ दिन बार-बार आए।
6. Congratulations on New Arrival.
   पुत्र-जन्म पर हार्दिक बधाई/पुत्री भाग्यवती और चिरंजीवी हो।
7. Congratulations on the Distinction Confered on you.
   आपको इस सम्मान पर हार्दिक बधाई।
8. Best Wishes for a Long and Happy Married Life.
   सुखमय और चिरस्थाई वैवाहिक जीवन के लिए हमारी शुभ-कामनाएं।
9. A Merry Christmas to You.
   क्रिसमस की हार्दिक शुभ-कामनाएं।
10. Hearty Congratulations on your Success in the Examination.
    परीक्षा में सफलता पर हार्दिक शुभ-कामनाएं।
11. Best Wishes for a Safe and Pleasant Journey.
    आपकी यात्रा आनन्दमय और सकुशल हो।
12. Hearty Congratulations on Success in Election.
    चुनाव में सफलता पर हार्दिक बधाई।
13. Many Thanks for Your Good Wishes which I/We Reciprocate Most Heartily.
    आपकी शुभकामनाओं के लिए कोटिशः धन्यवाद।
14. Congratulations.
    बधाई।
15. Loving Greetings.
    सप्रेम शुभकामनाएं।
16. May Heaven's Choicest Blessings be Showered on the Young Couple.
    नवदंपती पर परमात्मा की असीम कृपा हो।
17. Wish you Both a Happy and Prosperous Wedded Life.
    आप दोनों का दांपत्य जीवन सुखी तथा समृद्धशाली हो।
18. Kind Remembrances and all Good Wishes for the Independence Day.
    स्वतंत्रता दिवस पर मंगल कामनाएं एवं संस्मरण।
19. Sincere Greetings for the Republic Day, Long Live the Republic.
    हार्दिक बधाई 'अमर रहे जनतंत्र हमारा'।

20. My Heartiest Holi Greetings to You.
होली की शुभकामनाएं।

21. Wishing the Function Every Success.
उत्सव के लिए हार्दिक शुभकामनाएं।

22. Many Thanks for Your Kind Message of Greetings.
बधाई-संदेश के लिए अनेक धन्यवाद।

23. Best Wishes for Your Success in the Exam.
परीक्षा में सफलता के लिए शुभकामनाएं।

परिशिष्ट 3

मित्र व संबंधियों के पते

नाम व पता	फोन नं.	नाम व पता	फोन नं.

नाम व पता	फोन नं.	नाम व पता	फोन नं.

•••

PERSONALITY DEVELOPMENT
(व्यक्तित्व विकास)

00306 P • ₹ 96 • 156 pp

00302 P • ₹ 108 • 120 pp

10208 P • ₹ 96 • 152 pp

8995 D • ₹ 110 • 176 pp

8911 D • ₹ 60 • 128 pp

10302 P • ₹ 96 • 112 pp

10214 P • ₹ 96 • 160 pp

10304 P • ₹ 88 • 142 pp

10307 P • ₹ 80 • 128 pp

9062 B • ₹ 96 • 136 pp

00301 P • ₹ 96 • 120 pp

Quick-bite to shake off sloth and lethargy and get cracking on your tasks and goals in life right away for self confidence, success and satisfaction. Liberally sprinkled with stories, anecdotes and events of ordinary people who achieved greatness.

00303 P • ₹ 110 • 120 pp

The book provides high-value succinct guidelines on all matters of interest to students and job seeking professionals such as, personality development, etiquette and personal presentation for success in career and life.

00606 P • ₹ 110 • 136 pp

Excel in your career! With inputs from hundreds of real-life examples, learn to turn challenges into opportunities, each day, and come out a winner in your social, personal and professional life.

02801 P • ₹ 150 • 128 pp

The book helps the reader to get access to wisdom of several scriptures in one piece. Several sutras which are normally only passed on in the oral tradition are documented in the book.

00305 P • ₹ 120 • 176 pp

Precise, accurate and to-the-point compilation of 600 psychological quizzes reveal your emotional IQ, an authoritative result which you can use to modify your attitude towards things that need betterment.

PARENTING (माता-पिता विषयक/बाल-विकास)

11907 P • ₹ 80 • 192 pp

01904 P • ₹ 96 • 124 pp

11903 P • ₹ 48 (colour) • 32 pp

11901 P • ₹ 96 • 152 pp

8989 B • ₹ 120 • 136 pp

11902 P • ₹ 80 • 132 pp

01905 P • ₹ 175 • 200 pp

9996 B • ₹ 150 • 129 pp

FAMILY & RELATIONS (परिवार एवं कुटुम्ब)

11603 P • ₹ 96 • 190 pp

11602 P • ₹ 96 • 192

8264 D • ₹ 80 • 120 pp

01601 P • ₹ 96 • 144

COOKING (पाक-कला/खान पान)

12004 P • ₹ 96 • 125 pp

02002 P • ₹ 96 • 117 pp

9961 B • ₹ 80 • 102 pp

9939 D • ₹ 80 • 136 pp

12001 P • ₹ 72 • 80 pp

02006 P • ₹ 150 • 176 pp
Also available in Hindi ₹ 15

HOUSEKEEPING (घर की देखभाल)

Homely guide to 1000 + domestic tips to keep skin shining, utensils clean, jewellery sparkling, rectifying small plumbing & electrical defects, keeping clothes moth-free, banish nasty smells and dressed-up interiors neatly.

3109 D • ₹ 150 • 192 pp

01702 P • ₹ 200 • 256 pp

8912 D • ₹ 96 • 144 pp

11701 P • ₹ 96 • 144 pp

8950 C • ₹ 150 • 292 p

Contact us at sales@vspublishers.com

SELF-HELP/SELF IMPROVEMENT
(आत्म-सुधार/आत्म-विकास)

खुशहाल जीवन जीने के व्यावहारिक उपाय

10205 P • ₹ 96 • 128 pp

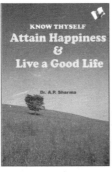

KNOW THYSELF
Dr. A.P. Sharma

00206 P • ₹ 120 • 121 pp

10209 P • ₹ 72 • 120 pp

मन की उलझनें कैसे सुलझाएँ

10213 P • ₹ 80 • 128 pp

सफल वक्ता एवं वाक्-प्रवीण कैसे बनें

00211 P • ₹ 108 • 112 pp

It is a comprehensive book based on practical issues faced in life and solutions with psychological explanations to step out of the problems and move on in life successfully. We all are well aware of the proverbs that *Failures are the Pillars of Success* and that *Failures are the Stepping Stones to Success.* In fact, failures inspire success.

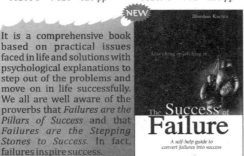

The Success of Failure
A self-help guide to convert failures into success

00220 P • ₹ 175 • 256 pp

EXPLORE YOUR HIDDEN TALENTS
Over 40 self-analysis modules to help you bring out your hidden potential and excel in career

8956 M • ₹ 120 • 176 pp

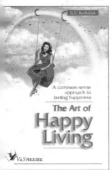

A common-sense approach to lasting happiness
The Art of Happy Living

00219 P • ₹ 120 • 165 pp

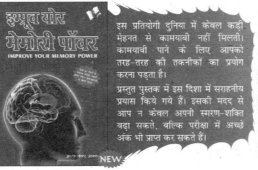

10215 P • ₹ 100 • 192 pp

इस प्रतियोगी दुनिया में केवल कड़ी मेहनत से कामयाबी नहीं मिलती। कामयाबी पाने के लिए आपको तरह-तरह की तकनीकों का प्रयोग करना पड़ता है।

प्रस्तुत पुस्तक में इस दिशा में सराहनीय प्रयास किये गये हैं। इसकी मदद से आप न केवल अपनी स्मरण-शक्ति बढ़ा सकते, बल्कि परीक्षा में अच्छे अंक भी प्राप्त कर सकते हैं।

8918 D • ₹ 60 • 136 pp

स्वेट मार्डेन
जीवन में सफल होने के उपाय

8881 E • ₹ 68 • 143 pp

WIN The battle of CONFLICTS WITHIN
Ways of surviving the Tsunami of Mind
A book that can change your attitude towards life

9429 A • ₹ 175 • 260 pp

10216 P • ₹ 96 • 128 pp

सार्थक जीवन जीने की कला
Art of leading a meaningful life

9061 A • ₹ 96 • 124 pp

00202 P • ₹ 135 • 180 pp (Available in Tamil also)

00212 P • ₹ 120 • 108 pp

10 FUNDAMENTAL RULES OF SUCCESS

9966 B • ₹ 96 • 124 pp

सफल वक्ता एवं वाक्-प्रवीण कैसे बनें

10207 P • ₹ 96 • 130 pp

10212 P • ₹ 88 • 142 pp

BEAUTY CARE
(सौंदर्य की देखभाल)

YOGA & FITNESS
(योग और फिटनेस)

ISBN: 9789381588482
Author: Parimita Chakravorty
Pages: 172
Code: 01804 P
Price: ₹ 495
Type: Paperback
Size: 7x9.5 in (Big size)

NEW

FULLY COLOUR

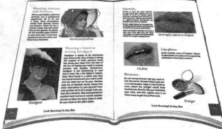

The book has been written, keeping in mind the contemporary Indian woman, her needs, her lifestyle and demands of her personal and professional life.

Not only does the book cover various ways to look good, but also lists body types, face shapes, different body built and the style disasters one should avoid at all cost. It also lists in detail various accessories, shoes, colour charts, undergarment essentials, dress styles as per body type that one could refer while shopping.

This is a style guide to help you in your shopping list and tell you where to invest.

11805 P • ₹ 96 • 116 pp
11801 P • ₹ 125 • 136 pp
01802 P • ₹ 150 • 120 pp
Fully Revised

01101 P • ₹ 95 • 156 pp

NEW

11103 P • ₹ 150 • 204 pp

01204 P • ₹ 120 • 130 pp

8274 F • ₹ 120 • 246 pp

11201 P • ₹ 96 • 160 pp

9963 D • ₹ 80 • 96 pp

ALTERNATIVE THERAPY (वैकल्पिक चिकित्सा)

'Water A Miracle Therapy' tells us how adequate consumption of water enables our body digest the goodness of food, fruits, minerals and vitamins to maintain proper health.

00902 P • ₹ 80 • 112 pp

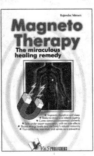

BESTSELLER

00901 P • ₹ 96 • 104 pp

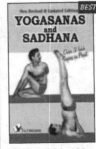

00904 P • ₹ 108 • 125 pp

BESTSELLER

01502 p • ₹ 96 • 104 pp

11501 P • ₹ 72 • 144 pp

00903 P • ₹ 96 • 119 pp

10906 P • ₹ 96 • 144 pp

Use Reiki prayers to gain health and vitality, improve concentration and achieve relaxation with the help of suggested meditations and affirmative actions even where your doctor couldn't provide suitable remedy. Astonishing results guaranteed!

00907 P • ₹ 120 • 136 pp

8959 C • ₹ 125 • 173 pp

8951 D • ₹ 108 • 209 pp

Contact us at sales@vspublishers.com

FICTION
(उपन्यास)

03201 P • ₹ 195
256 pp

03204 P • ₹ 175
128 pp

03205 P • ₹ 135
104 pp

03202 P • ₹ 195
256 pp

03207 P • ₹ 195
176 pp

03206 P • ₹ 135
136 pp

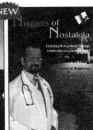

03203 P • ₹ 195
208 pp

TALES & STORIES (कथा एवं कहानियाँ)

03003 P • ₹ 120 • 64 pp (Colour)

13004 P • ₹ 120 • 64 pp (Colour)

03005 P • ₹ 120 • 64 pp (Colour)

13002 P • ₹ 96 • 120 pp (Colour)

2324 C • ₹ 80 • 88 pp

2120 A • ₹ 96 • 98 pp (Colour)

13001 P • ₹ 48 • 128 pp

HUMOR & SATIRE (परिहास एवं व्यंग्य)

12601 P • ₹ 60
114 pp

12606 P • ₹ 48
124 pp

12602 P • ₹ 48
144 pp

12603 P • ₹ 48
144 pp

12608 P • ₹ 48
114 pp

12605 P • ₹ 48
124 pp

13801 P • ₹ 48
124 pp

10204 P • ₹ 48
96 pp

JOKES (हास्य)

2329 A • ₹ 60 • 108 pp

02607 P • ₹ 80 • 150 pp

JOKES

02604 P • ₹ 80 • 120 pp